● 乌云毕力格 主编

满文文献研究论集

第 1 辑

商务印书馆
The Commercial Press
2018年·北京

图书在版编目(CIP)数据

满文文献研究论集. 第1辑/乌云毕力格主编. —北京：商务印书馆，2018
ISBN 978-7-100-15900-5

Ⅰ.①满… Ⅱ.①乌… Ⅲ.①满语—文献—文集 Ⅳ.①H221-53

中国版本图书馆 CIP 数据核字(2018)第 042262 号

权利保留，侵权必究。

满文文献研究论集
（第1辑）
乌云毕力格 主编

商 务 印 书 馆 出 版
（北京王府井大街36号 邮政编码 100710）
商 务 印 书 馆 发 行
北京市艺辉印刷有限公司印刷
ISBN 978-7-100-15900-5

2018年7月第1版　　开本 787×960　1/16
2018年7月北京第1次印刷　印张 22¾
定价：68.00元

总　　序

2016年是爱新国（Aisin Gurun，译言"金国"，中国史学界习称"后金"）建国400周年。400年前，努尔哈赤在东北白山黑水间建立了女真人统一的国家政权，这无论在满族历史上还是在中国古代历史上，都是一件大事。自那时仅过二十年时光，爱新国发展成为满、蒙、汉多民族的"大清国"（Daicing gurun），又过了不到十年的岁月，清军挥戈入关，问鼎中原，统一中国，统治了中国近300年。清史研究在中国古代史上具有重要的位置。

清朝格外重视它统治下的内亚地区，因而清代内亚各民族历史便成为另一半的清史。因为清朝处理满蒙藏回各部事务时多派八旗官员，在那里所用公文亦多系满文和其他当地语言文字，因而形成了大量的非汉语档案文献。鉴于此，我本人于1998年自德国留学回国后，一直致力于满蒙文档案文书研究与清代内亚各民族历史研究，尤其是2006年调入中国人民大学后，开设满蒙文课程，要求研修内亚民族史与清史的同学学好满蒙文。十年后的今天，我高兴地看到，满蒙文教学初见成效，在国学院和清史研究所呈现出一批较好掌握满蒙文的青年学子。他们有的已经在高等学府从事教学与研究工作，有的还在继续深造。他们在国内外刊物上发表自己的研究成果，有的甚至出版了专著。在他们的成果中经常会看到，满文和满文文献对其研究发挥着非常重要的作用。他们的成果说明，其实满文文献的研究价值不仅在于边疆与民族史领域。清代的政治史、制度史、文化史、文献史料学等等领域的研究都离不开满文，这本书即是一个例子。

选入本论文集的大部分论文是我的学生们在近几年里完成的满文文献研究的成果。只有哈斯巴根和乌兰巴根两位博士不是出身于西域历史语言研究所,他们是我们满蒙档案文献研究课题组的成员。我认为,这本小书是我们十年满文教学的一个小小的总结。在回溯清朝开国400年以来之际,如这本小书能够给学习或准备学习满文文献与清史的同学带来一些鼓舞和激励,笔者就心满意足了。

乌云毕力格
于中国人民大学国学院西域古典学系
中国人民大学清史研究所满文文献研究中心

2016年3月21日

目　　录

爱新国早期历史记事的书写与改写
　　——以天命初期对明关系为中心……………………… 马子木　1
清太祖朝臣工起誓档的初步研究 ……………………… N.哈斯巴根　47
清太宗读蒙古文典籍小考 ………………………………… 乌兰巴根　62
"大金喇嘛法师宝记"满文碑文补证 ……………………… 石岩刚　78
从四份理藩院满文题本中所见清代顺治朝听事制度 ……… 宋瞳　81
顺治朝清廷宴赉制度略论 …………………………………… 宋瞳　94
东洋文库藏镶白旗蒙古都统衙门档案述评 ……… N.哈斯巴根　118
乾隆皇帝《御制楞严经序》满、汉文本对勘及研究 ………… 柴冰　135
土尔扈特汗廷与西藏关系(1643—1732)
　　——以军机处满文录副档记载为中心………… 乌云毕力格　154
关于雍正皇帝颁给七世达赖喇嘛的一道
　　圣旨……………………………………… 乌云毕力格　石岩刚　201
达瓦齐时期准噶尔遣使赴拉达克熬茶考 ………………… 陈柱　212
拉达克协助清朝缉拿大小和卓一事考述…………………… 陈柱　240
准噶尔汗国明阿特鄂托克来源与游牧地考 ………… 特尔巴衣尔　281
清朝征服汗哈屯乌梁海资料评析与史实考述 ……… 特尔巴衣尔　293
舒赫德革职事件考 ……………………………………… 特尔巴衣尔　308
附入察哈尔和硕特蒙古王公家世源流考
　　——从两份新见文书谈起…………………………… 李嘉哲　317

爱新国早期历史记事的书写与改写
——以天命初期对明关系为中心

马子木

清朝的前身爱新国（aisin gurun）在其立国之初的天命（abkai fulingga,1616—1626）年间即已开始记录史事、排比纂辑史册。随着满洲人征服、建国历程的推进，此类史事作为其开国史的一环而不断得以再书写。清初官修史籍虽间有散佚，但今所存者仍能基本构成一个相对完整的链条，通过不同版本的勘对，可以清晰看出早期历史记事书写与改写的历程。就方法取径而言，三田村泰助、庄吉发、齐木德道尔吉、乌云毕力格等先生的先行研究对本稿多有启发，其中庄吉发先生近年比勘清初史料成果尤著。[①] 本稿将以天命初期爱新国对明关系的历史记事为中心，考论诸本异同，从而对清初官书的性质与价值进行史料学与文献学的考察。本稿旨趣并非史实考订，所关注者为各版本间的差异、源流及其原因，至于其叙述的正误则不在讨论范围之中。

[①]〔日〕三田村泰助：《满文太祖老档与清太祖实录との対校》，《立命館文學》161—163期(1958年)、329—330期(1972年)；庄吉发：《文献足征：〈满文原档〉与清史研究》，氏著《清史论集(一)》，文史哲出版社,1997年,第39—74页；庄吉发：《〈满文原档〉〈内阁藏本满文老档〉与清朝前史的研究》，陈熙远主编：《第四届国际汉学会议论文集：覆案的历史》上册，"中研院"历史语言研究所，2013年，第59—144页；庄吉发：《文献足征：以〈大清太祖武皇帝实录〉满文本为中心的比较研究》，首届国际满文文献学术研讨会会议论文，北京，2013年；齐木德道尔吉：《满文蒙古文和汉文〈清太祖实录〉之间的关系》，《内蒙古大学学报》2003年第1期，第15—23页；乌云毕力格：《康熙皇帝第二次亲征噶尔丹的满文文书及其流传：〈方略〉(Bodogon-i Bithe)类史书的史料学批判》，氏著《十七世纪蒙古史论考》，内蒙古人民出版社，2009年，第88—157页。

一、《满文原档》与爱新国记史的开端

叙述爱新国开国史的文献链条始于太祖、太宗时代陆续形成的《满文原档》。

《满文原档》即所谓无圈点字档（tongki fuka akū hergen-i dangse），今存四十册，太祖、太宗朝各二十册，以千字文编号，记事起万历三十五年（1607年）讫崇德元年（1636年），间有残缺，亦有重复。① 太宗朝部分皆系随时写成。太祖朝二十册中，十一册用明辽东公文纸书写，九册用高丽纸书写，前者应为随时写成，而后者则系重抄本，其中有六册可以找到原本，对比可知除删略部分琐屑之事外，大体遵从原档。本稿主要使用的荒字、昃字两册，情况较为特殊。《荒字档》起万历三十五年三月，终天命四年（1619年）二月；《昃字档》起万历四十三年（1615年）六月，终天命五年九月。据广禄、李学智先生推定，《荒字档》《昃字档》出自"后人所追钞"，《荒字档》的内容特别是万历四十三年以前的部分，系额尔德尼巴克什凭记忆所作，且"多有夸张"。② 亦即说，此两册所记年代在爱新国的历史编纂中属最早，而其形成年代，或并不早于记天命六年、七年事的《张字档》。但就天命六年以前的爱新国建国史而言，《荒字档》《昃字档》是现存唯一，亦是顺治朝以降清朝史臣所能见的唯一记事来源，其价值不容忽视。20世纪70年代，广禄、李学智曾对之进行了初步译注，在细节上仍有问题③，有必要进行进一步的探讨。

---

① 《满文原档》，台北"故宫博物院"，2005年。关于此份档册的概说，除下引广禄、李学智文外，尚有陈捷先：《〈旧满洲档〉述略》，影印本《旧满洲档》第1册，台北"故宫博物院"，1969年，第1—56页；〔日〕神田信夫："'舊滿洲檔'と'天聰九年檔'について"，《東洋文庫書報》第3期（1972年），第1—12页；Kanda Nobuo, "From Man-wen lao-tang to Chiu Man-chou tang", *Memoirs of the Research Department of the Toyo Bunko* No. 38, 1980, pp. 71—94.

② 广禄、李学智：《清太祖朝〈老满文原档〉与〈满文老档〉之比较研究》，《中国东亚学术研究计划委员会年报》第4期（1965年），第19—26页。

③ 广禄、李学智：《清太祖朝老满文原档》，"中研院"历史语言研究所，1970、1971年。

爱新国早期历史记事的书写与改写——以天命初期对明关系为中心　3

在此以爱新国攻陷清河城的叙述为例，审视开国史书写形成的第一步。天命三年（1618 年）四月十三日，清太祖努尔哈赤以七大恨告天；十五日招降抚顺；七月二十二日攻取清河，是为爱新国首度以武力取得明朝在辽东的重要城镇。关于此事，爱新国方面现存最早的历史记录见于《荒字档》，兹转写、翻译如下，加删除线者系在原档中抹去：

　　nadan biyai orin-i inenggi cooha jurabi. niowanggiyaha de genere inenggi horin erinde abka abgaha. tere dobori galaka. tereci genebi orin juwei inenggi hecembe kabi afarade niowanggiyahai hecembe akdulame dasabi dorgici tuwakiyame tehe emu iogi hafan sunja minggan cooha. ini bai sunja minggan cooha. jai baisin geli udu udu minggan haha uhereme tumen-i dele udu udu minggan minggan cooha bibi akdulame tuwakiyabi. amba ajigen boo miocan emu minggan juwe tanggū bihe. uttala tutu dasabi akdulame tuwakiyaha tumen funcere coohai niyalma gabtara sacire gidai tokoro uwehe fahara. minggan funcere boo miocan sindaci umai tucirakū hencembe sacime efelebi urime tuhebubi cooha hecende dosibi. tere coohabe bosiome gamabi inenggi dulini hosioi leosede isanaha coohabe gemu waha. waha niyalmai fejile gidabubi feye akū ~~niyalma~~ bucehe niyalma inu ambula bihe. tere hecembe gaibi duin dedume olji dendebi niowanggiyahai hecenci siyun tuhere ergide liodun-i baru dosi genebi juwe deduhe manggi nikan-i elcin li sanjan sunja niyalma isinjiha. tede acara dubungge gisun umai akū obi amasi unggihekū. tereci amasi bederebi julegi golode dosibi iducan giyamcan-i hotombe efekebi tere goloi eyede bihe fe jekube gemu juwehe. tariha jekube gemu morin ulebuhe. ilan minggan olji baha. jasai dolo juwan ilan dobori debuhe. tereci amasi cooha bederehe.①

七月二十日出兵，去清河之日未时降雨，是夜霁。自此前行，于二十二日围攻(清河)。是时清河城池坚固，城内驻有游击一员、五千兵、地方之兵五千，又白身丁壮数千，凡一万数千，婴城固守。有大小炮、鸟枪一千二百。如此坚守之万余兵射箭、刀斫、枪扎、投石，千余枪炮齐发，全不出城，(我兵)遂毁城而入，追捕敌兵。日中时，将集于角楼之敌兵尽行诛杀。死者之下，未受伤而被压死者亦多有之。既取城，宿四日分俘获。向在清河城日落方向之辽东行进。宿二日后，有尼堪使者李参将五人来，终无修好之辞，遂未送还。是后乃回兵，自南路而入，毁一堵墙、碱厂之城，将彼路窖藏陈粮尽行搬走，所种之粮尽行喂马。掠得三千人，于边内宿十三夜而回。

《昃字档》亦有此段记事，但原档改动极多，为清晰表现此修改过程，兹将原档删去者加删除线，增入者以粗体置于方括号内，并依最终定本进行翻译：

nadan biyai orin~~inenggi cooha jurabi~~ niowanggiyaha de genere ~~inenggi~~ horin erinde. abka ~~abgaha~~ [**agaha**]. ~~tere~~ dobori galaka. ~~tereci genebi~~ orin juwede ~~inenggi hecembe kabi afarade~~ niowanggiyahai hecembe ~~akdulame dasabi~~ [**afame gaiha**]. [**tere hecen de**] dorgici tuwakiyame tehe emu iogi ~~hergen-i hafan~~ sunja minggan cooha. ini bai sunja minggan cooha ~~jai baisin geli udu~~

---

① 《满文原档·荒字档》，第1册，第93—94页。本文所引满文文献使用穆麟德转写方案。

udu minggan haha uhereme uhereme funceme① tumen-i dele udu udu minggan minggan cooha bibiakdulame tuwakiyabi. amba ajigen boo miocan emu mingga-n uwe tanggū bihe. uttala tuttu dasabi akdulame tuwakiyaha tumen funcere coohai niyalma gabtara sacire gidai tokoro uwehe fahara. minggan funcere boo miocan sindaci umai tucirakū. hencembe sacime efelebi urime [uribume] tuhebubiecooha hecende dosibi. tere cooha bebosiome gamabi inenggi dulini hosioi leosede isanaha coohabe gemu waha. waha niyalmai fejile gidabubi feye akūbucehe niyalma inu ambula bihe [bucehe]. tere hecembe gaibi duin dedume olji dendebi niowanggiyahai hecenci siyun tuhere ergide liodun-i baru dosi genebi juwe deduhe manggi nikan-i elci li sanjan sunja niyalma isinjiha. tede acara dubungge [dubengge] gisun umai akū obi amasi unggihekū. [jai donjici tere li sanjan be cooha yabure jagūn be tuwana seme takūraha bihe.] tereci amasi bederebi julegi golode dosibi iducan giyamcan-i hotombe efekebi tere goloi eyede bihe fe [eyei] jekube gemu juwehe. tariha jekube gemu morin ulebuhe. ilan minggan olji baha. jasai dolo juwan ilan doboridebuhe. tereci amasi cooha bederehe.②

七月二十日，出兵清河，未时降雨，是夜霁。二十二日攻取清河。来彼城内驻守者，有游击一员、五千兵、地方之兵五千。大小炮、鸟枪一千二百。如此坚守之万余兵射箭、刀斫、枪扎、投石，千余枪炮齐发，全不出城，(我兵)遂毁城而入，将敌兵杀死。死者之下，未受伤而被压致死者亦多有之。既取城，宿四日分俘获。向在清河城日落方向之辽东行进。宿二日后，有尼堪使者李参将五人来，终无修好之辞，遂未送还，又闻李参将系为探进兵之路而遣来。

---

① uhereme funceme 两词系后来补入，又被删去。
② 《满文原档·昃字档》，第1册，第191—193页。

是后乃回兵,自南路而入,毁一堵墙、碱厂之城,将彼路窖藏粮尽行搬走,所种之粮尽行喂马。掠得三千人,于边内宿十三日而回。

　　两相对照,《昃字档》的主要改动有两处,其一是删去了清河城内有白身壮丁数千的记载,其二是增写了明朝李参将为探路而来,前者为以后诸官书所继承,后者则否,但皆属末节,可以说《昃字档》基本继承了《荒字档》的叙述模式。此外《昃字档》的修改主要是修饰的性质。《荒字档》叙事甚为拖沓,如首句即多有赘余,既言二十日出兵,而又写 genere inenggi,此盖满文初创未久,尚未成熟,《荒字档》中在在可见,而《昃字档》则悉为删略。通过后文中其他几处对勘案例来看,《昃字档》所做的主要工作即是精简《荒字档》的文句,除少数增补者外,史事情节完全依照后者。

　　那么,此两种档册的关系及其性质当如何理解？就笔者对勘的部分而言,《昃字档》删改前的文本基本与《荒字档》完全一致,亦即说,《昃字档》是在《荒字档》形成后将之重抄一册、加以润饰而成。广禄、李学智先生以为两档皆出自后人追抄,且《昃字档》形成于天聪七年(1633年),恐并非如此。其形成年代虽不可确知,但应早于此。证据有三,其一是《昃字档》天命四年(1619年)有关萨尔浒之战的记事,自顺治朝《太祖武皇帝实录》满文本至《皇清开国方略》,皆记有四贝勒皇太极的三件勋绩,但其中有两件不见于《昃字档》,且细读《昃字档》记事,其突出大贝勒代善之意殊为明显(详后),若此档册果抄于天聪末年,此处宜有修饰。其二是文字,这两册(包括改动)皆以无圈点满文书写。旧说新满文创制于天聪六年,广禄先生对此已有疑①,文字的更替固有一个演进期,非诏令所能强制规定,但天聪六年的分界意义则不容否定。如广禄所言,天聪六年以前旧档中已偶尔出现圈点,而天聪九年档中尚有缺少圈点之处,但此仅为偶然现象,爱新国内部行政文书大规模以新满文书写,确始于天聪六年,此仅需细检《满文原档·地字档》即可知,毋

---

① 广禄、李学智:《清太祖朝〈老满文原档〉与〈满文老档〉之比较研究》,第25—28页。

庸赘论。① 仅以全篇使用无圈点满文来看,天聪七年抄成说事实上是很难成立的。其三是正字法。《荒字档》《昃字档》中有大量无圈点满文所独有的正字法规则,最为明显者是名词与宾语格助词 be 大多连写,且名词以 n 收尾者连写时均改 n 作 m,写作 mbe,如前引两段内屡次出现的 hecembe(hecen＋be)。若检览档册,天命中后期以后,be 的连写现象已渐趋减少,到天聪初年的《原档》中已极难一见,-mbe 的写法更已绝迹。至此,基本可以判断,《昃字档》绝非天聪七年的抄本,至迟在天聪初年即已形成。而作为《昃字档》抄录底册的《荒字档》,其形成年代应稍早,乌兰巴根认为《荒字档》事实上是额尔德尼巴克什所纂的"英明汗例"(genggiyen han-i kooli)②,循此思路,推定《荒字档》在额尔德尼巴克什在世时(天命八年前)已经写定,在记事内容与文字形态上都是可以成立的。另外值得注意的是《昃字档》中几度出现的所谓"细字书写",如萨尔浒之战记事结束后,有 koolibe ejeme bithe araha erdeni baksi hendume(记录典例成书之额尔德尼巴克什曰)一段,论述爱新国因天之助得以败明,段首小字旁标"narhūn ara"(细写),段末对应有"narhūn waji"(细字毕)。③ "细字"犹汉籍之双行夹注,意即将此段转为注文书写,是给抄写者的提示。易言之,《昃字档》润饰《荒字档》事实上是为另缮某种定本,由于史料阙略,这一定本是否写成、写成后究竟是何种性质的文献,目前尚不清楚。天聪时代《原档》中所谓的"nenehe han-i banjiha kooli bithe"④(先汗所行事迹书)、"nenehe genggiyen han-i yabuha kooli bithe"⑤(先庚寅汗行事之典则书),其中

---

① 《满文原档·地字档》,第 8 册,第 49—293 页。天聪六年正月、二月加圈点者尚属少数,三月后始大量出现,但尚不完全规范。正月、二月的用例基本为 e 的分化,k/g/h 的区分极为少见,偶有加圈之处则多是 bi 上加圈作为 fi,如天聪六年正月档记镶黄旗穆成格(mujenggo)叙功缘由时云"yaluha morin ilan feye bahafi bucehe(坐骑伤而毙者三)"(第 74 页),其中两处 h 皆未加圈,而 fi 则写作 bi 加圈。
② 乌兰巴根:"满洲初期历史编纂在后世记史中的演变及其造成的误解:重新解读老满文荒字档册所载天命以前的记史",首届国际满文文献学术研讨会会议论文,北京,2013 年。
③ 《满文原档·昃字档》,第 1 册,第 229、234 页。
④ 《满文原档》,满附三,第 9 册,第 104 页。
⑤ 同上书,第 322 页。

或许即包含《昃字档》修改后的缮写定本,当然这一推测尚有待于新史料的证明。

二、《武皇帝实录》与开国史事的再度书写

《满文原档》虽名为"dangse",但其性质颇为驳杂。上节所讨论的《荒字档》《昃字档》两册,毋宁说是一种早期的史学编纂,就史料学的性质而言,属"记叙性史料",与作为"遗留性史料"的档案文书迥异。① 而随时写成的原始档册(天命时期多用辽东公文纸,天聪后改用高丽纸),爱新国内部称之为"日记"②,其性质则更接近于后者。此批文献被系统整理而编为国史则在天聪年间。天聪七年(1633年)十月开始编纂太祖实录,至崇德元年(1636年)十一月修成,即所谓《太祖太后实录》,爱新国开国史的首个官定版本由此形成。但其书今已失传,内容不得而知,仅就题目而言,与汉地实录编纂传统殊为不合。

今存最早的官定开国史叙述见于《太祖武皇帝实录》,有满汉两种文本。汉文本1931年由故宫博物院排印出版,成为清初诸《实录》初修本中最早公布的一种,因排印本多有讹误,1970年台北故宫又将原书影印。但由于原书并无明确的标记,故此书的成书年代至今仍有聚讼。故宫排印时定为"崇德元年初纂本",方甦生认为系顺治间重修本;庄吉发调和两说,认为系顺治年间据崇德元年初纂本重缮;松村润则主张所谓崇德初纂本是已佚的《太祖太后实录》,今传本为顺治年间重修,时间应与编纂《太宗实录》相同。③ 满文本的情况,今西春秋、松村润已有论

---

① "记叙性史料""遗留性史料"的划分及史料学意义参看乌云毕力格:《史料的二分法及其意义:以所谓"赵城之战"的相关史料为例》,《十七世纪蒙古史论考》,第5—10页。
② 《天聪朝臣工奏议》卷上《杨方兴条陈时政奏》,《史料丛刊初编》本,上册,文海出版社,1964年,第185页。
③ 庄吉发:《清太祖武皇帝实录叙录》,氏著《清代史料论述》,第1册,文史哲出版社,1979年,第211页;松村润:《清太祖武皇帝实录考》,蔡美彪主编:《庆祝王锺翰先生八十寿辰学术论文集》,辽宁大学出版社,1993年,第44—45页;松村润:《清太祖实录的编纂》,氏著《清太祖实录研究》,民族出版社,2011年,第38—40页、45—47页。

述,不复赘述。① 本稿所据版本,汉文本为台北故宫影印本,满文本(daicing gurun-i taidzu horonggo enduringge hūwangdi-i yargiyan kooli)为台北故宫藏本(原为北平图书馆藏书)与今西春秋所刊布的北京图书馆藏本。② 台北故宫藏满文《武皇帝实录》,经庄吉发先生比对,证明与今西春秋刊本是"来源相同的两种不同写本"③。另外中国第一历史档案馆藏有满文《武皇帝实录》一种,系四卷全帙,已摄制缩微胶片。④

以下以萨尔浒之战中的两处细节为例,分析《武皇帝实录》对开国史叙述的改写。天命四年(1619年)三月,明辽东经略杨镐四路出师伐爱新国,努尔哈齐以少敌众,大破明军。此为爱新国开国史上意义深远的事件,爱新国方面视之为天所眷佑,在《原档》中留下了极为详细的记事。《武皇帝实录》基本继承了《原档》的叙事,并增补了两处有关皇太极的细节,其一是抚顺路进军与界凡之战,《实录》汉文本卷三云:

> 正行间,哨探又来报曰:"见清河路兵来。"大王曰:"清河路虽有兵,其地狭险,不能遽至,姑且听之,吾等先往抚顺关迎敌。"遂过加哈关,与笞儿汉虾按兵候帝。四王因祀神后至,曰:"吾筑城运石之人夫俱无器械,界凡山虽然险固,倘大明将不惜其兵,必极力攻之,吾之人夫被陷将奈何? 今吾兵急往其地,人夫一见而心自慰矣。"大王与众臣等皆善其言,即令兵尽甲,未时,行至太拦冈。大王与笞儿汉虾欲掩兵俟帝,四王不悦曰:"何故令兵立于僻处? 当

---

① 〔日〕今西春秋:《満文武皇帝実録の原典》,関西大学東西学術研究所編《東洋学論集:高橋先生還暦記念》,関西大学東西学術研究所,1967年,第39—66页;〔日〕松村潤:《清太祖实录的编纂》,第40—45页。
② 《满文实录》(以下简称故宫本),中国国家图书馆编《原国立北平图书馆甲库善本丛书》第187册,国家图书出版社,2013年;《大清太祖武皇帝实录》(以下简称北图本),天理大学おやさと研究所編《東方学紀要》2,1967年,第173—273页。
③ 庄吉发:"文献足征:以《大清太祖武皇帝实录》满文本为中心的比较研究",首届国际满文文献学术研讨会会议论文。
④ 《清太祖武皇帝实录》缩微胶片,中国第一历史档案馆藏《内阁满文实录》第7盒。

显出遇敌布阵,运石人夫见我兵至,亦奋勇而战矣。"厄一都曰:"贝勒之言诚是也,吾等当向前立于显处。"众皆从之,遂前进与大明兵对垒布阵。①

满文本同卷云:

  muduri〔erinde/erin de〕uthai jurafi genehe de karun-i niyalma geli cing hoo-i jugūn de cooha sabumbi seme alajiha manggi. amba beile hendume cing hoo-i jugūn be cooha jihe seme. ba gafirakū. jugūn ehe. cooha taka isijirakū. muse ai ocibe neneme fušun〔soo/suu〕jugūn-i cooha be afaki yabu seme genefi. jakai furden be duleke manggi. amba beile darhan hiya taidzu genggiyen han be aliyaki seme cooha iliha bade hong taiji beile fecere baita de tookafi. amala acame isinjafi hendume musei hecen sahara wehe jufeme genehe yafahan-i alban-i niyalma de dain-i agūra akū. jaifiyan-i hecen udu akdun beki seme. daiming-ni coohai ejen ini coohai bucere be hairandakū urunakū morime afambi. aikabade musei alban-i niyalma gaibuha de ainambi. cooha hūdun genefi musei cooha sabuha de. alba-i niyalma〔sahade/saha de〕dolo selambi kai sere jakade. amba beile. geren ambasa gemu tere gisun mujanggo seme coohai niyalma be gemu uksilebufi tereci genehei honin〔erinde/erin de〕tairan gebungge alin de isinaha manggi. amba beile. darhan hiya cooha be daldame ilifi. taidzu genggiyen han be aliyaki〔serede/sere de〕. hong taiji beile hendeme muse dalda de ainu ilimbi. iletu tucifi bade be sabume cooha faidaki. musei cooha be wehe juwere

---

① 《太祖武皇帝实录》卷三,《故宫图书季刊》第 1 卷第 1 期,广文书局,1970 年,第 98—99 页。

> alban-i niyalma sabuha de dolo selafi afarangge hūsungge ombikai. seme jilidame hendume manggi. tere gisun de eidu baturu jabume. beilei ere gisun mujanggo. muse julesi genefi iletu iliki sehe manggi. geren gemu gisun dahafi. julesi genefi. daiming-ni cooha bakcilame faidaha. ①

满文本叙事与汉文本一致,故不再翻译。抚顺一路出兵,虽由大贝勒代善统帅,但据《实录》来看四贝勒皇太极无疑发挥了重要作用。爱新国自天命三年(1618年)九月起筹议筑造界凡城(此事下文亦有讨论),有夫役甚多,故皇太极力主进兵救护;其后界凡山下与明军对垒,亦由皇太极促成,代善、达尔汉诸人似始终处于一消极位置。但《满文原档》中的原始记录则与之相差甚远,兹将有关内容引录如下:

> amba beile beise ambasa hecende bihe. coohabe gaiha tere muduri erinde uthai juraka. jurabi generede niowanggiyahai jugūnde geli cooha sabumbi seme karuni niyalma alanjiha. tereci amba beile hendume niowanggiyahai jugūnbe cooha jihe seme taka isinjirakū. tere jugūmbe juwe tanggū cooha tuwakiyakini muse eitereci neneme wala yabu seme wasihūn genebi jakai furden be morin erinde duleke. jakai furden be dulebi coohai niyalmabe gemu uksile seme uksilebuhe. tereci genebi hejigei gebungge bade [**emu niyalma acafi alame**] ~~alanjime~~ nikan cooha musei uwehe juwere yafahan cooha jabiyan-i girin hadade tafaka be sabi girin hadabe kahabi seme alanjiha. tereci genebi honin erinde jabiyande isinaha. isinabi tuwaci nikan-i juwe tumen cooha

---

① 满文《太祖武皇帝实录》(故宫本)卷三,第 1165 页左上、1166 页右上、1165 页左下;北图本卷三,第 208—209 页。凡两本有差异者,以[故宫本/北图本]表示。因《原国立北平图书馆甲库善本丛书》影印《武皇帝实录》次序错乱,以下引用皆依次标明其页码与分栏位置。

jabiyan-i hoton araha ninggude ilibi afambi. yafahan cooha girin hadai amba ninggude ilihabi. ~~terecin~~eneme yafahan be tuwakiyame genehe duin tanggū morin-i coohai niyalma nikan-i julegi amba ing-i coohabe dulembubi amargi uncihen de dosibi sarhūi anggaci sacime jabiyan-i dogonde isitala wahabi.①

> 大贝勒及众贝勒、大臣带城中所驻之兵,于辰时即行出发。行时,卡伦之人报云清河路又见敌军。大贝勒云:"清河路之兵虽来,暂不能至;将此路使二百兵看守,我等仍西行。"遂西去。午时过扎喀关,既过关,令兵丁悉数披甲。自此行至名赫济格之地,见一人,报云"尼堪兵见我运石步卒登界凡之吉林山而将之包围"。自此前行,未时至界凡。到时见尼堪二万兵正攻我筑界凡城之步卒,我兵立于吉林山上。又一队(尼堪)兵立于萨尔浒山上。先行派往护卫步卒之四百马兵,待尼堪前大营过后,即尾随入,自萨尔浒口砍杀直至界凡渡口。

此段出自《昃字档》,底文同《荒字档》,前者删去者标删除线,增补者放于中括号内,翻译以前者最终定本为准。细节之二是击破龚念遂军始末,分别引《实录》满汉文本如下:

> 大明左侧中路后营游击龚念遂、李希泌,领车营骑兵一万,至宅哄泊处安营,绕营凿壕列炮。帝率四王,领兵不满千人,令一半下马步战,大明兵一齐发炮,四王率骑兵突入,步兵遂摧覆战车,大败其兵。四王领兵尽力追杀,龚念遂等皆殁于阵中。帝正望间,大王报到,言敌已驻尚间山,帝闻之,不待四王之兵,急领随从四五人,午时至其处,见敌兵四万,已布阵而立。②
> daiming gurun-i hashū ergi dulimbai jugūn-i amargi ing-ni

---

① 《满文原档·昃字档》,第1册,第208—209页。
② 《太祖武皇帝实录》卷三,第99—100页。

iogi hergen-i gung niyan sui li si mi sejen kalka be gaifi yabure yafahan morin-i emu tumen cooha be gaifi wahūn omo gebungge bade isinjifi ing ilifi. ing-ni tehereme ulan fetefi poo faidafi [bisirede/bisire de]. taidzu genggiyen han ini beye hong taiji beile minggan isirakū cooha be gaifi genefi. coohai niyalma be dulin yafahalabufi afabure de. gung niyan sui li si mi cooha poo miociyang emdebei sindame afara de. hung taiji beile moringga cooha be gaifi yafahan cooha sejen kalka be aname tuhibufi tere tumen funcere cooha be gidafi hung taiji beile juleri gaifi dube tucime bošome wame genehe. gung niyan sui li si mi gemu wabuha. taidzu genggiyen han ilifi [bisirede/bisire de] amba beilei takūraha niyalma isinjifi [daiming/dai ming]-ni cooha šanggiyan [hada i/hadai] bade ing ilifi bisire be alara jakade. taidzu genggiyen han hong taiji beile bošome genehe cooha be aliyarakū kutule jafaha duin sunja niyalma be gaifi ebšeme jime morin erin de isijifi tuwaci [daiming/dai ming]-ni duin tumen cooha faidafi ilihabi.①

由《实录》所记,击破龚念遂所部主要是皇太极率兵突入、奋力击杀所致,努尔哈齐的事迹反晦暗不显。《满文原档》中的原始版本亦与此不同(引、译方案如前):

~~terei~~ amba beile afaci amasi ilan jergi han de alame unggihe. han wahūmui bigande nikan-i amala boo miocan sejen kalka aika jakabe gaibi yabure emu ing-i emu tumen coohabe sabubi. han-i beye emu minggan isirakū coohabe gaibi afame genebi. tere ing-i

---

① 满文《太祖武皇帝实录》(故宫本)卷三,第 1168 页右上、1167 页左下、1168 页右下;北图本卷三,第 211 页。

nikan emu tumen cooha ulan fetebi boo miocan jergi jergi sindame dasabi sejen kalka be ilibubi alime gaiha manggi. minggan isirakū cooha be dulimbe① yafahalabubi afame ~~geneei~~ [dosirede] nikan cooha boo miocan be emu dubei sindaci tucirakū bireme genebi sejen kalkabe aname tuhebubi tere emu tumen coohabe gidabi gemu waha. tere wahūmui coohabe wabi. amasi bedereme jiderede amba beilei takūrame niyalma han de isinabi amala siyanggiyan hadade nikan-i emu ing-i cooha ulan fetebi ilihabi. tere cooha ainci amaga coohabe aliyarakū fekumbure katarara jibi inenggi dulin morin erinde isinaha.②

大贝勒三度遣使告汗,汗于宆哄泊之野见敌军一营一万人,皆携炮、鸟枪、战车、藤牌一应战具而行。汗亲率不足一千之兵攻入,此营一万尼堪兵开掘壕沟、层层安置枪炮,排列战车藤牌以应战。(汗)遂命不足千人之兵一半步战,攻入之时,尼堪兵连发枪炮而不出,我兵将战车、藤牌悉数推倒,败其一万兵而诛之。将彼宆哄泊之兵诛杀后而返回时,大贝勒所遣人到达汗处,报云:"尚间崖有尼堪一营兵,掘壕沟布阵,约有四万之众。"汗遂不待后来之兵,纵马疾驰而来,日中午时到达。

与第一节内所引《原档》不同,这两段《昃字档》对《荒字档》基本没有改动,亦从一个侧面说明了因萨尔浒之战显示天命所归,其记事的初始版本在写作时相当谨慎,极少留有润色的余地。与《武皇帝实录》对照可知,《实录》关于四贝勒皇太极的记事完全不见于《原档》,原因可自两方面考虑,其一是皇太极的有关记事全系《实录》纂修诸臣的捏造,其二是《实录》纂修时又看到了《原档》之外的其他史料。事实上,后者的可

---

① 此处《荒字档》作 dulin be(见《满文原档》第 1 册,第 106 页),《昃字档》抄时连写作 dulimbe。

② 《满文原档·昃字档》,第 1 册,第 213—214 页。

能性微乎其微。首先就现有的《原档》来看,荒、昃字档应是出自记忆与口述,之前并无更原始的档册,此点广禄、李学智先生业已提出①;其次,《荒字档》所载是天命年间萨尔浒战事叙述的定本,并附有额尔德尼撰拟的一段评论,足见爱新国内部欲郑重其事,故《昃字档》对此亦未过多润饰,以皇太极之位置,其功绩自应详记,断无省略之理;复次,《武皇帝实录》下文内另有两处述及皇太极之战功,一是随代善先行探听消息,一是与代善合力击破刘𬘓所部,这两处在《原档》内均有对应的记载,细节亦无出入,可知《原档》并无隐匿皇太极事迹之意。② 界凡之战和击破龚念遂部两处记事的原始版本并不包含有关皇太极的成分,前者有意突出代善,而后者则表现努尔哈赤之神武。《武皇帝实录》纂修时,此等用以彰显皇太极形象的细节经由文臣的编造而进入官书。《武皇帝实录》以降直至乾隆四十一年(1771年)御笔《萨尔浒山战事碑》及五十一年成书的《皇清开国方略》,这两处细节已成为开国史神圣叙事谱系的一个固化的环节。③

《武皇帝实录》修成时,爱新国已经转型成为统驭满洲、漠南蒙古、辽东汉人并获得格鲁派支持的多元共主的大清国(daicing gurun),故对于有损国家圣德的早期记事甄别尤慎。天命三年(1618年)修筑界凡城的历史记事适为一典例,这一事件起因于爱新国边境打谷人被明军偷袭,故努尔哈赤意欲在临边之地筑城驻军,《武皇帝实录》卷二云:

> 帝与诸王臣议曰:"今与大明为敌,我国居处与敌相远,其东边军士途路更遥,行兵之时,马匹疲苦,可将马牧于近边地。西近大

---

① 广禄、李学智:《清太祖朝〈老满文原档〉与〈满文老档〉之比较研究》,第19—23页。
② 《满文原档·昃字档》,第1册,第219—221页。
③ 《北京图书馆藏中国历代石刻拓本汇编》,中州古籍出版社,1989年,第73册,第170—172页;(清)阿桂等纂《皇清开国方略》卷六,《景印文渊阁四库全书》第341册,台湾商务印书馆,1986年,第82—84页。值得一提的是,满汉合璧《萨尔浒碑》的满文系内翻书房据高宗汉文稿译出,见《满文录副奏折》,乾隆四十年十一月二十二日质郡王永瑢等奏,中国第一历史档案馆藏,档案号:03-0187-2659-001。

明国,于界凡处筑城。"①

> taidzu genggiyen han beise ambasa baru hendume. daiming gurun de dain ofi. muse dorgi bade tefi cooha yabuci. dergi dubede tehe coohai niyalma morin. ba goro ofi suilambi. morin be jecen-i bade adulaki. daiming gurun-i baru wasihūn ibefi jaifiyan-i bade hoton arafi teki seme hebšeme toktofi.②

满文本与汉文本并无差异。努尔哈赤自言的筑城理由合于情理,并无可议之处,但《实录》所记实是润饰后的版本,《满文原档·昃字档》云:

> ~~tereci~~ genggiyen han hendume nikan gurunde dain obi. muse ere dorgi bade tebi cooha yabuci. dergi dubei coohai niyalma morin. ba goro obi suilambi. ~~amba gasan~~ nikan-i baru wasihūn ibebi jabiyan-i bade hoton arabi teki. ~~beise ambasa~~ nikan-i jasei dolo adun ulebume jeceni nikan be usin [**uileburakū tebi. muse giyahūn maktame**] ~~tariburakū. tariha jekube yangsaburakū. yangsaha jekube haduburakū. haduha jekube tūhurakū oki. giyahūn maktame.~~ aba abalame yabuki. nikan~~gurun~~ be hecenci tuciburakū. ~~tuttu~~ jobobuki. joboburede doosorakū cooha tucici saciki. cooha tucirakūci. muse jai geli emu babe seoleki. musei coohabe jobobume ~~hoton de afabi~~ uwehede fahabubi uju hūwajame gala bethe bijame [**hoton be**] afabi ainambi. seme gisurebi.③

庚寅汗言:"因与尼堪国争战,出动我们内部驻扎之兵,东边兵马因地远而劳苦。应在西向接近尼堪之处筑城居住,可在尼堪境

---

① 《太祖武皇帝实录》卷二,第 96 页。
② 满文《太祖武皇帝实录》(故宫本)卷二,第 1162 页左上;北图本卷二,第 205 页。
③ 《满文原档·昃字档》,第 1 册,第 197—199 页。

内放牧,使边上尼堪之田不得收获。我等放鹰、打围,使尼堪国人苦困城中。若不堪其苦而出兵,则砍杀之;若不出兵,我等再谋别处。我兵劳苦,被石所中、头破手足折而攻城,何必为之?"

修筑界凡城,"备兵"之外尚有"扰边"的用意。"扰边""掠边"正是爱新国初期针对明朝颇为常用的策略,在大军征伐之外,频繁小规模入边掳掠,在满足国内资源需求的同时,逐渐虚耗、荒废明朝的边防力量。此种策略未免稍悖于清朝标榜的仁义之道,故在后纂官书中被淡化。就天命初年的情况来看,仅天命三年九月入掠会安堡一事因收获较大、且关系到与明和议,得以保留于《武皇帝实录》;此外如《昃字档》所载天命五年五月初一日扰边掠俘近百,十八日扰边掠俘三百,六月十二日至沈阳附近抢粮、俘虏四千①,《实录》皆删去。《实录》在处理努尔哈赤此段训谕时应出自类似的考虑,故隐去了努尔哈赤"扰边""围困"的策略,而将之改写为普通的边境筑城行为,大失真意。

讨论《实录》编纂时无法回避的问题是满汉文本《实录》的关系以及《实录》的史源。前者本稿留待下文考察《满洲实录》时一并叙说。关于后一问题可从两方面考虑:如七大恨条文、努尔哈赤招降李永芳信等单独成立的重要文书,《武皇帝实录》基本照《原档》原文,仅对无圈点满文的不规范之处、地名译写、部分政治性语汇(如 nikan、jušen)进行了修正,此点已由庄吉发先生证明②。此外的部分,依通行之说,《实录》亦是重要的史源,但较之独立文书,《实录》对此部分的改动较为灵活,

---

① 五月初一日事:sunja biyai icede tabcin dosibi karun be gidabi. emu tanggū isirakū okji baha(《满文原档·昃字档》,第 1 册,第 353 页);十八日事:~~jai ineku sunja biyai~~ juwan jakūnde tabcin dosibi olji ilan tanggū isime baha(同上);六月十二日事:~~ninggun biyai~~ juwan juwede jeku gaime yafahan ~~niyalmabe~~ [**cooha be**] gamame. fusi golobe ~~tabein~~ [**cooha**] dosibi simiyan-i hecende juwan bai debede isitala ~~tabein~~ feksibi nikan cooha ~~niyalma~~ be tanggū isime ~~bahabi~~ waha. ... [**duin minggan olji baha eyei jeku be feteme tucibubi gajiha.**](同前书,第 353—354 页)。值得注意的是,最后一段内 tabcin(抢掠)一词悉数被删掉。

② 庄吉发:"文献足征:以《大清太祖武皇帝实录》满文本为中心的比较研究",首届国际满文文献学术研讨会会议论文。

除前文所述基于政治目的而增改或隐讳外,亦进行了大量的文句润饰,故满文本《实录》较《原档》读之更为简明晓畅。就本稿所勘对的诸记事而言,《实录》在润饰文句时基本未对史事作出修改,但亦偶有失误之处,如第一节引爱新国攻克清河事,据《原档》乃二十日出兵、二十二日围城、当日攻克,《实录》则改为"nadan biyai orinde amba cooha jurifi yahū guwan furdan be dosifi cingho hecen be kafi afara"[①](七月二十日出兵,入鸦鹘关,围攻清河),合两句为一句,反将二十二日攻城事与二十日的出兵混为一谈。

三、开国史叙事的凝成:《高皇帝实录》

清朝真正开始关注开国史叙事,并通过开国史事的书写以界定"满洲"源起与边界,可以上溯至康熙朝。[②] 而这一趋势至乾隆朝更为明显。乾隆朝一个不可忽视的政治文化背景即是强化满洲、蒙古的族群认同及与民人、汉军的族群区分。通过制度性的举措强化八旗结构与满洲旧俗,如开户与汉军的出旗、将国语骑射作为考察满蒙官员与宗室子弟的新标准,固然是此政治文化环境中的必要政策。此外不容忽略的是试图通过对开国史的重新叙述将此遗产仪制化,作为满洲认同的核心,高宗对之极为热心。三朝实录的修订、《皇清开国方略》《满洲源流考》的编纂,皆继承了康熙朝改写开国史的事业,形成了开国史叙事的最终钦定版本。本节以《高皇帝实录》为例,分析开国史叙事最终凝成的过程。

《太祖高皇帝实录》有康熙朝重修本与乾隆朝校订十卷本两个系统,前者修成于康熙二十五年(1686年),后者修成于乾隆四年。康熙本正本已不存,目前尚有多个底稿本与传抄本,皆为汉文本,其满文本

---

① 满文《太祖武皇帝实录》(故宫本)卷二,第 1161 页左上、1162 页右上。
② 姚大力、孙静:""满洲"如何演变为民族",姚大力:《北方民族史十论》,广西师范大学出版社,2007 年,第 41—43 页。

是否存在尚有争议；乾隆定本则满蒙汉文本皆存。① 本稿采取五种版本进行比对：首先是罗振玉辑《太祖高皇帝实录稿本三种》，源出内阁大库八千麻袋之劫余，据徐丹俍考证，三种皆形成于康熙二十三年前②，依照罗氏刊布时的排列顺序，以下称为罗甲本、罗乙本、罗丙本；其次是京都大学人文科学研究所所藏内藤湖南旧藏《太祖高皇帝实录》即所谓《三朝实录》本，凡两册，封面题"大清纪事"，《三朝实录》在日本有五部钞本，今一般认为京大人文研藏本系雍正年间所抄康熙重修本③；其三是乾隆朝定本的《太祖高皇帝实录》满文本，松村润认为其与《武皇帝实录》满文本差别不大④；其四是同书汉文本，佟佳江以为其译自满文本⑤；其五是同书蒙文本，齐木德道尔吉推定蒙文本系译自汉文定稿本⑥。

如前所言，《武皇帝实录》是今所见最早的清初对开国史事的再书写，叙事的情节方面大抵由此定型。但《武皇帝实录》的体例事实上并不成熟，"文字体例，与历代之实录殊，即与后来规仿实录以为实录者，形式亦自迥别也"⑦。孟森先生并举出《武皇帝实录》开首夹用纪事本末体的"诸部世系"一段为例，这在罗振玉刊布之康熙《高皇帝实录》甲

---

① 〔日〕松村润：《清太祖实录的编纂》提及曾于中国第一历史档案馆见到康熙重修本的满文本（第53页）。据目录著录，一档馆今藏有满文本《高皇帝实录》三种，皆系乾隆修订本；另有《清太祖实录》抄本五册，并无满文题名，年代不详，未得见。故宫博物院图书馆亦藏有《太祖实录》，著录云稿本存三册，亦未便调阅，不知为何朝本。以上参看吴元丰主编：《北京地区满文图书总目》，辽宁民族出版社，2008年，第110—111页。
② 徐丹俍："《清太祖高皇帝实录》康熙重修本辨证"，《北京社会科学》1995年第1期，第103页。
③ 〔日〕神田信夫："关于日本遗存的《清三朝实录》来历"，《庆祝王锺翰先生八十寿辰学术论文集》，第38页；齐木德道尔吉："关于康熙本《三朝实录》"，《内蒙古大学学报》2002年第3期，第26页。
④ 〔日〕松村润："清太祖实录的编纂"，《清太祖实录研究》，第56页。
⑤ 佟佳江："汉文本《清太祖高皇帝实录》订误二则"，《满族研究》1994年第4期，第15页。
⑥ 齐木德道尔吉："满文蒙古文和汉文《清太祖实录》之间的关系"，《内蒙古大学学报》2003年第1期，第21页。
⑦ 孟森：《康熙重修〈太祖实录〉跋》，氏著《明清史论著集刊》，下册，中华书局，2006年，第481页。

种本中已改为附录，低一格书写，乙本以后即删去，形成今本纯用编年体的格局。① 其次是记日法，《武皇帝实录》皆用日期记录，与前后《实录》俱不同，康熙重修本乃统一厘定为干支记日。复次是人名、地名的汉字对译，《武皇帝实录》多用俚俗之字，《高皇帝实录》则为用雅字之润色。此点庄吉发先生已据《武皇帝实录》及乾隆本《高皇帝实录》举出若干，今就其所未列者，并益以康熙重修本，表列如下：

表1 《武皇帝实录》《高皇帝实录》部名地名人名对译表

满文	《武皇帝实录》	康熙本稿本	康熙重修本	乾隆修订本
kalka	胯儿胯	甲：喀尔喀	喀尔喀	喀尔喀
jarut	扎抡	甲：扎鲁特	扎鲁特	扎鲁特
yehe	夜黑	甲：叶赫	叶赫	叶赫
hulūn	糊笼	甲：扈伦	扈伦	扈伦
giyamuhū	夹木和	未详	夹木和	嘉木湖
adun	阿冻	未详	阿敦	阿敦
eidu	厄一都	甲：额亦都	额亦都	额亦都
abutu baturu	阿不兔把土鲁	甲：阿布兔巴图鲁	阿布兔巴图鲁	阿布图

可知译名文雅化的过程大多在康熙本初稿中即已完成，乾隆定本所用的译名当有相当一部分依循康熙本之旧。以下以天命四年（1619年）五月二十八日朝鲜官员致努尔哈赤书信文本为例，具体分析《高皇帝实录》对开国史的书写。

此事起因在于是年三月萨尔浒之战中，朝鲜都元帅姜弘立不支而归降爱新国，努尔哈赤遂遣降将张应京等致书于朝鲜国，致联络之意，末云："今王之意，以为吾二国原无衅隙，同雠大明耶？抑以为既助大明，不忍背之耶？愿闻其详。"②五月二十八日，朝鲜国回书。《昃字档》记：

---

① 罗振玉辑：《太祖高皇帝实录稿本三种》，上册，哈尔滨出版社，2003年，第20—26页。

② 《太祖武皇帝实录》卷三，第103页。满文《太祖武皇帝实录》（北图本）卷三：wang sini dolo muse juwe gurun daci umai ehe akū bihe. te bicibe muse juwe gurun emu hebe ofi. daiming gurun de ushaki sembio. bi emgeli daiming de dame wajiha. daiming ci hokorakū sembi. sini gisun be donjiki.（第216页）

solho guruni bing an doo goloi guwancase hergen-i buhūwa. giyanjo ui mafai bethei fejihe bithe aliburengge muse juwe gurun ba na acame tebi nikan gurun be han ~~ama muse~~ [muse] juwe gurun amba seme banjime juwe tanggū aniya otolo emu majige serseme gasacun ehe akū bihe. te uwesihun gurun nikan-i emgi kimun kokon obi dailame uweihun irgen boihon oho. bi hanciki gurun-i kesikū anggala. duin tala de gemu dain kai. uwesihun gurun de inu sain uile waka kai. nikan meni gurun ama jui adali kai. amai gisumbe jui maraci ombio. amba jurgan obi maraci oho akū tere uile emgeri duleke. te ume gisurere. jeng ing jing-i duin niyalmabe unggihe manggi. giyan giyan-i uilei jurgan be tede saha hanciki gurun-i sain banjire doro geli akū doro bio. unggihe bithede henduhengge mini mujilen daci amba gurun-i han be ehe gūniha bici abka endembio. seme henduhebi. tere mujilen dere dule jalan halame enteheme abkai hūturi isibi banjire niyalma kai. ereci amasi amba doro be acabume banjici. nikan buyeme sain gisun goidarakū wasimbikai. muse juwe gurun meni meni jase babe tuwakiyame fe sain be dasabi banjici sain akūn.①

朝鲜国平安道观察使朴烨奉书致建州卫马法足下，我二国接壤而居，以尼堪国为君父，我二国为臣，如此绵历二百年，即细微怨恨亦未尝有。今贵国与尼堪国为仇而征之，生民涂炭，不特于我近邻之国为不幸，而四方皆有干戈，即于贵国亦非美事。我国与尼堪国形如父子，子岂可拒父之语？为大义之故，不可拒绝。今彼事已往，不必再言，将郑应井等四人送还后，始知其间诸事原委，岂有邻国不相善之道理？来书云"我心中若素有与大国皇帝为恶之念，岂能瞒天？"存此心者，可永世受天之赐福而生矣。是后若能合大道而行，尼堪国喜，善语不久即下矣。我二国各守边境、修旧好而行，

---

① 《满文原档·昃字档》，第 1 册，第 241—243 页。

岂不善哉?

此信在《光海君日记》内收有全文,虽以朴烨的名义寄出,但文字事实上经过了李朝朝廷的反复斟酌。① 《昃字档》所记系据汉文原信全文照译,故文内亦极少有修改痕迹,可谓是爱新国方面关于此信最早亦最完整的记录。《武皇帝实录》满文本云:

  solho gurun-i ping an doo goloi [guwansase/guwan sa se] hergen-i [poohūwa/poo hūwa] manju ui mafai bethei fejile niyakūrame bithe aliburengge. musei juwe gurun ba na dube acame tefi. daiming gurun be han. muse juwe gurun amban seme banjime juwe tanggū aniya otolo emu majige ser seme gasacun ehe akū bihe. te wesihūn gurun. daiming gurun-i emgi kimun bata ofi dailame. weihūn irgen boihon oho. meni hanciki gurun-i anggala. duin ergi de gemu dain kai. wesihun gurun de. inu sain weile waka. daiming meni juwe gurun ama jui adali. amai gisun be jui maraci ombio. amba jurgan ofi maraca oho akū. tere weile emgeri duleke. te ume gisurere. jang ing ging-ni emgi duin niyalma be sindafi unggihe manggi. giyan giyan-i weilei jurgan be tede saha. haciki gurun-i banjire doro geli akū doro bio. unggihe bithe de henduhengge. mini mujilen daci amba gurun-i han be ehe gūniha bici. abka endembio seme henduhebi. tere mujilen dule jalan halame enteheme abkai hūturi isifi banjire niyalma kai. ereci amasi amba doro be acabume sain banjici. daiming gurun buyeme sain gisun goidarakū wasimbikai. muse juwe gurun meni

---

① 《光海君日记(太白山本)》卷一三九,十一年四月二十一日,《朝鲜王朝实录》第 30 册,(汉城)国史编纂委员会,1969 年,第 128 页。

meni jase be tucihiyame fe sain be dasafi banjici sain kai.①

与《满文原档·昃字档》相比,满文本《武皇帝实录》主要有三处修改。其一是努尔哈赤的名衔,《昃字档》写作 giyanjo ui mafai bethei fejihe,即"建州卫马法足下",但《实录》则改为 manju ui mafai bethei fejile 即"满洲卫马法足下"。其二是致书的方式,《昃字档》仅用 aliburengge 一词,其动词原形 alibumbi,《增订清文鉴》释为"地位低之人向尊贵之人致书谓之 alibumbi"②,犹汉文所谓"敬奉书"云云,《实录》加入 niyakūrame,即"跪奉书"。其三是"明朝"的翻译,《原档》用 nikan gurun,满文《实录》则音写为 daiming gurun,汉文本写作"大明"。建州卫本为爱新觉罗氏之所自出,努尔哈赤称昆都仑汗前亦曾以"女直国建州卫管束夷人之主"③之名与朝鲜交涉;称汗以后则否,四年三月努尔哈齐致朝鲜国王书是以上承金朝的爱新国皇帝自居,但朝鲜方面并不承认,仍以建州卫相称。④《武皇帝实录》改 giyanjo 为 manju,实际是依循"其国定号满洲,南朝误名建州"⑤之说,淡化努尔哈齐早年受明敕封的事实,但仍保留了"卫"称,形成殊为不伦的"满洲卫",可见此一时期满文本的修改尚未有统一的规划。后一处改动则欲显现出爱新国—朝鲜国之间的尊卑关系。但是值得注意的是,汉文本《武皇帝实录》皆未经修改,仍作"致书于建州卫马法足下"⑥,完全保留了《昃字档》的原

---

① 满文《太祖武皇帝实录》(故宫本)卷三,第 1174 页右上、1173 页左下、1174 页右下;北图本卷三,第 216—217 页。
② 《御制增订清文鉴》卷七《书类七》,《景印文渊阁四库全书》第 232 册,第 224 页。原文为:fushūn urse wesihun niyalma de bithe unggire be alibumbi sembi。
③ 申忠一:《建州纪程图记》,《清入关前史料选辑(第二辑)》,中国人民大学出版社,1989 年,第 440 页。
④ 《光海君实录(太白山本)》卷一三九,十一年四月十九日条:"胡书中印迹,令解篆人申汝桿及蒙学通事翻解,则篆样番字,俱是后金天命皇帝七个字"(第 127 页)。此处通事翻译有误,按所谓七字者,即 abkai fulingga aisin gurun han-i doron(天命爱新国汗之印),最早由李学智检得于满文旧档中,详参蔡美彪:《大清国建号前的国号、族名与纪年》,《历史研究》1987 年第 3 期,第 133—136 页。
⑤ 《太祖武皇帝实录》卷一,第 59 页。
⑥ 《太祖武皇帝实录》卷三,第 103 页。

貌。先行研究或认为《武皇帝实录》汉文本系译自满文本①,就此条来看显然并不完全成立。以汉文本比对《光海君日记》所收汉文原信,文字不同,可知汉文本并非录自原信,而是自某一满文史源(极有可能即是《㝵字档》所载)翻译而来。较为合理的解释是,满文本与汉文本此条记事系依据相同的满文史源分别修成,满文本照录原文而加以润饰改写,汉文本则直接翻译而成。

《武皇帝实录》的第一次修改并不彻底,满文本的"卫"称未删,汉文本则全未润色,与明为君臣之句两本皆完全保留。至康熙前期重修《高皇帝实录》时,遂有第二次改写,罗氏甲本稿本记此信开首云:

> 朝鲜国平安道观察□朴化顿首谨跪[顿首]致书于满洲卫马法[国主]足下,吾二国接壤而居,明为君,吾二国为臣。②

已将"建州卫"的痕迹完全删去,文内所有称明朝为"大明"之处皆改为"明"。信中文句,重修本亦有润饰,如《武皇帝实录》"即此一念,便可常享天眷,受福无疆",重修时初改为"即此心,真保世滋久、克宁天眷之(下缺)",罗甲本再改为"推此心也,诚保世滋大、受天之佑者矣",乙本同,定本亦同。③满文本《武皇帝实录》中增补的 niyakūrame(跪),在定本中已经删去,但曾一度出现于稿本中。由此可知,重修《高皇帝实录》汉文本纂修时,应同时参考了《武皇帝实录》的满汉文本,并利用满文本对汉文本进行了修改、补充。如仅依据重修定本,则这一层关系无从看出。此外值得一提的是"马法"一词,显然是满文 mafa 的音写,《御制清

---

① 〔日〕松村润:《清太祖实录的编纂》,《清太祖实录研究》,第 56 页。
② 《太祖高皇帝实录稿本三种》,上册,第 83 页。
③ 《太祖武皇帝实录》卷三,第 103 页;《太祖高皇帝实录稿本三种》,上册,第 84、281 页;《太祖高皇帝实录(康熙重修本)》不分卷,天命四年五月庚戌,京都大学人文科学研究所藏抄本,第 1 册,第 13a 页。

文鉴》释义云:"父之上一代谓之 mafa,又将年长者亦敬称为 mafa"①,清世祖尊汤若望为 mafa,即从后意②。朝鲜国书称言"马法",依其模糊的理解,"所谓马法,即偏裨之称,则非直答于奴酋者也"③,此种误解遂造成事与愿违,本意在于贬抑,反而使用了满洲社会中惯常的尊称。重修《高皇帝实录》对爱新国为明朝臣子之事并不讳言,但至乾隆修订时,将此一并删去,兹将康熙本与乾隆本《高皇帝实录》比对如下:

> 朝鲜国平安道观察使朴化顿首致书满洲国主足下,吾二国接壤而居,明为君,吾二国为臣。[明与我二国]历二百余载,毫无怨恶。今贵国与明为仇,因而征战,生民涂炭。不特邻邦,即四方皆动干戈矣,亦非贵国之善事也。明与我国犹如父子,父之言,子敢违乎?盖大义所在,不可拒也。事属既往,今勿复言。张应京偕四人来,方悉此事原委,然邻国亦自有交道也。来书云,我若向来有意与明结怨,天即鉴之。推此心也,诚保世滋大、受天之佑者。自此以往,克协天道,同归于善,当亦明所深愿,其温纶不久即下,吾二国各守疆圉,复修前好,岂不美哉?④

这一文本与康熙重修本之定本基本相同,仅删改涉及与明关系之处,将君臣关系掩饰为平等关系,是为该记事形成后的第三次修改,亦是此一记事的最终钦定版本。但值得注意的是,满蒙文本的表述并不一致,蒙

---

① 《御制满蒙文鉴》(han-i araha manju monggo gisun-i buleku bithe)卷五《人伦类第一》,《故宫珍本丛刊》第 720 册,海南出版社,2000 年,第 257 页。按此书为《御制清文鉴》之满蒙合璧版本。原文为:ama-i dergi jalangga niyalma be mafa sembi. jai se baha sakdasa be kunduleme inu mafa seme hūlambi.
② 王锺翰:《释马法》,氏著《清史新考》,辽宁大学出版社,1990 年,第 90 页。
③ 《光海君实录(太白山本)》卷一三九,十一年四月二十一日,第 128 页。据同卷四月十六日条,李朝朝廷这一认识来自于"北镇六道胡人赠给文书,称建州卫马法云云"(第 126 页),来源即甚不可靠,亦可见两国之隔膜。
④ 《太祖高皇帝实录(康熙重修本)》不分卷,第 1 册,第 13a 页;《太祖高皇帝实录(乾隆本)》卷六,《清实录》第 1 册,中华书局,1986 年,第 85 页。

文本此段为汉文本极为缜密的对译①,这与先行研究对蒙文本的认识基本一致;满文本则不然,其开首略云:

> solho gurun-i ping an doo goloi guwan ca ši piyoo hūwa manju gurun-i ejen-i bethei fejile niyakūrame bithe aliburengge. musei juwe gurun. ba na dube acame tefi. ming gurun be han. muse gurun amban seme banjime juwe tanggū aniya otolo. emu majige ser seme gasacun ehe akū bihe.②

若与《武皇帝实录》满文本比照,乾隆《高皇帝实录》满文本仅在部分词句上略有修饰,如满洲卫改为满洲国、马法改为国主,明朝的译语也从"大明国"(daiming gurun)转变为"明国"(ming gurun),这本身即反映出从爱新国到大清国的转型中,满洲人对于其与明朝关系的理解与想象的变化过程。而《高皇帝实录》满文本在语意上则基本继承了《武皇帝实录》,特别是保留了承认曾为明朝臣属的 ming gurun be han. muse gurun amban seme 一句,由此造成了其与蒙、汉文本间的差异。如与前引罗氏稿本及康熙本定本比对,可知满文本反映的是康熙朝重修定本的原貌,雍乾之际修订时仅注意到了汉文中违碍字句而加以改动,蒙文本大体上随汉文本进行了更改。世宗、高宗修订的初衷之一即是康熙本"清汉之文或简或繁,未经画一"③;而从修订过程来看,当时并不存在时间或人员不敷的问题,但何以将汉文本与蒙文本俱行改正,而满文本依然旧貌,与修订初衷相悖,此问题目前尚难给出较为合理的解答,仍有待于进一步的讨论。

---

① 蒙文《太祖高皇帝实录》卷六,内蒙古文化出版社,1989 年,第 133—134 页。
② 满文《太祖高皇帝实录》卷六,中国第一历史档案馆藏《内阁满文实录》缩微胶片,第 1 盒。
③ 《太祖高皇帝实录(乾隆本)》卷首,乾隆四年御制序,第 11 页。

四、《满洲实录》与《满文老档》

在康雍乾三朝改写开国史的潮流中,《满洲实录》与《满文老档》可谓异例。二者是爱新国开国史叙事链条上最为特殊的环节,其作为一种文献实体皆产生于乾隆朝中后期,但其文本则具有更早的来源,并非彼时的创作,"成书"时间与"成文"时间必须分开考虑。本节将以《满洲实录》与《满文老档》为例,考察其在何种程度上保留了早期记事的原貌,并对前者的史源问题提出更进一步的讨论。

《满洲实录》(manju-i yargiyan kooli)缮写成书于乾隆四十四年(1774年)至四十六年(1776年),分藏乾清宫、上书房、盛京、避暑山庄等处,有满蒙汉三体合璧本与满汉合璧本两种,皆带有绘图。其底本来源并不甚清楚,仅有高宗跋中所云"乃国家盛京时旧本,敬贮乾清宫"[①]一句,故历来为学者所争讼。松村润先生认为高宗所谓"旧本"指崇德元年成书的《太祖太后实录》,但《满洲实录》并非完全据此重抄,"其内容大体上是根据顺治重修本写成的"[②],而图绘部分则来自天聪九年绘成的《太祖实录图》。在此之先,陈捷先先生曾以满文本《武皇帝实录》对校《满洲实录》满文部分,结果是两书内容完全相同,仅有字句上的细微差异。[③] 就此可以说学界已基本认可了这一观点。近来则又有学者提出《满洲实录》为"伪书",否定"旧本"的存在,认为是将《太祖实录图》重绘、补绘后,抄写《武皇帝实录》而成,其目的在于构筑新的满洲起源谱系。[④] 此新论是否成立,仍待讨论。但《满洲实录》与此前几部官书的源流关系,并不因其真伪而改变。

以下先以天命六年(1621年)三月劝降张铨事为例,讨论自《满文

---

① 《满洲实录》附《敬题重绘太祖实录战图八韵》,《清实录》第1册,第423页。
② 〔日〕松村润:《清太祖武皇帝实录考》,《庆祝王钟翰先生八十寿辰学术论文集》,第49页。
③ 陈捷先:《旧满洲档与满洲实录》,氏著《满文清实录研究》,大化书局,1978年,第91—92页。
④ 杨勇军:《〈满洲实录〉成书考》,《清史研究》2012年第2期,第106—108页。

原档》至《满洲实录》记事的嬗变。至天命五年底,爱新国已统一海西女真四部,并在沈阳东北的蒲河所、懿路所一线与明军对峙;进而于六年三月十二日攻取沈阳,乘胜于十九日攻克明朝辽东防务重镇辽阳。辽东巡按张铨是城破后唯一被俘的明方要员,拒绝跪见,努尔哈齐欲杀之,皇太极曾尝试劝降,《满文原档·张字档》云:

> han-i duici jui hong taiji beile jang ciwan be hairame ujiki seme. julgei kooli feteme hendume julge suweini nikan-i joo hoisong joo cinsong juwe han inu meni aisin han de jafabubi niyakūrame hengkileme acabi meni bade gamabi wangse obuhabikai. si ainu niyakūrakū bi simbe banjikini seme ~~jombubikai~~ [**jobumbikai**] seme henduhe manggi. jang ciwan jabume wangse sini ere tacibure gisun be mini dolo buceci onggoro akū si inu mimbe banjikini seme jombumbidere. tere hoisung cinsung han gurun-i facuhūn-i fon ajige han kai. mini amba han-i doro be wasimbume bi niyakūrakū mimbe emu juwan inenggi ujici bi bisire terei dabala bi bisirakū bucembi. mimbe uji serengge amala banjire geren iregen-i jalinde kai nenehe hafasa gemu farhūn ulhirakū obi niyalma ambula bucehe. bi tuwaci te afaci geli bucembi afaha seme tusa akū seme. tuttu gūnime geren irgen-i bucerebe guwebuci mini sain gebu amala tutambi seme hendumbi dere sunja jui sargan aja mimbe bucehe de tese banjimbi. mimbe suwe ujihe de. mini enen hūncihin gemu bucembikai. bi uttu gūnime buceki [**sembi**] seme henduhe manggi. jang ciwan be futa tatame wabi giran be icihiyaha.①

汗第四子皇太极贝勒惜张铨,欲为恩养,推究古昔事例云:"昔尔尼堪之赵(宋)徽宗、钦宗皇帝为我金国汗所俘,叩首跪见,故携

---

① 《满文原档·张字档》,第 2 册,第 50—52 页。

至我处,封以王位。尔何不跪拜?我欲存尔,故明言劝慰。"张铨答云:"王之教诲,至死不忘。尔之劝慰,想为活我。彼徽宗、钦宗,国衰时之小君也。我断不跪见,以损我大皇帝之尊道。恩养我十日则可,逾期必死。恩养我云者,乃为后生之民也。前任官员俱昏昧无知,故人死甚多。以我观之,今交战则又有死者,战实无益。若使民免于死亡,想我善名将传诸后世。我死,我子女五人及我母得活;我受尔恩养,我子嗣亲族俱死矣。我其死矣。"如此说后,将张铨处绞,收葬其尸。

如首节所论,《张字档》写于明朝辽东公文纸上,系随时写成,较少涂乙,性质与《昃字档》《荒字档》不同,故上引为此事件最早的原始记录。但此记事又稍显粗疏,如张铨答皇太极"若使民免于死亡,想我善名将传诸后世"云云,前后文意均不甚贯通,故至《武皇帝实录》中又对之进行了补充与润饰,《满洲实录》则基本继承了《武皇帝实录》的记事,满汉文本皆然。为节省篇幅起见,兹将《武皇帝实录》与《满洲实录》合并引录如下,方括号内系《满洲实录》所作的修改或增补:

四王怜之而不忍杀,乃援古说【晓】之曰:"昔宋【之】徽、钦二帝为先金天会【太宗】皇帝所擒,尚尔屈膝叩见,受封公侯,吾欲生汝,故以此言提醒【开导】耳,何执迷而不屈乎?"铨曰:"王子【之】所教诫是,无非欲生全我也,虽死亦不忘。但徽、钦乃乱世之小朝廷,吾当今皇帝一统天下独【之】尊,吾岂肯屈膝而失大国之体统耶?即留我十日,但迟十日不死之期而已,无复生之理。然吾之所以稍存一时者,盖为后日苍生虑耳。前者,当事官府俱愚昧不谙时务,生灵涂炭,不知其几千万矣。吾观汝【满洲】兵,虽与战无益,徒伤生耳,故欲具本奏知我朝,二国相和,免生灵涂炭,以成我令名于后世。且吾之母妻及五子在家,我死俱可保全;吾若偷生,并宗祀亦覆绝矣,故一死之外无他愿也。"帝知其不服,遂缢而瘗之。①

han-i duici jui hong taiji[黄签] beile jang hiowan[**ciowan**] be hairame ujiki seme kooli be feteme hendume. julge suweni nikan-i sung gurun-i joo hoisung[**hūi dzung**] cinsung[**kin dzung**] ama jui juwe han inu. julgei aisin-i taizung[**taidzung**] tiyan hūi ujimai han de jafabufi niyakūrame hengkileme acafi. gung heo ofi banjihabi kai. bi simbe banjikini seme jombumbidere. si ainu niyakūrame acarakū seme henduhe manggi. jang hiowan[**ciowan**] jabume. wangse[**wang se**] sini tacibure sain gisun be mini dolo buceci inu onggorakū. si inu mimbe banjikini seme jombumbi dere. tere hoisung[**hūi dzung**] cinsung[**kin dzung**] han facuhūn-i fon-i ajige han kai. mini ere han abkai fejergi uhereme de emhun ejen kai. mini amba han-i doro be wasimbume bi niyakūrarakū. mimbe emu juwan inenggi ujici bi bisire. terei dabla bi bisirakū bucembi. mimbe taka uji serengge amala bucere geren irgen-i jalinde kai. nenehe hafase gemu farhūn ulhirakū ofi. niyalma ambula bucehe. te bi tuwaci suweni ere cooha de afaha seme tusa akū urunakū bucembi. tuttu ofi bi meni han de bithe unggifi juwe gurun-i dorobe[**doro be**] acabufi geren irgen-i bucere be guwebuci mini sain gebu amala tutambi seme hendumbi dere. mini eme sunja juse gaiha sargan mimbe bucehe de. tese banjimbi. mimbe suwe ujihe de. mini enen hūcihin gemu bucembikai. bi uttu ofi buceki sembi seme ojorakū oho manggi. jang hiowan[**ciowan**] be futa tatame wafi giran be icihiyaha.②

---

① 《太祖武皇帝实录》卷三,第 116 页;《满洲实录》卷七,第 326—328 页。
② 满文《太祖武皇帝实录》(故宫本)卷四,第 1127 页左下、1128 页右下、1128 页左上、1129 页右上;北图本卷四,第 241—242 页;《满洲实录》卷七,第 326—328 页。所引《武皇帝实录》据故宫本,北图本惟 wangse(王子之音译)一词分写作 wang se,其余俱一致。

《满文原档》及此段所记张铨说辞果否出自其口,实大有可疑,本稿姑置不论。但若仅自叙事情节来看,张铨的答辞至《武皇帝实录》中已经大体完备,张氏所云"使民免于死亡"的前提乃是具奏明帝,请与爱新国和好,前后文意均甚贯通。首先进行满汉文本的横向比较,《武皇帝实录》及《满洲实录》满汉文本均非完全对应,总体而言满文本内容多于汉文本,如满文本"尔尼堪之宋朝之赵徽宗、钦宗父子二帝"(suweni nikan-i sung gurun-i joo hoisung cinsung ama jui juwe han),汉文本仅略作"宋徽、钦二帝";金太宗之称谓,满文本年号、庙号及名讳俱全,汉文本则仅存其一,亦可佐证前文所述满汉文本并不存在对译关系。其次是《武皇帝实录》与《满洲实录》的纵向比较,后者之于前者的润饰主要集中在汉字的满文音写上。前者如 hoisung(徽宗)、cinsung(钦宗)的拼写尚保留《满文原档》旧貌,至《满洲实录》则采取了雍乾时期形成的较为成熟的满汉对音字式。此外《满洲实录》有严格的避讳,于太祖、太宗名讳俱加黄签,《武皇帝实录》则满汉文俱直书不讳。如下文所述,音写的规范与避讳的确立亦可见于《满文老档》,可知这是乾隆朝满文史书编纂已经成熟之时重抄开国文献的通例。《满洲实录》此段记事最可留意者是蒙文本,兹引录如下:

qaγan-u dötüger köbegün(黄签)noyan. J̌ang čiowan-i qairalaǰu aburasuγai kemen sedkiǰü erten-ü qauli-yi üligerlen ögüler-ün. erte čaγ-tur tan-u kitad-un sung ulus-un J̌oo küi sung kin sung ecige köbegün qoyar qaγan inu altan ulus-un taisung tiyan koi uǰmai qaγan-dur bariγdaǰu. sögöd-ün mörgüǰü ǰolγaγad. gung koo čolatu tüsimel bolǰu yabuγsan aǰuqu. bi čimayi amidu yabutuγai kemen ögülemüi j-a. yaγun-u tulada ülü mörgümü kemen ögülebesü. J̌ang čiowan ögüler-ün. e noyan surγaγsan sain ügen-i činu üküsebü-ber ülü umartam-u bi. či namayi qairalaǰu surγamui j-a. tere küi sung kin sung qoyar qaγan inu samaγu čaγ-un öčügüken qad buyu. daiming qaγan minu altan delekei-yin degreeki qamuγ ulus-un erkin qaγan buyu. qaγan eǰen-iyen ner-e-yi γutuγaǰu ülü mörgümü bi. namayi aburabusu arban edür asukai. tegün-eče ilegü aqu busu bi. namayi tür ǰaγur-a abur-a kemekü siltaγan minu. qoitu ükükü olan irgen-ü tula buyu. uritaiki said tüsimed bügüde qarangγui mungqaγ boldaǰu ulus irgen olan ta ükülüge. edüge bi üǰebesü ene cerig-tür tan-u eergülčen qadquldubasu-bar tusa ügei. kerkibesü ükümü. tegün-i medeǰü qaγan-dur manu bičig ergüǰü qoyar ulus-un törö-yi nairaγuluγad. olan irgen-ü amin-i aburabasu. sain ner-e minu qoitu üy-e-dür aldarsimu kemen ögülemü i-a. bi ükübesü eke ba tabun köbegün učiraγasn gergei minu amidu amu. namayi ta aburabasu. töröl törögsen minu bügüdeger ükükü buyu. bi eimü-yin tulada ükümü kemen ülü bolqui-dur inu. ǰang čiwao-i boγomilaǰu alaγad yasun-i inu absalaǰu talbibai. ①

与前引满汉文本比照可知,蒙文本与满文本基本完全一致。满文本较汉文本多出的 suweni nikan-i sung gurun-i joo hoisung cinsung ama jui juwe han 一句,在蒙文本中有完整的对译 tan-u kitad-un sung ulus-un ǰoo küi sung kin sung ečige köbegün qoyar qaγan;而金太宗的称谓,在蒙文本中亦全备年号、庙号与名讳三者。而在细微之处蒙文本较满文本多出的词汇,如满文本 gung heo ofi banjihabi(受封公侯),蒙文本作 gung koo čolatu tüsimel bolǰu yabuγsan aǰuqu(成为有公侯名号之大臣),此等差异仅由满蒙文书写习惯不同所造成,于叙事之情节并无实质影响。另外值得注意的是蒙文本中对"天下"的表述,满文系取二字直译作 abkai fejergi,但蒙文本则使用了 altan delekei(黄金世界)。后者并非此处所仅见,《满洲实录》中言及"天下"者凡四处,其中三处蒙

① 《满洲实录》卷七,第326—328页。

文本皆写作 altan delekei。① 此词亦见于爱新国时期蒙文官文书中，如天聪二年秋喀喇沁塔布囊布迪松、固英致皇太极书开首云："amitan bügüde altan delekei-dür toldoiddum. altan delekei amitan bügüde-yin tulγ-a metü"，译言一切生灵都仰赖金色的世界，金色的世界就像一切生灵的灶火。② 事实上，此种表述是蒙古本土文化传统与藏传佛教因素的融合。就前者而言，蒙古人将尊崇之物称以"金色"，所谓黄金氏族（altan oboγ）者即是典例，雍正时衮布扎布（gümbüǰab）所撰《恒河之流》（činggis eǰen-ü altan uruγ-un teüke γanγ-a-yin urusqal neretü bičig orušiba）卷首题辞中云"altan delekei-yi eǰelegsen sutu boγda činggis qaγan ilatuγai"（愿征服黄金世界之圣成吉思汗获胜）③，可以视为来自此一传统。就后者而言，主要见于蒙古文编年史的创世神话以及与西藏僧侣有关的部分。《大黄册》（erten mongγol-un qad-un ündüsün-ü yeke sir-e tuγuǰi orosiba）将"黄金世界"视为世界创始的一种初阶形态：

dumdaγur inu ǰaγun qorin tümen γurban mingγan dörben ǰaγun tabin bere. tere usun kei-dür bülkedeǰü degere inu. altan

---

① 以时间为序，其一为乙卯年（万历四十三年，1615 年）六月太祖讨伐叶赫之辞有云"明国自以为君临天下，是天下共主"，满文 nikan fejergi gurun de i ejen sembi. ejen oci gubci gurun de gemu uhereme ejen dere，蒙文 kitad ulus-un qaγan anu. öber-ün beyeben altan delekei-yin deger-e eǰen kememü. eǰen bolbasu qamuγ ululs-tur eǰen bolqu bui j-a（《满洲实录》卷四，第 177 页）；其二为七大恨第七款"天下之国互相征伐"，满文 abkai fejile yaya guruni niyalma ishunde dailambikai，蒙文 altan delekei deger-e-yi aliba ulus esergüčen dailalduqu bui j-a（《满洲实录》卷四，第 201 页）；其三即此处所引。例外之一处，见七大恨第七款"天降大国之君，宜为天下共主"，满文 abkai sindaha amba gurun-i han seci. gubci gurun de gemu uhereme ejen dere，蒙文 tngri-yin ǰaγγ-a-bar boluγsan yeke ulus-un qaγan kemebesü. qamuγ ulus-tur qaγan bui j-a（同卷，第 201 页）。

② 李保文整理：《十七世纪前半期蒙古文文书档案（1600—1650）》，内蒙古少年儿童出版社，1997 年，第 141 页。汉译及年代考释参看乌云毕力格：《喀喇沁万户研究》，内蒙古人民出版社，2005 年，第 142—143 页。

③ Čoiǰi tulγan qaričaγulǰu tailburilaba, γangγ-a yin urusqal, Köke Qota, öber mongγol-un arad-un keblel-ün qoriy-a, 1981 on, p. 38.

toɣoson öröm metü batu toɣtabai. ene altan delekei büü ǰuǰaɣan anu ɣučin qoyar tümen bere büü.①

其间有一百二十万三千四百五十波尔（宽阔），风击于水，其上又金色尘埃相固结，若奶油然。此即黄金世界，厚三十二万波尔。

此种描述完全来自于佛教世界，《俱舍论》中已有金尘凝结诸说，但未有以名之，至《彰所知论》则名之曰"金地轮"（gser gyi sa gzhi）②。事实上，在《彰所知论》的早期蒙文译本中，早已用 altan delekei 对译藏文的 gser gyi sa gzhi。③ 可以认定，此种蒙藏传统的融合在蒙元时代即已发生，蒙古人将本土文化中的 altan delekei 作为藏文金地轮的对译，指称受佛教教化之世界。16 世纪藏传佛教重新传入蒙古后，此种传统又得以复苏。在 17 世纪前后的蒙文史籍中，称 altan delekei 者多含有藏传佛教的因素。《蒙古源流》所记创世神话，集诸说之大成，即称宇宙之全部为"大自在金界（yeke erketü altan delekei）"④；《阿勒坦汗传》中引述三世达赖喇嘛之语，亦以"金色世界"⑤为言。理清这一脉络对于考察

---

① Ülčeitü qaričaɣulǰu tailburi kibe, b baɣan-a kinaba, *Erten mongɣol-un qad-un ündüsün-ü yeke sir-e tuɣuǰi orosiba*, Begeǰing, Ündüsüten-ü keblel-ün qoriy-a, 1983 on, p. 75.

② 王启龙：《八思巴生平与〈彰所知论〉对勘研究》，中国社会科学出版社，1999 年，第 300 页。《彰所知论》云："其水搏击，上结成金，如熟乳停上凝成膜，即金地轮"，出处同前。

③ Vladimir Uspensky, "*Explanation of the Knowable*" *by Phags-pa bla-ma Blo-gros rgyal-mtshan*（1235—1280）: *Facsimile of the Mongolian Translation with Transliteration Notes*, Tokyo: Research Institute for Languages and Cultures of Asia and Africa, 2006, p. 66. 此译本题作 medegdekü i belgetey-e geyigülügči ner-e-tü sastir, 现藏圣彼得堡大学图书馆，为允礼旧藏，抄写于 18 世纪 20—30 年代，Vladimir Uspensky 据其拼写、句式认定为元代译本。Cf. "Introduction", in "*Explanation of the Knowable*" *by Phags-pa bla-ma Blo-gros rgyal-mtshan*（1235—1280）: *Facsimile of the Mongolian Translation with Transliteration Notes*, pp. ix-xii.

④ 乌兰：《〈蒙古源流〉研究》，辽宁民族出版社，2000 年，第 69、510 页。

⑤ 珠荣嘎译注：《阿勒坦汗传》（erdeni unumal neretü sudur orosiba），内蒙古人民出版社，1990 年，第 326 节，第 155、301 页。蒙文 erten-ü dörben tid-i eǰelekeči čakirawadi qaɣan metü. eimü yeke boɣda-yin gegen gegküri ütele duri qad metü. ene altan delekei-dür orosiɣulbasu belges inu yakin uqumui（第 301 页）。汉译：若将昔日四洲之主转轮王般的大圣之遗骸，葬于此金色世界如同普通诸汗一般，其瑞兆何可察别分辨（第 155 页）。

《满洲实录》蒙文本的性质甚有帮助。蒙文表示"天下""世界"之意者尚有 orčilang 或 delekei①，在官文书中亦有使用。回到《满洲实录》的具体语境中，称明朝之天下为 altan delekei，与《恒河之流》卷首称颂成吉思汗的语境完全不同，恐难完全用蒙古人尊崇上天之意来解释，当仅是编纂者借用蒙古社会中的常用语，由此亦可知编纂者其人对蒙古内部情况必极为熟稔。由于此词具有浓厚的藏传佛教宗教因素，出现于清朝官修文献中殊为不伦，故在乾隆朝定本蒙文《太祖高皇帝实录》中，"天下"均未对译为"黄金世界"，如张铨此句答辞写作：mini ene qan delekei-degin-ü bügüde-dür γaγča eǰen bolai（我皇帝为天之下唯一之君）②；七大恨内"天下之国互相征伐"，汉文本改作"列国之相征伐也"，蒙文本为 aliba ulusun kümen esergülčen dailaqu bolai；③"天降大国之君，宜为天下共主"汉文本改作"天建大国之君，即为天下共主"，蒙文本为 tngri-yin soyorqaγsan yeke ulus-un qaγan kemebesü. bügü ulus-tur čöm bügüde-dür eǰen bol i-a。④ 此类具有强烈蒙藏因素的概念在乾隆朝修订《实录》时被删去，固然是清朝官修史籍日趋成熟的体现，另一方面，其背后或多或少亦可见清朝对蒙藏观念的调整，作为统合满洲、蒙古、西藏与汉地的多元政治实体，清朝的历史编纂已不必过多仰赖早期同盟者的思想观念。而 altan delekei 在《满洲实录》中的出现又正可说明其蒙文本产生之早。《武皇帝实录》修纂人员已不可考，但就崇德元年成书的《太祖太后实录》而言，主持蒙文本编纂者为精通蒙古语文的

---

① 用 orčilang 之例，见天聪初年阿巴亥致皇太极书，称皇太极为 orčilang-un eǰen（《十七世纪前半期蒙古文文书档案》，第 96—97 页）；单用 delekei 者见天聪二年喀喇沁汗与洪台吉等致皇太极书，称 delekei-yin erketü eǰen sečen qaγan（同前书，第 85 页）。
② 蒙文《太祖高皇帝实录（乾隆本）》卷七，第 168 页。
③ 汉文《太祖高皇帝实录（乾隆本）》卷七，第 69 页；蒙文《太祖高皇帝实录（乾隆本）》卷七，第 105 页。
④ 同上。

内弘文院大学士希福，且其下亦多有蒙古笔帖式参与具体纂修。① 以"黄金世界"表示"天下"之意，很有可能即是纂修《太祖太后实录》时留下的痕迹。而彼时大清初建，漠南蒙古绥服未久，在历史编纂上未形成严格的条例，援引极具蒙藏色彩的概念，本亦在情理之中。

  就本稿所对校的部分而言，可反映《满洲实录》蒙文本性质的情况尚有两处。其一是天命三年秋明军偷袭爱新国边境打谷人一事，此事是前述修筑界凡城事件的直接起因。其具体情节，自《满文原档》至乾隆《高皇帝实录》基本一致，只是《荒字档》《昃字档》中保留有一段努尔哈赤闻警后率兵出击、又中途退回的记事，被《武皇帝实录》及以后诸书删去，《满文老档》中仍有保留，因非本节论旨，不复赘述。② 此次率领人众前往打谷的音德、纳林二人因受明军袭击事后遭到惩处，《昃字档》记事云：

   dade deduhe han-i [**neneme henduhe**] gisunmbe jurcehe seme narin be wara uile uile arabi. beyebe wahakū. eigen sargan-i gala jafabi tucike [**beyei teile tucibubi**]. booi aika jakade gemu talaha [**gaiha**]. yeidei be hontoholome talaha [**gaiha**]. yegude be karun genebi cooha jihebe sahakū seme yegudei boobe ilan ubu sindabi juwe ububu ejen de buhe. emu ubube sajini niyalma gaiha. ③

   因违背汗【先前】所言，将纳林定死罪，赦不杀，夫妻捆手逐出【孤身逐出】，一应家产籍没；音德籍没家产一半；叶古德以前去卡

---

  ① 《满文原档·字字档》，第10册，第651—652页。希福、刚林、罗绣锦之成书表文（满文）见同书，第652—654页；表文蒙文本见齐木德道尔吉、吴元丰主编：《清内秘书院蒙古文档案汇编》，第1册，内蒙古人民出版社，2004年，第99—100页。希福初任内国史院承政，成书时（崇德元年十一月十五日）已改任内弘文院大学士，但表文结衔仍为 gurun-i suduri yamun、ulus-un sudur-un yamun(国史院)。

  ② 参看《满文原档·荒字档》，第1册，第95—97页；同书，昃字档，第1册，第194—197页；《内阁藏本满文老档》，辽宁民族出版社，2009年，第二函第七册天命三年八月，第1册，第312—314页。

  ③ 《满文原档·昃字档》，第1册，第197页。

伦、不知敌兵前来,将家产三分,二分给予主人,一分给予执法人。

叶古德(yegude)其人虽此处有记其受罚,但前文未尝记其事迹。《武皇帝实录》云:

> 帝定二人违命之罪,籍纳邻之家,因德家产半没入官。又以拽古得侦探不明,籍其家三分之一。
>
> narin yendei be han-i gisun be jurcehe seme weile arafi. narin-i boigon be gemu talaha. yendei boigon be hontoholome talaha. karun sindaha yegude be dain-i cooha jici sahakū seme terei boigon be ilan ubu sindafi. emu ubu be šajin de gaiha. juwe ubu be yegude de buhe.①

叶古德家产二分给予主人(ejen)的记事,在汉文本中被删去,满汉文《武皇帝实录》的文本差异由此产生,亦可作证上文所言《武皇帝实录》满汉文本系分别形成。《满洲实录》述此事云:

> 帝定二人违命之罪,籍纳邻之家,音德家产半没入官。又以叶古德侦探不明,籍其家三分之一。
>
> narin-i boigon be gemu talaha. yendei boigon be hontoholome talaha. karun sindaha yegude be dain-i cooha jifi sahakū seme. terei boigon be ilan ubu sindafi. emu ubu be šajin de gaiha. juwe ubu be yegude de buhe.
>
> qaraγul-dur γaruγsan yegüde neretü kümün daisun iretele üǰegsen-ü tulata tegün-ü ger baraγan adal mal-i inu γurban qubi bolγaγad. nigen qubi-yi inu degegsi abuγad. qoyar qubi-yi eǰen-

---

① 满文《太祖高皇帝实录》(故宫本)卷三,第1162页右下、左上;北图本卷三,第205页。

dür inu öggülüge.①

《满洲实录》此处对《武皇帝实录》的人名译法进行了润色,将"因德""拽古得"雅化为"音德""叶古德",满文本中,仅将 jici 改为 jifi,俾合于语法。唯满汉文本在叙事上的差异仍然保留,蒙文本则与满文本完全一致,有"两分给予主人（qoyar qubi-yi eǰen-dür inu öggülüge）"的记事。乾隆《高皇帝实录》蒙文本则改为"一分给予执法人,二分给予叶古德"②,可以对应汉文本同处所云"籍三分之一",后一句显系将 eǰen 径改为 yegüde,造成文句上的赘余。

其二是第三节中所讨论的天命四年五月朝鲜致努尔哈齐书,其始末以及主要诸本的文本皆已具引。此处仅需探讨其信的开首部分,兹将《满洲实录》对应的文本引如下:

朝鲜国平安道观察使朴化,致书于满洲国主马法足下,吾二国地土相连,明国与吾二国至今经二百余载,毫无怨恶。
solho gurun-i ping an doo goloi guwan ca ši hergen-i piyoo hūwa manju gurun-i han mafai bethei fejile niyakūrame bithe aliburengge. musei juwe gurun ba na dube acame tefi. daiming gurun be han. muse juwe gurun amban seme banjime juwe tanggū aniya otolo emu majige ser seme gasacun ehe akū bihe.③

如仅从汉文本的传承谱系来看,汉文本尚称"马法"是依循《武皇帝实录》,而改"建州卫"为"满洲国"则是康熙重修本所为,删去"明为君,吾二国为臣"则又系乾隆朝修订本所为,可知《满洲实录》汉文本虽在很大程度上近似于《武皇帝实录》,但绝非据之照抄,在事件的叙述上亦融合

---

① 《满洲实录》卷五,第217—218页。
② 蒙文《太祖高皇帝实录》卷五,天命三年九月,第116页,原文为:nigen qubi-yi inu čaɣaǰin-dur abuba. qoyar qubi-yi inu yegüde-dür abubai。
③ 《满洲实录》卷五,第256—257页。

诸本,参酌了康熙、乾隆朝改定后的记事版本。再看满文本。以《满洲实录》满文本与《武皇帝实录》满文本对照可知,记事上大多相同,但后者的 manju ui 此处已改为 manju gurun,此始改自康熙重修本,可知《满洲实录》满文本抄写时亦曾利用了顺治以后的版本,较之《武皇帝实录》仍有小范围的修改,且并非皆是无关紧要之处。最后考察蒙文本,将之与乾隆《高皇帝实录》蒙文本对校,为直观起见,将两者分别征引如下:

(A) solongγ-a ulusun ping an doo γaǰar-un küwan ča ši cola-tu piyoo kowa neretü tüsimel manǰu ulus-un gegen qaγan-u köl-dür inu sögöd-ün mürgügde bičig-iyan örged baribai. bide qoyar ulus-un nutuγ inu neilen saγuǰu. daiming ulus-i qaγan bide qoyar ulus tüsimel kemen yabuǰu. qoyar ǰaγun ǰil boltala öčügügen-ber gem ügei yabuluγ-a.

(B) solongγ-a ulus-un ping an doo-yin küwan ča ši piyoo kowa neretü tüsimel manǰu ulus-un eǰen-dür sögöd-ün bičig ergükü anu. bide qoyar ulus γaǰar usun-u üǰüger inu neilen saγuǰu. ming ulus. bide qoyar ulus luγ-a qoyar ǰaγun ǰil boltal-a ööügügen-ber gem kiged γasalqu maγu ügei bülüge.①

史料 A 来自《满洲实录》,史料 B 来自蒙文《高皇帝实录》,首先将两则史料与各自的汉文与满文本对校。A 中朴烨致书称"跪奉书",称爱新、朝鲜两国为臣(tüsimel),明朝为君(qaγan),这在满文本中均有对应的文句,且与满文本《武皇帝实录》相同,但在汉文《满洲实录》中则没有体现;而汉文本的"马法"一词,在满蒙文本中皆未出现。史料 B 则与乾隆《高皇帝实录》汉文本完全一致。再将史料 A、B 对勘,B 除了删

---

① 《满洲实录》卷五,第 256—257 页;蒙文《太祖高皇帝实录》卷六,天命四年五月庚戌,第 134 页。

去前述两点外,在文句上亦进行了修饰。如汉文"地土相接",A 译作 nutuγ inu neilen saγuǰu,即牧地比邻而居;B 则将 nutuγ 拆为地 (γaǰar)与土(usun)两词;汉文"怨恶",A 仅译作 gem,B 又加入了 γasalqu maγu。此外,关于致书的对象,A 作满洲国之 gegen qaγan,亦即满文 genggiyen han 的对译,与现存的各汉文本及满文本均无法对应;B 改为 eǰen,如实翻译了汉文的"满洲国主"。

由上所论,《满洲实录》的满汉文本与《武皇帝实录》的满汉文本均不存在完全对应的关系。前者事实上是以后者为主,并参酌康熙、乾隆朝对开国史的改写版本融合而成,《满洲实录》与《武皇帝实录》并不可以直接相等,从单一史源出发理解其成书过程的思路恐难以成立。《满洲实录》的抄写过程中,对文本的修改主要集中在两方面,首先是汉文译名用字的雅化,这部分应来自于康熙重修本《高皇帝实录》;其次是依托高宗的"钦定新清语",对满文中的音译词、借词的拼写进行了规范。就本稿所对勘的部分而言,其在历史记事上仍能保持《武皇帝实录》十之七八的原貌,其中汉文本改动最多、满文本次之,蒙文本最少。而汉文本与满文本相歧异的情况,在《武皇帝实录》中即已产生,可以证明《武皇帝实录》的满汉文本是依据相同的史源各自独立编纂成书的,并不存在满文译自汉文或汉文译自满文的情况。依满文本与汉文本之例推测,蒙文本亦必有所自,笔者认为其很有可能是已佚的《武皇帝实录》蒙文本的一个改写本,且保留有较多原文。今西春秋先生对《满洲实录》的文本研究用力最深,最先指出《满洲实录》蒙文本的研究价值,并进行了初步的转写、翻译,但此领域至今仍未得到完全开辟。[①] 先行研究论述《满洲实录》的史源问题,往往将各文种文本视为一个整体而讨论,事实上各个记事的来源、修改程度恐不尽相同,需要结合爱新国时期的满蒙文文书、史籍对《满洲实录》满蒙文本进行细致的语文学研究。终有希望厘清其史源,并最大程度上还原《武皇帝实录》蒙文本的原貌。

---

① 〔日〕今西春秋:《蒙文满洲実録の研究》,氏著《満和蒙和対訳満洲実録》,(東京)刀水書房,1992 年,第 798 頁。

最后需要附带讨论的是《满文老档》(tongki fuka sindaha hergen-i dangse)，即是《满文原档》在乾隆中后期已有圈点满文写成的重抄本。《老档》自内藤湖南重新发现至今已逾百年，已有若干译本，成为学界讨论爱新国史事时最常使用的材料。关于此次重抄时的修改、删略状况，先行研究已经达成了较为一致的结论，即《老档》的删略主要集中在《原档》中有损清朝圣德的原始记录，修改主要为润色文句、改正讹误，并出于避讳而修改了部分人名、爵名，同时修改了爱新国时期的称号（如汗称、族称等）①。就本稿对勘的部分而言，适可为此结论做一佐证，且对明关系方面的记事较之涉及爱新国内政的记事，在更大程度上保留了《原档》的原貌。在此先以李永芳归降一事为例审视《满文老档》的记事：

> hecen-i ejen iogi li yung fang amba etuku etufi dahambi seme. hoton-i julergi duka de ilifi gisurembime. coohai [niyalmabe/niyalma be] afara aika [jakabe/jaka be] [dagirabufi/dagirabubi] afabuha. ~~tuttu afabuha manggi~~ cooha hecen de wan sindabi afame emu erin hono [oho akū/ohakū] [hecende/hecen de] tafaka manggi. iogi [li/lii] yung fang teni dahame amba etuku etuhei morin [yalubi/yabufi] hecen tucike manggi. kubuhe suwayan-i gūsai ejen adun gajime [jibi/jifi] han de acabure de han morin ci ebubuhekū ishun gala tukiyeme acaha. tere hecen-i [niyalmabe/niyalma] ini afara de wabungge wabuha. hecen baha manggi ume wara seme gemu ujihe. fusi [dungjeo/dung jeo] magendan ilan hecen buya [fu/pu] tai tokso uhereme sunja tanggū funceme gaibi. meni meni dosika bade deduhe. han-i

---

① 广禄、李学智：《清太祖朝〈老满文原档〉与〈满文老档〉之比较研究》，第55—165页；关孝廉："《满文老档》原本与重抄本比较研究"，《历史档案》1990年第1期，第116—122页；刘厚生："《旧满洲档》与《满文老档》的比较"，《东北师大学报》1988年第3期，第36—38页。其中广禄、李学智文基本补齐了《老档》以"原档残缺"为名删去的部分。

beye. fusi hecende bederebi deduhe.①

　　城主游击李永芳衣官服立于城南门声言投降,复使兵丁备齐器械以战。如此遂攻城,(我)兵于城上放梯,未及一时即登上。其后,李永芳方衣官服乘马出城来降,镶黄旗固山额真阿敦带之来。见汗时,汗未下马,自马上互相举手相会。于攻城时被诛者既诛之矣,得城后不可再杀,皆收养之。取抚顺、东州、马根单三城,小堡、台、庄凡五百余,各于所进兵处宿营,汗驻跸抚顺城。

为比较之便,此段内标明了《满文老档》对《满文原档·昃字档》最终改定文本的修改,中括号内前者为《昃字档》的写法,后者为《老档》修改后的写法。可知《老档》的修改主要集中在正字法方面,《昃字档》宾语与宾格助词 be 连写者,《老档》皆改为分写;顺序副动词词尾 fi,无圈点满文写作 bi,《老档》一并改正;对满文音写汉字进行了规范;另外将赘余的文句亦予删除。而自《武皇帝实录》起,《高皇帝实录》及《满洲实录》在叙述李永芳见努尔哈齐时增加了"跪见"的内容②,但在《老档》中则未作改动。再以天命三年九月议筑界凡城为例,仍将《昃字档》的改定文本与《老档》相关记事对照引出:

　　genggiyen han hendume. nikan [gurunde/gurun de] dain [obi/ofi], muse ere dorgi bade [tebi/tefi] cooha yabuci. dergi dubei coohai niyalma morin. ba goro [obi/ofi] suilambi. nikan-i

---

① 《内阁藏本满文老档》,第二函第六册天命三年四月,第 1 册,第 264—266 页。并参《满文原档·昃字档》,第 1 册,第 171—173 页。

② 《武皇帝实录》汉文本卷二:"固山厄真阿冻引之,永芳下马跪见,帝于马上拱手达礼。"(第 94 页)满文本卷二:"gūsai ejen adun gebungge amban gajime jifi han de acabure de li yung fang morin ci ebufi niyakūrame acara de. han morin-i dele ishun gala tukiyeceme doro araha."(故宫本第 1221 页右上、1220 页左下)北图本第 201 页)《高皇帝实录》满文本卷五:gūsai ejen adun gebungge amban gajime jifi. morin ci ebubufi. han de acabure de niyakūrame acaburede. han morin-i dele ishun gala tukiyeceme doro acara;同书蒙文本卷五:qosiɤun-u eǰen adun neretü tüsimel ab□u ireged. morin-ača baɤulɤa □u qaɤan-dur sögöd □u □olɤaɤulɤui-dur. qaɤan morin-u deger-e yosun-iyar □olɤabai(第 108 页)。

baru wasihūn [ibebi/ibefi]. [jabiyan/jaifiyan]-i bade hoton [arabi/arafi] teki. nikan-i jasei dolo adun ulebume. [jeceni/jecen i] nikan be usin weileburakū [tebi/tefi] muse giyahūn maktame aba abalame yabuki. nikan be [hecenci/hecen ci] tuciburakū jobobuki. [joboburede/jobobure de] dosorakū cooha tucici saciki. cooha tucirakūci. muse jai geli emu babe seoleki. musei [coohabe/cooha be] jobobume [uwehede/wehe de] [fahabubi/fahabufi]. uju hūwajame gala bethe bijame hoton be [afabi/afafi] ainambi seme [gisurebi/gisurefi] hoton-i [uwehe/wehe] [mo/moo] isibume, boo-i [mo/moo] sacime [genebi/genefi], hoton-i [uwehe/wehe] [mo/moo] [alinci/alin ci] isibume [wajibi/wajifi]. hoton arara babe dasame [wajibi/wajifi]. abka beikuwerehe manggi. hoton arara be [nakabi/nakafi], wargi goloi jasei tulergi jeku be gemu tūme [wacihiyabi/wacihiyafi].①

此段虽然改动较多，但皆属缀字法的改变以及对无圈点满文词语书写的规范，在叙事情节上毫无出入，《武皇帝实录》以降所删削的筑城真实缘由，在《老档》中仍得以完整保留。至少就关涉对明关系的记事而言，《老档》重抄时最大限度地保留了爱新国时期历史记事的原貌，而较少受到大清国时期改定的开国史叙事版本的影响。即便是前引朝鲜国致努尔哈齐书中明言的"明国为君，我二国为臣"一句，《老档》仍照抄未改②，这在有意构筑新开国史系谱的乾隆朝实属难能可贵。此外值得注意的是，天命四年以前记事在《老档》中有《荒字档》《昃字档》两个版本，就本稿所对勘的部分而言，《老档》在重抄时基本以改定后的《昃字档》文本为据。先行研究或因《荒字档》笔迹工整、较少涂乙，遂认为是

---

① 《内阁藏本满文老档》，第二函第七册天命三年九月，第 1 册，第 314—317 页。并参《满文原档·昃字档》，第 1 册，第 197—199 页。
② 《内阁藏本满文老档》，第二函第九册天命四年五月，第 1 册，第 418—419 页。原文为：nikan gurun be han. muse juwe gurun amban seme banjime。

誊抄后的定本,《老档》主要据之重抄①,事实上混淆了《荒字档》《昃字档》的史料关系与性质。

五、结论

爱新国早期史事亦即大清国(daicing gurun)开国史,从书写到凝成经历了一个复杂的文献链条,历史记事在其中不断得到润饰与改写。本稿通过以天命初期对明关系记事为中心的多版本、多语文对勘,对此一链条中的文献性质及其史料关系进行了新的探索,兹以各书的成书大致时间先后为序,略述结论如下。

《满文原档》中《荒字档》与《昃字档》是关于天命初期最早且最原始的历史记事,但两档均属日后追记形成,虽名为"档"(dangse),但不可与在史料学意义上作为"遗留性史料"的档案文献等而观之,应将之视为早期史学编纂的尝试。两档皆系重抄本,形成时间不详,《荒字档》应是天命晚期的作品,《昃字档》最迟在天聪初年已经形成。就两者关系而言,《昃字档》是在《荒字档》形成后,将之重抄一册而加以润饰、改写而成,是爱新国早期史事的第一次改写。但从《昃字档》档册本身保留的大量潦草的涂乙、增补痕迹来看,这一档册并非定本。而从多处保留的对抄写者的提示来看,时人应在《昃字档》的基础上准备另行缮写一册定本,这也应是《昃字档》对《荒字档》重抄润饰的目的所在。但这一定本是否写成,今不可考知。若假定其写成,就时间而言并非是《太祖太后实录》,笔者推测有可能是天聪时代《原档》中提到的"先庚寅汗行事之典则书"(nenehe genggiyen han-i yabuha kooli bithe)中的一部分。

《武皇帝实录》是目前可见的对爱新国早期史事的第二次改写。其主要史源是《满文原档》,《原档》中所载的原可单独成立的重要满文文

---

① 刘厚生:《〈旧满洲档〉与〈满文老档〉的比较》,《东北师大学报》1988年第3期,第37页。

书(如七大恨条文、努尔哈齐致李永芳书等),《武皇帝实录》基本照录原文;此外的部分,《实录》在大量继承的同时进行了较为灵活的改动,主要是简化并润饰文句,但其中亦有无意造成的误删、误改状况,造成史实的流失。因其纂修时爱新国已转型成为大清国,早期史事作为开国史而开始其神圣化历程,故《武皇帝实录》还基于政治目的进行了记事的增补或隐讳,前者如突出皇太极继汗位前的勋绩,后者则针对有损清朝圣德的记事。较《昃字档》的润饰而言,《武皇帝实录》对开国史的改写更为系统化且目的明确,一些重要的情节皆在此本中基本形成,这一新的开国史叙事成为康熙以降官方版本的基础。① 此外,《武皇帝实录》满汉文本间存在若干歧异之处,与《原档》相校,或满文本经过改写而汉文本保留原貌,或则反之,可以说明《武皇帝实录》不存在如先行研究所说的"汉文译自满文"的状况,两种文本应是依据相近的史源分别独立形成。

《武皇帝实录》的修改并不彻底、体例亦欠成熟,故康熙时有重修《高皇帝实录》之举。首先是对汉字音写满文的雅化处理,将《武皇帝实录》中的俚俗译语悉数删除,今所通用的满文对音汉字方案,在康熙《高皇帝实录》中已经基本形成。在历史记事上,康熙朝《高皇帝实录》汉文本纂修时参考了《武皇帝实录》满汉文本,并利用满文本进行了修改、补充。康熙朝重修本中对表明爱新国渊源或对明朝表示尊崇的词汇(前者如建州,后者如大明)进行了修改,但并不讳言曾臣服于明的事实。乾隆朝修订本《高皇帝实录》是开国史叙事最终凝成的官方版本,在康熙本的基础上,除润色文字外,尚通过删改将明与爱新国的君臣关系掩饰为平等关系。

《满洲实录》与《满文老档》是开国史叙事链条中的较为特殊的环节,较同时代诸书保留了更多原始的历史记事。《满洲实录》满汉文本虽然与《武皇帝实录》满汉文本较为接近,但并不存在完全对应的关系,

---

① 此处仅就现存文献而言,崇德元年成书的《太祖太后实录》争议较大,或认为已经散佚,或认为在《武皇帝实录》中尚有保留,但总之目前无法看到其原文,故置而不论。

将两书等而观之，从单一史源出发理解前者的形成是研究的误区。《满洲实录》满汉文本事实上是以《武皇帝实录》满汉文本为主，并融合康熙、乾隆朝对开国史的改写版本而形成，在历史记事上仍能保持《武皇帝实录》十之七八的原貌，其中汉文本改动最多、满文本次之，蒙文本最少。蒙文本来源目前尚不清楚，但可确知其必有较早的渊源，可能是已佚的《武皇帝实录》蒙文本的一个改写版本，甚至保留了更早的《太祖太后实录》蒙文本的某些观念与文句。

《满文老档》在重抄《原档》的过程中虽有出隐讳的删削、修改，但主要集中于内政或与漠南蒙古关系方面，就本稿勘校的对明关系记事而言并不明显。这一时期的记事基本依据《昃字档》的最终改定文本抄成，或并未参考《荒字档》，修改则主要限于书写规范方面，对叙事情节本身影响较小，可以说最大限度地保留了《原档》的原始史料。

（原刊《文史》2014 年第四辑）

清太祖朝臣工起誓档的初步研究

N.哈斯巴根

清初国家政权运作蕴含了丰富而独特的政治文化内涵。其中，盟誓制度在这一时期的内政、外交中发挥着重要的作用，这与入关后的情形大不相同。臣工起誓是盟誓行为之一种，它以契约的形式体现了清早期国家政治生活的一些特点。前人研究[①]中虽然已经注意到了这一现象，也做了一些有益的研究，但遗憾的是，由于对满文文本使用得还不充分，其研究方法和结论都存在一些可商榷之处。鉴于此，本文主要以清太祖朝满文文档——臣工起誓档为中心进行初步的研究，评价盟誓制度的相关问题。不当之处敬请各位专家批评指正。

一、档案史料及其形成的时间和背景问题

首先注意到清初臣工起誓档的是台湾学者李光涛、李学智。他们在1973年整理出版了《明清档案存真选辑》第二集（以下简称《第二集》），公布了太祖朝80份老满文臣工起誓档，并撰写解题，介绍该档的一些情况。

笔者今天重点关注的清太祖时期的臣工起誓档也是用满文写成的，并收进了《满文老档》（有日译本和汉译本）和《满文原档》（2005年台湾"故宫博物院"出版）。比较之后发现，收进这两部档案汇编的起誓

[①] 主要有：白初一：《清太祖时期满蒙关系若干问题研究》第二章第三节（内蒙古大学博士学位论文，2005年）；李兴华："述论清入关前'盟誓'"，《满族研究》2012年第1期；郑微："清入关前盟誓问题研究"（黑龙江大学硕士学位论文，2012年）等。

档除了有无圈点的区别之外内容是完全一致的。看来乾隆年间修订《满文老档》时对原起誓档没有进行编辑和修改,而只是把老满文换用新满文照抄下来的。

包括往字、宿字和致字档等的《满文原档》,原保存于清内阁大库,现收藏在台湾"故宫博物院"。从介绍看,《第二集》的起誓档原先也在内阁大库中。但两种档案的保存方式不同,前一种档案以档册的形式保存至今。而后一种档案则是散遗于其他各类档案之中的。

李学智在《第二集》解题中评价臣工起誓档时写道:"按此一部分的老满文档册,也是自原有档册中散遗于内阁大库中者,从其记载的形式及其内容看,应为清太祖天命四年七月攻克辽阳、沈阳后,命令臣工所上'效忠清太祖之宣誓书'。"①"而现存于台湾'故宫博物院'的'往字'老满文原档,就是与本辑所收的'誓书档'完全相同之档册。"②

这种说法似有不妥。首先,从时间上看,《第二集》言所公布的80份起誓档是天命四年(1619年)攻克辽阳、沈阳后形成的。但是,后金攻克辽阳、沈阳的时间应该是在天命六年三月。其次,《满文原档》(第五册)所收起誓档不仅有往字档,还有宿字档和致字档,也是天命朝臣工起誓档。这部分起誓档形成年代的最后期限是天命六年以后的某一个时间。因为往字档中有一份起誓书:

> 我蒙噶图受任五事,曾书以不行汗前貌似勤敏、背后倦怠之事。如奉差遣,前后如一,一切皆秉公为之。呈诸贝勒大臣览之。戌年十一月焚书祭堂盟誓。持以忠心,勤奋效力。③

天命年间只有一个戌年,就是1622年。笔者推断,蒙噶图起誓的戌年

---

① 李光涛、李学智编著:《明清档案存真选辑》第二集,"中央研究院"历史语言研究所,1973年,第16页。
② 同上书,第17页。
③ 〔日〕满文老档研究会译注:《满文老档》太祖3,东洋文库,1958年,第1121页;汉译《满文老档》上,中华书局,1990年,第730页。

就是天命七年(1622年)的壬戌年。

同时,进一步比较往字、宿字和致字三档共近160份档案后发现,这几种起誓档也并非同一时间形成的,应该是在天命晚期的某个时间段内陆续形成的。因此说,《第二辑》所言"誓书档"与"往字"原档完全相同这一说法也是不妥的。

其实,臣工起誓并非始于太祖晚期。后金国建立之前就有这种习惯。满文档案首先记载了努尔哈赤长子褚英(号为阿尔哈图图们)执政时期,要求四个弟弟和五大臣起誓的情况:

> 因此乃使长子阿尔哈图图们以执国政。然而使其执政以后,长子将父汗所交付的大国,并未公平治理,也未存正直之心。使父汗亲任的五大臣之间,彼此不和而困扰之。把淑勒崑都仑汗爱如心肝的四个儿子们,也困扰不已,并命令他们"不得违抗兄长的话,更不许将兄长所说的各种话告诉父汗。弟弟们必须发誓"。因而命令弟弟们对星夜盟誓。①

努尔哈赤天命时期也有此类起誓的记载。据《满文原档》和《满文老档》记述,天命四年(1619年)年事:

> 七月初八日,下书曰:"奉天承运英明汗谕曰:皇天佑我,授以基业。为国君者,唯恐有失天授之基业而兢兢业业固守之。汗委任之诸大臣等,自总额真以下,牛录章京以上,尔等应勤敏恪慎,殚心厥职,严守法度,严束部下人。此次出兵,皆偷乘开原之马匹,或者骑乘于途中,或者骑乘至家。尝见他国法律不明,致遭天责,俾国人心术大乱也!天既佑我,其负管理之责者,何不稽查约束?当我之面,皆作秉公守法,智勇兼备之态,背我则以为汗不知悉,然而

---

① 广禄、李学智译注:《清太祖朝老满文原档》第一册,"中央研究院"历史语言研究所,1970年,第25页。

居心邪慝。须知天命之汗,非虚设也!彼阴怀鬼胎者,其人亦必鬼祟也!务须秉公持正,以诚谕国人,负锅伐木之人,多加教诲,亦可省悔也!将我所言,尔众审度。所言为是,如何遵循,必誓以报。将此告谕,发至总额真以下,章京以上及各队之额真等。所言非是,尔众进谏。尔等立誓,勿求同一。若系总额真,则各抒己见,以为誓言。固山额真,亦抒己见,立为誓言。至于梅勒额真、五牛录额真、牛录额真、章京以及村拨什库等,亦各书誓言一份。凡自总额真以下,村拨什库以上各官所立誓言,均皆奏于汗,汗阅后书于档子。日后,尔等若变心犯罪,即依誓言审断。"

初八日,汗谕:"限于二十日将各自所立誓言,呈达于汗。"统兵之一等大臣以下,五牛录额真以上各官誓曰:"汗所降谕旨及各项法令,定牢记不忘,且勤加宣谕。若置诸贝勒及大臣之命于脑后,玩忽职守,不办良莠,为诸贝勒、大臣见责,我等甘受贬黜。"众章京和各村拨什库誓曰:"诸贝勒、大臣已将各项法令下达于牛录额真。我等定不忘牛录额真传谕之言,召之即至,不违其时,遇有差委工役之事,定不避亲族,身先承当。若谎称此言,并不兑现,为牛录额真见责,报诸贝勒大臣,我等甘愿伏诛。上天嘉祐汗之忠直,我等皆愿效汗,奉公以生。征战疆场,必矢忠效力;陈情述见,必尽忠言;阵有俘获,尽缴于众均分之,得与不得,均同于众。若违此言,私取或隐匿些须之物,甘受天责殃及死罪!"众皆盟誓。①

天命四年(1619年),后金在萨尔浒战役大败明军,不久占领开原、铁岭等明朝辽东的重要城镇。针对在胜利面前一些臣下所滋长的违法乱纪现象,努尔哈赤决心从严治军,严格约束从村拨什库以上到总额真的各级官员,以加强汗权。他采取的措施即是起誓的方式。上文所引《满文原档》和《满文老档》即分述了"一等大臣以下五牛录额真以上各

---

① 汉译《满文老档》,第100—102页;广禄、李学智译注:《清太祖朝老满文原档》,第二册(昃字档),第139—143页。

官"和"众章京和各村拨什库"两部分人员的誓言。

另外一次起誓行为发生在天命八年（1623年）八月：

> 二十一日，诸贝勒上书。大贝勒奏书："昔汗父知我有过，曾加训斥，我未从，故而获罪。然汗父及诸弟仍将我以礼恩养之。倘我不以此恩为重，口承其过，虚言反悔，而内心仍自以为是者，天岂容乎？我之过勿忘之，每思及此，即追悔莫及也。今愿奋勉效力，弃恶扬善。倘再有恶，则罪及我身矣。"
>
> 莽古尔泰贝勒奏曰："我既无所长，亦不为非作歹。东珠之事曾以仅闻众人之所闻答对，闻之而未告于父，诚有过矣。再有过失，汗父言之即知之。嗣后愿为汗父之大业，尽我所长勉励为之。"
>
> 四贝勒奏曰："我之过，乃在于我获罪于父，若引退而居，则恐斥之尔何故竟然退之。若有话则言之，又恐思尔何故不退。故自身之过，乃我心中不知此二者何以为是，欲善而不得矣。我欲见忠于父而为之，反显其谬，故我内心常自悔，岂有以己之非为是之悖理乎？"
>
> 汗览该三贝勒所奏，遂曰："古人有云：中正者，不惧黍蝇之类。凡不为死谋，专思为政为人而奋力者，天亦嘉之，为父亦悦之，百姓亦皆以无此则无法为生而惜之。凡不思为政，专谋私利者，天亦责之，父亦憎之，百姓亦不惜之。我不以尔等送所得之衣食等物而喜之。倘尔等皆能修心为政谋之终生，则乃为父之所悦也。东珠涂之其光仍发，善人获罪其心可得。知过必改，岂能谓之不善。"①

这起事件的缘起是由于代善、莽古尔泰、皇太极等三大贝勒在东珠事件中表现不佳而受到努尔哈赤的指责。所谓东珠事件是指天命八年（1623年）五月，额尔德尼巴克什因藏匿东珠等物引起努尔哈赤的怒火而遭杀身之祸。

---

① 汉译《满文老档》上，第553—554页。

清内国史院满文档以及旧满洲档还记载了太宗皇太极时期代善等几大贝勒对天聪汗的起誓情况：

> （天聪九年十二月）二十八日，诸贝勒更定誓词焚香跪读毕，焚书盟誓。大贝勒誓词曰：“代善誓告天地，自今以后，若不守忠尽职，又如莽古尔泰、德格类行悖逆之事，则天地谴之，俾代善不得令终；若不能尽忠于汗弟，而言与行违，则天地鉴之，俾代善不得令终；若国中子弟或如莽古尔泰、德格类谋为不轨，代善闻知不告于汗，俾代善不得令终；凡与汗谋议机密之言，妄告于所娶之妻及旁人，天地谴之，俾代善不得令终；若存心谋乱，则天地速诛之；若愚昧无知，以致差错，天地鉴之；代善若能竭尽其力，效忠于汗弟，天地眷佑，寿命延长。”阿巴泰、济尔哈朗、阿济格、多尔衮、多铎、杜度、岳托、豪格一一立誓，誓词相同。①

这就是后金将国号改为"大清"之前的仪式之一，皇太极让那些宗室王公立誓效忠于他之后才答应采纳新尊号。

起誓制度在清初政治生活中很盛行，成为汗强化其权力的有效手段之一，一直延续到天聪朝晚期。当然，这种起誓档的形成，在深层次上与当时满洲人认可的政治文化意识是密切相关的。

二、起誓档的内容

与"起誓"对应的原满语为 gashūha，记载有关起誓的几种文书都证明了这一点。② 这一满文动词的基本形式是 gashūmbi。前人翻译满文档案时，汉译 gashūha 的用词是"盟誓""发誓""立誓""宣誓""起誓"，

---

① 《清初内国史院满文档案译编》上，光明日报出版社，1989年，第222—224页；〔日〕东洋文库清代史研究室：《旧满洲档（天聪九年）》，东洋文库，1975年，第371—381页。
② 广禄、李学智编注：《清太祖朝老满文原档》第二册，第143页；《满文原档》第五册，第336页；日译《满文老档》第Ⅰ太祖Ⅰ第29页；《满洲实录》卷一。

等等。

我们还注意到,法国藏学家石泰安研究过唐朝和吐蕃会盟条约的盟誓仪式,他在文中说:汉人的习惯是众所周知的,他们公用两个字来指宣誓仪式,即"誓"和"盟"。"誓"一般是口语,它是一种隆重做出承诺的语言,是一种表示忠诚的讲演,不用祭祀(这个字的"言"字偏旁颇有意义)。"盟"为一个书面性用词,"载书"要放在一头祭祀的牲畜身上,其血要用于歃嘴唇(有时也要饮,其"皿"字偏旁非常引人注目)。这种行为也叫作"歃血",这一特殊的词组明确说明它是指汉族仪轨的。[①]

据上文指出,"盟"和"誓"有不同的含义,把该部分有关臣工对汗表示忠诚态度的档案汉译成"盟誓"档,当然并不准确。盟誓一词含义更广,"起誓"只是其一部分。而如采用"宣誓""发誓"二词似乎又与现代措辞混淆。乾隆年间所编《增订清文鉴》采用"起誓"二字来翻译这一满文词汇。[②] 本文考虑到以上诸因素后,采用了"起誓"二字来命名这一文化现象,并将相关档案称为"臣工起誓档"。

《满文原档》(台湾 2005 年版第五册)、《满文老档》(东洋文库本"太祖 3")中有关清太祖朝臣工起誓档共有近 160 件,包括备御、副将、游击、参将、甲喇章京、总兵官等各级世职官的起誓。下面我们引用其中具有典型格式的几件起誓书来考察其基本内容:

(1)蒙汗之委任,今后我卓礼克图定将忠勤效力。在军旅,则严加管束号令而行。居乡村,则不为贼盗,忠正为生。

(2)巴都里,受副将之衔,管审断之事。审理之事,不独自入告诸贝勒。不出诬谤、伪诈、谄媚之言。观察蒙古诸贝勒家之生计,居村时任此二事。征战时,则严行管束副将之所辖,不能如此,则愿以军律治罪。征战时,不盗一物。如有偷盗,则随从家奴岂能

---

① 〔法〕石泰安:《8—9 世纪唐蕃会盟条约的盟誓仪式》,《法国藏学精粹》2,甘肃人民出版社,2011 年,第 360 页。
② 《增订清文鉴》卷 16,第 232—529 页,四库全书本。

瞒乎？

（3）汗知布三效力于军务，曾逾布三之身份而超迁之。对此升迁，我布三若满足于由贫变富，而不勤于管束号令及持以忠良之心，则无论生死难免祸殃。专有军务委任，虽恐难胜任，但无畏之。出行时，熟知军务。居家时，不因心中愚昧，而随合于相交之友。

（4）汗委阿什达尔汉以礼仪之职，任内持以忠心，不伪不盗，如有军务，则竭尽所能、勤奋效力。

（5）蒙汗父之养育之恩，须当以忠心勤勉之，若行狡诈，必因祸而贬之。唯赖汗之赏赐及家养之牲畜，若行贼盗，必因自身之恶而贬之。为此，我乌讷格书之。

（6）蒙汗之委任，我斋赛必忠正管辖之。不盗不伪，唯赖豢养之牲畜、耕种之粮谷及汗之赏赐，绝不巧取豪夺。

（7）副将巴都虎，受领汗牌，我所辖之一翼兵不离总兵官。若离总兵官，则将我巴都虎杀之。若不离，则由总兵官以未离而告上汗。以汗之法秉公管辖之，不因好恶而徇情，不因亲戚而袒护，不因仇敌而欺压，善即为善，恶即为恶，皆告于汗。若不如此秉公约束，而行邪恶之道，则汗知其过必罪之，以致家破人亡。若不违汗训谕之公正法典，则我子孙世代将因汗之慈爱而享富贵。

这些起誓书其实也是一种保证书。臣子保证在征战、居乡两种状态下，不负汗的委任而忠勤效力。有些起誓是以效忠书的形式出现的，这也正反映了原书的主要意义。起誓书呈于诸贝勒或汗阅览后焚书祭堂，而流传后世的是其备份件或抄录件。

从起誓档内容看，如臣下履职不善，愿被贬职，甚至把生死定夺权都交给了汗。这并非夸大之词，从其他文献的记述来看，有些官员确实因违背使命，或有违法行为而受惩，甚至被杀。如天命八年五月，努尔哈赤因东珠事件杀死额尔德尼巴克什事训谕诸贝勒、大臣言：

闻额尔德尼曾言以忠效死。倘哈达之格格将雅荪之妻曾馈送东珠二十余颗之事如实告知诸贝勒,而尔等贝勒亦确已闻之,则我之枉谬也。获他国之人,亦当视为友人而豢养之,差遣如此众多之幕友,怎可轻易杀之?一枝箭尚且惜之矣。额尔德尼岂能谓忠?昔大阿哥在时,额尔德尼、乌巴泰,尔等曾进谗言。至于攻克辽东之城,非尔一人之力,尔为何独取三十头猪之肉耶?我得一物,尚须平分共食矣!哈达、叶赫之诸贝勒,皆不善养己之僚友,而诱他贝勒之僚友,彼此授受财物,其政乱矣。有鉴于此,故当初训示云:若贝勒有赏,则赏各该旗之人,诸申有求,则求各自之旗主、贝勒,勿越旗赏赉,勿越旗索求,倘越旗赏求,则罪之。并由尔额尔德尼亲手书之。尔乃多铎阿哥所辖之人,为何越旗索求於八旗诸贝勒?即使遇有诸贝勒倾囊给赏之时,无论如何,亦难为尔所遇。贝勒等赏赐,为何不赏他人,唯独赐尔一人?于辽东时,一寻额尔德尼,即已去四贝勒巡察之处。复寻之,仍又去四贝勒寻察之处。往而不问,归而不告其所往。如此之举,不唯挑唆,岂有他哉?雅荪之妻馈尔哈达之格格二十余颗东珠,尔乃我之心腹,为何不告于我?若格格告于诸贝勒,尔等诸贝勒为何未曾告我?此即尔等所谓之忠耶?乌拉之哈斯乎贝勒有用斗盛置之东珠,然其卖于我等者,仅一二颗。我等卖于汉人者,亦仅一二颗。如此二十余颗之东珠,不知雅荪系从何处得之?莫非雅荪有斛盛之东珠,或斗盛之东珠乎?尔等承审此案之大臣,当持以忠心。上有天,下有地,我等唯有尽力秉公审理,即使无能为力,亦只有秉公审理而已。哈达、叶赫、乌拉、辉发等部之众大臣,不持忠心,谗奸贪婪,故国败,彼等自身亦亡。上天注定,国各有臣。天佑忠臣,君王得福,则臣等亦将得福,天谴邪恶,君王无福,则尔等亦无福也。哈达、乌拉、叶赫、辉发之部已亡,今其部臣安在?皆已为圈中之人耳。君毁则臣亡,君福则臣亦贵。望尔等诸大臣,当以忠心为之。①

---

① 汉译《满文老档》,第476—478页。

在努尔哈赤看来,额尔德尼巴克什未能实现"以忠效死"的誓言,判以死刑是理所当然的事情。从这件事情我们可以看到,努尔哈赤时代把臣工的忠诚看得非常重要,也就是说臣工的起誓,不只是一个形式上的问题,而是以生身性命为代价的严格约束制度。

三、满蒙起誓习惯的异同之处

12—13世纪之际蒙古高原的臣工对于汗王的起誓情况,《蒙古秘史》有记述。1189年,随着帖木真势力壮大,蒙古部举行贵族会议。阿勒坦、忽察儿、薛扯·别乞、泰出等共同商议好,对帖木真说:

> 我们立你做汗!
> 帖木真你做了汗啊,
> 众敌在前,
> 我们愿做先锋冲上去,
> 把美貌的姑娘、贵妇(合屯),
> 把宫帐(斡儿朵)、账房(格儿),
> 拿来给你!
> 我们要把异邦百姓的美丽贵妇和美女,
> 把臀节好的骟马,
> 掳掠来给你!
> 围猎狡兽时,
> 我们愿为先驱前去围赶,
> 把旷野的野兽,
> 围赶得肚皮挨着肚皮,
> 把山崖上的野兽,
> 围赶得大腿挨着大腿!
> 作战时,
> 如果违背你的号令,

可离散我们的妻妾，
没收我们的家产，
把我们的头颅抛在地上而去！
太平时日，
如果破坏了你的决议，
可没收我们的奴仆，
夺去我们的妻妾、子女，
把我们抛弃在无人烟的地方！①

他们共同议定了这些话，立下了这样的誓词，拥立帖木真为蒙古部之汗。按蒙古部的旧例，阿勒坦、忽察儿、薛扯·别乞等人也可以和帖木真竞争汗位，但他们主动放弃这一权利，推举帖木真当汗。同时，这几个人还通过起誓，分围猎、战时和太平时三种情况表示了对新汗的忠诚。这里与"起誓"对应的蒙古语是"阿蛮 阿勒苔周 aman aldaǰu"，和《满洲实录》所用的蒙古语是一致的。②

按起誓的说法，这些权贵将其生死权都交给了成吉思汗。《蒙古秘史》继续记载了事态的发展。薛扯·别乞、泰出等后来背叛了成吉思汗，投奔到敌对方。两人被擒获后，成吉思汗对薛扯·别乞、泰出说："以前咱们互相说过些什么话？"

薛扯·别乞、泰出两人说："我们没有履行誓约，就按照我们所立誓约处决我们吧！"承认了他们违背誓约，引颈就戮。成吉思汗让他们承认了他们所起誓约之后，就按他们所起誓约处分，把他们杀了，抛弃在那里。③ 可见，臣下如不履行其契约，汗可以按约处死他们。

以上是誓约被破坏的实例。成吉思汗早期较多勋臣来归时都有类似简单的起誓仪式。但是，与以上记述不同的是，有一些起誓并不是当

---

① 《蒙古秘史》第 123 节。参见余大钧译注《蒙古秘史》，河北人民出版社，2001 年，第 149—159 页。
② 《满洲实录》卷三；卷六。
③ 《蒙古秘史》第 136 节。

事人自己完成,而是其父亲代理完成的。

《蒙古秘史》第 137 节记载了国王木合黎(或称木华黎)等人来附时的情形:

> (札剌亦儿氏人)古温·兀阿带着他的两个儿子木合黎、不合拜见[成吉思汗],说:
> "我让他们做你的家门内的奴隶,
> 他们若敢离开你的门限,
> 就挑断他们的脚筋!
> 我让他们做你的私属奴隶
> 他们若敢离开你的家门,
> 就割掉他们的肝,抛弃掉他们!"
>
> 赤剌温·孩亦赤也带着他的两个儿子统格、合失拜见成吉思汗,说:
> "我把他们献给你,
> 看守你的黄金门限,
> 他们若敢离开你的黄金门限,
> 就断送他们的性命,
> 抛弃他们!
> 我把他们献给你,
> 让他们抬开你的宽阔的大门,
> 他们若敢离开你的宽阔的大门,
> 就踢他们的心窝,
> 抛弃他们!"①

"四猛狗"之一者别从敌方那里归附到成吉思汗时也起誓过,说:

---

① 《蒙古秘史》第 137 节。

"若蒙大汗恩赦,我愿在大汗面前,去横断深水,冲碎明石,到指派的地方去冲碎青石,到奉命进攻的地方去冲碎黑石。"①这里我们从另一个侧面感受到蒙古高原汗权的威力。

以上记载的起誓仪式比较简单。仪式由起誓者和誓词构成。

蒙古帝国臣工起誓制度,随着其帝国的扩张传播到广大的地区。我们今天知道的,13世纪初波斯史家拉施特所撰《史集》中就有13个用例。在窝阔台、贵由、忽必烈、阿鲁浑、哈赞等大蒙古国以及伊儿汗国初期几位汗登基时,其臣下都有类似的起誓仪式,表示效忠于新汗。这种起誓书写在纸上,并署名。在官职任命和封邑之际,起誓作为一种义务,是蒙古官制史上具有深刻意义的事实。②

在东部蒙古地区,类似的起誓活动一直延续到北元时期。明末萧大亨所言蒙古情形:

> 最敬者笃实不欺,最喜者胆力出众,其最重者然诺,最惮者盟誓。伪则不誓,一誓,死不渝也。③

也说明了北元时期蒙古盟誓(包括起誓)行为的严肃性。

比较早期国家时期满蒙地区的起誓习惯,二者存在着不少异同之处。大致相同的方面:首先,从文书档案的形成时间段来看,都是满蒙早期国家形成时期;第二,起誓者的行为都是单方面的,汗作为臣僚起誓的接受者并没有向臣僚许下任何承诺;第三,从起誓档的内容看,描写的状况都是和平和战时两种情况下的保证。

不同的是,蒙古地区的起誓形式基本上都是口头形式,而清太祖时期的臣工档逐渐采取了书面形式。蒙古地区的口头形式采用的是诗歌形式,而满洲采用的是一般的书面的形式。但是,这种区别并非是绝对

---

① 《蒙古秘史》第147节。
② 〔日〕本田实信:"蒙古的誓词",《蒙古时代史研究》,东京大学出版社,1991年。
③ 萧大亨:《北房风俗》"习尚",北平文殿阁书庄本。

的。因为蒙古社会政治发展到一定程度后也有书面的起誓,如志费尼《世界征服者史》中记载窝阔台即大汗位的誓词是书面形式的。① 清早期的起誓制度也有其发展的过程。如褚英执政时期要求其弟弟们起誓时令他们采取口头的形式,而到天命时期就采取了书面形式。如此看来,虽然我们考察的满蒙两个地区的臣工起誓行为相隔四百年,但仔细观察后仍然可以发现二者诸多的渊源关系。

四、结语

据前人的研究,盟誓制度在亚洲历史上是非常流行的。例如先秦时期的中原汉地和吐蕃时期的情况。在中亚、北亚历史上,不仅在蒙古,一些突厥系民族中也盛行着包括臣工起誓在内的盟誓活动。② 然而,至明末清初时,在中原汉地的国家政治生活中,盟誓活动基本绝迹。类似的习惯已经成为只在民间秘密会社才采取的方式。然而,零散的文献记述证明,在同一时期内亚大陆上的满蒙地区依然流行着盟誓这一政治运作模式。如伊兹勃兰特·伊台斯于清康熙三十一年(1692年)至三十四年期间奉沙皇彼得一世之命率使团出使中国。在他的游记中记载了途经地区的风土人情。据载,尼布楚城"埃文克人"即鄂温克人中就存在在法庭上的起誓仪式。③ 而法庭上的起誓方式,一直延续于清代。这在清朝对蒙古的专门法《理藩院则例》中显现,该法例的64门之中就有一门为"入誓"(蒙古语 šiqaγa-dur oruγulqui anu),明显是继承旧蒙古习惯法的。④

综合以上初步的研究后发现,明末清初满蒙地区流行的盟誓习惯

---

① 张承志:《关于早期蒙古汗国的盟誓》,《民族研究》1986 年第 2 期。
② 相关研究参见〔美〕丹尼斯·塞诺:"以切成两半的狗立誓",《丹尼斯·塞诺内亚研究论文选》,中华书局,2006 年。
③ 〔荷〕伊兹勃兰特·伊台斯、〔德〕亚当·勃兰德:《俄国使团使华笔记(1692—1695)》,商务印书馆,1980 年,第 149—150 页。
④ 《理藩部则例》卷四十五"入誓"。天津古籍出版社,1998 年,第 351—352 页。

有很多相似之处,契约精神在国家政治生活中颇具实力。结合笔者此前的相关研究,① 可以推断当时满蒙地区拥有比较相同的政治文化取向。

有关"政治文化"的概念,美国学者阿尔蒙德解释为政治系统成员的行为取向或心理因素,即政治制度的内化。② 然而另外一个学者小P.R.穆迪在概述中国政治文化研究取向的文章中,主张政治文化涵盖政治制度。他说,文化就是行为、思想和互动关系之间非人格的结构或联系模式。政治文化分析应该涵盖制度和习惯的行为方式。③ 就此意义上,臣工起誓制度也是一种在满蒙地区得到普遍认同的政治运作模式,是该地区政治文化的组成部分。这种政治文化特征与明代的情形是大不相同的。从这一视角而言,如欲了解清朝的政治文化,深入研究清初的经历是很有必要的。不过,清初在修订原档的基础上撰写太祖朝和太宗朝《实录》等官书时,没有收录相关臣工起誓的习惯,为后人了解清初政治文化带来困难。因此,今天深入研究臣工起誓档更显得意义重大。

(原载《满学论丛》第三辑,辽宁民族出版社,2013年)

---

① 参见拙文"清初汗号与满蒙关系",《民族研究》2012年第2期;"清初达尔汉名号考述",《清史研究》2012年第2期。
② 〔美〕阿尔蒙德、维尔巴主编:《公民文化——五国的政治态度和民主》,浙江人民出版社,1989年,第15页;王乐理:《政治文化导论》,中国人民大学出版社,2000年,第19页。
③ 《政治文化导论》,第22—23页。

清太宗读蒙古文典籍小考*

乌兰巴根

清太宗皇太极嗣位后,大举武力,重视文治,为日后君临天下奠定了坚实的国力基础和文治规模。

当时满洲夹在明朝、蒙古和朝鲜之间,因此在文化上学习三邻,其中蒙古文化的影响不容忽视,例如,满洲人借用蒙古文创制本民族的文字;满洲原先流行蒙古爵号;统治家族频与蒙古联姻。尤其是皇太极本人十一位后妃全都来自蒙古。

雍乾定本《太宗实录》卷一记载太宗"性嗜典籍,披览弗倦"。那么,太宗都读过哪些书?有无读过蒙古文典籍?笔者发现一些记载为此提供线索,故兹略加考索。

一、清太宗求索蒙古文典籍

清太宗曾经向朝鲜和蒙古求索蒙古文书籍,朝鲜方面的记载和现存蒙古文文书可以证明这一点。

天聪二年(戊辰,1628年)十二月,清太宗遣使朝鲜,索求金、元时期翻译的书籍。《朝鲜王朝实录·仁祖大王实录》戊辰十二月条下记载[①]:

---

* 本文是国家社科基金青年自选项目"清初辽、金、元三史满、蒙翻译研究"的阶段性成果。项目批准号:13CZS004。

① 吴晗:"朝鲜李朝实录中的中国史料",上编,卷五十四,中华书局,1980年,第3407—3409页。

十二月庚寅，上御崇政殿接见龙骨大等，其国书曰："两国通好，情意周匝，未及候问，心甚阙然。敬遣英吾儿代义哈喇慢打儿韩恭候兴居，兼致薄物，少伸鄙意。闻贵国有金、元所译《书》《诗》等经及《四书》，欲求一览，惟冀慨然。通事权仁禄本欲留用，见王意甚切，故此送还，不宣。"貂鼠一百张以别纸书单矣。三胡椅坐东壁，上先问汗安否，后劳其行。三胡曰："两国修好，互相往来，虽远涉千里，何苦之有。"上赐茶，龙骨曰："顷自贵国使臣来后，当即回谢，而其时往击蒙古，今始来矣。"仍谓译官曰："国汗愿得金、元所译书矣。"上问都承志李弘胄曰："此何书也？"对曰："臣亦未之知也。"上使译官答曰："若有其书，何不送之。"

辛卯，勾管所启曰：……又启曰："……龙胡出囊中小纸以示之，先书诗经，其傍又以蒙书书二字，次书书经，傍书蒙字，仍言汗之所求也。臣等曰：'天朝则或有蒙书翻译之册，我国岂有以蒙书印此诗书之理乎？'"

壬辰，……。备局启曰："金汗之书，辞意平顺，似无别情。其答书宜云：'来书情意殷勤，副以厚贶，足见两国通好，出于诚信，良用慼悦。见索诗、书、四书等书籍，此意甚善，深嘉贵国尊信圣贤，慕悦礼义之盛意。第国中所有，只是天下通行印本，而金、元所译，则曾未得见，兹未能奉副，无任愧歉。权仁禄得蒙还送，益见诚信之不替。两国通信，须赖解语之人，朴景龙惯习贵国语，亦许遣归，俾得使令于修好之际，尤幸。'请令承文院以此意撰出。"上从之。

同书己巳（1629年）十月甲戌条下记载①：

金汗求书册，以《春秋》《周易》《礼记》《通鉴》《史略》等书赐之。

---

① 同前书，第3428页。

从《朝鲜王朝实录》记载看,太宗当时听别人说朝鲜有金、元所译《尚书》《诗经》及四书,因此在遣使之际顺便要求提供相关书籍。金、元所译各书自然是女真文和蒙古文的翻译,也就是女真文书籍或蒙古文书籍。然而,朝鲜方面没有所求各书,因此给了一些汉文典籍。

天聪三年(1629年)五月之前,清太宗向蒙古喀喇沁部也求索书籍,因为该年五月蒙古喀喇沁部万丹卫征致书清太宗,禀报有关与明朝议和的情况,顺便呈送一部蒙古文《萨迦格言》。万丹的蒙古文信函现藏于中国第一历史档案馆,1999年李保文影刊原函。原函文字:

> O Svasti Siddham. Sečen Qaγan-du bičig bariba. Kitad-yin törü-yin tulada. Li lam-a-yin üge Qaγan-du ayiladqaǰi bila. Qaγan-i ǰarliγ-iyar bida kelelceǰi bila. Tere ǰabsar-tu Dügüreng amidu bulaγ-a kürgeǰi namayi mede gele, Bi kelelčenem geǰi Kitad-tu bičig bariǰi. Kitad-un üge. ene törü-yi Dügüreng namayi mede. Üiǰeng namayi mede geǰi bayinam. Dotaγur Sečen qaγan-i elči mandu irele. Tere elči-yi qariγulba. Sečen Qaγan-i tamγ-a bičig ken-dü ögküle, tere kümün kelelčetügei geǰi, Kitad-yin üge tere. Sečen qaγan-u ǰarliγ dörben keletei qadamal bičig tuγuǰi ača geǰi bila. Dayidu urid oruju, ende eriǰi oluγsan *Nama Sanggiti Subasita Jonkina*. Bisi-yi-ni qoyina eriǰi üǰey-e.①

汉译:

愿吉祥。致书于天聪汗。为与明朝议和,曩曾禀报李喇嘛之言,并奉汗谕,我等筹议。此间,杜棱运送活貂回言:奉谕:令我筹议,我将议之。等语。因致书于明朝。明方答言:此次议和,杜棱称伊主之;卫征言伊主之。暗中天聪汗使节前

---

① 李保文编:《十七世纪蒙古文文书档案》,内蒙古少年儿童出版社,1997年,第56页。

来我处。该使业经遣回。天聪汗给之玺书者,著来筹议。明朝所言如斯。天聪汗尝谕:"请给四体合璧书史"等语。曩入大都,此所寻得《真实名经》《苏巴西塔》等,余俟来日再寻。

据万丹呈函,清太宗曾经向蒙古喀喇沁部求索四体合璧典籍。于是,喀喇沁方面寻得一部蒙古文《苏巴西塔》,送给了清太宗。

《苏巴西塔》是13世纪西藏萨迦派高僧贡嘎坚赞所著训谕长诗《萨迦格言》的蒙古语名称。据照那斯图、斯钦朝克图介绍,蒙古人在历史上曾经六次翻译《萨迦格言》,分别是13世纪佛僧索南戈拉译本、17世纪中叶卫拉特高僧那木海扎木苏译本、18世纪苏尼特高僧丹赞却达尔译本、乌拉特高僧罗布桑丹碧札勒散译本、察哈尔高僧罗布桑楚勒图木译本、19世纪布里亚特高僧林沉译本。这些译本,或以刻本,或以抄本,在蒙古人中广为流传,僧俗皆诵,家喻户晓,被奉为善说宝藏。其中索南戈拉的翻译在元代有八思巴字刻本,20世纪初从吐鲁番出土数页刻本残片;另也有畏兀儿体蒙古文抄本传行于世,1921—1931年间匈牙利学者李盖提从喀喇沁旗得到一部抄本。① 以年代考之,万丹卫征赠送清太宗的那部《萨迦格言》应该是索南戈拉译本的某种传世抄本。

总之,清太宗从朝鲜、蒙古求索蒙古文书籍,结果部分蒙古文书籍进入他的手里。见于史料的是《萨迦格言》等,其未见史料者也应有之。

清太宗求索书籍是他所采取的文治政策的一部分。就在天聪三年,清太宗对文馆进行改革,命人翻译汉文典籍。《太宗文皇帝实录》卷五天聪三年四月丙戌②条载:"丙戌朔。上命儒臣,分为两直:巴克什达

---

① 萨迦班智达贡嘎坚赞著,索南戈拉蒙译,照那斯图、斯钦朝克图校注:《善说宝藏》(蒙古文),内蒙古人民出版社,1989年,第59—66页。
② 《清实录》(影印),第二册,中华书局,1985年,第70页。

海同笔帖式刚林、苏开、顾尔马浑、托布戚等四人,翻译汉字书籍;巴克什库尔缠同笔帖式吴巴什、查素喀、胡球、詹霸等四人,记注本朝政事,以昭信史。初,太祖制国书,因心肇造,备列轨范。上躬秉圣明之资,复乐观古来典籍,故分命满汉儒臣,翻译记注,欲以历代帝王得失为鉴,并以记己躬之得失焉。"

可见,清太宗一方面向朝鲜和蒙古求索书籍,另一方面命人翻译汉文典籍。考诸现存文献档案,能够了解到太宗当时阅读过一些蒙古文书籍,主要涉及蒙古文《萨迦格言》和蒙古文帝王训令典故。

二、《萨迦格言》

天聪九年正月二十四日(1635年3月12日),汉臣鲍承先上疏,参劾孔有德等人为属下滥讨敕书,并建议太宗停发敕书。

(天聪九年正月二十四日)家喇章京书房臣鲍承先谨奏。臣闻帝王开国成家,首重名器,滥则匪人得以倖进,豪杰心轻,如古唐玄宗,今天启、崇祯是也。不重名器,贤愚滥用,以致国乱。臣见孔元帅、耿总兵为其下僚讨敕,我汗圣明敕谕:自便给筍其礼,上下妥当,待以诸侯之爵。隆重极矣。然元帅不识大体,不知书史,复有缴敕,要求甚失人臣之礼。我汗原而不较。臣引古昔周朝时,诸侯齐桓公管仲有大功于周天子,方受上卿。况元帅之部将,非管仲可比,元帅之功爵,非桓公可比。凡有国者,大有大体,小有小体。臣观古史,有大臣,有陪臣,自古及今,有一定之规。若任情滥给敕书,名器不足重也。名器一滥,贤者退,小人进矣。臣窃视汗乃金世宗、元世祖并肩之主也,不可废百世之规,开无功之典,遗议于后世矣。倘汗留意于未来远人,不妨奉旨升擢、给敕。臣所言皆古帝王待臣下之规式,臣知不敢隐讳,故此奏闻,伏乞圣裁,斟酌施行。

须至奏者。①

二十七日(1635 年 3 月 15 日),太宗谕复鲍承先的奏疏,做了一番解释和评论。台北"故宫博物院"藏《满文原档》天聪九年档册和中国第一历史档案馆藏《满文内国史院档》都记载此事。兹将《满文原档》记载转写译录:

Orin nadan de, …. tere inenggi, boo ceng hiyan i olhome wesimburengge, …. han bithe be tuwafi, hendume, tuttu waka. liodung ni bai nikasa jing ukame geneci, yuwanšuwai, geren hafasa mederi be doome goro baci dahame jihengge gung inu ajigen akū. bi emgeri tucike gisunbe aifurakū. subasitai bithe de henduhengge, beye akdun oci dain i niyalma seme dahambi; beye akdun akū oci gucu gargan seme ubašambi sehebi. jai kung fu se i henduhengge, beye akdun oci niyalma de kenehunjerakū; beye kenehunjeci niyalma akdarakū sehebi. tere anggala, boo ceng hiyan i jergi hafasa dain de buceme afafi anabufi jafabuha hafasa be hono gungge ambasai jergi de ejehe bufi gosime ujimbikai. tese minde jifi ai gung baha. tuttala goro baci dahame jihe hafasa be gung akū de arame waliyame gūnici ombio. mini ere gisun boo ceng hiyan be wakalarangge waka. tere inu gūniha babe mimbe donjikini seme wesimbuhe [be] dahame bi inu gūniha babe hendumbi. mini anggaci emgeri tucike gisun be aifurakū oci yaya

---

① 鲍承先奏疏见于罗振玉编的《史料初编》。20 世纪 20 年代罗振玉从盛京崇谟阁发现《奏疏薄》一书,是天聪年间汉臣的奏议汇录。罗氏将其编为《天聪朝臣工奏议》,收入《史料初编》,1924 年刊布,鲍承先的奏疏见于"奏下"第十五页。1964 年,台湾学者李振华翻印《史料初编》二册,题名《史料丛刊初编》,鲍承先的奏疏见于该书上册第 310—311 页。1980 年,辽宁大学历史系排印《天聪朝臣工奏议》,作为《清初史料丛刊》第四种刊布,鲍承先的奏疏见于该书第 90 页。潘喆等人编刊《清入关前史料选辑》共三辑(中国人民大学出版社,1989 年),亦收《天聪朝臣工奏议》,鲍承先的奏疏见于该编第二辑第 105—106 页。

gemu akdun seme gūnimbikai.①

二十七日,……。是日,鲍承先谨奏:……。汗览奏曰:"不然。辽东地方汉人常逃亡,而元帅、众官渡海远来投诚,功亦非小。我既言而不背。苏巴西塔之书有云:自守信则虽敌人亦来归;自不守信则虽亲朋亦叛。等语。又孔夫子曰:自信则人不疑,自疑则人不信。等语。此外,鲍承先等官及临阵死战经败被擒各官,尚置诸功臣之列,给敕恩养矣。彼等投我建何功绩?如此远来归顺各官,反谓无功而忽视,可乎?我之此言,非责鲍承先。彼既以所虑奏闻,我亦以所思言之。我惟言出不悖,则人皆谓我有信矣。"

太宗在谕复鲍承先时,引论了两段格言,即先引《苏巴西塔》之书,后引孔子之语。其中,《苏巴西塔》这个书名的满文形式"Subasitai Bithe",应该点断为"Subasita-i Bithe",意谓名为《苏巴西塔》的书。

《满文原档》天聪九年档册现有三种译注,即日本学者译注②、中国学者李林等人依据日本学者成果而作的汉译③、中国学者关嘉录等人的汉译④。三家译注对"Subasitai Bithe"的处理互不一致,需要评析甄别。

日本学者率先把它译作"Subhāṣita",这不是满文转写形式。

---

① 乾隆年间整理内阁大库时,入关前的满文旧档 37 册,乾隆皇帝命人装裱原册珍藏,又命整理编录,于是有了《满文老档》留存于世。民国年间整理内阁大库时,发现了天聪七、八、九年旧档 3 册,故将 3 册与原有 37 册合并,汇为旧档 40 册。由于乾隆年间并未发现该 3 册旧档,未得抄进《满文老档》,故此《满文老档》翻译也没有。1969 年台北"故宫博物院"影刊旧档 40 册,书名《旧满洲档》;2005 年该院重新影刊旧档 40 册,书名改为《满文原档》。由于台北"故宫博物院"影刊旧档,学界才看到了天聪九年的档册,并且相关学者进行了转写、翻译。太宗谕复鲍承先事见载于台北"故宫博物院"《旧满洲档》,第九册,1969 年,第 4129—4130 页;《满文原档》,第九册,2005 年,第 56—59 页。
② 〔日〕神田信夫、松村润、冈田英宏:《旧满洲档——天聪九年》I,东京:东洋文库,昭和四十七年(1972 年),第 45—47 页。
③ 李林等译:《汉译满文旧档》,1979 年,第 22—23 页。
④ 关嘉录等译:《天聪九年档》,天津古籍出版社,1987 年,第 22—23 页。

"Subasita"原本是一个梵文词语,日本学者先把它还原成梵文,然后按照梵文形式进行转写。也就是说,日本学者不是按照满文字面形式转写该词,而是按照它的梵文形式转写,所以有别于满文转写形式。按此转写,显然以"Subasita"为主词,以尾音"i"为词尾附加成分。日本学者的处理不仅准确,而且含有词源学的考证,颇具学术意义。遗憾的是,李林等人却误解了日本学者的做法,把它译为"苏博哈西塔的书",不仅误把"Subhāṣita"当成人名,还把"bha"拆成"博、哈"两个音节。其实,字母"bh"并非表示"b""h"两个辅音的组合,而是表示梵语双唇塞擦送气浊辅音。李林等人完全误解了日本学者的转写。与此不同的是,关嘉录等人把"Subasita-i Bithe"当作书名,准确地译成"苏巴西塔书"。

中国第一历史档案馆藏《满文内国史院档》①亦载太宗谕复。笔者查其缩微胶卷,发现胶卷中缺少载有《苏巴西塔》书名的那一页;其后一页页边空白处用满文记"由此取一页编入"(ubaci emu afaha gaifi dosimbuha)字样,应该是崇德、顺治年间的字迹,但不知编入何书。如此一来,崇德、顺治年间已经把那一页剥离了原册。然而在《清初内国史院满文档案译编》②中却把书名译作"苏巴希泰",不知何所据,译者也未作任何解释。

李勤璞先生对清太宗援引《苏巴西塔》语句一节做专门探讨,正确地指出《苏巴西塔》就是蒙古文《萨迦格言》,并澄清了"Subasita"一词的来历、含义、书名翻译及太宗所引语句的意旨变化等问题。③ 据其考证,清太宗所引两句话对应于索南戈拉译本的第210首和察哈尔格西译本的第212首。他在考论中还做了一个假设,即太宗引论《苏巴西塔》是得自蒙古"口传",并以此解释太宗引论与《萨迦格言》之间的意旨

---

① 《满文内国史院档》,中国第一历史档案馆藏,缩微号:001-0050,第368—369拍面。
② 中国第一历史档案馆《清初内国史院满文档案译编》,光明日报出版社,1989年,第144页。
③ 李勤璞:"天聪九年皇太极谈话中的《元坛宝藏》",《汉学研究》第21卷第2期(2003年12月),第279—304页。

差异。

然而如上所揭，早在天聪三年，蒙古喀喇沁部万丹卫征赠送太宗一本蒙古文《苏巴西塔》，所以太宗的援引不是得自口传，而是来自书面《苏巴西塔》，得益于他躬览其书。至于他的引论和书中原话之间的意旨差异，可归因于他的阅读能力，也可归因于他根据引论情景的活学活用。

值得一提的是，雍乾定本《太宗实录》卷二二天聪九年（1635 年）正月戊寅条下记载的太宗谕复，比起原档有了重要的变化。其蒙古文本记载：

Erdemten-i keregleküi-dür buu alaɣčilaɣtun kemegsen-i Šu Ging bičig-tür bičiǰüküi. Subasita bičig-tür ügülegsen anu, öberün bey-e itegel-tü bolbasu, dayisun bar nököčeyü; bey-e itegel ügei bolbasu nököd ber buruɣudduyu kemeǰüküi.①

汉文本作：

任贤无贰，载在虞书。《元坛宝藏》有云：自信，虽仇敌来归；自疑，虽亲朋亦叛。②

经对照发现，蒙汉两种文本对书名的处理略显不同。蒙古文本作"Subasita bičig"，即"苏巴西塔"书，汉文本译作"元坛宝藏"。据李勤璞考察，《太宗实录》顺治初纂本原作"玄坛宝藏"；康熙修订本改为《元坛宝藏》，以避讳帝字；雍乾定本袭仍康熙本。除了译名上的特殊处理之外，实录还把原档所见孔夫子语换成《虞书》所载，并颠倒了《苏巴西塔》与《虞书》的先后顺序，使其变成先引《虞书》（蒙古文本作《书经》），后引

---

① *Dayičing ulus-un maɣad qauli*, 2, *Tayizung-un maɣad qauli*, Öbör Mongɣol-un soyol-un kebel-ün qoriy-a, 1988, p.636—638.

② 雍乾定本《太宗实录》卷二二天聪九年正月戊寅，《清实录》，1985 年版，第二册，第 290 页上栏。

《苏巴西塔》。这是后世史官出于儒家正统观对太宗言论进行的重塑，具有特定的历史建构性质。

三、蒙古帝王训令典故

天聪六年二月六日(1632年3月26日)，汉臣高鸿中上疏太宗，太宗在谕复高鸿中时讲了一段故事，即蒙古察合台(成吉思汗次子)与俄齐尔塞臣的一次对论。

《满文原档》天聪六年档册即"地字档"记载此事，[①]《满文老档》也记载此事[②]。《满文老档》已由日本学者拉丁转写、翻译，已于1961年出版；[③]中国学者于1990年出版汉译《满文老档》；[④]2008年影刊内阁藏本《满文老档》，并附拉丁转写和汉译文。查太宗谕旨，《满文原档》的记载和《满文老档》的记载完全一致，然而诸家转写和翻译稍有出入。这里参考诸家成果[⑤]，引录原文，并对汉译稍加修订予以附录。

ice ninggunde, han de fujiyang gao hūng jung bithe alibuha. tere bithei turgun de han hendume, bithe alibure be nakabuci ojoro weile waka. tuttu seme alibure bithe de urunakū nenehe weile i waka ufaraha ba be arambi. bithebe tuwahai onggotoi nenehe be wakalara gisun tucimbikai. te bicibe baksisa suwe yaya fonde mujilen bahabu. aika bade nenehe be wakalara gisun tucirahū. julge cinggis han i jui cagandai fufungga huwesi i suhai moo be mailame šusiha arame

---

[①] 档案原件见于《旧满洲档》第8册，第3701—3702页；又见《满文原档》第八册，第100—101页。

[②] 中国第一历史档案馆编《内阁藏本满文老档》(共20册)，辽宁民族出版社，2008年。档案原件见于第11册第5962—5964页。

[③] 〔日〕神田信夫等：《满文老档》I-VII.，东京：东洋文库，昭和三十六年(1961年)。

[④] 中国第一历史档案馆、中国社会科学院历史研究所译注：《满文老档》(上、下)，中华书局，1990年。

[⑤] 日本学者的拉丁转写及日文翻译见于神田信夫等：《满文老档》V.，第687—688页；中国学者的拉丁转写见于《内阁藏本满文老档》第18册，第875页；汉译见于《满文老档》第1230—1231页；又见《内阁藏本满文老档》第20册，第617页。

hendume, ere sahahūn ilicaha irgen ama cinggis han isabuha dere. ere suhai mooi šusiha be bi mutebuhe sehe manggi, ocir sure hendume, ere šusiha araha huwesi han amai ilibuha faksi torakū bici si hitahūn i fetembiheo, weihei kajambiheo seme jabuha sere. ere uttala doro, gurun irgen, ai jaka gemu han amai emken beye fukjin ilibuhangge. terebe te geli waka arame musei beye be mergen sain arame gisureci, tumen jalan de wakalaburengge kai. suwe saikan eje, ishunde mujilen bahabuki seme henduhe.

汉译：

初六日，副将军高鸿中上书于汗。因其书故，汗曰："上书，非可禁之事。然而，所上之书，必写前事之过失。频览斯书而忘乎所以，必出非前人之言。今者，尔巴克什等不时启示，不然恐出非议前人之言。昔成吉思汗之子察合台，以锯刀削桎柳为鞭，曰：'凡此云集之人民为父成吉思汗所纠集，而此桎柳鞭乃我所创也。'鄂齐尔苏勒对曰：'此削鞭之刀，若非汗父纠集工匠制造，尔岂能以指掐之、以齿啮之。'凡此大业、国民及诸凡物资，皆汗父所崛起而创立者。今若以之为非，自作贤明，则必遗讥于万世也。尔等务须铭记，相互启迪。"

雍乾定本《太宗实录》卷一一甲戌条所载，基本相同，只是把鄂齐尔苏勒改成鄂齐尔塞臣。苏勒是满语，塞臣是蒙古语，都是聪慧、聪睿的意思。原档里把封号塞臣译成满文，实录把它译回原样①。实录遵循的是专用名词不译的原则。

关于察合台与鄂齐尔对论的出处，冈田英弘引录1925年版《黄金史纲》（编印时的书名为《成吉思汗传》）和1927年版《黄金史纲》（编印时的书名为《圣成吉思汗传》）中所载察合台与鄂齐尔的对论，认为二书所附三十三篇格言集（Bilig）就是清太宗所讲故事的出处。②

---

① 《清实录》，中华书局1985年版，第二册，第154—155页。二月己巳朔，甲戌为初六日。
② 〔日〕冈田英弘著、李勤璞译、刘红军校：《清初满族文化中的蒙古文学传统》，《满语研究》1998年第1期，第50—56页。

1925年和1927年,蒙古喀喇沁人汪睿昌先后两度编印《黄金史纲》喀喇沁传本:1925年排印《成吉思汗传》;1927年排印汪国钧抄录的《圣成吉思汗传》;都是《黄金史纲》的喀喇沁传抄本。喀喇沁抄本的特点是,卷末附载三十三篇故事、君臣对论和训谕。其中第二篇就是察合台与鄂齐尔的对论,转录如下:

Čaγadai Aq-a qabsalang-ača negüǰü ǰusalang γarqui-dur, ger-ün emün-e saγuǰu abasu kirügetü kituγ-a-bar suqai modun-i oγtulǰu tasiγur esilen büküi-dür, dergete inü Wčir Sečen qayaγan-a bayiγsan aǰuγu. Ai, Wčir Sečen, ile qaralaǰu borulaǰu bayiqu ulus-i Činggis Qaγan ečige minü ǰükebei-ǰ-e. Ene edür-ün kirügetü kituγ-a-bar suqai modun-iyer tasiγur esilegsen modun-i bi ǰükemü kemebesü, Wčir Sečen uruγsi negü-sčü ügülerün, ende ile qaralaǰu borulaǰu bayiqu ulus-i Činggis Qaγan ečige ǰükebei-ǰ-e, esilegsen modun-i bi ǰükebei kememü či. Kirügetü kituγ-a-yi deledügsen urad-i Činggis Qaγan ečige činü ese ǰükegsen bügesü, suqai modun-i sidü-ber qa☐aqu büluge ü, kimusu-bar kisuqu bile ü kemen ügülegsen-dü...①

冈田英弘在论文里译引这段记载,并附拉丁文转写。据李勤璞的汉译来看,冈田英弘当时误解了原文的一些字句,比如把"Čaγadai Aq-

---

① *Činggis Qaγan-u Čadiγ*, Temgetü nayiraγulun keblebe, 1925, p. 153; *Boγda Činggis Qaγan Sudur-un bičimel eke-yin sudulul*, Buyanbaγatur sudulγ-a ki☐ü, γaliγla☐u, tayilburila☐u, üges-ün kelkiyesü üiledbe, Töb-ün ündüsüten-ü yeke surγaγuli-yin keblel-ün qoriy-a, 2012, p. 470-471. *Boγda Činggis Qaγan Sudur*, Bayanbiligtü qaγulba, Ciuwan Rung tulγan qaricaγul☐u tayilburilaba, Ündüsüten-ü keblel-ün qoriy-a, 2013, p. 536; Ge. Namjil, *Činggis Qaγan-u ǰasaγ ba Bilig*, Öbör Mongγol-un soyol-un keblel-ün qoriy-a, 1989, p. 295—296.

直到20世纪初,在喀喇沁地区流传着《黄金史纲》的抄本。汪睿昌在1925年编印的《成吉思汗传》和1927年编印的《圣成吉思汗传》,都是《黄金史纲》的传抄本。其中1925年版的来历,至今不明。据宝音巴特尔和全荣的研究,原喀喇沁右翼旗协理台吉什哩萨格喇(Širisaγra)藏有一部《黄金史纲》,该旗书生汪国钧用近代蒙文字体抄录一部。汪睿昌在1927年出版的就是源自汪国钧抄本。汪国钧的原抄本后来数易其主,2013年和2012年分别由全荣和宝音巴特尔影印出版。

a"译成"皇子察合台"。按照原文,应该译成"皇兄察合台"才对。又如,把"ile qaralaǰu borulaǰu bayiqu ulus"译成"在黑暗中度日的人民",把清太宗转述的同义词"sahahūn ilicaha irgen"译成"与浅黑共立的百姓"。其实,"ile qaralaǰu borulaǰu bayiqu ulus"表示众人聚集,显得黑鸦鸦;清太宗所说的也是众人并立,作黑鸦鸦状,两者都表示"云集之人民"。又如,"Wčir Sečen uruγsi negü-sčü ügülerün"一句,冈田英弘译成"Wčir Sečen 说:'请靠过来'"。他把"negü-sčü"读作"negü geǰü"(请挪)。其实原文"negü-sčü"是"negüsgeǰü"的一种形式,即稍微挪动的意思。因此应译为"俄齐尔塞臣趋前"。当时察合台是领主,俄齐尔塞臣是臣下,臣下怎么可能命其领主趋前呢?鉴于以上情况,重新汉译这段记载:

皇兄察合台自春营地迁往夏营地时,坐在毡帐跟前,以锯刀削柽柳以为鞭柄,俄齐尔塞臣在旁立于帐下。(察合台曰:)"哎,俄齐尔塞臣,此眼前黑鸦鸦之众民固为我父成吉思汗所收服,然今日以锯刀削柽柳为鞭柄之木,乃我所制也。"俄齐尔塞臣趋前曰:尔云:此眼前黑鸦鸦之众民为我父成吉思汗所收服,以鞭柄为自所制。若非成吉思汗鸠集制此锯刀之工匠,则此柽柳以指削之耶,抑以齿啮之耶。等语。

细查两段记载,发现清太宗讲的跟喀喇沁本《黄金史纲》所附记载非常相似,连柽柳、"云集之人民"、锯刀等细节内容都一样。可以肯定,太宗的话来自后者,也应该得益于躬览其书。

与此相连的另外一个例证见于太宗关于禁用诸申统用满洲族名的谕旨。天聪九年十月十三日(1635年11月22日),清太宗颁谕禁用"诸申"一名,规定统一使用满洲这个称谓。《满文原档》天聪九年十月档册记载:

tere inenggi, han hendume, musei gurun i gebu daci manju,

hada, ula, yehe, hūifa kai. tere be ulhirakū niyalma jušen sembi. jušen serengge, sibei coo mergen i hūncihin kai. tere muse de ai dalji. ereci julesi, yaya niyalma musei gurun i da manju sere gebu be hūla. jušen seme hūlaha de weile.①

汉译：

是日，汗曰：我国之名向称满洲、哈达、乌拉、叶赫、辉发。不知之人称诸申。诸申者，乃席北超墨尔根之裔也，与我国何涉。嗣后，一切人等称我国原满洲之名。称诸申者，罪之。

这道谕旨里的超墨尔根一名值得一考。超墨尔根作为成吉思汗九大臣（Mon：Yisün Örlüg）之一见于蒙古文史书，例如故事文本《征服三百泰赤乌人故事》（Γurban J̌aɣun tayičiɣud-i daruɣsan üliger）、《十一贤人之论》（Arban nigen sečed-ün üges）及诗作《圣主成吉思汗赞论》（Boɣda Činggis-ün maɣtan surɣaɣsan šastir）都见超墨尔根的事迹和言论。现有各种文本都称其为"女真氏超墨尔根"（Jürcid-un Čoo mergen）。

清太宗说超墨尔根是席北（锡伯）之祖，不知根据为何。冈田英弘认为，经过科尔沁人（当时科尔沁统治席北），"女真氏超墨尔根"变成"席北之超墨尔根"。② 此说虽然不无道理，但也不能否认清太宗看到的书里记载"席北氏超墨尔根"的可能。

自蒙元时代开始，有人辑录成吉思汗及其继承者的训谕，也记录一些君臣对论。例如波斯史学家拉施特记载：

> 因为当时有一种习俗，君主所说的每一句话都要逐日记载下来。凡他们所说的言词，大部分有条有理而且含义深奥，所以每个

---

① 《旧满洲档》第9册，1969年，第4509页；又见《满文原档》第9册，2005年，第408页。
② 参见〔日〕冈田英弘撰、李勤璞译：《清初满族文化中的蒙古文学传统》，第50—56页。

[君主]都制定一个近臣记录他的话。察合台的话由上述维即儿记录。而合罕有一个畏兀儿人辅弼，名叫镇海。①

拉施特称这些训谕为必里克(Bilig)，并在《史集》里编入了成吉思汗、窝阔台和察合台等人的类似言论。显然，拉施特当时可能用过一些圣训汇录。

另据《元史》，元代也有类似事情。《元史》卷一百六十七《王恽传》载：

> 元贞元年，加通议大夫、知制诰，同修国史。奉旨纂修《世祖实录》，因集《圣训》六卷上之。

卷三十《泰定帝本纪二》记载：

> 三年秋七月乙卯，诏翰林侍讲学士阿鲁威、直学士燕赤译《世祖圣训》，以备经筵进讲。四年秋七月戊戌，遣翰林侍读学士阿鲁威还大都，译《世祖圣训》。

虽然王恽辑录的《世祖圣训》和它的蒙古文译本现已散佚，但在当时一度流传，当属无疑。

无论拉施特辑录成吉思汗、窝阔台和察合台的圣训，还是王恽辑录世祖圣训，这在性质上都跟明代《宝训》和清代《圣训》相类。早期应该有圣训辑录传行于世，《黄金史纲》喀喇沁本卷末辑录或许就是圣训遗存。《黄金史纲》喀喇沁本卷末辑录包括成吉思汗、察合台、忽必烈等人的故事、圣训和对论。其中，批评察合台的俄齐尔塞臣应该就是拉施特所记载的维即儿，而世祖君臣对论最早可能源自《世祖圣训》。

这种辑录不见于《黄金史纲》的其他抄本，因此研究者认为该部分

---

① 〔波斯〕拉施特编：《史集》第二册，余大均、周建奇译，商务印书馆，1985年，第186页。

内容原来并不与《黄金史纲》在一起,而是单独传行于世,只是后来有人将其附在《黄金史纲》卷末。

从引论察合台和超墨尔根的故事看,清太宗很有可能读过类似文献,尤其是察合台与俄齐尔塞臣的对论无疑来自书面记载。

小　　结

冈田英弘、李勤璞、哈斯巴根[①]对清初蒙古和西藏文化对满洲的影响已经做了精辟的论述,这里我们只是从档案记载勾考线索,探讨了清太宗躬览蒙古文典籍一节。

清太宗继位伊始,向朝鲜和蒙古求索书籍,经朝鲜和蒙古两方赠送,有些书籍陆续进入太宗手里,其中见于文献记载的有蒙古文译著《苏巴西塔》。《苏巴西塔》虽然原为藏文著作,但当时是"作为蒙古的事物被认知和运用的"[②]。从清太宗援引其中字句看,他应该躬览其书;另外,根据他援引蒙古帝王圣训典故,我们认为他读过类似圣训汇集的传世文本。

清太宗躬览蒙古文典籍,从另一个方面直接验证了清初蒙古文化对满洲的深刻影响。尽管这种影响当时较为明显,然而如上所揭,后世史官对史实进行重塑和建构,致使事情本来面目晦暗不明。

---

① N.哈斯巴根:"清初的巴克什与满蒙关系",《满族研究》2011年04期。
② 李勤璞上揭文。

"大金喇嘛法师宝记"满文碑文补证*

石岩刚

爱新国与西藏及藏传佛教的正式接触始于清太祖努尔哈赤(Nurhaci,1559—1626年)时期,最有名事件当属在蒙古传法之囊素喇嘛(Örlüg darqan nang su lama,? —1621年)赴盛京。① 天聪元年(1621年)五月二十一日,囊素喇嘛率徒众投奔成为爱新国—清朝藏传佛教开山的标志。② 其于是年圆寂后,太祖敕建舍利塔,舍利塔完工于天聪四年(1630年),并树碑记之,是为"大金喇嘛法师宝记"。

该碑为满汉文合璧,碑阳满文十三行,汉文十一行。碑阴为门徒、僧众及官员名单,③共计汉文二十行。

汉文碑文明确记载,囊素喇嘛来自乌斯藏④,"法师斡禄打儿罕囊素乌斯藏人也"。日人莺渊一将其对应的满文录为"lama … tu(?) durun (n)i bai(?) niyalma"。⑤

国内学者李勤璞,对莺渊一的该段录文提出了不同的看法,并做出了修正,录为"lama □□ de oron i bai niyalma",理由是"□ de oron"

---

* 本文得到中国博士后科学基金资助项目(Project Funded by China Science Foundation)[2016M590919]的资助。

① Tak-sing Kam, "the dGe-lugs-pa Breakthrough: the Uluk Darxan Nangsu Lama's Mission to the Manchus," Central Asiatic Journal 44: 2(2000), p.161.

② 李勤璞:"盛京第四寺满洲语碑文校译",《满语研究》1998年第2期,第90—100页。

③ 碑阴的名单因为其中的"曹振彦"而在红楼梦研究中颇得声名,参见冯其庸:"《大金喇嘛法师宝记》碑'教官'考论",《红楼梦学刊》,2007年第五辑,第5—36页。

④ "乌斯藏"即"卫藏",藏文dbus gtsang之音译,主要用于元明时期,见牙含章:"关于'吐蕃''朵甘''乌斯藏'和'西藏'的语源考证",《民族研究》1980年第4期,第5页。

⑤ 〔日〕莺渊一"沈阳喇嘛坟碑文之解说",载〔日〕羽田亨编:《内藤湖南博士还历祝贺:支那学论丛》,东京:弘文堂书房,1926年,第327—372页。

"对应的汉文是'乌斯藏'(藏语 dbus gtsang 音译),故此词(□)应是 öröne,蒙古语'西'。在清代蒙古文献里'西方'(öröne)常常专指西藏,……oron,译言'地方、位置',借自蒙古语"。①

可以发现此二人对第二行的第二至第四个词有不同的解释。通过仔细检视满文碑文的拓片,②可以清楚辨识出第三个词并不能识读为"de",而应为蒙古文的"tu/du"(或 tü/dü),所以前面的词应该是蒙古文借词。第四个词则是借自蒙古文的"oron"无疑,而非莺渊一释读的"durun"。最重要的是第二个词,从字形上看,该满文词可以读成 ojir 或 ocir,如果是蒙古文词,还可能是 očir/učir,但无论如何不可能是 öröne。蒙古文文献中的确常用"西方"来指代西藏,但所用蒙古文单词常为 baraγun γajar(西地),baraγun ǰoo(西召),baraγun eteged(西方)等。在蒙古文的《俺答汗传》原文中,用 baraγun eteged 指代西藏的例子,共出现 8 次之多,③李勤璞在此简单用 öröne 对应 baraγun 不妥,因为蒙古人从不称西藏为 öröne γaǰar,虽然 öröne 和 baraγun 同义。

在蒙古语中,učir 意为"原因、情由"④,显与文意不符,而očir 是 wčir 的另一种写法,来自于梵文的 vajra(金刚),意思仍为"金刚",借入满文后该词指"佛塔、数珠"⑤。因为该词在碑文中和汉文的"乌斯藏(西藏)"对应,而且其后的词为"tu/du oron",为蒙古语词汇,意为"具有 XXXX 的地方",所以我们在释读该词时必须和蒙古语中表示西藏的词汇联系起来考虑。

还是在《俺答汗传》中两次出现了 wčir-tu oron,原文分别为"eng

---

① 李勤璞:"斡禄打儿罕囊素:清朝藏传佛教开山考",《蒙古学信息》2002 年第 4 期,第 8 页。

② 北京图书馆金石组编:《北京图书馆藏中国历代石刻拓片汇编》第 61 册,中州古籍出版社,1997 年,第 1 页;黄润华主编:《国家图书馆藏满文文献图录》,国家图书出版社,2010 年,第 343 页。

③ 见 Johan Eleverskog, *the Jewel Translucent Sūtra*: Altan Khan and the Mongols in the Sixteenth Century, Leiden Boston: Brill, 2003。

④ 内蒙古大学蒙古学研究院蒙古语文研究所编:《蒙汉词典》(增订本),呼和浩特:内蒙古大学出版社,1999 年,ucir 字条。

⑤ 〔日〕羽田亨《满和辞典》,东京:国书刊行会,1972 年,ocir 词条。

urida hindkeg-un wčir-tu oron-dur inu",①意为"首先在印度金刚地",另一处为"degedü enedkeg-ün wčir-tu oron-dur tabun Ĵaγun Ĵil-e tusalan saγubai",②意为"于殊胜印度之金刚之地,造利益并居住五百年",其中 wčir-tu oron 意为"金刚之地",指佛陀成道之地。藏文有"rdo rje gdan 或 rdo rje'i gdan"之说,意为"金刚座、菩提道场、坚固永恒的地方",③藏文的"gdan"对应的蒙古文"oron、saγuri"等④,过去蒙古人称拉萨为 mönke Ĵoo,意为"永恒的召"("召"指大召寺),这与藏文的"rdo rje gdan"不无关系。由此可知,wčir-tu oron 就是对应藏文的 rdo rje gdan。

回到碑文中,如果此处为 očir-tu oron,则可用其来指代金刚座、坚固永恒之地等意,实是用 očir-tu oron 来代指西藏。实际上在后蒙元时代,印度逐渐等同于了西藏(西番),西藏逐渐代替了印度成为佛教圣地,这一过程可以追溯到元代早期。⑤

至此可以确定,碑文第二行第二个字应为 očir,它是蒙古文 wčir 的另一种写法,实际上 16 世纪末创制阿里嘎里字后,这个梵文词才写成 wcir,而实际读音始终为 očir。当此碑刻立之时,满文显然借用了蒙古文的 očir-tu oron(金刚地)。

所以说,李勤璞和鸢渊一二人对"乌斯藏"对应满文的识读都是不正确的,实际应该是"očir-tu oron",与汉文中的"乌斯藏"对应。

(本文原刊于《国外藏学研究集刊》2016 年第一辑)

---

① Johan Eleverskog, *the Jewel Translucent Sūtra*: *Altan Khan and the Mongols in the Sixteenth Century*, Leiden Boston: Brill, 2003, p. 254.

② 同上书,p. 255.

③ 张怡荪主编:《藏汉大辞典》,北京:民族出版社,2004 年,rdo rje gdan 条。

④ 参见 Lokesh Chandra 影印的《四种藏蒙辞典》中所收四种早期藏蒙辞典,*Four Tibetan-Mongolian lexicons*, Delhi: Sharada Rani 1981, Vol. 1—2.

⑤ 关于此问题的讨论请参见 Hoong Teik Toh, *Tibetan Buddhism in Ming Chian*, Harvard University, 2004.

从四份理藩院满文题本中所见清代顺治朝听事制度*

宋　瞳

一、绪论：理藩院满文题本与理藩院职能研究

在清代的文书运行体系中，题本扮演了重要作用。清承明制，以题本、奏本作为奏报公事与私事的上行文书。在康熙朝奏折出现前，题本是地方机构与官员向皇帝请示公事的最重要文书，即便在奏折大规模使用后，仍然不能取代题本。①

清代题本分为"通本"与"部本"，前者为地方官员呈递，后者为中央机关官员呈递。清制，部本皆需满汉双语，合璧书写，唯有理藩院可以满文或满蒙文合璧书写。2007 年，中国人民大学国学院西域历史语言研究所与中国第一历史档案馆满文部合作整理并出版了《清朝前期理藩院满蒙文题本》，不但将现存所见理藩院题本悉数归纳其中，还为研究者集中研究某一时期该部门的运行状况提供了可能。

理藩院之所以享有不同其余机构的公文形式，源于在清代的政府构成中，作为处理边疆民族事务的专职机构，其地位非常特殊。首先，

---

* 本文为中国人民大学新教师启动金项目"清代理藩院与满文档案研究"（项目号：13XNF042）成果。

① 奏折所言，不可据为定案。臣工奉批红，亦须以正式程序题本，且奏折内容，尤其批红内容均不可擅自透露。且事务有成例者皆需使用题本，不可擅自越级发折，只有意见不同时，方可发折奏报。总而言之，题本、奏折需相辅助并行。详见庄吉发：《故宫档案述要》，台湾"国立故宫博物院"，1983 年 12 月，第 17 页。

有清一代，在西北方边疆安全方面成绩斐然，这与清廷采取的联姻、外交、军事、经济等政策的成功有直接关系。另一方面，清代作为我国大一统王朝的顶峰，对民族事务、民族关系的把握和处理均有独到之处。而理藩院自崇德三年成立后①，始终作为一系列边疆民族政策的直接执行机关，重要性不言而喻。其次，理藩院的人事构成极具特色，相比于清朝普遍采用的满汉官员双轨制，它的所有高层职务，均必须由满族及蒙古族官员出任。基层职务中除满、蒙缺外，也只有汉军旗缺，不设汉缺。(唯康熙年间有汉文笔帖式)②因此可以说，在清朝机构设置中，理藩院最能体现清朝作为少数民族统治的王朝特色。

纵观中国历史，历代朝廷对于北方边患都给予巨大关注，同时也消耗了惊人的财力、人力、物力。而清朝作为发轫关外、入主中原的政权，与北方漠南、漠北蒙古、西北厄鲁特蒙古、回部、西南西藏等均有接壤。通过适当的政策与外交，最终妥善解决了困扰历代的边患问题，开创了清朝"大一统"之局。而在边务角度看，清廷的整体政策为宏观面，理藩院为具体执行部门，是政策处理的微观面。然而仅仅通过会典等内容的条列，很难具体分析该机构所起到的作用。而题本的整理，为我们展现出了理藩院在日常运作、行政体系、公文特点等方面的具体内容，通过题本，原本条文化、抽象化的机构运行，迅速变得鲜活而充实，全景化地呈现在研究者眼前。

清代理藩院的职能，是处理涉及蒙古、西藏、新疆等边疆地区的一切事务，其是否介入某一事务，是以地域而非事由为区分标准。简而言

---

① 自国初设蒙古衙门承政、参政等官，崇德三年六月定蒙古衙门为理藩院，七月定置，承政一员，左右参政各一员。顺治元年改承政为尚书，左右参政为左右侍郎，十五年以礼部尚书衔掌理藩院事，以礼部侍郎衔协理理藩院事，十八年仍为理藩院尚书、侍郎。雍正元年以王公大学士兼理院事。【又，初设满汉启心郎，顺治十五年裁】(《清朝通典》卷26，职官4，理藩院)

② 理藩院尚书一人，左右侍郎各一人。【均以满洲蒙古补授】，……额外侍郎一人。【特简蒙古贝勒贝子之贤能者任之】……题署主事，满洲三人，蒙古五人，乾隆三十六年置。由笔帖式内题补。笔帖式，满洲三十六人，蒙古五十五人，汉军六人；初制，满洲十有一人，蒙古四十一人，汉军二人；康熙二十八年增设汉文笔帖式，每旗各一人。汉军笔帖式每翼各二人(《清朝通典》卷26，职官4，理藩院)。

之,凡事关上述地区者,不论军事、政治、经济、交往等方面,均需交由理藩院负责。如此一来理藩院实际遇到的问题中,就会时常出现与六部职能发生交叉重迭的例子,如西藏等地申请工匠修复寺庙、蒙古地区蒙汉民众因事冲突等等,此类事件一般由理藩院移文相关部门对事务进行办理,处理完毕后再通过理藩院做出回应。以上述情况为例,需由理藩院移文工部或刑部,将相关各项予以商议处理后,再由理藩院将处理结果告知申报方。而理藩院题本作为理藩院日常工作中的文书,其中内容大量关涉蒙、藏、准、回各部的形势、制度、商贸往来等情况,且因其并非有意传世的史书,作伪可能性很小,因此具有非常珍贵的史料价值,可大量补充《清实录》《清会典》等文献史料记载的讹误与缺漏。

二、顺治朝外藩蒙古听事制度与相关理藩院题本

清代的制度研究,最全面的史料莫过于康熙、雍正、乾隆、嘉庆、光绪五朝中分别编纂的《大清会典》、光绪朝编纂的《大清会典事例》以及清代陆续修成并不断完善的各部院则例,另有一些与制度相关的记载散见于历代《清实录》。但不可否认,这些史料中记载的,多为已然完善成熟后的清代政体,而随着年代的不同,即令在五朝会典中,也存在着记载互异的情况。这充分说明制度化是一个时间经过相对较长的过程,从该制度萌芽、发展、完善直至作为成文条例载入会典,其间经历了规定条文、执行流程等层面的巨大差异,但这种差异并非《会典》类政书所关注的要素,因此,倘若研究制度的发展过程、流变情况,就不能单纯依赖《会典》或则例。另外,清初国家草创,各种事务尚未充分制度化,该时期的各种制度情况,也很难见于官修史书,对此,藉助档案加以分析就成为该类研究的必经之路。

如今对于顺治朝的制度研究,很难深入并加以细化,原因恰恰在于:《会典》中虽有只言片语,然而多乃零散提及,因未成为典章,不符合政书类文献的记载标准,故而翻阅当中,或感语焉不详,或觉难窥全貌,无法据此探其根源。另有一些问题,则是《实录》《会典》中有其名称记载,而无其具体情况,其中外藩蒙古听事制度即为其一。

有清一代,蒙古各部在朝局中都扮演了非常重要的角色,"满蒙联

姻"是清朝始终奉行的国策。早在清初满族崛起关外,平定天下的过程中,蒙古就与后金—清发生了密切联系。至崇德年间皇太极建号开国,漠南蒙古已然完全归附,成为大清定鼎不可或缺的重要因素,作为最初进入清代政治体系架构的少数民族地区,清廷在漠南蒙古各部推行的各种制度与策略,都为日后清代的边疆民族政策提供了经验与借鉴。因此,清代蒙古的研究也始终是学界关注的焦点。

在清初漠南蒙古政治体制中,最重要的当然是盟旗制度。但顺治时期,"盟"尚未作为一级行政区划出现。彼时清朝史料中采用"会集"一词对此加以称呼,其形式与内容均来源与蒙古传统的"会盟"。另外在顺治朝理藩院题本中多次提及,但相对研究较少的,还有外藩蒙古的"听事"制度。两相比较,如果说会盟(或会集)是清朝因应蒙古地方特色加以改造,派员参加的行政制度,那么听事制度则是要求蒙古进入中央行政体系,联结双方的纽带措施。

所谓听事,是指蒙古各旗需在固定时间派员至京城,听候中央政府传达政令。该制度起源时间不可详考,但应时间较早,据康熙朝《大清会典》:"国初定:外藩蒙古每年四季,每旗遣一人来听事。"① 在《实录》中,顺治朝最早的听事时间见于顺治三年(1646年)七月,最晚的记载为顺治十二年。② 而二者虽然都提到了"听事",但并未详述,究竟听事有何内容,有无听事员额规定,听事有何必要性,均无记载。《实录》所

---

① 《乾隆朝内府抄本理藩院则例》,中国藏学出版社,2006年,第189页。
② 《清世祖章皇帝实录》,顺治三年七月丙寅:"宴赉外藩蒙古、二十七旗下听事头目。并从人如例。"顺治三年十月甲申:"宴赉听事外藩蒙古二十七旗下头目卒役。如例。"顺治四年十月庚辰:"赐听事科尔沁国土谢图亲王下虎巴卓礼克图亲王下白尔格乌朱穆秦部落车臣亲王下祁塔特、耨讷赫、敖汉部落墨尔根巴图鲁郡王下杜理琥奈曼部落达尔汉郡王下孟克阿霸垓部落卓礼克图郡王下布伦代、噶尔玛色冷、翁牛特部落杜棱郡王下博济纳木色冷、苏尼特部落杜棱郡王下车格、四子部落扎萨衮达尔汉卓礼克图下阿木达尔礼鲁特部落尚加布下巴颜代、布尔思海、蒿齐忒部落博罗特额尔得尼下拖贝喀喇沁部落扎萨衮杜棱下阿哈土阿济极尔土默特部落扎萨衮达尔汉下巴雅思虎寨桑、吴喇忒部落楚成格下巴拜、巴林部落塞卜腾下代通桑噶尔载等币布有差。"顺治八年十一月己卯:"宴厄鲁特部落贡使卫征。囊苏等三百二十人及外藩蒙古二十七旗听事头目从人于礼部。"顺治九年十月壬子:"宴外藩蒙古二十七旗听事头目于礼部。"顺治十年四月庚戌:"宴外藩蒙古二十七旗听事头目等于礼部。"顺治十年七月甲辰:"宴外藩蒙古二十七旗听事头目随从人于礼部。"顺治十年十月壬申:"宴外藩蒙古二十七旗听事头目、及随人于礼部。"顺治十一年十月丙寅:"宴外藩蒙古二十七旗听事头目等于礼部。"顺治十二年七月乙未:"宴外藩二十七旗听事头目于礼部。"

谓"听事头目"是否指听事者应有一个团体,同时与《会典》所记一人听事是否矛盾?这些问题均难以得到解答。但在理藩院题本中,笔者发现几份题本或直接或间接提到了听事制度,且该数份题本在相关领域尚未得到使用,故将之引录并加以分析。

下述题本遵循理藩院档例,全部以满文写就,而整理出版采用影印方式,所影印者均为最后政府机关执行的"红本"①。故可据此对听事制度的准备过程、详细内容、清廷的批准方式等进行研究。因该份题本使用较少,且尚未经翻译,故全文引录,以罗马字母转写并由笔者加以翻译。②

005③ 批红:gisurehe songkoi obu
wesimburengge
〇 tulergi dolo be dasara jurgan aliha amban nikan sei gingguleme wesimburengge. juwari ujui biya seme, mejige gaime jihe niyalma jalin, tulergi goloi wang, beile sei gūsa tome mejige gaime niyalma jihebi. erebe da toktobuha songkoi jurgan de emu jergi kesi ulebufi an i šangnafi. morin i hūsun be ume fulure, dain i agūra be dasata seme hendufi juwan emu de jurambuke sembi. erei jalin(+)hese be baime gingguleme wesimbumbi.
i jishūn dasan i juwanci aniya duin biyai ice uyun.

005 批红:依议

---

① 清制:题本不论京中衙门"部本",或外省衙门"通本",均由内阁出签拟票,再交皇帝审定。皇帝于签票中朱笔权定或改票,再由内阁依皇帝所圈或所改,将处理办法抄于题本上,为区别皇帝亲笔"批红",该类红字称"批红"。有批红之题本称"红本"。而内阁下发六科发钞于各部院衙门,以及缴存红本处存档收缴者均为此类"红本"。详细介绍与字处理流程,可参见单士魁:《清代档案丛谈》,紫禁城出版社,1987年。

② 满文罗马字母转写遵循穆麟德(Paul Georg von Möllendorff)转写法则,汉译为笔者自译。文中〇为题本原用符号,(+)代表题本原文挪抬一格。

③ 该号码为整理出版《清代前期理藩院满蒙文题本》时目录编写号码,该文中题本全部引用自第一册。

题

理藩院尚书尼堪等谨题：为孟夏月中，前来听事人员之故。受外藩王、贝勒各旗责成，前来听事之人。将之以原定规，在部一次恩养，照例赏赐。且晓谕之，令其不必毁伤马力、并修理军械，于十一日出发回程。为此敬题请旨。

顺治十年四月初九

033 批红：gisurehe songkoi obu

wesimburengge

○tulergi dolo be dasara jurgan i taka daisalaha aliha amban gūsai ejen minggandari sei gingguleme wesimburengge. tuweri ujui biya seme, tulergi goloi wang beile sei gūsa tome mejige gaime jihe niyalma i jalin. mejige gaime jihe niyalma de, jurgan i gisurehengge. toktobuha songkoi jurgan de emu jergi kesi ulebufi. an i šangnafi, coohai morin be ume yalure dain i agūra be dasata seme hendufi jurambuki sembi. erei jalin（十）hese be baime gingguleme wesimbumbi.

ijishūn dasan i juwanci aniya juwan biyai juwan emu

033 批红：依议

题

署理理藩院尚书固山额真明安达礼等谨题：为孟冬月，外藩王、贝勒等旗听事人事。部议：各听事人等，依例于部一次款待，照常赏赐。令其不必毁伤马力、修整军械，使其启程返回。为此请旨谨题。

顺治十年十月十一

053 批红：gisurehe songkoi obu.

wesimburengge

○tulergi golo be dasara jurgan i ashan i amban šajidara sei gingguleme wesimburengge. mejige gaime jihe niyalmai jalin. bolori

从四份理藩院满文题本中所见清代顺治朝听事制度　87

ujui biya seme toktobuha songkoi tulergi goloi monggoi gūsa tome emte niyalma mejige gaime jihebi. jurgan i gisurehengge, mejige gaima jihe niyalma de an i jurgan de, emu jergi kesi ulebufi, toktobuha songkoi šangnafi,（＋）hese be baifi, dain i agūra be dasata. uksin i morin be ume yalure seme hendufi jurambuki sembi. erei jalin hese be baime gingguleme wesimbuhebi.
ijishūn dasan i juwan emuci aniya nadan biyai juwan emu
ashan i amban šajidara. sidari.
mujilen bahabukū naige.
ejeku hafan jiman.

053 批红：依议
题
理藩院侍郎沙济达喇等谨题：为前来听事人员事。孟秋月依常例，外藩蒙古各旗均派一员来京听事。部议：前来听事之人，照常由部中一次接待，并依例赏赐。请旨，令其修整军械，披甲之马不必动用，如此谕告后令其回程。为此请旨谨题。
顺治十一年七月初四
侍郎沙济达喇、席达礼、启心郎鼐格、主事济满

148 批红：gisurehe songkoi obu.
wesimburengge
○dorolon i jurgan i hashū ergi ashan i amban emu jergi nonggiha bime, tulergi golo be dasara yamun i baita aisilame icihiyara amban sidari sei gingguleme wesimburengge. aniya doroi jidere wang, beilei jalin. tulergi goloi wang, beile se be aniya doroi hengkileme jidere de juwe idu banjibufi yabure de, daci tuweri ujui biya seme, tulergi goloi dehi sunja gūsai niyalma mejige gaime jihe manggi. jidere idui wang beile se be jidere, nakara be,（＋）hese be baifi, juwan biyai mejige i

niyalma de selgiyembihe. amban meni gisurehengge, baita tucike aniya, tutu bime tulergi goloi gungju, gege, wang, beile, beise, gung se yooni baita de acanjime jifi, ciyanliyang hafirahū be dahame, ere aniya, aniya doroi hengkileme jidere idui wang, beile, beise, gung, taiji sa be jidere be nakabureo sembi. amban meni cisui gamara ba waka ofi gingguleme wesimbuhe,（+）hese be baimbi.
ijishūn dasan i juwan nadaci aniya juwan biyai ice ilan.
dorolon i jurgan i hashū ergi ashan i amban emu jergi nonggiha bime, tulergi golo be dasara yamun i baita aisilame icihiyara amban sidari.
dorolon i jurgan i ici ergi ashan i amban emu jergi nonggiha bime, tulergi golo be dasara yamun i baita aisilame icihiyara amban dahata.
weilen ejeku hafan emu jergi nonggiha amban yahūn.

148 批红：依议
题
礼部左侍郎加一级，协办理藩衙门事务臣席达礼等谨题：为即将前来年班之王、贝勒事。外藩王、贝勒等年班来朝，令编为两班。向例，孟冬月，外藩四十五旗听事之人来后，令将到之班次王、贝勒等动身。如若令其停往，则请旨于十月传谕听事人。臣等议：今有事之年。然外藩公主、格格、王、贝勒、贝子、公等若悉数前来，钱粮迫乏，故本年年班陛见之王、贝勒、贝子、公、台吉等可暂停，臣等不敢擅专、敬题请旨。
顺治十七年十月初三
礼部左侍郎加一级，协办理藩衙门事务臣席达礼、礼部右侍郎加一级，协办理藩衙门事务臣达哈塔、主事加一级臣雅浑

三、题本内容分析

前文中将顺治朝《实录》中所提到的听事引用条列，而将四份题本

与《实录》内容互相参照,可以发现以下问题。

第一,关于听事时间。如按照康熙朝《会典》记载,应为一年四次,每季首月一次。即一、四、七、十四月均遣人前来听事。但无论题本抑或实录,均无一月听事记录。当然对照题本内容,发现实录并非各次听事均有记载,但在十数年间从无记录,这种情况也不能视若无睹。如《会典》记载无误,想应为每年一月各旗王公或亲往、或遣人前来朝觐,则听事人相对无关紧要,因此虽在朝廷,但不予赐宴。然而此说法也仅为推论,另一种可能是因岁时众王公亲至,无须听事人传达消息,故不予派遣。另外,顺治年间并非严格以一、四、七、十四月为听事人前来时间。《实录》顺治八年记载,当年十一月方宴请听事人。以题本所记听事程序(见下文),听事人若非十一月方至,不可能逗留长达一月之久,若非《实录》记载有误,则应为临时对听事时间做出更改所致。

第二,关于听事程序。在康熙朝会典以及顺、康两朝实录中,都没有对听事程序做出详细叙述与记载。而理藩院题本所提,相对较为细致,四份题本中,题本005、033、053为专门处理听事问题之文件,而题本148虽非专司此事,但也涉及听事程序,兹就题本内容大略阐述如下:首先,若无特殊指示,各旗每年按规定时间派出听事人上京。到京后,由朝廷负责接风一次,会同赐宴并颁赏,是为定例。但这里将题本与实录对照可发现一个问题,即题本中只云"依例在部款待一次并赏赐(erebe da toktobuha songkoi jurgan de emu jergi kesi ulebufi an i šangnafi)",且此事由理藩院上题,看似为理藩院负责,但根据《实录》,则颁赏赐宴均在礼部进行。

纵观理藩院题本中反映的清朝机构互动,以及题本文书程序上运行看,理藩院处理的繁多事项中,不乏与六部互动之案例。其总体程序大致为:由理藩院负责的事务则自理藩院上题本,之后明言移文相关部门,由其办理。在理藩院题本中,有因西藏等地申请工匠而与工部互动、因外藩蒙古袭爵一事与吏部互动等。由其他部门负责转交理藩院者,写明"某某部移文",之后再行办理。但在本事件中,并未按此程序办理,即无移文礼部交付其办理之过程。

对此有两种可能,一种是实录记载有误,"在部"应为理藩院非礼部,另一种是当时礼部与理藩院某些职能多有重叠。在朝觐接待、边疆事务管理等方面尤为明显。根据《清朝通典》记载,清初礼部设有"马馆",专司朝觐时供应饲料,其中副监督为理藩院官员充任。后该机构归理藩院管辖。① 而理藩院在顺治十五年(1658年)更曾一度划归礼部,②这种安排背后的用意应是当时两部门多有相互牵扯、职能重叠,因此清朝一度欲合并部门,当然仅仅三年后此举即告撤销,充分表明边疆事务涉及既多、细节又多与承袭明朝、主管宗法礼仪事务的礼部日常工作不相吻合,因此合并不合时宜。

从政治结构看,礼部是承袭自前朝直接产物,属于执掌"道统"一脉的部门,而理藩院着重处理边疆问题,属于管理"政统"一脉的机构,二者相辅相成,但很难混同。不过自这个举动与题本内容中可以看出,在清初"制度化"尚未完全成型、"职能分工"有欠精细时,清朝对自身政治结构也在不断进行调整、完善,而礼部与理藩院在清初确实属于联系较为紧密的机构,因此,在政体未臻完善时,二部门的负责官员,及二者职能交叉区域中的某些职位,由二部门人员共同担任亦属情理之中。当然,理藩院与礼部如何联系,如何运转之类细节问题仍有待于研究与完善。可以确定,清朝政府部门职能的细化应该同样经历了一个"制度化"的过程,因此研究过程中,对特定时期的职能同样应进行分期研究,不能统而论之。

另外,听事人员在京逗留时间很短,以题本005为例,该本于四月初九日上题,题本中明言,各旗听事人等需在四月十一日动身返程。意即连同接待颁赏只得逗留两三天。而余下三份题本虽未明言,但可推测也不会有太大出入,因此上文中所言,《实录》所记顺治八年十一月宴

---

① 《清朝通典》卷二十五,职官三:按,礼部初设马馆二,于宣武、广渠门。储峙牧刍,以待外藩朝觐。置正监督一人,以本部司官充。副监督一人,以理藩院司官充。均一年更代。乾隆二十七年省监督官,以马馆归理藩院经理。
② 《清朝通典》卷二十六,职官四:(顺治)十五年,以礼部尚书衔掌理藩院事,以礼部侍郎衔协理理藩院事。十八年,仍为理藩院尚书、侍郎。

请听事人,最大可能是听事者于十一月方到达,而非十月到达后逗留一月之久方予款待。

第三,关于听事内容。听事人负责传达清廷对蒙古各部王公的指令,保持双方的联系。因此,听事内容也就涉及清廷对蒙古的战略安排与政治考虑。从现存题本内容看,多数时间内,听事时所下达的均为军备指令,如题本005、033、053,皆指示蒙古各旗整修兵器、善养军马。清代蒙古地区并不缴纳赋税,取而代之的是兵役制度。清初局势复杂,战火频仍,对兵役需索更为紧急,因此听事时传达的常规例行指令也多以战备要求为要。考虑到清初形势特殊,南北双方均有战略防御任务,且蒙古各旗也切实参与到备边甚至出征中,这种看似例行公事的要求并非具文,而是切实需执行的战略。在理藩院题本中,曾论及理藩院需派员参与会盟,很可能其官员也负有借机视察战备情况的使命。而题本148更提及了听事与外藩蒙古朝集年班制度的联系,即在孟冬月(农历十月)听事时,清廷将向各旗听事人传达是否朝集之指令。但在顺治十年同样为孟冬月听事人之事上题的题本033中,并未言及此事,可见听事时期传达内容,很可能不载于题本,换言之,即有些事无需再行题报皇帝,因此听事制度传达的事情很可能远远丰富于题本记载,故认为听事制度是清廷中央与蒙古各旗的沟通管道毫不为过。

第四,关于听事旗分。听事既然为蒙古各旗与清廷的沟通方式之一,则确定该制度的参与者则有其必要性。当然,在顺治年间,无疑漠南蒙古各旗是听事的主体,但该问题并不简单,主要原因在于,首先,顺治期间漠南蒙古究竟建有多少旗,就是学界至今未有定论的问题。其次,在清代的漠南蒙古各旗中,归化城土默特二旗地位特殊,该二旗并未设置札萨克,而采取固山额真(顺治十八年改称都统)领旗。因此,当清代各种文献、史料中提及蒙古旗时,是否包含归化城土默特二旗需特别注意。

对于参与听事究系几旗几人,在清代不同时期应该也经历了变化过程。前引《会典》:"国初定:外藩蒙古每年四季,每旗遣一人来听事。"应为文献中对听事制度的早期情况记载。其时间不可详考,同时并未明确提及旗数。题本中,也明确了每旗派一人听事,但题本148明确提出了外藩四十五旗,据笔者另文考证,此45旗并不包括归化城土默特二旗。① 故顺治朝听事参与者应为除归化城土默特旗外所有漠南蒙古旗。另外康熙朝《大清会典》中又有:"康熙四年又题准:归化城土默特,亦于每年四季,各旗遣一人来听事。"②文献中同样证明,自康熙年间归化城土默特二旗加入了听事行列,这也反证了顺治年间该二旗不参与听事。这里题本与《会典》可作为相互印证。

但这里仍然存在问题,虽然题本与《会典》可互相印证,但所引《实录》中一再提到听事的"二十七旗",听事人为每旗一人,如按照实录记载,似乎可以理解为当时蒙古只有二十七旗,对照《钦定外藩蒙古回部王公表传》,二者差异极大,事实上,根据理藩院题本,这也不符合历史事实。③ 达力扎布教授曾对清初文献的该现象提出一个观点,认为"二十七旗"之说为崇德年间至顺治初年的确数,在顺治五年则蒙古王公封札萨克者已超过此数,此后出现的所谓二十七旗,"不是整个顺治年间札萨克旗的实际数字,而是沿用崇德初年旧数泛称之而已"④。就题本与实录等数据的对比情况看,这个观点还是很有道理,很可能后世史官编纂《实录》时对当时蒙古旗数也未作深究,只是以习称"蒙古二十七旗"代表整个蒙古而已。

四、余 论

本文的研究方法,是以档案类史料题本中的内容,来梳理文献类史料中语焉不详的制度问题。不可否认,理藩院题本的出现,确实可以在

---

① 具体可参看拙文:"外藩蒙古内札萨克四十九旗考",收入乌云毕力格主编:《满文档案与清代边疆和民族研究》,社会科学文献出版社,2013年。
② 《乾隆朝内府抄本理藩院则例》,第189页。
③ 宋瞳:《外藩蒙古内札萨克四十九旗考》。
④ 达力扎布:"清初内札萨克旗的建立问题",原载《历史研究》1998年01期,后收入作者论文集《明清蒙古史论稿》,民族出版社,2003年,第260—272页。

边疆、民族政策与制度等方面,对《实录》《会典》等史料的相关记载内容进行补充或纠偏,也可以进一步推进、完善该方面的细节研究。当然,任何史料都有其优缺点,理藩院题本也并非全无瑕疵。首先,理藩院题本散佚较为严重,顺治十年前无一存世,十年到十八年也仅存149份。其次,题本作为工作档,内容相对杂乱,缺乏系统性。本文所述的听事制度也受制于这两个问题,由于史料的缺乏,我们仍然难以考证听事制度的精确开始时间,另外受限于题本的内容,也并未能对顺治朝听事制度做出全面细致的研究,其中还有很多问题待解决,但总而言之,理藩院题本作为新史料,其中蕴含的重大史学价值不言而喻,通过题本,我们确实也能对制度进行深化细致的研究,同时把制度研究从简单的记载层面,推进到研究制度在当时的政治体系中如何运转、如何实施,本文所述听事制度就是重要例证。

顺治朝清廷宴赍制度略论[*]

宋　瞳

一、序论

有清一代满蒙关系中,蒙古王公的年节朝会以及平日奉诏进京,都是蒙古地区向清朝皇帝履行臣属义务,同时清廷藉以宣示主权的重要标志,因此受到了时人的极大重视。有学者曾经注意到,在清太宗定号大清、改元崇德后,对彼时已然臣属的漠南蒙古诸旗,正式建立了一整套制度化的礼仪规范。[①] 然而相比于蒙古王公需负担的责任与履行的义务,其前来朝集时享受的权利和待遇却少有研究者问津。当然,在清代五次编纂的《大清会典》中,都不乏相关内容,但是清代开国之初,是否可以达到会典中所记制度化完备的规模?编纂时间最早的康熙朝《大清会典》出现前,顺治朝是否已经采用了相关规定?其间是否有演变与更改?都尚未能得到全面论述。

出现上述状况的原因,数据不足首当其冲。从史料体裁看,清史研究最常用者为《清实录》等编年体史料,《会典》《通典》等典籍类史料,以及各种传记数据。这些体裁各有侧重,但无疑实录与传记类重点在于记事,并非典章制度的梳理。而最偏重典章的《会典》等书,则由于编纂

---

[*] 本文为中国人民大学新教师启动金项目:"清代理藩院与满文档案研究"(项目号:13XNF042)成果。

[①] Dorothea Heuschert-Laage, *Defining a Hierarchy: Formal Requeerements for Manchu-Mongolian Correspondence Issued in 1656*,载 QUAESTIONES MONGOLORUM DISPUTATAE Ⅷ。

时间的差异，难以面面俱到。另外，典籍类史料还有一个特点，即一般来说只记载已然成为制度的律例，对过渡时期采用的办法，或特殊事件采取的特例则付之阙如。故而研究某朝代长时期历史，会典可提供宏观化全貌，反之对于特定时段，却缺乏微观性的准确。因此，如果有记载当时情况的档案等出现，无疑会大大推进相关研究进程。本文所采用的理藩院满文题本，就提供了此方面非常丰富的内容。

题本在奏折出现并大规模使用前，是清政府重要的工作文件，也是重要的历史数据。对于顺治朝、康熙朝时期历史的研究价值尤为重要。在顺治朝理藩院题本中，就提供了对当时漠南蒙古诸旗来京朝会，以及清廷对其宴赉情况的诸多细节。将其与《大清会典》进行对比，则更可发现不同于相关政策的流变。关于清代初期蒙古的朝集，即后世年班制度雏形的相关情况，笔者有另文论及，此不赘述。① 本文主要集中于年节朝集时清廷对其宴赉的情况。题本原文均为满文写就，本文先对其进行翻译，再结合其内容进行分析。

二、相关题本及翻译②

050③ 批红：gisurehe songkoi šangna.
wesimburengge
○tulergi golo be dasara juran i ashan i amban šajidara sei gingguleme wesimburengge. sarin de jihe niyalma de šangnara jalin. sarin de jihe korcin i jaoriktu cin wang ni kesik i eigen sargan, darhan baturu jiyūn wang ni antai eigen sargan. corji efu gung ni sanggar i eigen sargan,

---

① 宋瞳："清初蒙古年班制度略论"，载《光明日报（理论·史学版）》，2012年3月1日。
② 本文所用题本档案，均来自乌云毕力格等主编，中国第一历史档案馆、中国人民大学国学院西域历史语言研究所整理：《清朝前期理藩院满蒙文题本》卷一，内蒙古人民出版社，2010年。另，本文翻译为笔者自译，满文罗马字母转写遵循莫伦道夫规则，题本前编号为出版时书中编号，便于查找，○表示原文中同样符号，（十）表示原文中挪抬一格。下不再特别说明。
③ 《清朝前期理藩院满蒙文题本》，第71页。

bebundei eigen sargan. meni jihe baita wajiha, be te juraki sembi. jurgan i dangse be tuwaci, cin wang ni niyalma de suje juwe, mocin juwan ninggun, jiyūn wang ni niyalma de suje juwe, mocin juwan juwe. gung ni niyalma de suju juwe, mocin jakūn šangname toktobuha bi. uttu ofi jurgan i gisurehengge. ese amba urgun i sarin de cohome jihe be dahame an i šangnara ci tulgiyen, haha si de gecuheri sijikiyan emte, sekiyeku boro emte, šempilehe sarin i hūlha de sujei wase jibsihai emte juru, folho loho emte. šundeku umijesun de fungku fadu hūwaitahai emte. hehesi de gūsita yan i menggun i dongmu emte. suje sunjata, mocin juwata šangnaki sembi. erei jalin (+)hese be baime gingguleme wesimbumbi.
ijishūn dasan i juwan emuci aniya ninggun biyai orin jakūn.
ashan i amban šajidara
mujilen bahabukū naige
ejeku hafan jiman

050 批红：依议赏赐
题

理藩院侍郎沙济达喇等谨题：为赏赐赴宴之人事。赴宴者，计科尔沁卓里克图亲王属下克什克夫妇、达尔汉巴图鲁郡王属下安泰夫妇、公绰尔济额驸属下桑盖夫妇、博本德伊夫妇。其奏：臣等所办之事已毕，欲启程返回。查阅部档，定例应赏亲王属下人等缎二匹、佛头青布十六匹；郡王属下人等，应赏缎二匹、佛头青布八匹。故部议：此等众人，特来赴此大喜之宴，应照例赏赐。此外，随行男子，各赏蟒缎一匹、草编凉帽一顶、加斜股皮靴中所穿叠层缎袜一双、雕花腰刀一把、拴于腰带圈之手巾荷包一只；随行女子，各赏三十两银茶桶一只、缎五匹、佛头青布八匹。为此请旨谨题。

顺治十一年六月二十八

侍郎沙济达喇、启心郎萧格、主事济满

080① 批红：gisurehe songkoi obu.

wesimburengge

○tulergi golo be dasara jurgan i hashū ergi ashan i amban, amban sidari sei gingguleme wesimburengge. sunit i doroi beile, samaja efui non be jurambure jalin. （＋）hūwang taiheo i hese, doroi beile, samaja efui non de nenehe sargan juwe de šangnaha songkoi šangnafi, gūwa ci neneme jurambu sehe seme, meni jurgan de wasinjihabi. baicaci neneme gajifi bederebuhe, korcin i gurun i bayashūlang efui sargan jui, naiman i badari efui sargan jui ere juwe de, gūsin yan i menggun i dongmu emte, jai jergi gecuheri juwete, jai jergi juwangduwan juwete, giltasikū emte, cekemu emte, alha emte, genggiyen emte, isu emte, amba saje emte, pengduwan emte, yangduwan emte, uheri suje juwan juwete jai jergi foloho enggemu, kadala hūdargan, ulkume kandargan, fulgiyan jafui tohoma de, samsui sijiha gidacan kamcihai emte. esei meme ama eme de pengduwan emte, yangduwan emte, mocin nadata. benjime jihe, ambasa gucuse, haha hehe de uheti pengduwan, yangduwan tofohoto, mocin susaita, šangnahabi. samaja efui non. benjime jihe ambasa de ere songkoi šangnarao. （＋）hese wasinjiha manggi, šangnafi jurambuki sembi. amban meni cisui gamara ba waka, ofi, erei jalin gingguleme wesimbuhe, （＋）hese be baimbi.

ijishūn dasan i juweci aniya, uyun biyai juwan juwe.

hashū ergi ashan i amban sidari.

ici ergi ashan i amban šaštir.

aisilakū hafan baki.

aisilakū hafan bayartu.

---

① 《清朝前期理藩院满蒙文题本》，第108页。

weilen ejeku hafan amban jiman.

080 批红：依议
题
理藩院左侍郎臣席达礼等谨题：为令苏尼特多罗贝勒萨玛扎额驸之妹启程事。皇太后懿旨：多罗贝勒萨玛扎额驸之妹，依先前赏赐其女之例赏赐，令其自他处先行启程。旨下本部，部查：先前令归程之二人，为科尔沁巴雅思呼朗额驸之女、奈曼巴达礼额驸之女。赏赐三十两银茶桶各一只、次等蟒缎各二匹、次等妆缎各二匹、片金缎各一匹、倭缎各一匹、闪缎各一匹、石青素缎各一匹、青素缎各一匹、大缎各一匹、彭缎各一匹、洋缎各一匹，各色缎共各十二匹，次等雕鞍、管鞴、攀胸、缇胸、白毡障泥、翠蓝布缉鞍笼等物各一件。其乳父、乳母，赏彭缎各一匹、洋缎各一匹、佛头青布各七匹；护送大臣、友人、男女仆人等，共赏彭缎、洋缎各十五匹、佛头青布各五十匹。故护送萨玛扎额驸之妹之大臣，是否依此赏赐？旨下：赏赐后令启程。臣等不敢擅专，为此敬题请旨。
顺治十二年七月二十二
左侍郎臣席达礼、右侍郎臣沙世悌尔、员外郎臣巴吉、员外郎臣巴雅尔图、主事臣济满

092① 批红：gisurehe songkoi obu.
wesimburengge
○tulergi golo be dasara jurgan i aliha amban, amban šajidara sei gingguleme wesimburengge. gadahūn gūsai uju jergi hiya alami wesimbuhe jalin. coohai jurgan ci benjihe dza bithei gisun,（十）hese be dahame, mentuhaun i gūniha babe tucibure jalin, gadahūn i gūsai uju jergi hiya alami wesimbuhengge, bi gisurere tušan de akū be dahame balai wesimbuci acarakū bihe. te（十）hūwangdi, beye i sure

---

① 《清朝前期理藩院满蒙文题本》，第138页。

genggiyen be elerakū, gisun i jugūn be neifi, geli emu tusangga gisun be bahafi donjireo seme (+) hese wasimbufi, nadaci jergi hafan ci wesihun, meni meni gūsin be ume gidara, wesimbu sehe be dahame, mini majige gūniha babe gingguleme wesimbuhe, emu hacin, hū nan i fudaraka hūlha, wen de daharakū turgun de, amba cooha idurame yabuci jobombi seme bogon tebume unggirengge, emu oci fudaraka hūlha be mukiyebure, jai oci tubai irgen be elhe obure gūnin kai. bi gūnici, hū nana i hūlha serengge, bai emu ajige hūlha, muse de bakcilaha gurun waka, te juwe garhan i hūlha, emke efujehe, te emu garhan i hūlha bi, ede bakcilabuhangge, hūng gingliyoo bi, erei toktobure sidende, manggai jaobocuka seme gūnici, neneme unggihe coohai ton ci, hafan, cooha be ekiyeniyefi halame unggici acambi, ememu niyalmai hengdurengge, cooha halame yabure de irgen jobombi sembi, bi gūnici ede joborongge hono hūwanggiyarakū, cooha gaifi yabure amban (+) ejen i toktobuha fafun be jurcerakū teng seme kadalame yabuci, ergen ai de jobombi, boigon tebume unggire de, irgen i joborongge elemangga amba, adarame seci ere boigon urunakū juwe jugūn i genembi, mukei jugūn be generengge, cuwan emu udu minggan baibumbi. ede niyaliyan inu ambula wajimbi, ere jugūn i ergen inu emubula jobombi, ere emu, olhon jugūn be generengge, niyalma morin i anggalai ton uheri emu udu tumen bi. morin be juwe bade uleburakū oci isinarakū, ede ciyangliyang inu ambula wajimbi, ere jugūn i ergen inu ambula jobombi. ere hono majige yebe, tere bade isinaha manggi, niyalma gemu eteheme tere ba seme meni meni booi banjire be gūnime faššara de, tubai teni toktoho irgen, ede joborongge ele ujen kai. ememu niyalmai hendurengge, boigon teneme genehe de, hūlha geleme ebsi iberakū sembi, bi gūnici, ere hono emu majige hūlha, gurun de bakcilaha amba bade amargi de bikai. uttu jing babade boigon tebume unggici, ging hecen i cooha ulgiyen i ekiyembi. ging hecen serengge, abkai fejergi (+) han niyalmai tere dulimbai ba kai. ubabe oihori gūnici ombio, julgai gese ice manju be gajifi niyeceme teburengge te geli akū. ubabe (+) hūwangdi bulekušefi, boigon tebume unggire be nakabufi, neneme tenehe hafan, coohai ton ci ekiyeniyefi, an i halame yabubuci acambi. emu hacin, daci musei gurun coohalame dailame yabure fonde, ulin ulha bahame boo bayambihe, tutu ofi bata be ucaraci, haha tome gemu baturu. tei cooha serengge, emu oci gosin jurgan i ban a be toktobume yabure be dahame coohalaha dari boo yadara dabala, bahara ba akū, jai oci niru de sektu yebke ningge bici bithe tacifi jurgan de dosikabi. bayan wesihun niyalmai juse omosi oron de booi aha be uksin etubuhebi. ilaci oci umesi budun eheliyenggu bicibe, mafa amai hergen sirahangge be, janggin seme, jalan niru de cooha kadalabure jakade, mujilen bisire sain haha faššara amtan akū, udu niyalma fame faššaha seme geli gung šang akū, uttu ofi tei cooha ebereke kai. te cooha ba, ergen be šelebume huwekiyebuki seci, yaya bade cooha be unggime ohode jalan niru kadalara janggin be idu be tawarakū sonjoro, coohai niyalma, tuttu niyalma waha de gung obumbi, tuttu niyalma waha de šangnambi seme, jurgan de (+) hese wasimbufi, emu kooli toktobure ohode, cooha ini cisui huwekiyembi kai. emu hacin, daci musei gurun i ajige i fonde monggoso tulergi bade tehe be dahame, toktobure de fafun hon cira oci, uthai samsire fakcara gese, fafun hon sula oci, (+) hese be daharakū dabšara adali, tuttu ambula mangga ofi, (+) taidzung hūwangdi, horon i gelebume gosin i urgunjebume, niyaman jafame ulin be hairangdarakū kesi isibume, yamji cimari, kemuni acabume gurgu gashai gese gurun be umesi hūwaliyambuhangge ambula ferguwecuke kai. tuttu ofi tese inu fafun kooli be dahame, mujilen be akūmbume, uhei hūsun i doro de aisilame faššahangge inu ja akū. te

(+) hūwangdi abkai fejergi be uhelifi, duin mederi be ejelehe be dahame, fiyanji arafi akdame gūnirengge, damu monggoso de kai. te toktoho fafun kooli, doro yoso bicibe, gosin kesi majige ekiyehun ohobi. te gurun i doro amba. tesei tehe ba goro be dahame, damu erin de (+) hese be tuwame hengkileme jimbi. (+) hūwangdi bulekušefi, gosin i urgunjebume, doroi kunduleme, yasa šan be elebufi, mujilen be falici acambi ijishūn dasan i juwan juweci aniya, juwe biya de wesimbuhe. juwe biyai ice sunja de, (+) hese, ere wesimbuhe baita be gisurefi wesimbu meni meni jurgan sa, sehe be gingguleme dahafi, doolame arafi jurgan de isinjihabi, meni jurgan i gisurehengge, tulergi de tehe monggoso de gosin i urgunjebume, doroi kunduleme, yasa šan be elebufi mujilen be faliki sehe babe dorolon i jurgan, tulergi golo be dasara jurgan gisurefi wesimbukini, baicaci emu hacin, u cang fu de boigon tebunere be nakabufi, neneme tenehe hafan coohai ton ci ekiyeniyefi an i kalame yabubuki sehe babe, cohome (+) hese wasimbuha bi. jai cooha be huwekiyebume ergen be šelebure babe baicaci k'o yamun i aisilakū hafan kitungge i wesimbuhe be gisurefi dahūme wesimbuhe be daheme, encu gisurere ba akū, erei jalin gingguleme wesimbuhe (+) hese be baimbi. (+) hese, inu sehe. juwan biyai orin juwe de meni jurgan de isinjiha bi, (+) hese be gingguleme dahafi meni jurgan i gisurehengge. doroi kundulere babe, dorolon i jurgan gisurefi wesimbuheci tulgiye, tulergi de tehe monggoso de gosin i urgunjebume, yasa šan be elebufi, mujilen be faliki sehebi, amban, be baicaci ijishūn dasan i juwan emuci aniya, aniya biyai dorgi de meni jurgan wesimbuhengge (+)taidzung hūwangdi i fonde wesihun erdemunggei ningguci aniya, aniya doroi jihe, korcin i ttusiyetu cinwang, joriktu cinwang, darhan buturu jiyūn wang, ere ilan de suje ujute. menggun i hūntahan taili emte, yargan i sukū juwete, šempi duite, aiha jijiri juwete, uheri ilate uyun. barin i manjusiri, mujang, ongniyot i darhan daicing, ere ilan de suje jakūta menggun i hūntahan taili emte, hailun ilata, šempi juwete, mocin duite. uheri juwete uyun. korcin i lamasihi, donggor, jambala, sereng, urat i ūben, jasaktu jiyūn wang ni jui hairai barin i sereng, dūrbet i garma, karacin i sereng, tumet i šamba darhan, ese de suje juwete, menggun i hūntaha taili emte, hailan juwete. mocin duite, uheti emte uyun, šangnahabi, jai ijishūn dasan i ilaci aniya, aniya doroi jihe wang, beile, beise, gung se, taiji sa de šangnara jalin, boigon i jurgan i emgi acafi, mergen wang de alafi, cin wang se de suje sunjata uyun, jiyūn wang se de suje duite uyun. beile se de suje ilata uyun. beise se de suje juwete uyun, gung se de suje emte uyun. taijisa de suje nadata šangname toktobuhabi. erei amala, aniya doroi jifi sangnaha ba akū be dahame erei jalin（＋）hese be baime gingguleme wesimbuhe manggi,（＋）hese, ere emu udu aniya jihekū, teni jihe be dahame neneme toktobuha be ume tuwara, boigon i jurgan i emgi acafi dasame gisurefi weimbu. mini kesi be tuwabuki sehe.（＋）hese be gingguleme dahafi, meni juwe jurgan gisurefi, cin wang de suje ninggun uyun, uju jergi foloho enggemu tohoho uju jergi morin emke, susai yan i menggun i dongmu emke, cara emke, cai sunja saksu. jiyūn wang de, suje sunja uyun. jai jergi foloho enggemu tohoho jai jergi morin emke, suai yan i menggun i dongmu emke, cai duin saksu, beile de suje duin uyun ilaci jergi foloho enggemu tohoho ilaci jergi morin emke, dehi yan i menggun i dongmu emke, cai ilan saksu, beise de suje ilan uyun, uju jergi cilehe enggemu tohoho ilaci jergi morin emke, gūsin yan i menggun i cara emke, cai juwe saksu. gurun be dalire gung de, suje juwe uyun, jai jergi cilehe enggemu tohoho ilaci jergi morin emke, gūsin yan i menggun i cara emke, cai juwe saksu, gurun de aisilara gung de, suje emu uyun, emu sunja. ilaci jergi cilehe enggemu tohoho ilaci jergi morin emke, gūsin yan i menggun i cara emke, cai juwe saksu uju jergi, jai jergi taiji de suje emu uyun, ilaci jergi cilehe enggemu tohoho, ilaci jergi morin emke, cai emu saksu. ilaci jergi, duici jergi taiji de, suje nadan, ilaci jergi cilehe enggemu tohoho ilaci jergi morin emke, cai emu saksu, šangnaki, jai tulergi goloi wang se de funglu buhe babe tuwaci cin wang sei dolo, korcin i tusiyetu cin wang, joriktu cinwang se fulu. jiyūn wang sei dolo, darhan baturu jiyūn wang, jasaktu jiyūn wang de fulu buhebi. te funglui songkoi fulukan šangnara. jergi de šangnara be, ba amba meni cisui gamarangge waka ofi, cin wang se de gemu emu adali benjibuhebu. (＋) hese, ere emu udu aniya jihekū, teni jihe be dahame, neneme toktobuha be ume tuwara boigon i jurgan i emgi acafi dasame gisurefi wesimbu, mini kesi be tuwabuki sehe. (＋) hese be dahame, uttu šangname gisurehebi. ereci amasi, aniya doroi hengkileme jihe, wang, beile se de ere songkoi šangnara, ereci encu šangnara be toktobure jalin, (＋) hese be baime gingguleme wesimbuhe manggi, (＋) hese, ereci amasi yaya hengkileme jihe monggoi wang, beile se de ere toktobuha songkoi šangna, tusiyetu cinwang, joriktu cinwang, darhan baturu jiyūn wang, jasaktu jiyūn wang sei funglu daci fulu be dahame fulukan šangnara babe daseme gisurefi wesimbu sehe, (＋) hese be gingguleme dahafi, gūwa cin wang se ci fulu, tusiyetu cin wang joriktu cin wang de uju jergi uksin emte, suje jakūta, gūwa jiyūn wang se ci darhan baturu jiyūn wang de fulu susai yan i menggun i cara emke, suje jakūn, jasaktu jiyūn wang de fulu susai yan i menggun i cara emke, suje ninggun nonggifi šangnaki seme gisurefi, (＋) dele wesimbufi (＋) hesei toktobufi yabubumbi. uttu ofi tulergi de tehe monggoso de gosin i urgunjebume, yasa, šan be elebufi, mujilen be faliki sehe babe dasame gisurere ba akū, erei jalin gingguleme wesimbuhe, (＋) hese be baimbi.

ijishūn dasan i juweci aniya juwan biyai orin uyun.
aliha amban, amban šajidara.
mujilen bahabukū amban naige.
aisilakū hafan amban buida.
aisilakū hafan amban šahūn.
weilen ejeku hafan, amban mala.

092 批红:依议。
题
理藩院尚书臣沙济达喇等谨题:为噶达浑旗下头等侍卫阿拉米题报事。兵部札付曰:遵谕报愚思所得:噶达浑旗下头等侍卫阿拉米题报:臣并无议事之职,本不当妄题,今圣上下旨:朕睿智不足,故广开言路,望得听益言。七品以上官员,不得隐匿,具题己见。故臣略有所思,敬题圣上。一、河南逆贼,不服王化,为此,惧大军番行,多有拖累,故令军队进驻。此举,一则为剿灭逆贼,再则为晏安民生之意也。臣思之,河南逆贼,地方鼠辈,难与国朝抗衡。今两股反叛,其一已败,仅余唯一,即于此作对之洪经略。如担忧平定此寇之际多有苦难,应减少前遣军中官兵数,更换轮替。或言:大军轮番而行,扰民甚重。臣思之,此等扰害,尚且无妨,兵行之处,臣下若不违王法,严救军纪,民众何得惊扰乎?如驻军,扰民反重。臣有此说,只因军户必定两路而行:水路者,船只需用数千,故此糜费钱粮,而此行众人,亦为艰苦。而陆路者,人马数以万计,若马匹不于两处喂养,则不敷用,因此钱粮糜费亦重。此行众人,同为艰难。此尚属略佳,更有甚者,到其地后,众人思长治久安,各虑生计,故彼处已定居之民益困矣。或言:如驻军,贼匪惧怕,不敢来寇。臣思之:此尚为小贼,国朝大患则在于北方,若此迁户驻屯为常,则京城之兵渐乏。京城乃皇帝所住,忽略此地,思之可否?古时类此,命新满洲补住,而今则无,此事皇帝明鉴。请暂停迁户驻军,前此所派官兵略减,照例番行则可。一、向例,国朝出兵征讨,可得货财、牲畜,充裕其家。是故遇敌则皆为奋勇。今之出征,一则以仁义平定各地,故每每讨伐,家中贫困,绝无所得。再则牛录中若有英彦,皆习文事,入部为官。纨绔之家,其子孙则以家奴代替披甲。三则庸劣之辈,父祖余荫,袭爵章京,统兵于甲喇、牛录。故有心之才,无效力之兴,即有勤勉之人,亦无功劳之赏。故今之军力不如以往矣。今之兵事,若欲诸人舍命奋勇,当于派兵诸地之际,拣选甲喇、牛录之统领章京,不视其班次,唯视兵士杀敌之数,定记何功赏,如此降旨于部,并立一法则,则军队自当奋勇。

一、往国朝冲幼,蒙古人等居于外藩。故若法度甚严,则分崩在即;若法令松散,则不遵旨意,形同僭越,故此实难。太宗皇帝恩威并施,所掳其亲族,不惜财物,开恩赐予。次日仍放其团聚,恩泽普化,将犹鸟兽之国,亦趋于雍和,甚为奇伟。是故彼等遵行法度,尽心竭力,合佐国政,不易之事也。今皇帝统领天下,据有四海,可信赖者,唯蒙古尔。虽律、道已备,然仁恩略缺。而国朝广大,彼等地僻,唯择机视旨陛见。皇帝洞见,以仁悦之,以礼待之,娱其视听,交结其心。顺治十年二月题。二月初五上谕:此题本所言事,着议奏。各部院谨遵所议,誊抄交部。本部所议:外藩蒙古人等,以仁悦之,以礼待之,娱其视听,交结其心,此事礼部会同理藩院共同议奏。而所请另一条,即停迁户驻军于武昌府,减少先前所派官兵一事,照例轮替驻防,此事有特旨颁下。又,军兵奋勇舍命之事,经查由科启心郎齐通格所题,此题本议后令题,故不另行议处。为此敬题请旨。上谕:是。十月二十二发至我部,我部谨遵上谕议曰:以礼待之一事,除令礼部议题外,以仁悦之,以礼待之,娱其视听,交结其心之说,臣等所查,顺治十一年正月内,本部曾有所题曰:太宗皇帝时,崇德六年,前来年贡之科尔沁土谢图亲王、卓里克图亲王、达尔汉巴图鲁郡王,各赐缎九匹、银酒盅托碟一副、豹皮两张、绿斜皮四张、闪缎凉席两张,共各三九。巴林满珠希礼、穆彰、翁牛特达尔汉戴青,此三人各赐缎八匹、银酒盅托碟一副、水獭皮三张、绿斜皮两张、佛头青布四匹,共各二九。科尔沁拉玛什希、东果尔、扎穆巴拉、色棱、乌拉特奥本、札萨克图郡王之子海赖、巴林色棱、杜尔伯特噶尔玛,喀喇沁色棱,土默特善巴达尔汉,此人等各赐缎二匹、银酒盅托碟一副、海龙皮两张、佛头青布四匹,共各一九。又,顺治三年年班前来之王、贝勒、贝子、公、台吉等赏赐之事，与户部会商，报于睿王。亲王等，各赐缎五九，郡王等各赐缎四九，贝勒等各赐缎三九，贝子等各赐缎二九，公等各赐缎一九，台吉等各赐缎七匹，以为定规。此后再无年班赏赐一事。为此敬题请旨。上谕：已连续数年未曾前来，今彼等前来，故不必视前例，着与户部会商，另行议奏。务须凸显本朝恩惠。谨遵上谕，臣等二部会议：亲王等，各赏缎六九、头等雕鞍鞴一副、头等马一匹、五十两银茶桶一只、酒海一只、茶叶五篓；郡王等，各赏缎五九、次等雕鞍鞴一副、次等马一匹、五十两银茶桶一只、茶叶四篓；贝勒等，各赏缎四九、三等雕鞍鞴一副、三等马一匹、四十两银茶桶一只、茶叶三篓；贝子等，各赏缎三九、头等漆鞍鞴一副、三等马一匹、三十两银酒海一只、茶叶两篓；镇国公，各赏缎二九、次等漆鞍鞴一副、三等马一匹、三十两银酒海一只、茶叶两篓；辅国公，赏缎一九、一五、三等漆鞍鞴一副、三等马一匹、三十两银酒海一只、茶叶两篓；头等、次等台吉，赏缎一九、三等漆鞍鞴一副、三等马一匹、茶叶一篓；三等、四等台吉，赏缎七匹、三等漆鞍鞴一副、三等马一匹、茶叶一篓。另，发外藩亲王等俸禄，视亲王中，科尔沁部土谢图亲王、卓里克图亲王等略高，郡王中，达尔汉巴图鲁郡王、札萨克图郡王等略高，今依所得俸禄，赏赐应略多。赏赐等级，兹事体大，臣等不敢擅专，亲王等，是否一体共同给之。上谕：已连续数年未曾前来，今彼等前来，故不必视前例，着与户部会商，另行议奏。务须凸显本朝恩惠。谨遵上谕，议此赏赐之法，此后年班陛见之王、贝勒等，依此赏赐，抑或另行赏赐，此定规之事，敬题请旨。上谕：此后凡来陛见之蒙古王、贝勒等，依此赏赐。土谢图亲王、札萨克图亲王、达尔汉巴图鲁郡王、札萨克图郡王等俸禄向高，因此赏赐略多一事，着再议上奏。谨遵上谕，较其余亲王，土谢图亲王、卓里克图亲王等各加赏头等甲胄一副、缎八匹；较其余郡王，达尔汉巴图鲁郡王加赏五十两银酒海一只、缎八匹；札萨克图郡王加赏五十两银酒海一只、缎六匹；如此议奏。上谕：依此定例行事。因此，于外藩蒙古人等以仁悦之，以礼待之。娱其视听、交结其心，此事不再改议，为此敬题请旨。

顺治十二年十月二十九

尚书臣沙济达喇、启心郎臣萧格、员外郎臣布伊达、员外郎臣沙浑、主事臣马拉

105① 批红：gisurehe songkoi obu.

wesimburengge

○tulergi golo be dasara jurgan i aliha amban, amban šajidara sei gingguleme wesimburengge. aniya doroi jihe, tulergi goloi beile, beise, gung se, taijise de šangnara jalin. ere aniya, aniya doro de jidere wang, beile, beise, gung se, taijisa be eshun ningge ume jidere, urehengge jio sehe（＋）hese be dahame, karacin i doroi dureng beile, ordos i gūsai beise sereng, gurun be dalire gung jamsu, urat i gurun de aisilara gung cucungkei, ilaci jergi taiji juljaga giyūn wang ni angga, sunit i tenggitei giyūn wang ni bumbu, tumet i gumu gung ni coiljor, ordus i erincen beisei sakba, ongniyot i seose beisei lamasihib, gumu beilei haise. urat i ūben gung ni gumu, ilaci jergi tabunang karacin i sereng gung ni bandi jihebi. ese de toktobuha songkoi doroi dureng beile de suje duin uyun, ilaci jergi foloho enggemu tohoho ilaci jergi morin emke, dehi yan i menggun i dongmu emke, cai klan saksu, gūsai beise sereng de suje ilan uyun, uju jergi cilehe enggemu tohoho ilaci jergi morin emke, gūsin yan i menggun i cara emke, cai juwe saksu. gurun be dalire gung jamsu de, suje juwe uyun. jai jergi cilehe enenggemu tohoho ilaci jergi morin emke, gūsin yan i menggun i cara emke, cai juwe saksu, gurun de aisilara gung cucungkei de suje emu uyun, emu sunja, ilaci jergi cilehe enggemu tohoho ilaci jergi morin emke, gūsin yan i menggun i cara emke, cai juwe saksu. angga taiji, coiljor taiji, sakba taiji, lamasihib taiji, haise taiji, būmbu taiji, gumu taiji, bandi tabunang ere jakūn de suje

---

① 《清朝前期理藩院满蒙文题本》，第171页。

nadata, ilaci jergi cilehe enggemu tohoho ilaci jergi morin emke, cai emte saksu šangnaki sembi. erei jalin gingguleme wesimbuhe,（+）hese be baimbi.

ijishūn dasan i juwan ilaci aniya, aniya biyai juwan.

aliha amban, amban šajidara.

hashūergi asha i amban, amban sidari.

ici ergi asha i amban, amban šaštir.

mujilen bahabukū amban naige.

weilen ejeku hafan amban minggai.

105 批红：依议

题

理藩院尚书臣沙济达喇等谨题：为赏赐年班之外藩贝勒、贝子、公、台吉等事。本次年班将至之诸王、贝勒、贝子、公、台吉等，未出痘者不必前来，已出痘者令其到往。遵此上谕，喀喇沁多罗杜棱贝勒、鄂尔多斯固山贝子色棱、镇国公扎木苏、乌拉特辅国公楚冲克、三等台吉珠尔扎噶郡王属下昂噶，苏尼特腾机特郡王处布木布，土默特顾穆公处绰勒卓尔，鄂尔多斯额林臣贝子处萨克巴，翁牛特叟赛贝子处拉玛什希布、顾穆贝勒处海瑟，乌拉特奥本公处顾穆，喀喇沁色棱公处三等塔布囊班第将至。该人等依定规，赏赐多罗杜棱贝勒缎四九，赏赐三等台吉雕鞍鞴、三等马各一，四十两银茶桶各一只，茶叶各三篓；赏赐固山贝子色棱缎三九，头等漆鞍鞴、三等马各一，三十两银酒海一只，茶叶两篓；赏赐镇国公扎木苏缎二九，次等漆鞍鞴、三等马各一，三十两银酒海一只，茶叶两篓；赏赐辅国公楚冲克缎一九、一五、三等漆鞍鞴、三等马各一，三十两银酒海一只，茶叶两篓；赏赐昂噶台吉、绰勒卓尔台吉、萨克巴台吉、拉玛什希布台吉、海瑟台吉、布木布台吉、顾穆台吉、班第塔布囊八人，缎各七匹，三等漆鞍鞴、三等马各一，茶叶一篓。为此敬题请旨。

顺治十三年正月初十

尚书臣沙济达喇、左侍郎臣席达礼、右侍郎臣沙世悌尔、员外郎臣鼐格、

主事臣名盖

三、题本内容分析

康熙朝《大清会典》中，内札萨克蒙古颁赏被称为"宴赉"，外喀尔喀、厄鲁特等地来使赏赐则称为"赏给"，而乾隆朝《大清会典》，以及光绪朝编纂完成的《大清会典事例》中，该差别消弭，内外蒙古统一以"燕赉"名之。这种名称的微妙区别颇具"春秋笔法"之意，充分展现了清初二者地位的不同。宴赉言下之意是自家人饮宴，而赏给则有宾服远人的意味，而这种名称的变化也表明了清代的政治局势变化。具体至清初，在顺治朝题本资料中，二者分量也大有不同。

如果把来朝（内札萨克称"朝集"、外喀尔喀等称"朝贡"）、颁赏（内札萨克称"宴赉"、外喀尔喀等称"赏给"）两种行为作为一个整体过程来看，则涉及喀尔喀、厄鲁特者篇幅极多，在顺治朝149份题本中约占四分之一，而漠南蒙古总共只有上引八份题本。在这种数量不同背后，也体现了理藩院职能的侧重点与后世有很大差异：清初，对于尚未纳入清朝掌控的喀尔喀、厄鲁特、西藏、回部等边疆地区，其所涉及事务，包括日常事务、边务、甚至军务理藩院都要参与，相比于军机处建立后理藩院渐渐转变为侧重处理日常事务而言，此时期日常例行事务与非常军务、边务均为理藩院所辖。虽然顺治朝题本大量散佚，不过仅从留存的该149份题本看，漠南与漠北蒙古即存在数量如此巨大的不同，可以推断，很多朝集、宴赉并非未存留，而是因过程模式化上题较少，也不排除因故取消，比如上文题本092中，就有"连续数年未前来"之语。

总之，漠南蒙古事务完全听凭清廷安排，而且虽未形成"制度化"，也具有了一定的"模式化"或"惯例"，因此题本中涉及事务较少也不奇怪。反观喀尔喀等，其所谓"朝贡"，与历代游牧民族进贡同样，具有很强的利益关联，此点下节详述，而其何时前来、如何规模等具体事务，也非当时清廷所能掌控，故而很难形成"模式化"程序。加之顺治年间清喀、清厄关系微妙,在不同时期经历了不同变化,是以每次其前来,都牵扯到清廷的战略与政治安排。有鉴于此,理藩院作为第一处理机构,多数情况下上题,或会同当时的最高权力机构议政王大臣会议会商,或待皇帝批红钦裁,而正是这种处理模式与战略目标的差异,构成了目前题本数量的差异。

作为归附清廷已久的漠南蒙古,从题本中来看其宴赉有两种情况。一种是因事宴请,在外藩王公贵族因事务,如省亲、归宁、办事等,在行将出京之际由清廷宴赉颁赏,以此送行。题本050、080就是此种情况。另外一种则是年班朝觐时例行接风回赏。两种情况中,前者为因事而设的临时之举,后者为较为模式化的常规礼仪,故而在具体执行时,宴请时间、地点,颁赏规模等均有差异。

1. 宴赉地点

在康熙朝《大清会典》中,使用"宴赉"一词表述对漠南蒙古王公的赐宴与赐物,"宴"指宴请,"赉"为送物。但在会典的具体记载中,多偏重"赉"而未有"宴"。比如对赏赐地点记述,则有如下条目:"国初定:赏赐外藩王、贝勒等,俱在理藩院颁给。"而顺治十一年(1654年)又定:"顺治十一年题准:年节来朝,外藩王、贝勒等赏物,皆于午门外颁给。"[①]即在顺治十一年,将年节来朝与其余事务分开,年节来朝于午门领赏,其余事务若有赏赐,则于理藩院接受。题本050为蒙古一干王公前来赴宴,题本080为额驸之妹返程,皆为私事,按记载其赏赐之物均应在理藩院领受。而题本092中谈及即将到来的顺治十三年年班赏赐规格,题本105则记载了顺治十三年对实际朝觐而来蒙古王公的赏赐。依会典记载,此次领赏则应在午门外。

2. 宴赉规模

年节宴赉赏赐规格,最早见于典籍记载者为康熙朝《大清会典》中

---

① 《乾隆朝内府抄本理藩院则例》,第189页,中国藏学出版社,2006年。

所载,始于康熙十三年,①但并不代表在此之前就没有可遵循的成法。以今日的术语来说,属于"惯例化"与"制度化"的差别,当然,如果轻易套用现代概念,其谬误自必不少。结合上引题本看,无论是王公贵族因私进京,或是公事化的年节朝觐,负责宴赍具体事务的理藩院都有一个较为固定的"定例",这种定例应该是根据此前赏赐的前例,与档案记载的规模参校而成;不过从每次仍需要将所赐物品详细开列题报来看,这种"惯例化"特征非常明显。当然,王权时代,即使"制度化"后,如皇帝有意,赏赐规格也绝非不可更改,但就仅存的四份题本分析,顺治朝大概将赏赐规格渐趋固定,为康熙朝写入会典打下了一个基础。而赏赐具体同样以公私事务有所不同。

私事层面:根据康熙朝《大清会典》的记载,顺治十八年规定:"外藩蒙古以私事来者,不给赏,止给行粮。"②因此在后世修成的记载制度典籍中,很难见到因私赏赐的相关记载。意即从制度层面停止了对私事前来之赏。但在实际操作中,据题本数据看,顺治十八年之前外藩蒙古因私前来,根据皇帝或皇太后的旨意,颁赏行为并不鲜见,故题本资料可补充该时期因私赏赐的空白。

王公贵族因私进京,因人数较少、人员构成多样,赏赐规格相对灵活。题本050所载赴宴,未言明具体何事,但从前来赴宴者均为科尔沁旗之人,且均无王爵看,或许为孝庄皇太后或皇帝因私事招其进京。无论如何,一般在《会典》类典籍中不太可能记载对该类人等赏赐规格。但理藩院根据以往档案记载,还是拟出了相应赏赐清单:"查阅部档,定例应赏亲王属下人等缎二匹、佛头青布十六匹;郡王属下人等,应赏缎二匹、佛头青布八匹。"而对其随员赏赐为:"随行男子,各赏蟒缎一匹、草编凉帽一顶、加斜股皮靴中所穿叠层缎袜一双、雕花腰刀一把、拴于腰带圈之手巾荷包一只;随行女子,各赏三十两银茶桶一只、缎五匹、佛头青布八匹。"对照而言,前者属有例可循,后者则不知据何列出,不过

---

① 《乾隆朝内府抄本理藩院则例》,第190页。
② 同上。

相比之下，似乎后者更为丰富，或许为特意加赏。

而题本080为多罗额驸之妹省亲归程，其赏赐虽有前例，但一则由皇太后懿旨确定依循前例，再则根据理藩院题报情况，所谓"前例"也并非"惯例"，只是根据近期相关类似人等赏赐标准推演而成。而这个标准，也应是由皇太后或皇帝等钦裁所定。题本所列举为："科尔沁巴雅思呼朗额驸之女、奈曼巴达礼额驸之女，赏赐三十两银茶桶各一只、次等蟒缎各二匹、次等妆缎各二匹、片金缎各一匹、倭缎各一匹、闪缎各一匹、石青素缎各一匹、青素缎各一匹、大缎各一匹、彭缎各一匹、洋缎各一匹，各色缎共各十二匹，次等雕鞍、管鞴、攀胸、缇胸、白毡障泥、翠蓝布缉鞍笼等物各一件。其乳父、乳母，赏彭缎各一匹、洋缎各一匹、佛头青布各七匹。护送大臣、友人、男女仆人等，共赏彭缎、洋缎各十五匹，佛头青布各五十匹。"物色既多，赏赐对象又宽泛，加之理藩院尚不敢确定本次是否以此为标准赏赐随行大臣，这都充分说明，在私事层面，虽有一些成例，但更多情况下赏赐规格不定，可根据情况随时更改，具有较大随意性。

公事层面：相对于私事的不确定性与随意，公事赏赐虽然并未成为典章，但在顺治年间仅存的两份相关题本中，已表现出很强的定例化、制度化倾向。一些基本的赏赐等级、赏赐规格等内容已然成型。且题本092更大致列举了朝觐赏赐自崇德朝至顺治朝的大致演变过程，为相关研究提供了更为丰富的资料。以下从朝觐赏赐的目的、演变、规格三个方面详细论述。

第一，朝觐赏赐的目的。题本092篇幅较长，所载内容相当丰富，自题本抬头可知，为顺治皇帝下旨征求朝臣意见、广开言路的成果。故有："噶达浑旗下头等侍卫阿拉米题报：臣并无议事之职，本不当妄题，今圣上谦称：朕耳目不广，故开言路，可曾听得增益之言否？旨下，令七品以上官员，不得隐匿，具题已见。故臣略有所思，敬题圣上。"作为基层官员，噶达浑提出了当时南方兵燹不断之下，生民、八旗兵丁、战略形势等诸多问题，前几项虽史料价值重大，但与本文关系不大，姑置不论。其中提到了战略形势中的蒙古，所谓："一、往国朝冲幼，蒙古人等居于外藩。故若法度甚严，则分崩在即；若法令松散，则不遵旨意，形同僭越,故此实难。太宗皇帝恩威并施,所掳其亲族,不惜财物,开恩赐予。次日仍放其团聚,恩泽普化,鸟兽皆和,甚为奇伟。是故彼等遵行法度、尽心竭力,襄勉大道、不易之事也。今皇帝统领天下,据有四海,黎民信作,众生得倚。唯蒙古人等,虽有律例大道,仁恩略缺,而国朝广大、彼等地僻,唯择机视旨陛见。皇帝洞见,以仁悦之,以礼待之。娱其视听、交结其心,顺治十年二月题。二月初五上谕:此题本所言事,着议奏。各部员谨遵所议,眷抄交部。"

因此议论涉及外藩,且言之成理,涉及当时清廷战略制定走向,受到重视,故交由理藩院议处,从而直接引出了理藩院对蒙古问题的态度与对策。而其中确立一条原则即"外藩蒙古人等,以仁悦之,以礼待之,娱其视听,交结其心。"在此背景下,理藩院列举自崇德朝以来,清太宗皇太极利用年节岁时朝觐,以赏赐笼络蒙古贵族王公人心,直至多尔衮当政时加以沿用、且顺治帝亲政后继行不辍之事实,意在遵行此法,使为成例。而顺治皇帝览报后作出上谕:"上谕:依此定例行事。因此,于外藩蒙古人等以仁悦之,以礼待之,娱其视听,交结其心,此事不再改议。"由此可见,年节赏赐虽古已有之,且笼络人心、加深感情之意自始如是,但在顺治十二年十月二十九日之此份题本中,沿用先朝成例,初步制定了赏赐规格,并将原本礼节性、临时性特点突出的赏赐宴赉,进一步上升到关系到满蒙交好、笼络蒙古政策的战略高度,固定其为对蒙既定战略中的一环。直接赋予了宴赉更深的意义,可以说,为日后宴赉入典册成为制度奠定了基础。也成为宴赉赏赐的根本目的。

第二,朝觐赏赐的演变与规格。载入《大清会典》,也就是宴赉标准正式以法令形式确立始于康熙十三年。① 但据题本092所言,赏赐外藩蒙古这一行为本身的历史要早得多。开赏赐外藩蒙古先河者为清太

---

① "十三年题准:赏年节来朝王、贝勒、贝子、公、台吉塔布囊等,亲王雕鞍一副,银茶筒茶盆各一个,缎三十六匹,茶五篓。郡王雕鞍一副,银茶筒一个,缎二十匹,茶四篓。贝勒雕鞍一副,银茶筒一个,缎二十二匹,茶三篓。贝子漆鞍一副,银茶盆一个,缎十四匹,茶二篓。镇国公、辅国公漆鞍一副,银茶盆一个,缎十匹,茶二篓。一二等台吉、塔布囊漆鞍一副,缎七匹,茶一篓。三四等台吉、塔布囊漆鞍一副,缎五匹,茶一篓。此外,科尔沁土谢图亲王,卓礼克图亲王,达尔汉巴图鲁亲王,加赏甲一副,缎八匹。查萨克图郡王加赏银茶盆一个,缎六匹。"《乾隆朝内府抄本理藩院则例》,第190页。

宗皇太极，早在崇德六年就曾颁赏，其赐物清单为："太宗皇帝时，崇德六年，前来年班之科尔沁土谢图亲王、卓里克图亲王、达尔汉巴图鲁郡王，各赐缎九匹、银酒盅托碟一副、豹皮两张、绿斜皮四张、闪缎凉席两张，共各三九。巴林满珠希礼、穆彰、翁牛特达尔汉戴青，此三人各赐缎八匹、银酒盅托碟一副、水獭皮三张、绿斜皮两张、佛头青布四匹，共各二九。科尔沁拉玛什希、东果尔、扎穆巴拉、色棱、乌拉特奥本、札萨克图郡王之子海赖，巴林色棱、杜尔伯特噶尔玛，喀喇沁色棱，土默特善巴达尔汉，此人等各赐缎二匹、银酒盅托碟一副、海龙皮两张、佛头青布四匹，共各一九。"从所引题本内容可见，崇德年间赏赐，并无严格等级区分与赏赐规格，而是根据与清廷的亲疏远近区分档次，所赏之物同样随意性较强，且与后世相比较为微薄，可见当时的赏赐只是礼节性交往，并非一种制度。

而同样题本紧接其后叙述的是顺治三年岁时赏赐，内容为："又，顺治三年年班前来之王、贝勒、贝子、公、台吉等赏赐之事，与户部会商，报于睿王。亲王等，各赐缎五九，郡王等各赐缎四九，贝勒等各赐缎三九，贝子等各赐缎二九，公等各赐缎一九，台吉等各赐缎七匹，以为定规。此后再无年班赏赐一事。"这里说明了两个重要内容。其一：顺治三年，即多尔衮摄政时期，清廷开始根据来朝者王爵等级颁赏，而赏赐之物趋于统一，具有了将宴赉赏赐初步制度化的倾向。其二：无论是年节岁时来朝，抑或颁赏宴赉，在顺治初年均未成定规，该题本中明确提出，自顺治三年至该题本上题的顺治十二年，再无岁时宴赉之举。故可以断定，岁时宴赉自礼俗上升为定例始于顺治十二年。

真正将宴赉做出固定化、规范化尝试的时间应为顺治十二年，同一题本（092）言明，是年清世祖谕令，不必循前例，令户部、理藩院会议宴赉规格。结合上述，个人认为此谕令明确提出宴赉将进入新轨道，可以看作宴赉制度化之滥觞，为康熙十三年宴赉制度最终成型奠定了基础。当时二部会议结果，制定相关清单为："亲王等，各赏缎六九、头等雕鞍鞯一副、头等马一匹、五十两银茶桶一只、酒海一只、茶叶五篓。郡王等，各赏缎五九、次等雕鞍鞯一副、次等马一匹、五十两银茶桶一只、茶叶四篓。贝勒等,各赏缎四九、三等雕鞍鞯一副、三等马一匹、四十两银茶桶一只、茶叶三篓。贝子等,各赏缎三九、头等漆鞍鞯一副、三等马一匹、三十两银酒海一只、茶叶两篓。镇国公,各赏缎二九、次等漆鞍鞯一副、三等马一匹、三十两银酒海一只、茶叶两篓。辅国公,赏缎一九、一五、三等漆鞍鞯一副、三等马一匹、三十两银酒海一只、茶叶两篓。头等、次等台吉,赏缎一九、三等漆鞍鞯一副、三等马一匹、茶叶一篓。三等、四等台吉,赏缎七匹、三等漆鞍鞯一副、三等马一匹、茶叶一篓。"在确定了赏赐规格同时,对几位资历较老、与清廷关系良好的耆宿加赏,也同时规定:"上谕:此后凡来陛见之蒙古王、贝勒等,依此赏赐。土谢图亲王、札萨克图亲王、达尔汉巴图鲁郡王、札萨克图郡王等俸禄向高,因此赏赐略多一事,着再议上奏。谨遵上谕,较其余亲王,土谢图亲王、卓里克图亲王等各加赏头等甲胄一副、缎八匹;较其余郡王,达尔汉巴图鲁郡王加赏五十两银酒海一只、缎八匹,札萨克图郡王加赏五十两银酒海一只、缎六匹,如此议奏。上谕:依此定例行事。"

对照上引康熙朝《大清会典》内容,日后载入《会典》的赏赐规格,其所据底本即为此次定例,只是在日后又有过一些改动。从题本105看,在顺治十三年,该规定已经开始实行。以题本105赏赐内容与此对照,与该定例完全契合,这也再次佐证了顺治十二年的此次定例,为宴赍制度化的开始。而对比参照《大清会典》中所记内容,可以看出,康熙朝《会典》中所记:"(顺治)十四年题准:来朝王等各赏鞍马一匹。"[①]有欠准确。在题本092,顺治十二年规定所开列赏赐之物中,鞍马为每一等级俱有,且鞍有雕鞍、漆鞍各三等次,马也有三等次差别,且顺治十三年已然遵行,反而如今存留的题本中,并无该条,且如定例以下,又已遵行,重复上题似无必要。赏马直至康熙元年废止,康熙朝《大清会典》载:"年节来朝,王等俱不赏马。"[②]另外,由于归化城土默特旗顺治年间不参与年节朝觐(见上文"朝集"条),故该时期无赏赐归化城土默特相

---

① 《乾隆朝内府抄本理藩院则例》,第190页。
② 同上。

关人员条例,相关条例同样为康熙年间修改制定。① 总而言之,经过顺治十一年开始对宴赉地点的规定、十二年对赏赐规格的提出,以及日后的相应调整、修改,康熙十三年年节朝觐宴赉制度基本完成。

四、余论

清代入关之后,虽然在很多层面保留了其民族特色,但无可置疑的一点是:其政治制度、等级制度、行政理念等层面较之关外开始加速汉化历程。无疑,清世祖本人对汉族文化的倾心与此有所关联,但更重要的,无疑是明代已趋完善的政治体系、官僚架构更适合于幅员广大国家的治理,清代对此体认非常充分,最大程度的吸收了其中的优势方面,同时将自身对边疆民族地区的成功政策逐步纳入该行政体系中,在如此作出一番带有扬弃性质的吐故纳新后,短时间内迅速站稳脚跟,使统治走上轨道,不能不说是清代的成功之处。

而在中国传统的政治体系中,儒家的政治观念与法家的统治结构都是研究者关注的重点。一反面,儒家所谓"名正言顺""大同之治"是中国历代王朝心目中的美好愿景。另一方面,法家所谓"法、术、势"的帝王之术,也是确保皇帝无上威权的不二法门。皇太极改元崇德后的一系列政策,都有很深的儒法观念背景:确立朝仪、制定等级、规定出一系列对应的身份认定标准,凡此种种,都体现出他在刻意打造高人一等,改变满蒙原有身份对等的同盟地位的意图,本文分析的入关后宴赉标准,也不外如此。

文中基本分析了公私两方面宴赉的规格、演变与相关情况,从这种零星记载中我们已不难看出,入关后的满蒙关系与天命天聪时代已然发生了极大改变,漠南蒙古诸旗成为臣属的特征相当明显,非年节或奉诏不得私自离游牧,来京后的赏赐标准也逐渐制定。实则这种接待仪式对被接待者的身份地位给出了某种明确信号,同一事由前来,受到的

---

① 《乾隆朝内府抄本理藩院则例》,第190页。

待遇泾渭分明,同时这种等级的来源又是清廷,无疑是对皇帝可以随意恩赐身份的一种强调。通过这种仪式化的接待,清廷的无上权威与蒙古的臣属地位得到了一种具象化的展示,同时,得到较高待遇的蒙古王公也能感受到某种优越性,故而简单的宴赉背后,反应的还是清代统治政策的逐步完善与发展。当然本文还有非常多的遗憾,由于材料限制,很难完全勾勒出清初宴赉制度的全景。例如,如皇帝因公事召集入京,非年节朝觐的公事情况是否有宴赉规定,因资料不全不能探讨,也希望随着日后新材料的不断整理挖掘,可以使研究更加完善。

东洋文库藏镶白旗蒙古都统衙门档案述评

N. 哈斯巴根

东京的东洋文库保存有几千件与清代八旗有关的珍贵档案。前人对其做过几次目录。① 其中,镶红旗满洲都统衙门档案的雍正和乾隆两朝部分,陆续在 20 世纪 70—90 年代得以公布,②后又有汉译本刊布。③ 相关档案的介绍和评价有细谷良夫、中见立夫和柳泽明等几位日本学者的文章。④ 笔者这次接触到的镶白旗蒙古都统衙门档案也是和以上档案属于同一类资料。但不知什么原因,这部分档案从未有人详细介绍过。同时,到目前为止,无论是在国内,还是在海外,如此一定数量的有关蒙古八旗的珍贵档案还没有公布过。在目前中国第一历史档案馆所藏八旗都统衙门档案尚未公开的情况下,这一部分档案更显得格外重要。在此只是做一个简单的介绍和初步的史料价值评价,以飨学人。

---

① *Catalogue of the manchu mongol section of the toyo bunko* ,By Nicholas poppe. Leon hurvitz Hidehiro okada. The Toyo Bunko & The University of Washington Press,1964;〔日〕松村润:《东洋文库所藏满洲语文献》,《史丛》第 27 号,1981 年;《东洋文库所藏镶红旗档光绪朝目录》,东洋文库,2006 年;《满洲语档案目录(镶红旗档以外)》,东洋文库,据东洋文库工作人员介绍,该目录是 2008—2009 年间编写的。

② 《镶红旗档—雍正朝》,东洋文库,1972 年;《镶红旗档—乾隆朝 1》,东洋文库,1983 年;《镶红旗档—乾隆朝 2》,东洋文库,1993 年。

③ 刘厚生译:《清雍正朝镶红旗档》,东北师范大学出版社,1985 年。关嘉录译:《雍乾两朝镶红旗档》,辽宁人民出版社,1987 年。

④ 〔日〕细谷良夫:"关于《镶红旗档—雍正朝》——围绕雍正朝八旗史料",《东洋学报》55 卷;〔日〕中见立夫:《关于日本东洋文库与中国第一历史档案馆所藏镶红旗满洲衙门档案》;〔日〕柳泽明:"东洋文库藏雍乾两朝《镶红旗档》概述",《满语研究》2012 年第 1 期;〔日〕后藤智子:"关于东洋文库武职及佐领家谱",《满族史研究通信》17,1998 年。

一、档案的概况

本文着重关注东洋文库所藏清代蒙古镶白旗都统衙门档案的特色和价值。文中所注档案号依据东洋文库所编《满洲语档案目录》中的编号。

1964年，鲍培、冈田英弘等为东洋文库所藏满蒙文文献资料做目录时对满文档案也做过简单的目录。① 1998年，后藤智子发表文章介绍东洋文库所藏武职及佐领家谱，更正了1964年目录的一些错讹之处，并指出了有关蒙古镶白旗的档案共有137件。② 然而，东洋文库的最新目录把镶白旗蒙古都统衙门档案重新编号为MA2-23-4、MA2-23-5，分别登记有60件和96件。MA应该是英文Manchu Archives（满洲档案）两个单词的首字母。但是，笔者翻阅时发现MA2-23-5下共有98件，目录少做了2件。这样按照现有目录，总共有158条。实际上，不应该这么多，因为原封套已不见（可能已损坏），重新整理时装到新式的信封里，并拆散原本作为附件的家谱类档案和满汉合璧档案分别装入不同的信封，单独编号登记，这样条目便增加了许多。其实原档应该是每一件补授佐领③或世爵世职的奏折都附有一件家谱。因此，如果按照满洲镶红旗档整理的方法，也就有90多条了。另外，因为清代的封套没有保存下来，所以没有千字文的排序号可循了。这也是该部分档案与镶红旗档的不同之处。

东洋文库在镶白旗档的每一件档案上记有整理号，并钤盖了文库的章，登录日期为：昭和十七年（1942年）九月二十五日。我们知道，满

---

① *Catalogue of the manchu mongol section of the toyo bunko*, pp. 257—258、260.
② 〔日〕后藤智子：《关于东洋文库武职及佐领家谱》。
③ 本文中为清楚起见，所用佐领是指"牛录章京"，是官职，以与作为社会组织的"牛录"区别。

洲镶红旗档是1936年4月从复旦大学陈清金教授处得到的。① 但是，满洲镶红旗档案上有无东洋文库的入库印章，一直没有人交待。因此，在此也很难确认这部分镶白旗档与满洲镶红旗档是否同一批购置。

从目录看，最早一份档案的日期为雍正五年（1727年）十二月四日，最后一份档案的日期为光绪三十年六月七日。虽然有一些档案的日期难以判断，但最早和最晚的时间应该没有问题。登记的158条档案，上自雍正，下至光绪，各朝都有。在已经确认年代的档案里，同治年间的最少，只有2件，最多的是乾隆年间的，有40多件。可以推测，这部分东洋文库的档案在整个清代镶白旗蒙古都统衙门档案中占据很小的比例。

此外，从档案使用的文字来看，明显有年月日的汉文档案是从光绪元年以后才出现的，在此之前不管是奏折的正文还是家谱都用满文撰写。可见，虽然从清中期开始满文在八旗的日常生活中使用的范围越来越窄，但在公文中一直延续使用到清末。光绪元年的一份"为承袭二次分编世管佐领事"奏折及家谱（档案号分别为：4-49、4-50、4-51、4-52）都使用满汉合璧的形式。这样满汉合璧的档案还有光绪十四年的"为承袭恩骑尉事"（档案号分别为：5-67、5-68、5-69、5-70）和光绪二十四年的"为承袭云骑尉事"（档案号分别为：5-48、5-49、5-50、5-51）等档案。还有一些奏折或家谱也有满汉合璧的。但并不是每一件都这样，可以推测这种做法可能还没有法令依据，不是很规范的做法。此外，个别档案或个别处有使用蒙古文的情况。

东洋文库镶白旗档的格式，可以分为奏折和家谱两大类。奏折的纸张尺寸，每扣长约23.5—26.5厘米，宽12厘米，书写6行。而家谱根据内容，纸张长短不一。从档案的格式和内容来看，这部分东洋文库镶白旗档大体上可以分类为以下几种：A.佐领根源档、B.佐领承袭或佐领署理的奏折及家谱档、C.世爵世职承袭的奏折及家谱档、D.引见

---

① 〔日〕中见立夫：《关于日本东洋文库与中国第一历史档案馆所藏镶红旗满洲衙门档案》。

补授档、E.旧营房兵丁一年情况汇报档、F.循例请给纪录档、G.纪录折单、H.谢恩折、I.钱粮关系档、J.佐领遗孀生女上报档等。

A：佐领根源档。第一折正中间写有"nirui janggin ××× jalan halame bošoho nirui sekiyen"或"nirui janggin ××× bošoho teodenjehe nirui sekiyen"。① 正文开头是 nirui janggin，结尾为 gingguleme tuwabume wesimbuhe。这种档案有 4-1、4-3、4-21 三份。以前有人介绍过称为"nirui sekiyen i cese 佐领根源册"或"nirui sekiyen booi durugan i cese 牛录根源家谱册子"。② 但是，东洋文库镶白旗档没有一件上写有"cese 册子"字样，所以应该称之为佐领根源档。这三份档案的一个主要内容是在职的佐领有无 ubu（分）的问题，因为从康熙朝开始有无分与佐领承袭是密切相关的。③

该类档案没有明确写明其形成的时间。但从世系来看，《八旗通志初集》（以下简称《初集》）中都提到了档案中出现的 baši（八十）、batu（巴图）和 haišeo（海寿）等人名，④再加上乾隆三年颁布的清理牛录根源的上谕，⑤可以推测该档形成的时间应该是雍正末至乾隆初年。这两个以八十和巴图为佐领的牛录分别在乾隆三十年和五十四年改定为公中佐领。⑥ 4-4 档应该是 4-3 档的附件即家谱。

B：佐领承袭或佐领署理的奏折及家谱档。这类档与 C 类档在东洋文库保存的镶白旗档中占有很大的比例。从其文书格式可以分为以下两种：

B-a：每一份档案的第一折中间只有满文 wesimburengge 或汉文"奏"一个字，从第二折开始正文开头为 kubuhe šanggiyan（或 šanyan）i monggo gūsai，结尾处则书写日期及上奏人的官职和名字。这种格式

---

① 相关档案的研究，参见承志：《关于八旗牛录根源和牛录分类》（日文），《东洋史研究》65-1，2006 年。
② 承志：《关于八旗牛录根源和牛录分类》。
③ 《康熙起居注》第二册，康熙二十四年二月初九日。
④ 《八旗通志初集》卷十二《旗分志十二》。
⑤ 《清会典则例》卷一百七十五《八旗都统：授官》。
⑥ 《钦定八旗通志》卷二十《旗分志二十》。

的文书在整个这类档案中占据很大的比例。另外附有绿头签,[①]写明承袭佐领的性质,以及拟正、拟陪等人的名字、年龄、骑射与前佐领的关系等信息。档案一般还附有所奉之旨,表示同意谁谁承袭或"知道了"字样。因为雍正七年副都统徐仁奏称,"嗣后将八旗奏折及覆奏之旨,俱贴于一处,于合缝之处,钤盖旗印封固。"[②]这得到雍正帝的认可而执行。因镶白旗档所属奏折全是乾隆以后的,所以谕旨都粘贴在文末的日期后面。现在看到的一些文书已经没有谕旨,这可能是有一些粘贴的纸张脱落并散失了。

一般每一件"奏"都附有家谱。家谱是根据内容写在大小不一的一张纸上,并折叠成与奏折差不多的形式。这可能是考虑到装封套的方便吧。在文书的第一折的上下各贴一小张黄纸,写明该牛录的性质、来源和相关法令内容等,这些可以叫作"签注"。另外,用黑色书写已经死去人的名字和相关人的年龄、职务等信息,用红色书写在世人的名字。还有,在拟正、拟陪人名上画有圆圈,或在人名后面贴小黄纸,写明其拟正、拟陪。在以往佐领的人名前面粘贴长方形的小黄纸,又在其名下粘贴小块圆形黄纸,标出承袭的次数。或在以往的佐领人名下贴有长方形的黄、红、蓝等各种颜色的小方块纸,以分别标注袭次,并在其人名下又在红色方框内写明承管的是原立佐领还是分编佐领等。

B-b:署理佐领事宜。这类档案有 4-7、4-40、4-42 等。第一折中间写有 wesimburengge,右上角在红纸上写有"××请旨可否署理"等字样。正文以 kubuhe šanyan i monggo gūsai 开头,事由写的都是 hese be baire jalin。谕旨也与 B-a 类一样,粘贴在日期后面。文档的结尾处写有上奏人的官职和名字。以上三份档的年代分别是乾隆三十七年和四十三年。4-40、4-42 还附有家谱,交代了相关世系情况。

C:世爵世职承袭的奏折及家谱档。在东洋文库编的目录中,

----

① 〔日〕细谷良夫称为"绿头牌"(《关于〈镶红旗档—雍正朝〉——围绕雍正朝八旗史料》),而柳泽明称为"绿头牌副本"(《东洋文库藏雍乾两朝〈镶红旗档〉概述》)。在此笔者根据《中枢政考》(道光)二,卷六,海南出版社,2000 年,第 168 页。

② 《上谕旗务议覆谕行旗务奏议》(二),台湾学生书局,1976 年,第 630—631 页。

MA2-23-5 开头的档案绝大部分是这类档案。此类档案在文书格式上基本上和 B-a 类相同。第一折中间位置写有满文 wesimburengge 或汉文"奏",从第二折开始正文开头为 kubuhe šanggiyan（或 šanyan）i monggo gūsai,结尾处则书写日期及上奏人的官职和姓名。谕旨和绿头签的形式也和 B-a 类档案一致。此外,一般是一个"奏"附有一件家谱,可以说构成一组档案。从现在发现的这类档案看,到光绪年间有"奏"和"家谱"的都有满汉合璧的情况（例如 5-48、5-49、5-50;5-67、5-68、5-69、5-70 等）。另外,该类档案的年代比较早,最早的一组档案是雍正五年的(5-14、5-15)。因为已经公布的镶红旗档中没有雍正四至九年的档案,所以这些档案显得尤为珍贵。期限最后的一组档案到光绪二十四年(5-47、5-48)。

D:引见补授档。其实前面说过的 A、B、C 三个类型的档案大体上也属于这一类型,但是 D 类档案和以上的档案有所不同:第一是数个世职及驻防佐领、骁骑校、防御等官缺的候补人名写在一起而一并奏请带领引见;第二是奏折没有详细交代官职的以往世袭情况;第三是没有附家谱。这应该是简化手续的一种办法。柳泽明研究认为,这类档案是到了乾隆以后大量出现的。[①] 我们看到的这类档案(5-71、5-72、5-73、5-74、5-75、5-76、5-77、5-78、5-79、5-80、5-81、5-83、5-84)的年代是乾隆、同治、光绪各朝的。

该类档案一般是由奏折和绿头签组成的。奏折一开始就写有 kubuhe šanyan i monggo gūsai。在发现的镶白旗档案里就有一份同治年间补授佐领的档案(5-83)在第一折中间写有 wesimburengge 一字,其它都没有这个字。一般,谕旨也保存下来了。绿头签有些是满汉合璧的。因为我们现在看到的都是奏折和绿头签分开写在一张纸上的,所以原本就是如此,还是原来粘贴在一起就不好判定了。

E:旧营房兵丁一年情况汇报档。旧营房(fe kūwaran)、新营房

[①] 柳泽明:《东洋文库藏雍乾两朝〈镶红旗档〉概述》。

(ice kūwaran)是设立于北京城外的八旗官兵宿舍。① 旧营房是康熙三十四年为解决北京城内八旗兵丁宿舍不足而于北京城内八门之外所建房屋。② 有关营房所居兵丁的管理,雍正二年规定由各旗满蒙世职派出管辖官员。③ 这类档案(5-85、5-86、5-87),在第一折中间写有"奏"或 wesimburengge 字样,接着或用满文 kubuhe šanyan i monggo gūsai fe kūwaran i baita be kadalare 或用汉文写道:"管理镶白旗蒙古旧营房事务"。据档案,从乾隆二十二至二十三年有规定,"旧营房有无事故遵例每年十一月间具奏一次。"④(5-87)察看和奏报旧营房自上年十一月起至本年十一月止一年内兵丁有无滋生事端等情形。我们现在看到的三件档案(5-85、5-86、5-87)的年代分别是乾隆三十五年、同治五年和光绪八年。其中后两件的内容很简短,只是呈报了这一年期间没有发生什么事端,而乾隆三十五年的那份档案较长,内容是管理镶白旗蒙古旧营房事务、梅勒章京乌勒莫济为房屋修造等事宜请旨。

F:循例请给纪录档。《八旗则例》规定:"旗下印房总办俸饷档房及各参领处汇办事件于一年内各项依限全完,并无逾限遗漏者,岁底详查汇奏,将承办参领、章京等各给纪录一次。""佐领等官承办本佐领下事件,于三年内各项依限全完,并无逾限遗漏者,三年查核一次汇总奏闻,佐领、骁骑校、领催各给纪录一次。"⑤由此产生的档案(5-88、5-89)满汉合璧,开头写有"奏"或 wesimburengge 字样。末尾处有年月日和批红。

G:纪录折单。这类档案其实都应附于 F 类档案中的。5-92 号档是 5-88 号档的附件。F 类档案里说的也很清楚,附有"另缮清单"。在此所说"另缮清单"就是"纪录折单"。这些记录折单(5-92、5-93、5-94、

---

① 《钦定八旗通志》卷一百一十三《营建志二》。
② 《八旗通志初集》卷二十三《营建志一》。乾隆《会典则例》卷一百七十三《八旗都统三:田宅》。
③ 乾隆《清会典则例》卷一百七十五《八旗都统:授官》。《钦定八旗则例》(乾隆七年版)卷一《职制》。柳泽明:《东洋文库藏雍乾两朝〈镶红旗档〉概述》。
④ 《镶红旗档—乾隆朝》97,东洋文库,1983 年,第 121—122 页。
⑤ 《钦定八旗则例》(乾隆七年)卷二《公式》。

5-95、5-96)每一个都分为"emu aniya jalukangge 一年满"和"ilan aniya jalukangge 三年满"两部分,分别记录可以给与纪录之官员职务和姓名。该类档都与一个叫常升的印务参领有关。常升在同治六年的5-83号档中以副参领的身份也出现过。所以可推测,这些档案的形成时间应该是同治年以后。

H:谢恩折。这类档就有一件(5-90),是在三张纸上分别写有满、汉奏折和清单的档案。档案的开头有"奏"、wesimburengge 字样,内容是"为叩谢天恩事",缘由是这位大臣七十岁生辰时皇太后赏赐他一些礼物。皇太后即是慈禧太后,这位大臣原来是黑龙江地方的一个骑都尉,后升为乾清门三等侍卫,赏入京旗正白旗满洲。其后,荐授都统,排为御前侍卫,蒙赏给头品顶戴,复荷赏穿黄马褂。汉文奏折只有"臣芬"字样,查证《实录》,这位大臣名叫芬车,他任职镶白旗都统是光绪二十六年(1900年)闰八月以后的事情。① 由此推断,其七十岁生辰也是在此之后。

I:钱粮关系档。这件(5-91)满汉合璧的档案内容是镶白旗蒙古都统崇礼奏报该旗所领一年俸饷等数目。原档应该附有清单,可能后来丢失了,没有流传下来。

J:佐领遗孀生女上报档。该档案(5-82)的内容是,因已故佐领恩印的妻子常氏孕生一女,而族长呈报,该佐领又饬"该孀妇另行出结办理过继外,相应出具图片呈报甲喇处"等语。清廷向来对八旗户口的管理很严厉,兵丁及其家属的生死等事都须上报登记。佐领中女孩的出生可能与选秀女制度有关。从中也可以窥见牛录内族长的职务情况。

此外,值得关注的是东洋文库镶白旗档的性质和归属问题。为什么一开始就断定这部分档案是镶白旗蒙古都统衙门档呢?原因一是文书上多处盖有满汉两种文字的"kubuhe šanggiyan i monggo gūsai gūsa be kadalara amban i doron,镶白旗蒙古都统之印"。二是从内容来讲,这部分档案都与镶白旗蒙古有关。入关后八旗各旗建立衙门是

---

① 《清德宗实录》卷四百七十,光绪二十六年闰八月癸卯。

从雍正元年开始的。①"镶白旗满洲、蒙古、汉军都统衙门初设于东单牌楼新开路胡同。雍正四年奏准:将灯市口西口官方一所,共一百零一间作为三旗都统衙门。六年,又将汉军都统衙门移设于东四牌楼大街灯草胡同,官方一所,计三十七间。乾隆十八年,将蒙古都统衙门移设于东安门外干雨胡同,官方一所,五十间。"②乾隆初还有规定:"八旗具奏事件奉谕旨后,将奏折及所奉谕旨粘连一处,合缝处钤印收贮。"③这部分东洋文库镶白旗档无疑是在镶白旗蒙古都统衙门处理日常行政事务过程中形成的副录档。④

二、档案的内容与价值

以上分 10 种类型介绍了东洋文库镶白旗档的基本情况。在这一节我们继续考察该档案的内容,并从几个方面简单地评价这部分档案的主要文献史料价值。

(一)这部分档案的最大价值在于详细地记录了蒙古镶白旗若干牛录的人员构成情况。那些被称为牛录根源的档,不仅有牛录的初创情况、佐领的承袭,还记述了该牛录内各个家族(mukūn)的原住地和姓氏等信息。例如,4-1 号档记载了镶白旗蒙古都统左参领所属第二牛录的情况。崇德七年多罗特部贝子绰克图从锦州率领一百三名人来附,编立牛录,由安他哈管理。其后,陆续管牛录者有:满韬、那木僧格谛、关保、八十等。这些牛录根源的档案所记佐领的承袭情况与《初集》记载的内容是一样的。⑤ 虽然牛录当初的首领分别出身于多罗特、巴林、札鲁特等部,但是牛录内部人员是由各地方的多个氏族构成的。从

---

① 《八旗通志初集》卷二十三《营建志一》。
② 《钦定八旗通志》卷一百一十二《营建志一》。
③ 《钦定八旗则例》(乾隆七年)卷二《公式》。
④ 相关研究参见〔日〕细谷良夫:"关于《镶红旗档—雍正朝》——围绕雍正朝八旗史料",《东洋学报》55-1,1971 年。
⑤ 《八旗通志初集》卷十二《旗分志十二》。

4-1号档来看,牛录构成的人员有:毛祁塔特地方人,巴鲁特氏;老哈泰地方人,莽努特氏;喀喇沁地方人,莎格杜尔氏;察哈尔地方人,斋拉尔(札赍尔?)氏;科尔沁地方人、札鲁特氏,等等,以族为单位交代了该牛录11个家族的人员。这些内容在《初集》《钦定八旗通志》等史料中是没有记载的,可见其价值是独一无二的,利用这些档案可以继续研究蒙古八旗牛录构成人员的地缘、亲属、领主属民等关系,探究牛录编成的原理。

（二）对蒙古八旗牛录和佐领的类型与形成有了较为清晰的认识。有关牛录的类型分类等问题,前辈学者有丰富的成果。① 近年有学者根据牛录根源册、执照等原始档案和《钦定拣放佐领则例》等史料,探讨了清前期八旗满洲牛录种类的变化过程。承志认为,入关前的牛录分为内牛录和专管牛录。康熙时分为原管牛录、世承牛录、凑编牛录。到雍正时在康熙朝的基础上分类为原管牛录（勋旧牛录 fujuri niru）、世承牛录（世管牛录 jalan halame bošoro niru）、凑编牛录（互管牛录 teudenjehe niru）、公中牛录（siden niru）等。② 赵令志、细谷良夫通过研究后指出,清代佐领按其组成方式可分为私属、公中两大类,其中私属又有勋旧、优异世管、世管、互管等诸名目。③ 这些分类法的不同是因为分类的视角不同引起的。

东洋文库镶白旗档中,佐领承袭档中也出现了诸多牛录的分类名称,如 fugjin niru（勋旧牛录）、da niru（原立牛录）、jalan halame bošoro niru（世管佐领）、siden niru（公中佐领）、teudenjehe niru（互管佐领）、fusehe niru（分编牛录）、sirame fusehe niru（二次分编牛录）、tugtan fusehc niru（初始牛录）,等等。这些资料为蒙古八旗牛录和佐

---

① 早期主要有〔日〕细谷良夫:《八旗通志初集〈旗分志〉的编纂及其背景——雍正朝佐领改革的一端》,《东方学》第36辑;〔日〕安部健夫:"八旗满洲牛录研究",《清代史研究》,创文社,1971年;阿南惟敬:"天聪九年专管牛录分定的新研究",《清初军事史论考》,甲阳书房,1980年;傅克东、陈佳华:"清代前期的佐领",《社会科学战线》1982年第1期;郭成康:"清初牛录的类别",《史学集刊》1985年第4期;等等。

② 承志:《关于八旗牛录根源和牛录分类》。

③ 赵令志、细谷良夫:"《钦定拣放佐领则例》及其价值",《清史研究》2013年第3期。

领的分类研究提供了诸多的事例。下一步的工作是在仔细阅读档案的基础上进一步深入探索蒙古佐领的形成过程及其变迁问题。

以往学界对蒙古八旗形成的研究，一个焦点是天聪九年设立蒙古八旗问题。当时，整编内外喀喇沁蒙古壮丁共16932名。其中，除了古鲁思辖布等三个札萨克旗之外，剩下的7810名壮丁与"旧蒙古"合编为蒙古八旗。①赵琦首先研究喀喇沁壮丁编入蒙古八旗的情况，做了"蒙古八旗喀喇沁佐领表"，②后来乌云毕力格又补充了一些。但是，他们的依据都是《初集》，现在发现镶白旗档后，还有几个方面可以做补充。

1. 从以喀喇沁壮丁为主所编佐领来看，还应有左参领所属第十一佐领和右参领所属第十佐领。据镶白旗档载："额斯库率领喀喇沁三十二人于太宗时来归，后因加入旗丁作为整佐领，以额斯库承管。"(4-26) 据《初集》，该牛录的额斯库来归时编立的是半个牛录，到顺治八年"始益以外牛录人为一整牛录。"③右参领所属第十佐领④也是因为《初集》的记述不清，之前并不知道鄂齐里吴巴式是喀喇沁塔布囊。(4—39)

2. "旧蒙古"的问题。天聪九年编设蒙古八旗时，是在内外喀喇沁的基础上加"旧蒙古"而形成的。"旧蒙古"是指左右两翼蒙古营。郭成康研究后指出：天聪四年定制满洲八旗每旗各设蒙古五牛录，这四十个蒙古牛录辖于左右两翼。⑤镶白旗档里有："在盛京时每旗初编五个牛录 mugdeni forgon de emu gūsade fugjin sunja niru banjibure"(4-22)的字样，证明当时确实存在这个事实。这样，四十个牛录的情况也逐渐露出其本来面貌。从镶白旗档的记载看，其中还有札鲁特部台吉所率领来归者所编牛录。(4-21)

---

① 参见郭成康："清初蒙古八旗考释"，《民族研究》1985年第4期；乌云毕力格：《喀喇沁万户研究》，内蒙古大学出版社，2005年，第158—168页。

② 赵琦："明末清初喀喇沁与蒙古八旗"，《蒙古史研究》第五辑，内蒙古大学出版社，1997年。

③ 《八旗通志初集》卷十二《旗分志十二》。

④ 东洋文库的目录误以为右参领第十二佐领。类似的错误还不少，不再一一指出。

⑤ 郭成康：《清初蒙古八旗考释》。

此外，天聪九年设立蒙古八旗以前已经以一部分喀喇沁人为主编立了牛录。例如天聪八年来归而编立牛录的拜浑岱，他是赫赫有名的喀喇沁巴雅斯哈勒昆都伦汗的长孙。① 因其父死得早，拜浑岱成为喀喇沁第二代的真正实力派人物。② 从镶白旗档中的家谱看，有一部分家族几代住在所谓的"nugtere ba 游牧处"(4-4、4-45、4-47)，这应该算是"在外喀喇沁"的后代吧。据《蒙古博尔济吉特氏族谱》载，拜浑岱之弟希尔尼③之子阿拜死后，"因将其尸体置于称作野马图的地方。其后，此地称作阿拜诺颜之苏巴尔罕。"④据《蒙古游牧记》，野马图汉语称为蟠羊山，在土默特左旗西南三十里、喀喇沁右旗南一百三十五里处。⑤ 又据《口北三厅志》载："（察哈尔）镶白旗在独石口北二百四十五里，总管驻布雅阿海苏默。"⑥布雅阿海就是布颜阿海。巴雅斯哈勒昆都伦汗的季子马五大（号七庆朝库儿）的第二子白言台吉就是他。⑦ 查阅明代文献，北元晚期喀喇沁部一直驻牧于宣府、独石口边外附近。这样一来就清楚了，从巴雅斯哈勒传到其孙子辈的阿拜、布颜阿海一代人依然驻牧在宣府、独石口以北边外之地。其实，到白浑岱的长孙拉斯喀布一代时也驻在宣府附近。⑧ 镶白旗档案显示，后来这些喀喇沁的汗、台吉等贵族们虽然编入蒙古八旗，但他们的游牧地还是在边外，直到清中期有时候有些后人还驻牧于此地。看来八旗推行的也是属人行政，也就是其属人不管居于何处都归属于在京的各八旗。

由此可以联想，《初集》和《钦定八旗通志》所记镶白旗蒙古都统察

---

① 《蒙古博尔济吉忒氏族谱》《汉译蒙古黄金史纲》，内蒙古人民出版社，1987年，第240—241页）误以为长子。
② 乌云毕力格：《喀喇沁万户研究》，第32—33页。
③ 汉译本《蒙古博尔济吉忒氏族谱》《汉译蒙古黄金史纲》，第241页）以为"萨赉"。
④ 《博尔济吉忒氏族谱》（蒙古文），内蒙古人民出版社，2000年，第377—378页。
⑤ 《蒙古游牧记》卷三。罗密著、纳古单夫、阿尔达扎布校注：《蒙古博尔济吉忒氏族谱》（蒙古文），内蒙古人民出版社，1999年，第23页。
⑥ 《口北三厅志》卷七《蕃卫志》。
⑦ 乌云毕力格：《喀喇沁万户研究》，第64页。
⑧ 李保文：《十七世纪蒙古文文书档案（1600—1650年）》，内蒙古少年儿童出版社，1997年，第324—327页。

哈尔参领所属佐领,乾隆初编《初集》时共有七个佐领,①到嘉庆初再编《钦定八旗通志》时已经增加到十三个佐领了。② 这些佐领分别驻在北京和口外游牧地方。因此,我们似乎不能断定镶白旗的察哈尔参领为误载。③ 当初察哈尔归附清朝而分别编入八旗并不是完全清楚的事情,还有继续探讨的余地。

3. 天聪九年以后编立的牛录问题。镶白旗档提供了一个很鲜明的例子,即崇德六年从明朝锦州来归的多罗特部的情况。在察哈尔万户中,阿拉克绰特部和多罗特部都属于其山阳鄂托克。我们之前只是知道,天聪二年皇太极亲征多罗特和阿拉克绰特二部的敖木伦之战,被清军杀害或俘虏的是其部分人员,④并不知其余人员的结局。但是,现在看到镶白旗档后明白,多罗特的绰克图、诺木齐塔布囊、吴巴式等首领在敖木伦之战后投奔到明朝的锦州。到崇德六年,清军围攻锦州时再投诚过来,⑤后又编立牛录等情况。(4-1)其实刚开始编牛录后他们归到蒙古正黄、镶蓝等旗,但经几次清朝旗籍的转换,他们最终归到蒙古镶白旗。另外,还有一些滋生人丁而增编牛录的情况也清晰起来了。

(三)对蒙古八旗内世职的获得和承袭情况有了较清楚的认识。在东洋文库满文文献目录中,以编号 MA2-23-5 开头的档案内容绝大多数是有关世职承袭的。世职的起源是天命五年制定的武职。⑥ 至乾隆元年七月戊申总理事务王大臣遵旨议奏:"本朝定制公侯伯之下未立子男之爵,别立五等世职,但未定汉文之称。今敬拟:精奇尼哈番汉文称子,阿思哈尼哈番汉文称男,阿达哈哈番汉文称轻车都尉,仍各分一等二等三等。拜他勒布勒哈番汉文称骑都尉,拖沙喇哈番汉文称云骑

---

① 《八旗通志初集》卷十二《旗分志十二》。
② 《钦定八旗通志》卷二十《旗分志二十》。
③ 达力扎布:《清代八旗察哈尔考》,《明清蒙古史论稿》,民族出版社,2003 年,第 327 页。
④ 《满文原档》第六册,第 239—241 页。
⑤ 《清内秘书院蒙古文档案》第一辑,内蒙古人民出版社,2004 年,第 293、317 页;《清实录》卷五十五,崇德六年三月壬寅、乙巳。
⑥ 〔日〕松浦茂:《天命年间的世职制度》,《东洋史研究》42—44,1984 年。

尉。从之。"①清朝由此有了以公侯伯子男五等爵为世爵和五等爵以下属世职的分水岭。②而恩骑尉是乾隆十六年以后对阵亡的世职奉赠者在原爵袭完后清廷恩赏立爵人子孙的世职。③

但是,以往主要因史料的阙如,对蒙古八旗世爵世职的研究基本处于空白状态。《初集》相关的列传和表中有镶白旗蒙古世职有关人员的传略,可以和现在发现的东洋文库镶白旗档互相比勘研究。在档案中出现过绰贝、④色楞车臣、⑤贾慕苏、⑥巴雅尔⑦等世职人员。其中,如贾慕苏家族的家谱中写道:"此官贾慕苏尔原系壮达,二次过北京征山东时,用云梯攻滨州,尔首先登进,遂克其城,故赐名巴图鲁,授为骑都尉,后加恩由骑都尉加一云骑尉。"(5-13)交代清楚了其世职的来源。可知这些世爵世职的获得大部分是与清前期和南明、农民军、准噶尔的战争中所立军功有关。另外一个事例是,察哈尔来归的色楞车臣家族的骑都尉世职是,"此官尔原系色楞车臣绝嗣,将所立二等子爵蒙特恩减为骑都尉。"(5-38)有关恩骑尉世职,镶白旗档有记述:"查济尔嘎朗之袭官敕书内载,阿彦尔原系护军校,因出师贵州转战四川攻敌阵殁,授为云骑尉,长子鄂勒济图承袭,再承袭一次。出缺时,胞弟霍雅尔图仍承袭云骑尉。出缺时,云骑尉袭次已完,照例不准承袭。恩骑尉,后因特旨念系阵殁所立之官。赏给恩骑尉与原立官阿彦之二世孙塔勒巴扎布承袭。"(5-68)可见,上述规定确实有效地实行起来了。

(四)对法令实效性的认识。在每一个佐领承袭或世职承袭档(奏折和家谱)的前面第一折上基本都粘贴两张小黄纸,写有两类内容:一是该佐领或世职的来源;一是相关法令。这可能是上奏时给皇帝以提

---

① 《清实录》卷二十三,乾隆元年七月戊申条。乾隆《会典则例》卷一百七十一《八旗都统:值班》。
② 雷炳炎:《清代八旗世爵世职研究》,中南大学出版社,2006年,第1页。
③ 雷炳炎:《清代八旗世爵世职研究》,第47页。
④ 《八旗通志初集》卷一百七十一《名臣列传三十一》。
⑤ 同上。
⑥ 《八旗通志初集》卷二百一十六《勋臣传十六》。
⑦ 同上。

示的作用。现在我们可以用这一法令对照当时其它的法令，研究其实效性问题。清代有关八旗的法令主要有《清会典》系列（则例、事例）、《中枢政考》《钦定八旗则例》《宫中现行则例》《六条例》《钦定拣放佐领则例》《钦定兵部处分则例》，等等。但是，这些法令并非一次性修好的，而是每过一段时间都会修订或重修一次。例如，《中枢政考》有康熙朝本和乾隆七年、二十九年、三十九年、五十年以及嘉庆八年、道光五年本，《钦定八旗则例》有乾隆七年、二十九年、三十九年、五十年本等。① 清代行政依例而行，其例也在不断变化当中。

所以，如想研究清代八旗官制和法律制度，必须注意其法令的变迁以及其实效性问题。从这个意义上说，镶白旗档提供了真实的事例。在此仅以引见制度为例说明。雍正十年规定："嗣后凡袭职旗员由外省来京，请随到随奏，不令久候多费。"② 后因在外驻防世职承袭的拟正、拟陪等人从驻防地到北京之间往返，颇费周折。乾隆初明确规定，确认为世职拟正、拟陪"著咨取来京"，③"其列名之分者，著该旗行文咨问，其请愿来京者，咨取来京，不愿者听。"④ 镶白旗档中也记载了有些人确实没有前来北京面见皇帝之事，只是把他们的名字列于绿头牌上。另外，有关引见日期，原定每年年终八旗袭职，左、右翼分为二日引见，嘉庆十八年奉旨改为四日办理，镶白、镶红为十二月十六日引见。⑤ 但是，我们看到的镶白旗的记录与以上的规定有出入。首先是世职拟承袭人的引见日期，嘉庆十八年除5—41档是七月份的外，其他基本都是十二月份的。另外，嘉庆十八年以后也不一定只是十二月十六日这一天引见。由此看来，相关问题的深入研究还有很大空间。

---

① 参见《全国满文图书资料联合目录》，书目文献出版社，1991年；翁连溪：《清代内府刻书研究》下《附录：清代内府刻书编年目录》，故宫出版社，2013年。
② 《清世宗实录》卷一百一十七，雍正十年四月癸丑。
③ 光绪《清会典事例》卷一千一百三十四《八旗都统二十四》，中华书局影印本，1991年，第281页。
④ 《清高宗实录》卷二百八十一，乾隆十一年十二月戊子。
⑤ 光绪《清会典事例》卷五百八十四《兵部四十三》，第282页。相关研究见《清代八旗世爵世职研究》，第15页。

（五）从档案文书的语种、出现的人名及其变化可以窥见八旗蒙古人满洲化、汉化过程的一个侧面。如前所述，纵观这些档案形成的年代，一直到光绪元年以前，不管是佐领承袭档还是世职承袭档，基本都是用满文撰写的。到了光绪朝以后，满汉合璧的文书多了起来，甚至奏折和家谱均有满汉合璧的。但并没有一组档案是单用汉文撰写的，相信这并不单纯是档案流传的问题，很可能与清廷一直坚持的倡行满文的政策有关吧。

另外，档案中出现的八旗蒙古人的名字也是很有趣的内容。从世系表看，一般刚开始立官或初期承袭者的姓名大多数是蒙古语的。例如，绰克图、噶尔图、阿彦、孟格等。再加上还有一些西藏渊源的人名，因为16世纪晚期开始蒙古掀起又一次的藏传佛教信奉热潮，所以有那木僧格谛、阿玉石、丹巴等名字。其后，有一些人取了满洲语名字，至清朝晚期取汉名的人明显多了起来。例如，福寿、永寿、善福等。当然仔细观察这些汉名和内地人取的名字还是有一些差别。另外，虽然到了晚清，但有一些八旗蒙古人依然取蒙古名字，这应该与他们和游牧处的蒙古文化有联系的缘故吧。

除了以上几点之外，档案还显示了清代八旗蒙古人的职业、兵丁、人口、养子、寿命、驻防等各种信息。

三、结语

据朝鲜《燕行录》载，清入关时在多尔衮的军士中蒙古人占多数。《昭显沈阳日记》甲申（1644年）五月二十四日记："世子一时出来，军兵之数十余万云，而蒙古人居多焉。"[①] 当然，入关时清军中的蒙古人可以分为札萨克旗兵和八旗兵两大类。其中，八旗中的蒙古人由两部分人组成：已经编入满洲八旗的蒙古人和蒙古八旗的蒙古人。这两部分八旗中的蒙古人口数字目前还没有令人满意的研究。但是其大概人数应

---

① 《燕行录全集》第26册，东国大学出版社，2001年，第565页。

该能达到 5—10 万是有根据的。满洲八旗中的蒙古人的情况可以从《八旗满洲氏族通谱》一书中了解其梗概。但是，在整个八旗中所占人数众多的蒙古八旗的情况一直没有多少资料流传下来。基本的资料是《初集》《钦定八旗通志》和《实录》。而以前我们看到的第一手档案文献只是几个人物或某些家族的世系谱等，整个八旗蒙古的生存状况如何？目前几乎没有档案资料公布。从这个意义上说，现在笔者看到的东洋文库所藏镶白旗蒙古都统衙门档案无疑具有重要的历史文献价值。

当然，另一方面，这部分镶白旗档的内容也有明显的缺陷。和已经公布的东洋文库所藏镶红旗满洲都统衙门档相比，镶白旗档无论是在数量上还是在内容上，都存在不小的差距。这部分档案只是镶白旗蒙古都统衙门当中有关政治的部分档案。此外，蒙古八旗的经济、文化情况基本没有得到反映。就政治方面而言，如把法律制度考虑进来，其内容丰富程度明显欠缺，因为这些档案是镶白旗都统衙门在处理日常行政事务过程中形成的，一个主要目的是记录佐领或世职的承袭，这就基本圈定了该部分档案的局限性。

（原载《清史研究》2015 年第 4 期）

乾隆皇帝《御制楞严经序》满、汉文本对勘及研究

柴 冰

《首楞严经》，全称《大佛顶如来密因修证了义诸菩萨万行首楞严经》，具显密圆融之特色。汉文本自唐神龙元年（705年）译出后，影响很大，为自北宋《开宝藏》起的各版大藏经所收录，历代多有疏解阐释之作。乾隆皇帝在位期间，曾将其译成藏、满、蒙、汉四体合璧本。本文要探讨的《御制楞严经序》即是乾隆皇帝为四体合璧本《首楞严经》所作序。此序所含版本及历史信息丰富，但探讨者鲜。本文拟对序文的满、汉两种版本加以对勘，以之为切入点，做一探析。

一、《御制楞严经序》的价值及研究背景

《御制楞严经序》是乾隆皇帝为四体合璧本《首楞严经》所作序文。此序文附于四体合璧《首楞严经》之前，亦为四体。各种文字自上而下顺序为藏文、满文、蒙文、汉文。除各语种文本间的语言层面的转译互动及本身的文本价值外，此序内容关涉四体合璧本《首楞严经》译经的缘起、过程、参与人员等颇有价值的历史信息，对乾隆时期译制四体《首楞严经》的始末的探讨有无可替代的作用，对清代的翻译史、文化史研究亦可提供一些新的讯息。

此外，清代各语种之前的互译非常频繁，三体、四体直至五体合璧者亦有之。但是以五种文字翻译佛经似未有之，四体合璧者则即以康熙时翻译、雍正时刊行的《心经》和乾隆时译制的《首楞严经》最为著名。

然而《心经》是大乘经典里最短的佛经,《首楞严经》与之相较篇幅不知大出几何,堪称巨制。可以说,四体《首楞严经》的译制在清代翻译单部经上还是颇具代表性的。

戴逸先生在《研究清史不可或缺的珍贵史料——推荐〈清高宗(乾隆)御制诗文全集〉》一文中,认为御制诗文在研究乾隆其人以及乾隆时代方面"具有与档案、官书比较毫不逊色的价值"。① 朱赛虹也提出,"清帝敕修的书籍很多,如'钦定''御批''御纂'之类,唯有'御制'的文字更能体现帝王的思想、意志、志趣、情感等内心世界。"②考察乾隆皇帝所作《御制楞严经序》,或对乾隆皇帝本人之于《首楞严经》的认知,乃至其宗教文化政策有一更生动和贴切的探析。

据《北京地区满文图书目录》,北京故宫博物院现藏有四体合璧写本、刻本《首楞严经》各一种。然而四体合璧本深藏于北京故宫博物院,难得一见。幸运的是,钢和泰先生民国时曾见到藏于雍和宫的一部《首楞严经》的四体文刻本,其形制为:十卷本,刻本,汉、满、蒙、藏四体文,长宽分别为 8.5 英寸和 28 英寸。白色厚纸,红字书写。应当就是乾隆二十八年(1761 年)的原刻本。此本不知所终,极可能就是如今珍藏于北京故宫的刻本。钢和泰先生在《乾隆皇帝和大〈首楞严经〉》里附录了序文的 17 页,③此 17 页序文即为本文的研究对象。

关于此序文,寺本婉雅先生、钢和泰先生及沈卫荣先生均有过探讨,④但寺本先生的日文译文由藏文版序文译出,钢和泰先生的英文译

---

① 戴逸:"研究清史不可或缺的珍贵史料——推荐《清高宗(乾隆)御制诗文全集》",《清史研究》1994 年第 2 期,第 110 页。
② 朱赛虹:"清代御制诗文概析",《北京图书馆馆刊》,1999 年第 2 期,第 88 页。
③ Baron A. von Staël-Holstein, "The Emperor Ch'ien-Lung and the Larger Śūraṃgamasūtra", *Harvard Journal of Asiatic Studies*, Vol. 1 No. 1, Harvard-Yenching Institute, 1936, pp. 136—146.
④ 〔日〕寺本婉雅:"西藏文大佛顶首楞严经に就て",《佛教研究》10 号,3 卷 3 号,1922 年,第 73—77 页;沈卫荣:"藏译《首楞严经》对勘导论",《元史及民族与边疆研究集刊》第 18 辑,上海古籍出版社,2006 年,第 81—89 页。

文译自藏文本,也参考了汉文本。然而两位大学者在此序的翻译方面均错漏不少。沈卫荣先生以汉、藏两种版本的御制序做比照,对寺本、钢和泰两位先生的翻译提出了若干新解,但并非严格细致的对勘。需要指出的是寺本先生所依据的藏文本是一个藏文单行本《首楞严经》的序文,沈卫荣先生所依据的藏文本序文出自大谷大学所藏藏文单行本,为当年寺本先生所携归日本。寺本先生所依之藏文本应该也是此本。沈卫荣先生所据的汉文序则是收录于《卫藏通志》,也就是说已有的研究中,只有钢和泰先生是利用了此四体合璧序文的。鉴于目前关于《首楞严经》《御制楞严经序》尚有不少问题需要厘清,本文拟在前辈学者已有研究的基础上,加入未有人具体研究过的满文版本为新的角度,对《首楞严经》的探讨加以补充。

二、《御制楞严经序》满、汉文本对勘

本文以四体合璧《御制楞严经序》的满文、汉文两个版本为主要研究对象,汉文本参照《清高宗(乾隆)御制诗文集·御制文初集》中《翻译四体楞严经序》[①]及《卫藏通志》所收序文[②]。

《御制楞严经序》以下对勘中,分页与断句皆以满文本为准。仿钢和泰先生之例,页码以[1a]、[2a]、[2b]的形式在满文版本每页的结束处标示。[③] 第一行为四体序满文版本的拉丁字母转写。第二行为满文字词的逐一汉文释义,主要依据《满和词典》《满汉大辞典》,多义词和语法词根据上下文有所选择和标注。第三行为四体序中的汉文版本。

---

① 《清高宗(乾隆)御制诗文集》,第10册,中国人民大学出版社,1993年,第417页。
② 《卫藏通志》,卷一,西藏人民出版社,1982年,第146—147页。
③ 1a对应"御制序上一",因序中无"御制序下一",故1a之后紧接"御制序上二",即2a,2b即对应"御制序下二",依此类推。

满：Han　-i　　araha　　akdun yabungga nomun -i šutucin
　　皇帝（属）写作的　坚固　行者　　经（属）　序
汉：御制楞严经①序

满：ilan hacin ganjur　-i　juwan juwe yohingga nomun[1a] dade gemu tiyan ju
　　三　种　甘珠尔（属）十　二　成套　　经　　原本 俱 天竺
　　baci　　tucifi　ulan ulan-i　dulimba-i gurun -de hafunjiha
　　处（从）　出　辗转，相传　　中国　　（位）通过来
汉：三藏十二部②，皆出自天竺③，流通震旦。

满：tere tuktan wargi baci[2a] dergi baru selgiyenjire -de jugūn -i dulimba -deri
　　彼 起初 西 处（从）东　向　　传播　（位）路（属）中　（从）
　　alifi ulahangga yargiyan -i wei dzang④ bihe

---

① 楞严,此处对应的满文用词为"akdun yabungga", akdun、yabungga 分别为"坚固的""有品行的"之意。然而藏文的御制序中对应的词为"dpa' bar 'gro ba", 意为"勇行"。《大正新修大藏经》第 12 册 No. 0374《大般涅槃经》中解释"首楞严"为："首楞者一切事竟,严名坚固。一切毕竟而得坚固,名首楞严。"又《大正新修大藏经》第 25 册 No. 1509《大智度论》云："首楞严三昧者,秦言健相。"《大正新修大藏经》第 33 册 No. 1706《仁王护国般若波罗蜜经疏神宝记》云："首楞严,此翻健相。谓其自性勇健,偏能降魔制敌故也。"可见满文和藏文的译法或有所本,在此之前的著作里即有"勇"和"坚固"两种解读。

② 三藏十二部,查陈义孝居士编《佛学常见词汇》,三藏指经、律、论,十二部即佛说经分为十二类,亦称十二分教,即长行、重颂、孤起、譬喻、因缘、无问自说、本生、本事、未曾有、方广、论议、授记（财团法人佛陀教育基金会,2002 年,第 75 页。）此处三藏的表达为"ilan hacin ganjur",译言三种甘珠尔。甘珠尔、丹珠尔为藏文、蒙文大藏经目录分类法,甘珠尔大致对应汉文大藏经里的经、律,丹珠尔则对应论。钢和泰在其所作的英译文中用梵文词汇"Tripiṭaka"表达三藏,"Dvādaśāṅgapravacana"表达十二部,词义贴合,对应准确。

③ 天竺,此处对应的满文为"tiyan ju",为源自汉文的音译。皆出自天竺,此句满文多一"dade",意为原本、起初,加之句意更为精确。

④ 此处"wei gdzang"似源于藏文"dbusgdzang",为西藏的旧称。

承当　传递　确实（属）乌斯藏　　　是
汉：其自西达东，为中途承接者，则实乌斯藏。

满：tiyan ju serengge uthai enetkek inu wei dzang serengge uthai
　　tubet　inu
　　天竺　者,是　即　印度　也；乌斯藏　者,是 即 土伯特 也

汉：天竺,即所谓厄纳[①]特克；乌斯藏,即所谓土伯特[②]也。

满：tuttu te -i　ubaliyambuha ele nikan hergen -i nomun[2b]
　　dzang -ni bade　gemu
　　故 今（属）翻译了的 所有 汉　字（属）经　　藏（属）地
　　（位）俱
　　yongkiyam bimbime damu akdun yabungga nomun akūngge
　　全备　　在　唯独 坚固　行者　　经　没有的
汉：故今所译之汉经,藏地无不有[③],而独无楞严。

满：terei turgun ai　seci cohome dzang -ni ba -i[3a] dulimbai
　　fonde -de langdarma han
　　其　缘故 什么 若说 也是 藏（属）地（属）中（属）时候（位）狼
　　达尔吗汗
　　tucifi fucihi -i tacihiyan-be efuleme mukiyebure nomun suduri
　　-be dekjire umbure jakade
　　出　佛（属）教（宾）毁坏　　灭　　经 史（宾）烧 掩
　　埋　以故

① 《御制文初集》《卫藏通志》均写作"讷"。
② 《御制文初集》中写作"土伯忒"；《卫藏通志》中写作"图伯特"。
③ 无不有,满文用"gemu yongkiyam"表达,意为"俱全备"。

ineku fonde ere nomun uthai eden yongkiyarakū ohobi[3b]
这个 时候 此 经   即   残缺 不全备 已这样了

汉：其故以藏地中叶①有所谓狼达尔吗汗②者，毁灭佛教，焚瘗经典，时是经已散失不全。

满：terei sirame udu mangga lamasa niyeceme sirabume banjibume aracibe jingkini debtelin
其 接续 虽然 能干的 喇嘛们 缀补 续编 虽然做 正 本子

akū oci gelhun akū balai nonggici ojorakū bihebi
没有 则 敢 妄 添 不可 来着

汉：其后虽高僧辈补苴编葺，以无正本，莫敢妄增。③

满：damu[4a] budon-de baksi -i biwanggirid tuwabuha bade ere nomun-be sunja tanggū
只 补敦（与）巴克什（属）授记 显示了的 地（位）此 经（宾）五 百

aniya oho amala kemuni dulimbai gurun-ci ubaliyambume

---

① 《卫藏通志》中无"中叶"二字。
② 《卫藏通志》写作"浪达尔玛罕"。满文用"langdarma han"表达，应源自藏文"glang dar ma"。关于狼达尔吗汗毁佛之事，可参见《宗教大辞典》"朗达玛"条："（？——842），旧译'达磨'，又称'达磨赞普'，吐蕃末代赞普。唐开成三年（838年）为反佛贵族大臣杰刀热等拥立，下令禁止佛教。(1)封闭和拆毁寺院，据《王统世系明鉴》，大昭寺及桑耶等寺门被堵塞，余下之一切小神殿尽毁。(2)毁佛教经典，据《新红史》载，佛典或被投于河，或被焚，或被埋于沙沟内。(3)僧人受迫害，据《新红史》，著名僧人被杀，次等僧人被流放，低级僧人被驱使为奴。吐蕃的佛教遭到沉重打击。据《佛教史大宝藏论》，卫藏地区的佛教遂全被毁灭。部分僧侣逃往边缘地区。西藏历史将该时期称为'灭法期'或'黑暗时代'。会昌二年（842年）被佛教僧人拉垅贝吉多吉暗杀。死后，吐蕃统治集团分裂，奴隶、属民起义，吐蕃政权灭亡。"（任继愈主编：《宗教大辞典》，上海辞书出版社，1998年，第442页。)
③ 钢和泰英译文对此句的理解是："在此（西藏经典的毁损）之后，学者们意图在文本上重建和修复（此经缺失的部分），但此重建不适于写下来。因为它们基于并未拥有正本的学者们的想象。"

tucibufi dzang -ni bade
年 到…了 后头 还是 中(属) 国(从) 翻译 出 藏(属)地(与)
dahūme isinjimbi seme henduhe bihe
复 到来(语助) 讲说了 有

汉：独补敦祖师曾授记，"是经当于后五百年，仍自中国译至藏地"。

满：ere gisun cohome gurun -i baksi janggiya[4b] kūtuktu nomun bithe -be fuhašame
这 话 才是 国家(属) 巴克什 章嘉 呼图克图 经 书(宾) 推详
tuwara -de bahangga yargiyan -i akdaci ojoro iletu temgetu obuci ombi
阅览(与) 得 真实(具) 凭借 为 明显的 证据 做为 是

汉：此语乃章嘉国师[①]所诵梵典，炳炳可据。[②]

满：bi tumen baita icihiyaha šolo -de[5a] kemuni manju gisun-i nomun bithe-be

---

① 《卫藏通志》写作"章嘉呼图克图"。按满文的意思应为"国师章嘉呼图克图"。章嘉系统，依《圣武记》记述，"为黄教第四支，与哲布尊丹巴一支皆住持于蒙古，亚于达赖、班禅二支。"此序所指章嘉呼图克图为三世章嘉。《圣武记》还记载"逮其第二世呼毕勒罕转生于多伦泊，诏造善因寺居之。高宗朝奉诏来京师，翻定《大藏经咒》，奉言其国五百年前有狼达尔玛汗者，灭法毁教，其后诸高僧补缀未全，《首楞严经》已佚，借此土本四译而归。又佐庄亲王修《同文韵统》。晚年病目，能以手扪经卷而辨其字，于四十一年跌逝京师。"([清]魏源《圣武记》，韩锡铎、孙文良点校，中华书局，1984 年，第 217—218 页。)据任继愈主编的《佛教大辞典》，三世章嘉名为若必多吉(rol ba'i rdo rje)，凉州(今甘肃武威)人。雍正帝令其享受前世章嘉活佛一切尊贵待遇，并供他学习梵文、藏文、蒙文和佛典以及汉、满文化。乾隆命其管理京都各寺庙喇嘛并赐"札萨克达喇嘛"印，为清廷处理蒙藏宗教事务之主要顾问。乾隆五十一年(1786 年)钦定驻京喇嘛班次时，被列为左翼班首。(任继愈主编：《佛教大辞典》，江苏古籍出版社，2002 年，第 1120 页。)

② 此句依满文解读应为"此语乃国师章嘉呼图克图推详阅览经书，所得之真实，依之可作明显之证据。"与汉文本有所出入。

我　万　事　办理了的 闲暇(位)每每　满洲　语(具)经　书(宾)

ubaliyambure -de ahoaran① ofi jijungge nomun dasan-i nomun irgebun-i nomun jai duin
翻译　（与）　　　做　　易经　　　书经　　　诗经
　又　四

bithe-be gemu ubaliyambume šanggabuha[5b]
书(宾)俱　　翻译　　使完成

汉：朕于几政之暇，每爱以国语翻译经书，如易书诗及四子书，无不藏事。

满：geli gūnici han mafa -i forgon -de duin hacin -i hergen -i sure -i cargi dalin -de
　又　想　皇帝 祖(属) 时(位)四　种(属)字(具)聪明(属)　对岸（与）

akūnaha niyaman sere nomun②-be ubliyambume tucibufi han ama -i forgon -de folofi
到对岸了 心　所云　经　（宾）　翻译　　　出　皇帝 父(属) 时(位)雕刻

genggiyebuhe bihe akdun yabungga nomun -be[6a] inu nenehe kooli -be sungkolome③
使明白了　有　坚固　行者　　经(宾)　也　先前　例(宾)遵照

ubaliyambuci ombi seme

───────────

① 此处极难辨认，据上下文，应与汉文"爱"对应。
② 此处"sure-i cargi dalin-de akūnaha niyaman sere nomun"对应《心经》名称，较汉文全面，意为"以智慧到彼岸心经"，对应于梵文"prajñāpāramitā"，常被音译为"般若波罗蜜"。
③ 此处与汉文相应则为"遵照"之义，但满文中写作"sungkolome"，但据《满和词典》《满汉大辞典》，应写作"songkolome"。

若使翻译 可以（语助）

汉：因思皇祖时以①四体翻译《心经》②，皇考时锓③而行④之，是《楞严》亦可从其义例也。

满：gurun -i baksi janggiya kūtuktu -de   fonjihade uthai juleri tucibuhe gisun -i songkoi
国（属）巴克什 章嘉 呼图克图（与）在问了的 即   前   陈述了 语（具）依照
jabume wesimbuhe bime
回话   奏   存着

汉：咨之章嘉国师⑤，则如上所陈。

满：geli sure -i   cargi dalin -de akūnaha niyaman sere nomun oci dzang -ni[6b] bade
而且 聪明（具）对岸（与）到对岸了 心   说   经 是 藏（属）地（位）
dari   bihengge akdun yabungga nomun oci dzang -ni bade fuhali akūngge aika nikan
每，各 有   坚固   行者   经 则 藏（属）地（位）全然 没有的 若是 汉
hergen -be manju gisun-i ubaliyambume manju gisun-be monggo gisun-i ubaliyambume[7a]
字（宾） 满洲 语（具） 翻译   满洲 语（宾）蒙古 语（具） 翻译

---

① 《御制文初集》《卫藏通志》均为"曾以"。
② 此四体文《心经》目前林光明主编的《心经集成》中附有全文，台北嘉丰出版社，2002年。
③ 《卫藏通志》中为"曾锓"。
④ 此句汉文中的"行"，满文用了"genggiyebuhe"，是"使明白、使清楚了"之意。两者并不对应。
⑤ 《卫藏通志》写作"章嘉呼图克图国师"。满文为"国师章嘉呼图克图"。

monggo gisun -be tubet　gisun -i ubaliyambume sohote① lak seme budon -de

蒙古　　语(宾) 土伯特 语(具)　翻译　　　　　恰好　补敦(位)

baksi -i　biwanggirid tuwabuha gisun-de acanambi udu adališame mutenakū bicibe

巴克什(属) 授记　　　显示　语(与)合宜　虽然　相似　无能 然而

gelhun akū[7b] kicerakūci ojorakū sembi

敢　　　不尽力　　不可(语助)

汉:且曰:"心经本藏地所有,而楞严则藏地所无,若得由汉而译清,由清而译蒙古,由蒙古而译土伯特②,则适合③补敦祖师所授记。④ 虽无似也,而实不敢不勉力⑤焉。"⑥

满:tereci tob　cin wang -de ere baita-be nengelekini　　seme　hese wasimbufi gurun -i

于是 端庄 亲 王⑦(与)此 事(宾)支撑(表意愿)(语助) 旨　降 国(属)

baksi janggiya kūtuktu　jai funai -i jergi udu niyalma -be isibufi

---

① 此处看不清楚,难以辨识。
② 同139页注②。
③ 《卫藏通志》写作"合"。
④ 《卫藏通志》"授记"后多一"也"字。
⑤ 《卫藏通志》"勉力"为"勉"。
⑥ 此句钢和泰先生曾感到颇难理解,后在陈寅恪先生的帮助下,正确地做了翻译。陈寅恪先生认为"虽无似也"不可能为乾隆皇帝自己所称,因而钢和泰先生加了附文,将此句归为章嘉国师所说。观满文则比较明确,句末有"sembi"这个小词,提示引言的结束。也就是说章嘉国师所述至此方告终结,陈寅恪先生的判断无误。
⑦ 庄亲王在此处的满文写法"tob cin wang",tob本为端正之意,常作为封谥用语。"cin wang"为借自汉语发音。据《清史稿》卷二百一十九,列传六,此庄亲王应为康熙第十六子,他精数学,通乐律,曾与修数理精蕴。乾隆七年命与三泰、张照管乐部。二十九年,允禄年七十,上赐诗褒之。三十二年,薨,年七十三,谥曰恪。

gūnin -be akūmbume[8a]
巴克什　章嘉　呼图克图　又　傅鼐①等　几个　人(宾)招致　意(宾)
　　　　尽心

acabume ubaliyambubufi debtelin　aname tuwabume wesimbuhe
校对　　　翻译　　　本子,册　依次　使看　　　奏

汉:因命②庄亲王董其事,集章嘉国师③及傅鼐诸人悉心编校,逐卷进呈。

满:dari mini beye④ urunakū kimcime tuwafi tuwancihiyame dasambi
kenehujecuke ba bici[8b]
每 我的 身体 必定 详察 阅览 纠正 改正 可
疑 　处 若有

uthai gurun -i baksi　janggiya kūtuktu -de hebdeme yargiyalambi
随即 国(属)巴克什 章嘉 呼图克图(与) 商量 　　核实

汉:朕必亲加详阅更正;有疑,则质之章嘉国师⑤。

满:ere nomun -be abkai wehiyehe⑥ sahaliyan bonio aniya-ci deribume
此　经(宾)天(属)扶佑　　　壬　　申　年(从)开始

---

① 《清史稿》卷二百九十一,列传七十八,傅鼐,字阁峰,富察氏,满洲镶白旗人。高宗即位,命署兵部尚书,寻授刑部尚书,仍兼理兵部。三年,坐违例发俸,发往军台效力。寻卒。然据下文提及的《首楞严经》编纂时间,为乾隆壬申(1752年)至乾隆癸未(1763年),即乾隆十七年至乾隆二十八年。那么傅鼐在乾隆三年已经去世,如何参与其事。查《清史稿》,有另一名叫傅鼐者,传在列传一百四十八,其字重庵,顺天宛平人,原籍浙江山阴。嘉庆十六年卒于官。依据《中国历史大辞典·下卷》,其生卒年为1758—1811年,也不可能参与《首楞严经》的翻译工程。究竟此种偏差问题出于何处,还需进一步探究。
② 《卫藏通志》"命"为"请"。据满文,意为"向庄亲王降旨,望其担负起此事"。"nengelekini"为祈愿式,语气不及命令式重,多意愿而非命令意味。
③ 章嘉国师依满文当译作为"国师章嘉呼图克图"。
④ 此处"mini beye"为"躬亲、亲自"之意。
⑤ 同本页注③。
⑥ abkaiwehiyehe 为年号,即"乾隆"。

满：sahahūn honin aniya -de isibume ubaliyambume šanggabuha
　　癸　　未　　年（位）达到　　翻译　　　完成了
汉：盖始事则①乾隆壬申，而译成于癸未。

满：tob　　cin　wang　sa［9a］　šutucin　arafi　selgiyereo　seme baime wesimbuhe
　　端庄　亲王　等　　　序　　写　　传谕（语助）请求　　奏
汉：庄亲王等请序②而行之。

满：manggi mini gūnin -de　akdun yabungga nomun serengge［9b］
　　之后　我的　心意（位）坚固　　行者　　经　　者
汉：朕惟楞严者

三、《御制楞严经序》产生之因由及始末

"朕惟楞严者"之后的内容，钢和泰附文里未曾列入，目前尚无途径得到满文御制序的剩余部分，观《满文大藏经》第 54 函所收录的《首楞严经》满文本，并无此乾隆帝所作御制序。按照四体序的篇幅，所缺部分为七页。依四体合璧序的汉文版本，其所缺文为：

> 能仁直指心性之宗旨，一落言诠，失之远矣。而况译其语，且复序其译哉。然思今之译，乃直译佛语，非若宋明诸僧，义疏会解，哓哓辩论不已之为。譬诸饥者与之食，渴者与之饮，而非拣③其烹调，引导其好嗜④也，则或者不失能仁征心辨见妙谛。俾观者不致

---

① "则"字，《御制文初集》用"自"。
② 《卫藏通志》"序"写作"叙"。
③ 《御制文初集》为"拣择"。
④ 《御制文初集》为"嗜好"。

五色之迷目,于以阐明象教,嘉惠后学,庶乎少合于皇祖皇考宣扬心经之义例乎。——乾隆二十八年十月十八日

钢和泰先生之所以选择附录《御制楞严经序》的前十七页,是认为其属于整个序文的历史部分。此十七页,栏外左侧上方为藏文,下方为满文,栏外右侧上方为蒙文,下方为汉文。内容为《御制楞严经序》的页码,四种文字表达一致。编页自"御制序上一"起,以下依次编号,至"御制序下九"。但缺"下一","上一"之后紧接"上二"。

此序写作时间为乾隆二十八年十月十八日,写作缘起则是御制满、蒙、藏、汉四体《首楞严经》的翻译自乾隆壬申(1752年)起,至乾隆癸未(1763年),即乾隆二十八年告罄,应主要翻译编纂者庄亲王等人的奏请而写。序中提及的翻译工程的负责人是庄亲王允禄,主要参与者则有三世章嘉呼图克图若必多吉和傅鼐。查《清史稿》,①所记载的两个傅鼐的活动时间都与《首楞严经》的翻译始末不符,一个在翻译开始的十几年前已经去世,一个在翻译开始时年仅六岁。是《清史稿》记载有误,还是另有一个傅鼐未被载入其中,尚不清楚。

《御制楞严经序》并未探讨《首楞严经》的真伪问题。然而在乾隆皇帝的另一御制序文里也提及了《首楞严经》,此即他颁布于乾隆三十五年(1770年)七月二十五日的藏文《甘珠尔》的序文。② 这部甘珠尔为金写,装帧精美,首卷封面以珍珠和其他宝物装饰。乾隆三十五年的这篇序文提出,因为汉文本《首楞严经》中包含的经咒,与同一经咒的印度文

---

① 参看第145页注①。
② 此序名为 rgyal pos md sadpavi gser gyi bkah vgyur rin po che gsar bshengs kyi kha byang,是在深蓝色的纸上金汁书写藏文,钢和泰先生称其现静静地躺在上海银行的贵重物品储藏室里。然而在2011年西藏和平解放50周年的时候,故宫博物院所藏西藏文物中精选出229件珍品举办《故宫藏传佛教文物特展》,据称半数文物是首次亮相,其中就包括了此乾隆金书《甘珠尔》经,磁青纸,泥金书写,总共镶嵌珠宝达14364颗,是清代宫廷佛教经典装饰的极品。目前这部经分藏于北京和台北,北京故宫博物院现藏96函(夹)30523页。台北故宫博物院保存12函(夹)。

献完全相同。有印度梵本渊源,因而整部《首楞严经》是真的。① 这里提到的另一经咒应指不空所译《大佛顶如来放光悉怛多般怛罗大神力都摄一切咒王陀罗尼经》。当然这只是乾隆皇帝或者说及其佛学导师三世章嘉呼图克图的观点。李翊灼先生即认为正是两部经咒相似,但《首楞严经》中的音写糟糕损害了整部经的真实性。② 以类似经咒的存在来证实或是证伪有待商榷,但至少可以看出乾隆皇帝及三世章嘉的态度,即判定《首楞严经》并非伪经。

乾隆皇帝为何选择《首楞严经》译成满、蒙、藏、汉四体合璧本,在序中他陈述了若干理由。首先,藏地作为印度佛经流传中土的中间环节,汉译的佛典在藏地也都可找到相应的文本。《首楞严经》却是例外。认为此经应该是在朗达玛统治时期时散失不全,此后的高僧大德由于没有正本,未敢妄加增补。其次,章嘉国师向乾隆陈述了元代佛学大师布顿(bustonrinchen grub,1290—1364)所作的授记,即此经"当于后五百年,仍自中国译至藏地。"自布顿大师往后推算,乾隆时期与"后五百年"时间上也是暗合的。当然,布顿大师的所谓授记,应该是三世章嘉为了劝说乾隆皇帝翻译《首楞严经》所作的附会之辞。再者,乾隆皇帝自述在平时忙于政事的闲暇,喜欢用"国语"翻译经书,《易经》等都是成功的例子。最后,则有追慕皇祖康熙皇帝、皇父雍正皇帝的用意。康熙时曾经以满汉蒙藏四语翻译《心经》,雍正时刊行。《首楞严经》可以效仿这种前例。此外,就《首楞严经》本身的思想内涵来看,乾隆皇帝认为它是"能仁直指心性之宗旨"。乾隆三十六年(1771年)御制泥金楷书《首楞严经》汉文写本颇为珍稀,其卷前有泥金龙纹牌记,牌记上方正中是泥金篆书"御制"二字,这一乾隆御制牌记可作为乾隆皇帝对《首楞严经》思想内涵方面解读的一种补充。牌记内写道:"佛顶楞严,是最尊胜。证如来藏,入三摩地。修习圆通,应周十方。五十五位,成就菩提。华幢铃纲,七宝交罗。香海尘界,天人围绕。欢喜书写,聚紫金光。妙陀

---

① 钢和泰先生前揭文,第138—139页。
② 转引自钢和泰先生前揭文,第139页。

罗尼,梵音敷奏。恒沙国土,一切众生。悉仗愿力,福德长寿。"①

除《御制楞严经序》中乾隆皇帝所述的以上理由,笔者以为乾隆皇帝选择《首楞严经》作一四体文的译制,还有一种承自顺治、康熙、雍正各位此前清朝最高统治者的渊源。《秘殿珠林》记载万善殿钦定刻本中有世祖章皇帝钦定《楞严经□解》十五部。② 康熙帝则在康熙五十二年(1713年),御定了一部《御选唐诗》,"其注释则命诸臣编录,而取断于睿裁。"③其中引用《首楞严经》解诗有14处。还曾在内廷刊刻了包括《首楞严经》在内的二十二部经。④ 雍正皇帝共有三部著作被乾隆收入《龙藏》,其中即有一部名为《御录经海一滴》⑤者,雍正帝在序文里自述:"然则大藏经卷,如何可有所拣择耶?乃朕今者万几余暇,随喜教海于《般若》《华严》《宝积》《大集》等经,卷帙浩繁者未及遍阅。但于《圆觉》《金刚》《楞严》《净名》等经,展诵易周者若干部,每部各亲录数十则。"《楞严》被其选入此书,列在卷二。雍正还如此评价将这些经典的选录,"朕今以不拣择拣择,故所采录不独震旦经藏,未尝缺遗一言一句,即西天未来古佛未说者,亦复不增不减,无欠无余焉。"认为完满的收录了佛语之精髓,颇为自得。

《首楞严经》自唐代神龙元年(705年)译出之后,影响极大。而如上所述顺治、康熙、雍正诸帝对《首楞严经》的或印或引或选,体现了他们对《首楞严经》的关注及对其价值的肯定。而乾隆帝对《首楞严经》的看重,以至最后组织完成四体合璧本的译制,很可能受到父祖们对《首楞严经》延续性关切的影响。乾隆皇帝本人作诗属文关涉"楞严"者更多,其化用经文娴熟,试举一例。《御制诗集三集》卷十六收录《松严》一首,其诗云:"孤亭四柱俯松岩,岩上松涛了不凡。七处征心八辨见,何

---

① 向斯:《中国宫廷善本》,文物出版社,2003年,第239页。
② 清张照等:《秘殿珠林》,文渊阁四库全书影印本,商务印书馆(台北),1986年,第823册,第728页。
③ 清永瑢等:《四库全书总目提要》,第38册,万有文库本,商务印书馆,1939年,第77页。
④ 蒋维乔:《中国佛教史》,广陵书社,2008年,第272页。
⑤ 收入《乾隆藏》第164册,编号为1669。

如坐此悟楞严。"①其中"七处征心""八辨见"皆是出自《首楞严经》的重要命题。

谈及《御制楞严经序》四种文字的互动关系,由于前辈学者尚未涉及蒙文本,笔者此文中也未加具体探究,故对蒙文版本不好置评。然而《清文翻译全藏经序》亦为乾隆御制,为满、藏、蒙、汉四体序。按照庄吉发先生对该序的判断,认为先有满文,再分别译成藏文、蒙文、汉文。②《御制楞严经序》是否与之相类,先有满文,再译成藏文、蒙文、汉文,亦很有可能。就康熙二十三年八月十三日为北京版藏文《甘珠尔》颁赐之《御制番藏经序》的情况而言,有专门校阅序的人员,也有翻译番字序、翻译蒙古字序的人员。而满文、汉文则为誊录官③,似乎并无翻译满文序、汉文序的职责。作为母语,康熙、乾隆诸帝以满文写序份属自然,当然他们亦具备很高的以包括汉文在内的其他文字写作的能力,乾隆即被认为有韩昌黎之风。鉴于乾隆皇帝数量惊人的汉文诗文作品,他自己写作汉文序亦不足为奇。

四、乾隆之前是否存有《首楞严经》藏译本?

作为御制的序文,四种文字版本的序文之间应相当符合,亦应翻译严谨。诚如钢和泰先生和沈卫荣先生所言,汉文版本与藏文版本即偶有出入,大部分大同小异。而那些差别之处,却不容忽视,甚至所谓少了汉文版的辅助,可能出现理解的偏差。④满文版本与汉文版本比照之后,亦可看出两者相当贴切,即使抛却汉文本,依靠满文本理解亦不会如藏文本产生偏差。

---

① 《清高宗御制诗》,故宫博物院编,第7册,海南出版社,2000年,第22页。
② 庄吉发:《〈清文全藏经〉与满文研究》,蔡美彪主编,《庆祝王钟翰先生八十寿辰学术论文集》,辽宁大学出版社,1993年,第223页。
③ 李国强:《康熙朱印藏文〈甘珠尔〉谈略》,《故宫博物院院刊》,1999年第4期,第70页。
④ 钢和泰先生前揭文,第142页;沈卫荣先生前揭文,第5页。

钢和泰先生由藏文序译作英文版,在翻译的过程中对汉文本的理解得到了陈寅恪先生的帮助。在他的译文里,在括号中补充了一些信息,以使表意明确。寺本婉雅先生的日文译文依据藏文序译出,由于缺乏汉文版的辅助,加之对此经翻译背景的陌生,产生了不少的理解偏差。沈卫荣先生以汉、藏版本序文对比,对钢和泰、寺本两位先生译文的不妥之处进行了探讨。

就藏文本与汉文本相较易产生理解偏差的句子,满文里如何解读呢?下面做一对比。

汉:是经当于后五百年,仍自中国译至藏地。

藏:lo lnga brgya song ba'i rjes su yul dbus nyid du bsgyur nas bod kyi yul du mngon par dar bar 'ong

钢和泰英译文:this scripture [the larger śūra ngama], after having been translated [into Tibetan] in China, will reappear in Tibet five hundred years hence

寺本译文,据沈卫荣先生转译:自[西藏之]乌斯(dbus)国译出,然后一定于西藏[全]国传播。

满:ere nomun-be sunja tanggū aniya oho amala kemuni dulimbai gurun-ci ubaliyambume tucibufi dzang-ni bade dahūme isinjimbi

就以上各版来看,寺本先生的译文相去最远,理解错误。而钢和泰先生的英译文忠实于藏文本,仅表达将从"中国"译至藏地。而满文、汉本则隐含了曾经即从"中国"译往藏地,之后还要再从"中国"译至藏地。此句看似仅是一字之差,却牵扯到一个非常重要的问题。即在乾隆翻译四体《首楞严经》前是否有藏文本,且依据了汉文本而译出?在《御制楞严经序》中除"是经当于后五百年,仍自中国译至藏地"外,还有三句与此话题相关,即:

1. 故今所译之汉经,藏地无不有,而独无《楞严》。

2. 时是经已散失不全,其后虽高僧辈补苴编葺,以无正本,莫敢妄增。

3. 《心经》本藏地所有,而《楞严》则藏地所无。

就满文本及钢和泰先生的英译文来看,第二句均相符,认为《首楞严经》残缺不全,没有正本。满文本将第一句解为:"如今译成的所有汉文佛经,在藏地都是全备的,唯独《楞严经》没有。"这里的"yongkiyam"意为"完全,完满,完备",此句似乎更倾向于表达不完备之意。下文朗达玛毁佛佛经散失不全用的也是"yongkiyarakū",与第一句词源上有所呼应。第三句中满文"藏地所无"以"dzang-ni bade fuhali akūngge"来翻译,意为"在藏地全然没有"。钢和泰先生的第一句表达法与满文相似,"无不有"用"all … complete"来表达,而"独无《楞严》"更是用了"alone…incomplete",这里钢和泰先生表达的很明确,是"不全"而"无"。据他所说,藏文本表达"ma thang"也是"不完整"的意思。此句,如果说满文还不够清楚,可做两解的话,藏文、汉文则是两个维度。那么满文最先译出,其他文本转译中有了理解或是语言转换难以规避的偏差较有可能。钢和泰先生第三句的理解再次与满文本高度一致,"is not found"。

这样一来,文本方面的问题似乎厘清了。然而这几句之间表意的矛盾却显得更加明显。如果说藏文本认为乾隆前存在藏文《首楞严经》译本,只是在朗达玛时期散失不全。汉文本可以理解为没有与汉文本《首楞严经》对应的藏文本,那么第一句话可以成立。第二句则是满、汉、藏版本都认同"散失不全"说。第三句满、汉、藏都一致,即"《楞严》则藏地所无"。此句似与前两句大相抵牾。尤其是且不论第一句如何理解,第三句看上去与第二句"散失不全"相矛盾。这种矛盾或许可结合之前所分析的引起偏差的布顿大师授记的话以及第三句中"《心经》本藏地所有"来理解。可以说第二句、第三句满、汉、藏三个版本达成了理解上的一致。基于第二句"散失不全"的无争议性,满文本第一句解读的两可和解为"不完全"的倾向性,汉文"独无《楞严》"或强调了与汉文本《首楞严经》的对应上,没有匹配的藏文本,即虽有残缺不全的版本,但不"全备"。第三句"《心经》本藏地所有,而《楞严》则藏地所无"中的"本"字值得注意,为"本来,原本"之意,也就是说《心经》在藏地本来就有藏文译本,事实也确实如此,《心经》藏文有十几种版本,在《丹噶目录》《旁塘目录》及《藏文大藏经》中,而且在敦煌也发现了译本。法成即译有藏文本,其藏文注疏本亦有多部。① 而《楞严》则本来没有藏文译本。这也可以解释为何满、汉版本的序文中布顿大师的授记会是"仍自中国译至藏地"。

那么查考藏文资料,可以发现如今的德格版、北京版、那塘版《藏文大藏经》里都收录有两个古藏文译本,在吐蕃时期三大古目里有记载,布顿大师名著《布顿教法源流》里也有着录,并提出其中一个译本《佛顶经九卷之魔品少分译出》译自汉文。② 也就是确实在乾隆时代之前存有藏文译本,且布顿大师认为两部中的一部译自汉文。而《御制楞严经序》中所述授记,即便不是真实,也可说是有所本。两部古藏文译本,经笔者与汉文本比对,发现确为"残本",大致对应汉文本的第九、第十卷。那么乾隆皇帝在《御制楞严经序》中所述由汉文往其他语种转译,应当可信,毕竟汉文本《首楞严经》是可作为转译基础的"完本"。而此序的解读,也不得不使人感慨乾隆皇帝尤其是其佛学导师三世章嘉学识的广博和译制四体合璧本之功德。两部古藏文译本是否早在朗达玛灭佛前就自汉文译出,有全译本存在,后损毁不少;还是其一源自汉文,另一部另有所本,都将是此序文引出的新的研究议题。

---

① 旺多:"《般若波罗蜜多心经》汉藏译文比较",《西藏大学学报》(社会科学版),2013年第28卷第1期,第100页。
② 〔日〕西冈祖秀:《ブトワン佛教史目录部索引Ⅰ》,第75页。

土尔扈特汗廷与西藏关系(1643—1732)
——以军机处满文录副档记载为中心

乌云毕力格

一、引言

从上世纪 80 年代中期开始,中国大陆各级档案馆向读者全面开放,为内亚史和清史研究者们敞开了满蒙史料大库的大门。我们相关研究人员陆续整理和影印出版了中国第一历史档案馆藏极具价值和急需利用的部分满蒙文史料。[①] 在整理和研究这些档案时发现,满蒙文档案对 17—18 世纪内亚史研究,甚至是欧亚草原历史研究,具有其他史料所不可替代的弥足珍贵的价值。本文就是利用最新出版的满文档案,探讨位于东欧平原的伏尔加河流域土尔扈特汗国和西藏的关系。

本文的主要史料就是来自于雍正时期军机处满文录副档。它的内容涉及居住在欧洲伏尔加河流域的土尔扈特人和西藏达赖喇嘛之间的关系。以往土尔扈特研究主要以俄文档案和汉文官方文献为基础,主

---

① 比如:李保文整理出版的《十七世纪蒙古文文书档案(1600—1650)》,内蒙古儿童出版社,1997 年;齐木德道尔吉、吴元丰、色·纳尔松主编:《清内秘书院蒙古文档案汇编》(1—7 册),内蒙古人民出版社,2001 年;宝音德力根、乌云毕力格、吴元丰主编:《清内阁蒙古堂档》(1—22 卷),内蒙古人民出版社,2005 年;赵令志、郭美兰主编:《军机处满文噶尔使者档译编》(上中下),中央民族大学出版社,2009 年;乌云毕力格、吴元丰、宝音德力根主编:《清朝前期理藩院满蒙文题本》(1—23 卷),内蒙古人民出版社,2010 年;中国第一历史档案馆编、郭美兰译:《清代军机处满文熬茶档》(上下),上海古籍出版社,2010 年;中国边疆史地研究中心、中国第一历史档案馆合编:《清代新疆满文档案汇编》(1—186 册),广西师范大学出版社,2012 年。

要成果基本上集中在关于土尔扈特汗国与俄罗斯关系、乾隆时期土尔扈特人的东归,以及其与清朝的关系等方面。[①] 但是,对土尔扈特人和西藏的关系,研究者几乎无人问津,因为中文史料基本不涉及该领域,比如本文所利用的军机处录副档的这些内容在清朝官私史书,如《清世宗实录》《雍正起居注》《蒙古王公表传》《皇朝藩部要略》《朔方备乘》等中均不见踪影。然而,土尔扈特和西藏的关系极其重要,这关系到他们为什么总是和东方保持密切联系,乃至为什么最后在18世纪70年代举族东归的深层原因。希望本文的研究对这些问题的探讨有所贡献。

二、土尔扈特人及其汗国

在进入主题前,简单介绍一下土尔扈特人及其伏尔加河流域的土尔扈特汗国。

土尔扈特是卫拉特人的一个分支。卫拉特人是操蒙古语的游牧人,现在成为蒙古族的一个组成部分。在大蒙古国时代,卫拉特人生活在色楞格河以北、叶尼塞河上游一带。元朝时期逐渐向南发展,15世纪曾经一度控制蒙古高原的北部。17世纪20年代,卫拉特牧地东起阿尔泰山,西至斋桑泊,南起伊犁河谷,北到鄂毕河、托博尔河上游、伊希姆河流域。当时的卫拉特人主要分成和硕特、准噶尔、杜尔伯特、土尔扈特和辉特等部,各自为政,为了争夺牧场和人口,互相不断争斗,因此有势力的大的游牧集团开始向外迁徙。

土尔扈特人原游牧于塔尔巴哈台西北地区,17世纪初迁到额尔奇斯河中上游。1625年卫拉特爆发内战。为了逃避连年战乱,土尔扈特首领和鄂尔勒克于1628年率部五万帐(户),奔向里海以北的伏尔加河下游草原。伏尔加河位于东欧平原,是欧洲最长的河流。土尔扈特人沿途征服许多游牧部族和国家,1630年到达伏尔加河下游,占据了从

[①] 国内外主要研究成果请参考马汝珩、马大正:《漂落异域的民族——17至18世纪的土尔扈特蒙古》,中国社会科学出版社,1991年,第8—31页。

乌拉尔河到伏尔加河、自阿斯塔拉罕到萨玛尔河的辽阔土地,建立了土尔扈特国家。这就是后来土尔扈特汗国的由来。18世纪70年代,土尔扈特人的一部分离开伏尔加河流域东返故土,他们的后人就是生活在今天中国新疆地区的土尔扈特蒙古;其另一部分则仍留在那里,他们的后裔便是今天俄罗斯联邦中的卡尔梅克共和国卡尔梅克人。

卫拉特人信奉藏传佛教,但是他们与藏传佛教的接触,最初始于何时,无从考证。根据一些史料,土尔扈特人至迟在16世纪末已皈依了佛教。西迁以后的土尔扈特人始终和西藏圣地保持着密切的宗教联系。

土尔扈特国家的缔造者是和鄂尔勒克。他于1644年去世,其子书库尔岱青继位。1661年,书库尔岱青汗让位于其子朋楚克。朋楚克执政九年,于1770年去世。继而成为土尔扈特汗国首脑的是朋楚克之子阿玉奇(1642—1724年)。阿玉奇执政时期,极力与清朝结好,这就引起了土尔扈特与准噶尔两个汗国关系的紧张。准噶尔汗国是17世纪噶尔丹建立在新疆及其周围地区的卫拉特人国家,是清朝前期的最强大的对手。清朝出于消灭准噶尔的战略考虑,远交准噶尔周围的国家和民族,主动、积极接触和拉拢土尔扈特汗国,清朝曾前后派出图里琛使团和满泰使团赴土尔扈特。于是,土尔扈特和准噶尔完全对立。经过准噶尔的赴西藏之交通被切断,土尔扈特人不得不借道俄罗斯西伯利亚平原,绕道北京,再从北京西上,经西宁路或者四川路赴藏。

三、满文文书档案及其译注

关于土尔扈特和西藏往来的细节,通过土尔扈特首领策凌敦多卜使者的满文档案可以了解一些。1724年,阿玉奇汗去世,其子策凌敦多卜即位。但是,阿玉奇死后,土尔扈特大贵族们纷纷争夺汗位。在复杂的内外斗争中,策凌敦多卜为了巩固他的地位,寻求东方大国清朝的支持和达赖喇嘛对他汗位的承认,于1730年(雍正八年)向清朝和西藏派出了使者。

这个使团从伏尔加河流域出发,途径俄罗斯抵达北京,再从北京赴西藏,从西藏原路回到俄罗斯,往返利用了两年时间(1730—1732年)。在此过程中,在达赖喇嘛、清朝在西藏的官员、土尔扈特汗和雍正皇帝之间形成了大量满文文书,有幸其中一部分被收入军机处录副档中,并保存到现在。这些档案不仅反映了该使团的活动情况,而且也反映了自17世纪40年代以来土尔扈特与西藏关系的很多细节,对研究伏尔加河土尔扈特与西藏关系具有重要的史料价值。下面,介绍相关的五份满文档案。

(一)

第一份档案是都统鼐格等在雍正十年正月二十八日(1732年2月23日)从四川泰宁呈上的奏折。当时鼐格负责七世达赖喇嘛事宜和土尔扈特使者访问达赖喇嘛事情。奏折中详细记载了达赖喇嘛赐给土尔扈特上层喇嘛名号事和赐予使者回礼以及允准三名土尔扈特喇嘛留居西藏学佛、派喇嘛与医生前往土尔扈特等事宜。附录详细记载了土尔扈特僧俗上层献给达赖喇嘛的礼品清单。

甲:原文罗马字音写[①]:
205 上
1 wesimburengge
2 aha naige kišan-i gingguleme
3 wesimburengge. turgūt-i ursei dalai lama-ci an-i
4 colo-be baiha. jai lama. emci-be baiha jergi babe
5 donjibume wesimbure jalin; turgūt-i taiji ceringdondob-i
6 juktere šakur lama. elcin namk'a gelung. dalai lama-ci

---

① 原文见中国第一历史档案馆编《清代新疆满文档案汇编(一)》,广西师范大学出版社,2012年,第205—211页。

7 colo-be baiha-de. dalai lama. šakur lama-de
8 erdeni biliktu nomon han sere colo bufi. k'arsi
9 emke. tangšam emke buhe. namk'a gelung-de dayan
10 darhan nangsu sere colo bufi. alamire nereku emke
11 buhe: geli ceni sasa jihe baldan gelung. isi gesul.
12 dondob dzangbu gesul gebungge ilan lama-be dzang-de
13 tutafi tebuki seme baiha-de. dalai lama ceni

205 下

1 baiha songkoi tekini sehe: turgūt-i taiji dorji.
2 dasang. bai. šakur lama-se. dalai lama-ci lama.
3 emci-be baiha-de. dalai lama beile polonai-i baci
4 ceni baiha songkoi icihiyafi unggi seme polonai-de
5 bithe unggihebi: turgūt-i ursei dalai lama-de
6 uheri alibuha jaka hacin-be encu dandzi-de arafi
7 tuwabume wesimbureci tulgiyen. elcisa jurara hancikan dalai
8 lama-de henghileme dosika-de. dalai lama uyun elcin-de
9 niyalma tome gecuheri etuku emte. alamire nereku emte.
10 fucihi emte. cakts'a juwete. šaril juwete. erdeni rilu
11 juwete. morin emte. kutule sede niyalma tome fucihi emte.
12 cakts'a juwete. šaril juwete. erdeni rilu emte. cai orin
13 ninggun siri buhe. elcisa. kutule sede bure hiyan. cengme-be.
14 cembe jugūn-de acifi yabure-de suilambi seme ubade
15 buhekū. dzang-de isinafi. dalai lama-i šang-ci

206 上

1 gaikini seme hendufi polonai-de inu bithe unggihebi:
2 jai turgūt-i elcisai sasa jihe gucu cagan ombu gebungge
3 niyalma da jidere jugūn-de uthai nimeme. ceng du-de

4 isinaci. okto omibume dasafi yebe oho bihe. tai
5 ning-de isinjifi nimeku fukdereke manggi. geli emci
6 lama-de tuwabuci okto omibume dasacibe. dulekekū.
7 elcisai jurara onggolo. aniya biyai ice uyun-de akū
8 ohobi. ceni dalaha elcisa erei giran-be monggo
9 doroi icihiyahabi: erei jalin gingguleme
10 donjibume wesimbuhe:
11 hūwaliyasun tob-i juwanci aniya aniya biyai orin jakūn.

206 下

1 turgūt-i ayuki han-i hatun. taijisa. lamasa. bai niyalma. elcisa-i
2 uhei dalai lama-de alibuha jaka-i ton-i dandz:
3 ayuki han-i hatun darma bala. taiji ceringdondob.
4 g'aldan danjin. dasang. dondub wangbu. dondob dasi. darji.
5 bai-i dalai lama-de elcin takūraha doroi alibuha
6 jakai uheri ton:
7 šufa emu tanggū juwan nadan.
8 fucihi emke.
9 šufa emu tanggūjuwan nadan.
10 fucihi emke.
11 ging emu yohi.
12 subargan emke.
13 jakūn fiyentehe-i menggun-i ilha-de kiyamnaha selmin uyun.
14 aisin-i biyoo ilan.

207 上

1 aisin-i jiha ilan tanggū susi ninggun.
2 aisin-i guifun emke.
3 aisin juwe yan.

4 menggun-i jiha emke.

5 menggun-i hiyan dabukū emke.

6 menggun-i fan emke.

7 menggun-i moro juwe.

8 menggun-i cabari emke.

9 nicuhe-i ancun juwe.

10 nicuhe juwe tanggū jakūn.

11 nicuhe-i erihe emu ulcin.

12 šuru uyunju uyun.

13 šuru-i erihe ilan ulcin.

14 seke juwe.

207 下

1 sahaliyan dobihi duin.

2 gecuheri emke.

3 junggin emke.

4 suje dehi.

5 lingse juwan ilan.

6 namis-i suje duin.

7 hasak-i cengme sunga

8 hasak-i cengme-i mahala emke.

9 suje-i etuku ninggun.

10 gecuheri segtefun nikeku emu yohi.

11 cengme-i segtefun emke.

12 cai emu boose.

13 ayuki han-i hatun darma bala. ayuki han-i jalin irul

14 baime alibuha jaka-i ton：

208 上

1 šufa ilan.

2 nicuhe-i kiyalmaha sese noho suwayan suje-i nereku emke.

3 ocir cinggilakū emu yohi.

4 ayuhi han-i sahaliyan dobihi mahala emke.

5 seke-i dahū emke.

6 yacin ulhu-i jibca emke.

7 gecuheri-i labari juwe.

8 sese noho suje-i hašaha ilan.

9 sese noho suje emke.

10 aisin dosimbuha huwesi emke.

11 menggun-i gidakū nisihai suje-i moro tebure fadu emke.

12 sese noho umiyesun emke.

13 ša juwangduwan-i fungku emke.

14 moo-i moro emke.

208 下

1 menggun dosimbuha enggemu hadala juwe yohi.

2 šakur lama. elcin nam'ka gelung. batur ombu. noroi donrib.

3 lobdzang norbu. sirab danjin. dasi jamsu. baldan g'abcu.

4 isi gesul. isi coi-i alibuha jaka. turgūt-i

5 urse-i fundeirol baire jalin gajifi alibuha

6 jaka-i uheri ton.

7 šufa emu minggan emu tanggū orin jakūn.

8 aisin-i pingse emke.

9 aisin-i weilehe okcin nisihai g'abala emke.

10 aisin-i biyoo emke

11 aisin-i jiha ilan tanggū susai ninggun.

12 aisin-i monggolikū ilan.

13 aisin-i go emke.

209 上

1 aisin-i ancun ninggun.

2 aisin-i guifun sunja.

3 aisin juwe yan emu jiha.

4 menggun-i manda emke.

5 menggun-i tampin juwe.

6 menggun-i fan emke.

7 menggun-i moro emke.

8 menggun-i monggolikū emke.

9 menggun-i jiha dehi.

10 menggun-i go juwe.

11 menggun-i saifi emke.

12 menggun-i cabari emke.

13 menggun susai yan.

14 aisin dosimbuha enggemu hadala emu yohi.

209 下

1 menggun dosimbuha enggemu hadala juwe yohi.

2 tana sunja.

3 amba ajige adali akū nicuhe emu minggan ilan tanggū tofohon.

4 nicuhe-i erihe ilan ulcin.

5 booši jakūnju uyun.

6 uyu-i ancun emke.

7 amba ajige adali akū šuru juwe tanggū duga.

8 šuru-i erihe juwe ulcin.

9 amba ajige adali akū hūba uyun.

10 hūba-i erihe ilan ulcin.

11 šuijing-ni erihe ilan ulcin.

12 sahaliyan dobihi juwe.

13 bulgari sukū ninggun afaha,

14 gecuheri duin.

210 上

junggin emke.

2 giltasikū emke.

3 sese noho suje duin.

4 suje june tanggū dehi duka

5 namis-i suje uyun.

6 hoise-i suje emke.

7 lingse fangse ninju emu.

8 hasak-i cengme uyun.

9 hoise-i cengme uyun

10 oros cengme duin.

11 boso duin.

12 sahaliyan dobihi-i mahala juwe.

13 seke fancaha-i icu emke.

14 boro dobihi-i dahū emke.

210 下

1 šanggiyan ulhu-i dahū emke.

2 dobihi-i jibca emke.

3 suje-i etuku sunja.

4 namis-i suje-i etuku emke.

5 gʻarsi sunja.

6 ocir cinggilakū emu yohi.

7 muduri weihe-i erihe duin ulcin.

8 agʻaru-i erihe duin ulcin.

9 bodisu-i erihe juwe ulcin.

10 ging-ni boofun emke.

11 umiyesun emke.

12 miyoocan juwe.

13 beile danjung-ni elcin isi rabji-i gajifi alibuha

211 上

1 jaka-i ton.

2 šufa tofohon.

3 menggun jakūn yan.

4 suje juwe.

5 lingse juwe.

乙：汉译

奏折：奴才萧格、祁山(1)谨奏。奏闻土尔扈特等向达赖喇嘛(2)照常请求名号及请求喇嘛、医生事。土尔扈特台吉策凌敦多卜(3)所供养沙库尔喇嘛(4)、使者那木卡格隆(5)向达赖喇嘛请求名号，达赖喇嘛赐予沙库尔喇嘛以额尔德尼毕力克图诺门汗名号及袈裟一、僧裙(6)一。赐予那木卡格隆以达彦达尔罕囊素名号及斗篷一。又，提请将与彼等同来之巴勒丹格隆、伊西格苏尔、敦多布藏布格苏尔三喇嘛留居藏地，达赖喇嘛允准从其请。土尔扈特台吉多尔济(7)、达桑(8)、拜(9)、沙库尔喇嘛等向达赖喇嘛请求喇嘛、医生等，达赖喇嘛遗书颇罗鼐(10)，令贝勒颇罗鼐处依彼等之请予以办理。土尔扈特人等奉献达赖喇嘛之物品另写档册进呈外，使者等在出发前不久进内叩见达赖喇嘛时，达赖喇嘛给九位使者每人赏赐蟒缎一匹、斗篷一、佛像一尊、擦擦(11)二、舍利子二、宝丸二、马一匹；给其马夫每人赏赐佛像一尊、擦擦二、舍利子二、宝丸一、茶二十一包。赏赐给使者及其马夫之香、毡氆等物，若路上驮带，会令彼等劳累，故令其抵达藏地后取自达赖喇嘛商上，并为此遗书颇罗鼐。又，与土尔扈特使节同行之友人查干俄木布在前来路上生病，抵达成都后给吃药已治好。然其抵泰宁后，旧病复发，又请喇嘛医看病，吃药治疗，但终不治，在使节等出发前于正月初九日亡故。彼等之为首使者将其尸骨照蒙古习俗处置之。为此谨奏闻。雍正十年正月二十八日(12)。

土尔扈特阿玉奇汗(13)夫人、诸台吉、诸喇嘛、庶民、使者等众人奉献达赖喇嘛之物品清单之档子：

阿玉奇汗之夫人达尔玛巴拉(14)、台吉策凌敦多卜、噶尔丹丹津(15)、达桑、敦多布旺卜(16)、敦多布达什(17)、达尔济(18)、拜等以遣使达赖喇嘛之礼所奉献物品之总数：

哈达一百十七、佛像一、经一部、塔一、镶嵌八瓣银花的地弩九、金表三、金钱三百五十六、金戒指一、金十两、银钱一、银香炉一、银盆一、银碗二、银净瓶(19)一、珍珠耳坠二、珍珠二百八、珍珠数珠一串、珊瑚九十九、珊瑚数珠三串、貂皮二、黑狐狸皮四、蟒缎一匹、锦一、缎四十、绫十三、普鲁士呢子(20)四、哈萨克氆氇五、哈萨克氆氇帽一、缎子服六、蟒缎坐褥靠垫一套、氆氇坐褥一、茶一包。

阿玉奇汗之夫人达尔玛巴拉为阿玉奇汗事祈福所献物品数：

哈达三、镶珍珠串金线黄缎斗篷一、金刚铃一套、阿玉奇汗的黑狐狸皮帽子一顶、貂皮端罩一、青灰鼠皮皮袄一、蟒缎顶幔二、织金缎围子三、织金缎一、镀金刀一、带镇纸缎子装碗袋一、织金腰带一、沙妆缎手帕一、木碗一、镀银鞍辔一套。

沙库尔喇嘛、使者那木卡格隆、巴图尔鄂木布、诺垒东罗布、罗布藏诺尔布、西拉布丹津、达什扎木苏、巴勒丹噶楚、伊西格苏尔、伊西吹等所献物品总数：

哈达一千一百二十八、金秤一、金盖嘎巴拉碗一、金表一、金币三百五十六、金项圈三、金牌一、金耳坠六、金戒指五、金二两一钱、银曼陀罗一、银壶二、银盘一、银碗一、银项圈一、银钱四十、银牌二、银匙一、银净瓶一、银五十两、镀金鞍辔一套、镀银鞍辔二套、东珠五、大小不一的珍珠千三百十五、珍珠念珠三串、宝石八十九、绿松石耳坠一、大小不一的珊瑚二百串、珊瑚念珠二串、大小不一的琥珀九、琥珀念珠三串、水晶念珠三串、黑狐狸皮二、熏牛皮六张、蟒缎四、锦缎一、片金一、织金缎四、缎二百四十普鲁士缎九、回回缎一、绫子纺丝六十一、哈萨克氆氇九、回回缎子九、俄罗斯氆氇四、布四、黑狐狸皮帽二、貂皮罩桶子一、灰狐狸皮端罩一、银鼠皮端罩一、狐狸皮袄一、缎子衣服五、普鲁士呢子衣服一、袈裟五、金刚铃一套、龙牙念珠四串、沉香念珠四串、经文包袱一、腰带一、鸟枪二。

贝勒丹忠(21)之使者伊西喇布杰所献物品数：

哈达十五、银子百两、缎子二、绫子二。

丙：注释

(1) 萧格：萧格最初任镶红旗蒙古参领，雍正六年(1628年)升为正黄旗蒙古副都统(《清世宗实录》，雍正六年八月辛丑)。雍正五年(1727年)阿尔布巴叛乱后西藏局势不稳定，因此清廷决定将七世达赖喇嘛从拉萨移往康区的理塘。六年十二月，萧格受命前往迎接达赖喇嘛，并驻劄照看(六年十二月辛卯)。七世达赖喇嘛在理塘居住了一年后，又奉诏移驻泰宁惠远庙。萧格担任办理泰宁事务都统(雍正十年八月乙丑)。雍正九年(1731年)升为镶蓝旗蒙古都统。雍正十一年十一月，因萧格在达赖喇嘛处居住有年，年亦老迈，故派人更换(雍正十一年十一月壬寅)。雍正十二年(1734年)七月，达赖喇嘛从泰宁返回西藏，清廷又著萧格前往料理达赖喇嘛等起身。乾隆七年(1742年)，因"都统萧格不能办理旗务"，撤销都统职务，改任护军统领(《清高宗实录》，乾隆七年四月壬辰)。

祁山：曾任兵部郎中。其他事迹不详。

(2) 达赖喇嘛：指七世达赖喇嘛格桑嘉措(1708—1757年)。七世达赖喇嘛生于四川理塘。8岁入理塘寺出家，9岁时青海和硕特蒙古迎请到塔尔寺。康熙五十八年(1719年)清廷承认其为达赖喇嘛，并于次年出兵西藏，驱逐占领西藏的准噶尔军队，护送达赖喇嘛至拉萨，在布达拉宫举行坐床典礼。为防止准噶尔部再度侵犯，雍正五年(1727年)清廷将达赖喇嘛移往理塘，又迁泰宁惠远庙。十三年(1735年)才返回拉萨。土尔扈特使者谒见七世达赖喇嘛时,他还在泰宁。

(3)策凌敦多卜:阿玉奇汗之子。阿玉奇汗有子八人,长子沙克都尔扎布,其下依次为衮扎布、散扎布(又作三济扎卜)、阿拉布坦、衮都勒克、策凌敦多卜、噶尔丹丹津、巴尔臧策凌。① 策凌敦多卜即位时,其诸兄都已离世,故策凌敦多卜被称作长子(意即在世的长子)。

(4)沙库尔喇嘛:土尔扈特大喇嘛,曾被七世达赖喇嘛封为"额尔德尼毕力克图诺门汗"。

(5)那木卡格隆:达尔玛巴拉的使者,土尔扈特僧人。曾多次出使西藏和清朝。

(6)僧裙,满文为 tangšam。这个词不见诸新旧各类满文词典。这个词源于藏文的 mthang sham,指僧裙。mthang 有"下部"之义,sham 则指服装,有 sham-gos("下衣、下装")这个词汇。

(7)多尔济:书库尔岱青三子尼玛策凌,其长子纳札尔马穆特,其长子喀喇多尔济②,即此处之多尔济。

(8)达桑:阿玉奇长子沙克都尔扎布,其长子即达桑。③

(9)拜:喀喇多尔济二子。④

(10)颇罗鼐:藏文为 Po lha nas,本名琐南多结(bsod nam rdo rje),生于1689年,卒于1747年。西藏江孜人。和硕特汗廷时期,曾担任拉藏汗文书。康熙五十九年(1720年),清军进藏,赶走准噶尔军,时颇罗鼐配合阿里总管康济鼐出兵策应。清朝在西藏建立四噶伦制度,颇罗鼐任噶伦。雍正五年(1727年)噶伦阿尔布巴杀首席噶伦康济鼐,公开叛乱。颇罗鼐发后藏、阿里军讨击。次年,阿尔布巴兵败被执,清廷任命颇罗鼐协助驻藏大臣总理政务,并封其为贝子。乾隆四年

---

① 《乌讷恩素珠克图旧土尔扈特与青色特启勒图新土尔扈特汗王世代表传》(托忒文),载于巴岱、金峰、额尔德尼注释《卫拉特历史文献》(托忒文),新疆人民出版社,1987年,第381页。
② 同上书,第378页。
③ 同上书,第381页。
④ 同上书,第378页。

(1739年)颇罗鼐被封为郡王。

（11）指一种模制的泥佛或泥塔。藏传佛教习俗，制作擦擦，用来积攒善业功德，并将其视作消灾祈福的圣物，用于佛塔和佛像的装藏，或置于寺庙、玛尼堆、敖包等前，以供信众顶礼。

（12）雍正十年正月二十八日：1732年2月23日。

（13）阿玉奇汗：生于1642年，卒于1724年。和鄂尔勒克之曾孙，朋楚克之子，伏尔加河土尔扈特第四代首领。

（14）达尔玛巴拉：阿玉奇汗之夫人。

（15）噶尔丹丹津：阿玉奇七子。①

（16）敦多布旺卜：阿玉奇次子衮扎布，其长子即敦多布旺布。策凌敦多卜之后成为土尔扈特汗。②

（17）敦多布达什：阿玉奇长子沙克都尔扎布，其三子敦多布达什，后为土尔扈特汗。③

（18）达尔济：可能是丹忠的次子罗藏达尔济。④

（19）净瓶，满文为 cabari。该满文词不见诸词典。该词应该是从蒙古文 čabari 来的，蒙古文 čabari 又来自于藏文 Chab ril，是一种水瓶，指喇嘛作法前净手之用的净瓶。

（20）namis-i suje：namis 来自于俄文 нэмэц，本意是"外国人"，18世纪以后专门指日耳曼人。suje 在满语里本是指缎子的，但也可泛指所有的织造品，比如 suje boso 指布帛；suje-i namun 指隶内务府下广储司的缎库，负责保管缎、纱、绸、绫、绢、布等物；suje jodoro yamun 译为织造府，负责宫廷及官用绸缎、布匹、绒线之织造。因此，这里所说的 namins-i suje 应该不能译成"日耳曼绸子"，而是指当时在东欧销售的普鲁士呢子。根据阿·科尔萨克的《俄中商贸关系史述》，18世纪在俄

---

① 《乌讷恩素珠克图旧土尔扈特与青色特启勒图新土尔扈特汗王世代表传》，第381页。
② 同上书，第384页。
③ 同上书，第381页。
④ 同上书，第379页。

罗斯销售的各种外国呢子中普鲁士呢子最热销,在所有外国呢子中被认为是最"物美价廉、且成色与价格相宜的"[1]好呢子。满语里还没有表示"呢子"的词汇,因此以 suje 呼之。

(21)贝勒丹忠:书库尔岱青三子尼玛策凌,其长子纳札尔马穆特,其三子阿拉布珠尔,即赴西藏谒见达赖喇嘛后,被清朝封为贝勒并安顿于色尔腾地方者,其子即丹忠[2],袭贝勒爵。

(二)

第二份档案也是都统鼐格等雍正十年正月二十八日(1732 年 2 月 23 日)的奏折。奏折中转奏了达赖喇嘛的藏文奏折的满文译稿。该奏折有两份附件,是达赖喇嘛同一个藏文奏折的两种不同满文译文。从 212 页上栏至 215 页上栏第 1 行是重译稿(清稿),而自 215 页上栏第 2 行至 218 页上栏是初译稿(草译稿)。本文只汉译满文重译稿。

甲:原文罗马字音写[3]

211 上

6 wesimburengge

7 aha naige. kišan-i gingguleme

8 wesimburengge. ulame

9 wesimbure jalin:ere aniya aniya biyai orin sunja-de.

211 下

1 dalai lama aha mende alahangge. turgūt-i elcisa.

2 ceni akū oho ayuki han-i jui ceringdondob-i jalin

3 minde han-i colo-be baihabi. erei turgunde mini

---

[1] 〔俄〕阿·科尔萨克著,米镇波译:《俄中商贸关系史述》,"国家清史编纂委员会编译丛刊",社会科学文献出版社,2010 年,第 56 页。

[2] 同上书,379 页。

[3] 原文见中国第一历史档案馆编《清代新疆满文档案汇编(一)》,第 212—218 页。

4 wesimbure emu bithe-be. ambasa mini funde ulame

5 wesimbureo seme

6 wesimbure tanggūt bithe-be niyakūrafi tukiyefi alibuhabi.

7 aha be. dalai lama-i

8 wesimbure tanggūt bithe-be murušeme ubaliyambufi encu jedz-de

9 arafi. dalai lama-i

10 wesimbure lacadame fempilehe da bithe-be suwaliyame gingguleme

11 tuwabume wesimbuhe：

12 hūwaliyasun tob-i juwanci aniya aniya biyai orin jakūn.

212 上

1 dalai lamai

2 wesimbure bithe.

3 abkai hesei forgon-be aliha onco amba

4 dzambutib-de hūsun-i kurdun-be forgošoro

5 manjusiri dergi han-i umuhun-i genggiyen-de.

6 wargi abkai amba sain jirgara fucihi-i

7 abkai fujergi fucihi-i tacihiyan-be aliha

8 eiten-be sara wacira dara dalai

9 lama seme fungnehe aijige toin bi.

10 amba aisin-i gung diyan-i baru hargašame.

11 hing seme niyakūrafi. sain fangga hiyan-be

12 dabume. ilha some ton akū hengkišeme

13 wesimburengge. ajige toin mimbe.

14 šengdzu gosin hūwangdi. jai

212 下

1 manjusiri dergi ejen. nurhūme kesi isibume

2 wehiyehe baili mohon akū dade.

3 enduringge ejen. ajige toin mimbe wacira
4 dara dalai lama seme fungnehe. ajige
5 toin bi. ere ujen amba
6 kesi-be alifi. suwayan šajin-i baita-de
7 hing seme kiceme. nenehe dalai lama-i
8 kooli songkoi yabume ofi. minde
9 ce doron bume. nenehe dalai lama-i kooli
10 songkoi obuha turgunde. te turgūt-i
11 taiji ayuki-i ahūngga jui ceringdondob-i
12 elcin-i gisun. nenehe dalai lama. turgūt-i
13 taiji ayuhi-de han-i colo doron buhe
14 songkoi. ne ere ceringdondob-de kemuni
15 han-i colo doron bureo seme dahūn dahūn-i

213 上

1 baiha. geren elcisa. meni meni taijisai jalin
2 han-i colo baiha ba akū. damu ayuki-i
3 deo-i jui dorji-i elcin-i gisun. aikabade ayuki-i
4 juse-be ojorakū seci. ini deo-i jui
5 dorji-de inu ubu bisire-be dahame.
6 han-i colo buci inu ombi seme enggici
7 ere gisun gisurehe gojime. amala geli
8 gisurehe-be gofi. bi gisurehekū sere
9 jergi gisun bisire jakade. mini henduhengge.
10 han-i colo bumbi sere baita ujen
11 oyonggo. suweni geren-i mujilen ishunde
12 acanarakū bime. ba na geni goro
13 sandalabuhabi. suweni taijisai gūnin-be bi
14 šumilame ulhirakū. suwe bederefi meni meni

15 bade uhei hebešefi. geren-i gūnin acafi.
16 emu niyalmai jalin colo baiha manggi.

213 下

1 tere erinde. teni
2 manjusiri amba ejen-de baime wesimbufi
3 toktobuki seme alafi. uthai ne buci
4 ojorakū babe ulhibuhe. geli elcisai tubet-i
5 baru genere-de. geren acafi mini donir
6 beile polonai oronde baita icihiyara diba-be
7 hūlafi. geren elcisai gisurehe bade. be meni meni
8 taiji-i jalin han-i colo-be baiha ba akū.
9 geren damu ceringdondob-i jalin sehebi. bi geli
10 mini ama sonom darja. donir. polonai-i diba se.
11 turgūt-i elcisa-be isabufi fujurulame fonjici.
12 geren elcisai gisun. han-i colo sirara kooli ayuki
13 bihe fonde. ini ahūngga jui ceringdondob-de.
14 han-i icihiyara iten baita-be afabuha bihe
15 te bicibe. se inu ahūcilahabi. meni bade
16 bisire taijisa. noyan obume tukiyehei bi: giyan

214 上

1 oci ahūngga jui ceringdondob ombi sere gisun.
2 geren-i gūnin-de acambi serede. bi mini turgun-be
3 alahangge. sunjaci dalai lama-i fon-ci ebsi. doro
4 šajin-be uherilehe
5 amba ūglige ejen serengge. amba aisin-i gung diyan-i
6 aisin-i soorin-de tehe abkai fejergi-i
7 gubci ejen

8 manjusiri amba han inu-be dahame. tere ergide

9 hing seme niyakūrafi. eiten amba baita-be.

10 enduringge ejen-de wesimbufi toktobuci ambula acambi.

11 minde

12 šengdzu hūwangdi. jai

13 manjusiri dergi ejen. jalan-de emhun jui-be gosire

14 amai gese. amba gosin-i wehiyehe baili umesi

15 ujen. mini se inu cinggiya. yaya baita-be.

214 下

1 manjusiri ejen-i tacibuha hesei songkoi yabume ofi.

2 te suweni ere baita-be.

3 bailingga ejen-de wesimbufi.

4 hese wasinjiha erinde. suweni geren-i gūnin-de acabume.

5 ceringdondob-de kooli songkoi colo doron buki.

6 suwe ubade aliyaci aliya. aliyame banjinarakū

7 oci. joo-i baci amasi bederere erinde.

8 eici

9 dergi hese isinjimbi dere. tere erinde buci

10 ombi seme toktobuha. turgūt-i elcisa tubet-i

11 baru jurambufi. bi baitai turgun-be gingguleme

12 wesimbuhe.

13 aisin genggiyen-i sain hese wasimbure-be bulekušereo

14 bulekušereo. bithe wesimbure doroi hūturingga

15 šufa-be suwaliyame sain inenggi-de. dalai lama

16 bi hing seme niyakūrafi hengkišeme

215 上 1 jafaha;

乙：汉译

奏折。奴才鼐格、祁山等谨奏。为转奏事。本月二十五日（1），达赖喇嘛告知我等曰：土尔扈特使者等为其已故阿玉奇汗（2）之子策凌敦多卜向我求汗号。为此事上奏之书，请大臣等转奏为盼。并将其藏文书下跪呈交。奴才等将达赖喇嘛所奏藏文书大致翻译，另写一折，与达赖喇嘛所奏封印原文一起谨呈御览。雍正十年元月二十八日。

达赖喇嘛上奏之书文：

承天奉运、在瞻卜州广大地域转动力轮之曼殊室利大皇帝（3）足下明鉴。敕封西天大善自在佛所领天下释教识一切瓦赤喇达喇达赖喇嘛朝向大金殿，真诚下跪，点燃美味香，手持鲜花，无数次叩首上奏：因圣祖皇帝及曼殊室利上皇帝连续施恩，隆恩无尽，故圣皇帝封小僧为瓦赤喇达喇达赖喇嘛。小僧受此隆恩，为黄教之事诚心尽责，照前世达赖喇嘛之法行走，故授册书与印，令吾与前世达赖喇嘛同。今土尔扈特台吉阿玉奇之长子策凌敦多卜使者言："视前世达赖喇嘛授予土尔扈特台吉阿玉奇以汗号与印之例，如今请给此策凌敦多卜汗号及印。"如此再三提请。诸使者并无为各自之台吉请汗号之事。只有阿玉奇弟之子多尔济使者背地里言："如意为阿玉奇诸子不可，则其弟之子多尔济亦有份儿，可授之以汗号也。"而后又作罢，称未曾出此言。吾曰："授予汗号事所系重大。尔等不一心，地方亦相距甚远，尔等之台吉之意吾复不甚明知。尔等返回，在各自地方全体商议，统一众人之见，大家同为一人请汗号。那时吾可向大曼殊室利皇帝上奏请旨，并行裁定。"如此告知（彼等）现在不可授予之理。再者，使者等赴藏时聚集在一起，请吾之多尼尔、替贝勒颇罗鼐办事之第巴等同坐，众曰："吾等不为各自之台吉请号。众人只为策凌敦多卜。"吾复将吾父索诺木达尔扎（4）、多尼尔、颇罗鼐之第巴与诸使者聚在一起探询。诸使者言："袭汗号之例：阿玉奇在世时，将汗所料理诸事已交予其长子策凌敦多卜。现在，亦以其年齿为长。吾等之在游牧诸台吉奉彼为诺颜。按礼数，长子策凌敦多卜应为之。此言合乎众意。"吾告知（彼等）以吾心思："自五世达赖喇嘛以来，统驭政教之大施主乃居大金宫殿金座之天下共主曼殊室利大皇帝也。故此,向那方向诚然下跪,凡事向圣主呈奏定夺,则非常合理。圣祖皇帝及曼殊室利大皇帝如同世间疼爱独子之父,以大仁扶植吾身者,其隆恩甚重。吾年幼,凡事依照曼殊室利皇帝之晓谕而行,尔等之此事亦要奏报恩主,等圣旨到时,迎合众人之意,将依照惯例授予策凌敦多卜以汗号与印。尔等可在彼等待,如等不得,自昭地返回时或许圣旨抑或即到,彼时授予亦可。"土尔扈特使者等已向西藏出发,吾谨奏其事由。恭请皇上温旨。明鉴,明鉴。以见书礼随同吉祥哈达于吉日达赖喇嘛诚心诚意跪叩呈上。

丙:注释

(1) 本月二十五日。

(2) 阿玉奇汗:生于1642年,卒于1724年。和鄂尔勒克之曾孙,朋楚克之子,伏尔加河土尔扈特第四代首领。

(3) 曼殊室利大皇帝:指雍正皇帝。西藏佛教界称中国皇帝为曼殊室利皇帝。

(4) 公索诺木达尔扎:七世达赖喇嘛之父。因当时达赖喇嘛年幼,索诺木达尔扎为噶丹颇章政府摄政。雍正七年(1729年)封辅国公爵。乾隆九年(1744年)去世。

(三)

第三份奏折仍为萧格等所写。该折详细陈述了土尔扈特之阿玉奇汗子策凌敦多卜使者巴图尔鄂木布及阿玉奇汗之夫人达尔玛巴拉之使者那木卡格隆等赴七世达赖喇嘛行宫泰宁,向达赖喇嘛请求,授予他们新汗策凌敦多卜以汗号的全部过程。

甲:原文罗马字音写[①]:

218 上

1 wesimburengge

---

① 原文见中国第一历史档案馆《清代新疆满文档案汇编(一)》,第218—223页。

2 aha naige. kišan-i gingguleme narhūšame
3 wesimburengge. turgūt-i elcisa. akū oho ayuki han-i
4 jui ceringdondob-i jalin dalai lama de han-i colo-be

218 下
1 baiha babe narhūšame
2 donjibume wesimbure jalin: turgūt-i elcisa tai ning-de
3 isinjifi. dalai lama-de hengkileme acaha amala. kejine
4 goidafi. ayuki han-i amba jui ceringdondob-i elcin
5 batur ombu. gung sonom darja-i jakade genefi. meni
6 ayuki han-i nimeme bisire fonde. ini doron. tu-be
7 gemu ini amba jui ceringdondob-de afabuha. han
8 akū oho amala. meni taiji ceringdondob uthai
9 eiten baita-be dalafi icihiyame. ini mukūn-i urse-ci.
10 meni nukte-i gubci urse-de isitala yooni gūnin hungkereme
11 dahame yabumbi. meni jidere-de meni taiji ceringdondob.
12 ini mukūn-i urse-be isabufi. geren-i juleri
13 minde. si dalai lama-i jakade isinaha manggi. dalai
14 lama-de. akū oho han. jai nenehe jalan-i han-i
15 colo gemu dalai lama-i šangnahangge ojoro jakade. gemu

219 上
1 elhe taifin-i umesi hūturingga bihebi. te bi
2 han-i baita-be alifi icihiyara-be dahame.
3 inu nenehe songkoi dalai lama-ci han-i colo-be
4 baisu seme afabuhabi seme alambi: sirame ayuki
5 han-i ahūn-i jui dorji-i elcin sirab danjin.
6 inu sonom darja-i jakade genefi. meni ayuki han
7 bisire fonde. meni taiji-de. mini juse ajigen.
8 mini akū oho amala. si mini juse-be

9 tuwašatame. saikan aisilame yabu seme delhentume
10 afabuhabi. meni nukte-i gubci inu meni taiji-be
11 niyalma sain. getuken seme. kundulembi. ere aniya ninju
12 emu se ohobi. han-i juse gemu ajigen. han-i
13 jusei muture ebsihe. dalai lama meni taiji-de
14 taka han-i colo šangnarao. meni taiji se-de
15 oho. giyanakū udu aniya tembi. ayuki han-i

219 下
1 juse mutufi hūwašaha erinde. colo-be guribuci
2 ombikai seme alambi; sonom darja ceni baiha
3 babe gemu dalai lama-de. alaha manggi. dalai lama.
4 geren elcisa-de. suwe gūnin emu akū. ba na geli
5 giyalabuhangge goro. suweni taijisa-be bi gemu sarkū-de
6 han-i colo-i baita umesi amba. bi foihori bure-de
7 mangga suwe nukte-de amasi gene. uhei emu niyalma-be
8 jorime dasame colo baime jihe erinde. jai toktobuki
9 sehe; udu inenggi giyalafi. elcisa uhei emu bade
10 isafi. dalai lama-i gisun ulara donir lama. baita
11 icihiyara diba sebe hūlame gamafi tebufi. ayuki
12 han-i katun darma bala-i elcin namk'a gelung ni
13 alahangge. meni taiji ceringdondob serengge. meni
14 han-i amba jui. giyan-i han terengge. geli emu
15 taiji umesi ajigen. ereci tulgiyen. temšeci

220
1 acara ubu bisire niyalma akū. meni turgūt-i
2 gubci urse gemu hungkereme gūnin dahambi. ne meni
3 ubade jihe elcisa inu gemu emu gūnin-i baimbi.

4 umai encu gūnin akū sefi. batur ombu-i geli

5 alahangge. be oros-i ba-de duleme jidere-de.

6 oros-i niyalma mende. ne suweni tubade we han

7 tehebi. suwe-de aibide genembi seme fonjihade.

8 be. meni han-i amba jui ceringdondob han

9 tehebi. be dalai lama-i jakade meni han-i jalin

10 colo baime genembi seme alahabi. dalai lama

11 aikabade meni amba taiji ceringdondob-de han-i

12 colo šangnarakū oci. meni geren amasi oros-i ba-be

13 duleme yabure-de inu umesi gicuke. oros membe

14 baita mutebuhekū seme basumbi. be gemu emu gūnin.

15 encu gūningga niyalma akū sehebi: erei dolo

220 下

1 sirab danjin inu bihe. i inu ceringdondob giyan

2 ningge. umai temšere niyalma akū sembi: donir.

3 diba sa dasame ere jergi turgūt-be. dalai lama-de

4 alaha manggi. dalai lama geli donir lama-be takūrafi

5 sirab danjin-de. si geli encu gisun bio. akūn

6 seme fonjihade. sirab danjin-i gisun. mini taiji

7 mimbe gurim weilere. mangja fuifure baita-de

8 takūraha. han-i colo-be baire babe minde

9 afabuhakū. bai mini gūnin-i dalai lama-de

10 baiha te elcisa uhei emu gūnin-i baire-be

11 dahame. bi inu dara ba akū. encu baire ba inu

12 akū seme hengduhebi: ede geren elcisa jurara

13 inenggi-de. dalai lama-be acafi hengkilehe manggi.

14 dalai lama aha meni juleri elcisa-de. suwe te

15 uhei emu gūnin-i suweni taiji-i jalin han-i

221 上

1 colo-be baihabi. mini nenehe jalan-ci ere
2 jalan-de isitala eiten baita-be gemu
3 manjusiri amba ejen-de wesimbufi.
4 hese-be baiha manggi. dahame yabuhai jihe. bi se
5 asihan. ere gese han-i colo bure amba baita-be
6 wesimburakū oci ojorakū. bi suweni taiji-de
7 colo bure babe
8 enduringge amba ejen-de wesimbufi buki. suwe aliyaki
9 seci aliya. aliyame banjinarakū oci nenehe dzang-de
10 gene. amasi jidere erinde
11 hese inu isinjimbi seme alaha; elcisa tucifi. geli
12 aha mende. be te jurambi. tatara bade isinaha
13 manggi. kemuni emu niyalma-be amasi unggifi.
14 dalai lama-de donjibure baita bi seme hendufi
15 juraka. jai inenggi batur ombu jifi. aha mende

221 下

1 alahangge. han-i colo-be baire jalin dalai
2 lama gosiha.
3 amba ejen-de wesimbufi buki sehe; be hebešefi mini beye
4 ubade tefi aliyambi sefi. uthai dalai lama-de
5 acaname dosika dalai lama. batur ombu-de suwe
6 aika aliyaki seci. uhei gemu ubade tefi
7 aliya. aliyarakū oci. sasa dzang-de geneci
8 acambi. ainaha seme fakcaci ojorakū. bi
9 wesimbufi
10 hese isinjiha manggi. urunakū suweni taiji-de colo

11 bumbi seme hendure jakade batur ombu dasame
12 amasi genehebi: aha be geli nenehe jalan-i dalai
13 lama-i adarame colo buhe babe sonom darja-de
14 fonjici. sunjaci jalan-i dalai lama. ayuki han-i
15 ama de šukur daicing han sere hergen-i colo

222 上

1 doron buhe. sayang jamsu dalai lama bihe fonde.
2 ayuki han de daicing ayuki han sere hergen-i
3 colo doron buhe sembi: geli
4 donjibume wesimburengge. turgūt-i elcisa tai ning-de
5 isinjifi goidahakū uthai aha mende. be dzang-de
6 isinafi baita wajiha manggi. ere jugūn deri jiderakū.
7 si ning-ni jugūn necin sain. be amasi jidere-de.
8 si ning jugūn deri jiki sembi seme alaha
9 manggi. aha be. turgūt-i elcisa-de. k'am-i
10 jugūn udu alin-i jugūn bicibe. jugūn-i unduri
11 tehe fan-i urse labdu. lakcarakū niyalma bi.
12 yalure ula. jedere jaka ja-i bahaci ombi.
13 si ning ni jugūn oci. dzang-ci tucifi. hara
14 usu-de isibume fan-i urse bi. yalure jeterengge
15 bahambi. hara usu-ci ebsi muru usu-be doofi.

222 下

1 solomu-de isitala nukteme tere monggoso fan-i
2 urse akū. yalure jeterengge baharakū. ere meni
3 sarangge. elcisa-de ulhibume hendumbi. jai be.
4 amba ejen-i hese-be alifi. ubai baita-be icihiyambi.
5 uttu ofi. suweni isinjihaci. eiten jetere omire

6 jergi hancin-be gemu

7 hese-be dahame.

8 ejen-i kesi-be suwende isibuha. dzang-de geli meni

9 amba han ejen-i takūrafi. dzang-ni baita-be

10 icihiyara ambasa bi. elcin suwe dzang-de isinafi

11 ere turgun-be jai tubai baita-be icihiyara

12 ambasa-de ala seme henduhe. ce dzang-de isinaha

13 manggi. urunakū yabure jugūn-be memereme gisurembi.

14 jai elcisai niyalma-de alara-be donjici. huhu

15 noor-de ceni ayuki han-i sargan jui bi.

223 上

1 jidere fonde ceni katun ini sargan jui-de

2 jasiha jaka bi. urunakū dere acafi bu

3 seme afabuha ba bi sembi. ce si ning-ni

4 jugūn-be memereme gisurerengge. ainci ere turgun

5 dere seme gūnimbi: geli alahangge. be nukte-de

6 bihede. meni taiji-i kesi-de banjimbi. nukte-ci

7 aljafi ubade isitala gemu

8 amba han ejen-i kesi-be alihabi. te ai meningge.

9 damu uju meningge-ci tulgiyen. jecibe. omicibe

10 etucibe. yaluhangge ocibe. gemu

11 amba han ejen-i kesi. be te encu gurun-i niyalma

12 seci ojorakū. gemu

13 amba ejen-i albatu oho. muse te uthai emu boo

14 ohobi. be ne ubade

15 amba ejen-i kesi be alifi uttu jirgame bajimbi.

223 下

1 gūnici. jun gar-i hūlha te meni nukte-de

2 afaname genehe. meni ba te dain ohobi seme

3 unenggi gūnin-i gisureme. hing seme

4 ejen-i kesi-be alimbaharakū hukšeme alambi：erei jalin

5 gingguleme narhūšame

6 donjibume wesimbuhe：

7 hūwaliyasun tob-i juwanci aniya aniya biyai orin jakūn

以下为批红：

1 hūwaliyasun tob-i juwanci aniya juwe biyai orin-de

2 wesimbuhede

3 hese coohai nashūn-i baita-be icihiyara ambasa-de

4 afabufi gisurefi wesimu sehe.

乙：汉译

奏折

奴才萧格、祁山等谨密奏。秘密奏闻为已故阿玉奇汗之子策凌敦多卜向达赖喇嘛请汗号事。土尔扈特使者等抵达泰宁(1)，叩见达赖喇嘛后，时隔良久，阿玉奇汗之子策凌敦多卜使者巴图尔鄂木布前往公索诺木达尔扎处云："吾阿玉奇汗生病之时，将其印、纛等皆交予其长子策凌敦多卜。汗去世后，吾台吉策凌敦多卜立刻为首办理诸事，自其族人至吾游牧众人皆倾心服从之。吾等前来时，吾台吉策凌敦多卜聚集其族人，在众人面前谓吾等曰：'尔抵达达赖喇嘛处后，奏报达赖喇嘛，因已故汗及其前世汗之汗号皆由达赖喇嘛赏赐，故皆曾得以平安，甚享福祉。因如今吾承办汗事，故亦如前向达赖喇嘛请求汗号。'"继而，阿玉奇汗之兄子多尔济之使者西喇布丹津亦前往索诺木达尔扎处云："吾阿玉奇汗在世时，对吾台吉留遗嘱曰：'吾子年幼，在吾死后，尔要照管吾子，善为辅佐。'吾游牧之众亦以为吾台吉人善良而明白，故敬重之。彼今年六十一岁。阿玉奇汗诸子皆年幼，在其长大前，请达赖喇嘛临时赏赐给吾台吉以汗号。吾台吉已年迈，还能活几载？等阿玉奇汗之子长大成人后,将汗号移交亦可也。"索诺木达尔扎将彼等之请转告达赖喇嘛后,达赖喇嘛向诸使者云:"尔等不一心,地方亦相距甚远,尔等之台吉吾复不认识。汗号之事所系甚重,吾难以轻易授之。尔等返回游牧。等大家同指一人,复来为之请汗号时,再行裁定。"时隔数日,使者等聚集一处,请传达赖喇嘛言之多尼尔喇嘛及处理事务之第巴等前来同坐,阿玉奇汗之夫人达尔玛巴拉之使者那木卡格隆曰:"吾台吉策凌敦多卜者,阿玉奇汗之长子,理应为汗。另有一台吉。年齿甚幼,此外并无分内争竞之人。吾土尔扈特之众皆倾心服之。如今来此处之使者等亦皆齐心请求,并无异议。"巴图尔鄂木布又云:"吾等穿行俄罗斯之地前来时,俄罗斯人问吾等,如今在尔处谁即了汗位?尔等如今何故前往?吾等答曰:吾汗之长子策凌敦多卜即了汗位。吾等前往达赖喇嘛处,为吾汗请汗号。云云。如达赖喇嘛不给吾大台吉策凌敦多卜赏赐汗号,吾等众人穿行俄罗斯之地返回时,亦将甚为羞愧,俄罗斯人将耻笑吾等办事无能。吾等均为一心,并无怀二心者。"(其时)西喇布丹津其人亦在其中,彼亦称:"策凌敦多卜有理,并无与之争竞者。"多尼尔、第巴等又将此事奏报达赖喇嘛后,达赖喇嘛复遣多尼尔喇嘛问问西喇布丹津:"尔尚有他语否?"西喇布丹津答曰:"吾台吉遣吾来,要吾念咒、熬茶,并未交代请汗号之事。吾仅按己见向达赖喇嘛提请而已。如今众使者齐心请求,吾已无他指图,亦无其他请求。"此等使者出发之日,谒见达赖喇嘛叩拜完毕,达赖喇嘛即在奴才面前对彼等曰:"今尔等皆一心为尔等之台吉求汗号。自吾前世至今世凡事皆奏报曼珠室利大皇帝,请得圣旨后奉行之。吾年幼,封汗号大事不能不奏报。吾将封尔台吉为汗之事上奏圣皇帝,尔等若欲等待则可等待,若不能等待,则先去后藏,返回时圣旨亦将到达矣。"使者等出,又向奴才云:"吾等现在要出发,到达住处后,将遣来一人,有事向达赖喇嘛奏闻。"言毕,即已出发。次日,巴图尔鄂木布来告于奴才云:"达赖喇嘛已俯允封汗号事,并为此奏请大皇帝。吾等商议,留吾于此处等待。"言毕,即刻觐见达赖喇嘛。达赖喇嘛谓巴图尔鄂木布曰:"若尔等欲等待,众人皆于此处一起等待,如不等待,则应赴后藏。无论如何不得走散。吾将上奏,等圣旨降至,必将给尔等台吉以名号。"巴图尔鄂木布听毕便返回。又,吾等向索诺木达尔扎询问,前世达赖喇嘛何为封号事。(彼云:)"五世达赖喇嘛给阿玉奇汗之父以书库尔岱青汗(2)之号与印。仓央嘉措达赖喇嘛(3)在世时,给阿玉奇汗以岱青阿玉奇汗之号与印。"又奏闻事:土尔扈特使者们抵达泰宁后不久,即告于奴才:"吾等前往后藏,事毕后,不再走此路返回。西宁之路平坦易走,吾等返回时走西宁路。"奴才等告之曰:"康区之路虽言山路,沿途居住之番人甚多,一路人烟不断。所骑乌拉及所食粮糇易得。西宁之路则自后藏至喀喇乌苏有番众,可得骑食。自喀喇乌苏(4)以降,渡过穆噜乌苏(5)抵达索罗木(6)之间,沿途无蒙古与番人居住者,骑食不可得。此等吾明知者,告知于尔等使者。另,吾等奉大皇帝之命在此处理事务,因此之故,自尔等抵达日期,凡于饮食诸事,皆奉命施皇恩于尔。在后藏亦有吾皇上派遣之处理藏事大臣,尔等使者到达后藏后将此等缘由告知彼处之大臣。"彼等抵藏后,势必固执返回之路。又听得使者等告人云,在青海有阿玉奇汗之女(7),来时彼等之喀屯捎东西给其女儿,并言务必面交。彼等固执走西宁路,或许因此之故。此外又云:"吾等在游牧时,仰赖吾台吉之福,自离开游牧至此地,皆承蒙大皇帝之恩。现在何为吾物?唯独吾首级为吾物,其他所食、所饮、所穿及所乘骑者,皆为大皇帝之恩惠。吾等如今不可谓他国之人,皆成为大皇帝之阿勒巴图。吾等如今已为一家人。吾等现在承蒙大皇帝之恩德幸福生活。想必准噶尔贼人如今已前往侵犯吾游牧,吾地方已起战事。"彼等如此诚心言语,对皇恩诚心感激,不胜喜悦。为此谨秘密奏闻。雍正十年正月二十八日(8)。

雍正十年二月二十日(9)上奏。圣旨:交军机大臣议奏。

批红:雍正十年二月二十日上奏,得旨:交军机处大臣等议后再上奏。

丙:注释

(1)泰宁:今四川省甘孜藏族自治州道孚县境内。

（2）书库尔岱青汗：和鄂尔勒克之子，土尔扈特汗国第二代首领。他是阿玉奇汗的祖父。

（3）仓央嘉措达赖喇嘛：六世达赖喇嘛仓央嘉措（1683—1706年）。

（4）喀喇乌苏：即黑河，今西藏北部那曲河的蒙古语名。

（5）穆噜乌苏：通天河上游，在青海玉树境内。

（6）索罗木：在青海扎陵湖以东、黄河发源地一带，即琐力麻川一带。

（7）阿玉奇汗之女：阿玉奇汗可能把一个女儿嫁到了青海和硕特部。

（8）雍正十年正月二十八日：1732年2月23日，这是写该奏折的时间。

（9）雍正十年二月二十：1732年3月24日，这是奏折抵京后呈御览的时间。

（四）

第四份奏折是其七世达赖喇嘛格桑嘉措鼠年四月（1733年）呈上雍正皇帝的。雍正十年（1732年），七世达赖喇嘛上奏雍正皇帝，请求恩准授予土尔扈特汗以汗号。雍正皇帝准奏，敕书抵藏后，1733年七世达赖喇嘛复又所授汗号等详情上奏朝廷。

甲：原文罗马字音写[①]

294 下

1 murušeme ubaliyambuha dalai lama-i

2 wesimbure bithe：

3 abkai hese-i dzambutib-i onco amba bade hūsun-i kurdun-be

4 forgošobure

[①] 原文见中国第一历史档案馆编：《清代新疆满文档案汇编（一）》，第294—296页。

5 manjusiri dergi ejen han-i umuhe-i genggiyen de.
6 amba ejen-i hesei fungnehe wargi abkai amba sain jirgara
7 fucihi. abkai fejergi-i fucihi-i tacihiyan-be aliha
8 eiten-be sara wacira dara dalai lama-i
9 amba aisin diyan-i baru forofi. hing seme tobgiya
10 niyakūrafi. sain wangga hiyan dabume. gala-i ilha-be
11 some gingguleme hengkileme
12 wesimburengge. buya lama bi.
13 manjusiri amba ejen-i tolome wajirakū
14 iletu ujen kesi baili-be alifi. dalai lama seme

295 上
1 hesei fungnehe de akdafi. dalai lama-i doro kooli. šajin-i
2 eiten baita.
3 bailingga amba ejen-i hese-be emu julehen-i gingguleme dahame
4 yabume ofi. turgūt-i ceringdondob-de terei ama.
5 mafa-i gese colo bureo seme minde baiha turgun-be.
6 wesimbure bithe tukiyehe de.
7 amba ejen umesi ambula gosime.
8 gūnin-de acanaha seme.
9 aisin genggiyen ci wasinjiha
10 sain hesei bithe. amba šufa-be suwaliyame ilan biyai orin
11 ilan-de isinjiha: bi jing
12 amba ejen-i tumen tumen se-i umuhun akdun ojoro gurim-i
13 jalin can tehebi: tere nergin-de emu inenggi giyalafi.
14 gingguleme niyakūrafi alifi. alimbaharakū urgunjehe:
15 turgūt-i elcisa urgunjekini seme.
16 gosiha sain hese uttu wasimbuha seme doroi beile polonai-de

295 下

1 ulhibume bithe unggihe: turgūt-i šukur dayicing
2 han-ci ebsi. ududu jalan-i
3 amba ejete-de enteheme emu gūnin-i gingguleme dahaha-be
4 gosime. ini ama mafa-i jalan-be sirara jalin wasimbuha
5 narhūn hese. jai ceringdondob-i colo-i turgun-de.
6 hese. turgūt daci šajin-be wesihuleme. ging-de hing seme
7 yabuha-be dahame. nenehe dalai lama sai terei ama. mafa-de
8 šukur dayicing: ayuki han-i colo-be buhe songkoi terei
9 goroki baci elcin unggifi gingguleme donjibuha-de acabume.
10 terei acma. mafa-de colo buhe adali sain sabingga
11 hūturingga colo buci acara babe. lama si sa sehe:
12 geren šajin ergengge-be.
13 gosime. buya lama mimbe jalan-de ama-i jui-be hūwašabure
14 adali
15 ambula gosiha tacihiyan hesei šumin sain babe gingguleme dahafi.
16 te ceringdondob-de daicing šasana budza han sere colo.

296 上

1 bithe. doron-be nenehe songkoi buki seme bi:
2 amba ejen-i šumin gūnin gosime toktobufi.
3 aisin gengiyen-ci
4 tacihiyan hese weisimburc-be
5 bulekušereo. bulekušereo seme
6 tukiyere beleg-de hūturingga šufa-be suwaliyame muke
7 singgeri aniya. duin biyai sain inenggi-de dalai lama
8 can-ci gingguleme hengkileme
9 tukiyehe:

附录

1 ○dalai lama-i ceringdondob-de buki sere šasana budza sere
2 colo. ai gisun seme gung sonom darja-de fonjici.
3 alarangge. ere enetkek gisun. šajin-be wehiyere sere
4 gisun inu sembi：

乙：汉译

大致翻译之达赖喇嘛奏文

在瞻卜州广大地域奉天命转动力轮之曼殊室利大皇帝足下明鉴。敕封西天大善自在佛所领天下释教识一切瓦齐尔达喇达赖喇嘛朝向大金殿，真诚下跪，点燃美味香，手持鲜花，谨叩首上奏：小僧受曼殊释利大皇帝无数显重恩典，赖以封吾为达赖喇嘛，将达赖喇嘛政法、佛法诸事及恩人大皇帝之圣旨一并奉行。此前土尔扈特之策凌敦多卜曾向吾等请求，如同对他父祖一般授他以汗号。吾将此上奏，承蒙大皇帝非常开恩，金口降下圣旨曰："甚合圣意。"此温旨与（所赐）大绫哈达已于三月二十三日（1）抵达。吾为大皇帝祈福万寿无疆而正在坐禅，但为此间断一日，谨跪下接受，不胜喜悦。为让土尔扈特使者等喜悦，遗书于多罗贝勒颇罗鼐，使彼等得知恩旨已至。念及自土尔扈特书库尔岱青汗以降永世一心归附几朝大皇帝，在为其父祖世袭事所颁下之密旨及为策凌敦多卜汗号事所颁下之圣旨中曰："土尔扈特自古崇尚教法，诚心奉行经义，故而前世达赖喇嘛等为其父与祖父授予书库尔岱青、阿玉奇（等）汗号。彼照此自远方遣使并谨奏上闻，故应按照给其父与祖父名号之例，授予善瑞福祥之名号等事，喇嘛尔知之。"恩及教法与众生，给吾辈小喇嘛世世代代父亲成就亲子一般颁下晓谕圣旨。（吾）谨奉其深奥美意，今意欲照前授策凌敦多卜以"岱青沙萨拿布咱汗"号、文书及印章。望大皇帝于深意大略载定，金颜颁下晓谕圣旨。明鉴明鉴。与上书之礼福祥哈达一起，水鼠年四月吉日（2），达赖喇嘛从禅床谨叩首献上。

附录：问公索诺木达尔扎：达赖喇嘛欲授策凌敦多卜之汗号 šasana budza 为何语？答曰：此为梵语，意为"扶持佛法"(3)也。

丙：注释

(1) 三月二十三日：雍正十年三月二十三日（1732 年 4 月 17 日）。

(2) 水鼠年：雍正十年，1732 年。

(3) šasana budza：梵文为 sāsana pūja，sāsana 意为"正法"、"教法"、"佛法"，蒙古语与满语的 šajin 一词即来源于该词；pūja 本意为"供养"、"奉事"、"恭敬"，这里"扶持"解。所以 šasana budza 就是"扶持佛法"，相应的蒙古语应为 šasin tedgügči。

（五）

第五份文书是七世达赖喇嘛给策凌敦多卜的封文。雍正十年写。

甲：原文罗马字转写①

383 上

1 murušeme ubaliyambuha dalai lama-i ceringdondob-de colo-i
2 bithe doron bure jalin buhe bithe：
3 neneme turgūt-i bade manjusiri. dzungkaba-i jilara adisdit
4 singgehengge labdu：dalai lama sunjaci jalan-i fonde turgūt-i
5 šukur daicing-ci ebsi lama. ūglige ejete ishunde falimbihe：
6 terei amala ayuki-de. sunjaci jalan-i dalai lama. ayuki daicing
7 han seme colo bume fungnefi. ging-de acara doro-be wehiyebume.
8 ere jalan jidere jalan-i baita mutebufi，hūturi ohobi：te
9 elcisa-i simbe ayuki daicing han-i ahūngga jui seme alaha-be
10 tuwaci. si umesi fengšengge. neneme sunjaci jalan-i dalai lama-i
11 fonde. eiten amba baita-be. šajin ūglige-i

---

① 原文见中国第一历史档案馆编：《清代新疆满文档案汇编（一）》，第 383—384 页。

12 amba ejen manjusiri han-de

13 tacibure hese-be baime wesimbufi. dahame yabuhangge. hūturingga ohobi：

14 mimbe ajigenci

15 umesi gosime ujen kesi isibuha. fungnehe. mohon akū：bi se

383 下

1 asihan ofi. eiten baita gemu

2 amba ejen-i hese-be dahame yabumbi：ere turgun-be wesimbuhede.

3 amba ejen-i hese. aisin bithe wasimbuha bade. dade šukur daicing

4 han-ci ebsi

5 elhe-be baime. emu gūnin-i dahara doro lakcan akū. šajin-be

6 wesihuleme. ging-de hing seme yabuha-be

7 umesi gosime elcin unggihe songkoi sabingga hūturingga han-i

8 colo bu seme. umesi gingguleci

9 acara šumin narhūn hese wasimbuhabi：te daicing šasana budza han-i

10 colo. doron. situgen dzungkgaba fuciki. etuku adu-i jergi

11 beleg bume. hūturingga han-i oron-de fungnehebi：sajin

12 ergengge-i tusa elhe ojorongge. yaya han sai weile-de

13 yargiyan-i akdaha-be dahame. sini ama. mafa han-i ging-de

14 hing seme akdame yabuha songkoi ilan boobai. sajin-be

15 wesihule：

16 manjusiri amba han-de emu gūnin-i dahame yabu. uheri-de

384 上

1 ijishūn dahashūn oso. ice jakūn. tofohon. manashūn.

2 ere ilan inenggi-de macihi-i sahil-be tuwakiya. irgen

3 jušen-be juwan hūturi-i yarhūdame dasa：juwe doro-be

4 songkolome han-i doro-be wehiye：baitalara waliyara babe

5 dubentele ume heoledere; bi inu sini se jalgan golmin
6 ojoro jalin ilan boobai-de jalbarime. elhe jirgacun nemebure
7 babe firumbi; wacir janggiya-be suwaliyame uyun biyai
8 inenggi-de k'am-i baci buhe;

乙:汉译

大致翻译之达赖喇嘛因汗号与印事给策凌敦多卜之书

从前,文殊与宗喀巴之慈爱祝福于土尔扈特应验者甚多。达赖喇嘛五世时,土尔扈特之书库尔岱青以降,上师与施主相互结缘。其后,五世达赖喇嘛授阿玉奇以"阿玉奇岱青汗"号,令其奉行合乎经义之政,成全其今世与来世之业,具足福泽。如今诸使臣皆言,尔乃阿玉奇汗之长子,尔必有造化。前五世达赖喇嘛时,凡事皆奏请教法之大施主曼殊室利皇帝敕谕并遵行之,故而得福矣。(大皇帝)对吾身自幼仁爱有加,特沛重恩,封授无限。吾年纪轻,凡事皆奉旨而行。经吾奏请此事①,大皇帝颁下圣旨金书曰:"先前,书库尔岱青汗以降,前来请安,一心归附,其道不绝。特轸念其尊奉佛法、诚遵经义,按照来使所言,授予吉庆汗号可也。"颁下如此应该敬重之深奥圣旨。如今授尔"岱青沙萨拿布咱汗"号、印,送神祇宗喀巴佛像及衣服等礼,授予具福汗位。教法与众生之安,诚皆仰赖于君王之业,故(尔要)遵照尔父祖诚心奉行经义之举,要尊奉三宝与佛法,要一心顺从曼殊室利大皇帝,对众人则要温顺。初八、十五与月终三日要守斋戒。以十善(1)治理率属。践履二道(2),实行王政。对事业终勿怠慢。吾亦将为尔之长寿祈祷三宝,祷祝安乐之增益。与金刚结一同于九月吉日(3)自喀木(4)地方送。

丙:注释

(1) 十善:"十善"(藏文为 sge bcu)指不杀生、不偷、不淫、不妄语、不离间、不恶口、不绮语、不贪、不嗔、不邪见。这是佛教要求人类道德

---

① 指授予汗号事

行为的重要标准。

（2）二道：指"政教二道"，即王政与佛法并行之道。在"伏藏"文献中见到吐蕃圣王对政治和教法的双重贡献的记载，但在这些文献和后来元代的藏文文献中都还不见"政教二道"之说法。蒙古文文献中第一次在《十善法白史》(16 世纪末？)中出现。

（3）九月吉日：雍正十年九月，1732 年 10 月。

（4）喀木：又作"康"，指西藏东部和四川一带藏族地区。当时七世达赖喇嘛在四川道孚县境内的泰宁。

三、档案反映的历史真实：早期土尔扈特与西藏关系

如果仅靠清朝的汉文史料，我们对土尔扈特与西藏的关系几乎一无所知。清朝顺治、康熙、雍正三朝《实录》中，只有若干处提到了土尔扈特，说的是土尔扈特首领"入贡"事。专门记载外藩蒙古、回部和西藏的《王公表传》一书及《皇朝藩部要略》也都如此。甚至《王公表传》说"阿玉奇始自称汗"①，似乎他的称汗与西藏无关。

按照卫拉特文献记载，四卫拉特联盟决定全体皈依藏传佛教格鲁派的时间是在 1616 年。据现有的史料，卫拉特人中最早赴藏并师从班禅喇嘛学佛的高僧是土尔扈特人阿必达。此人是土尔扈特部首领莫尔根特莫纳的儿子，青年时萌生出家之念，但迫于父母之命，曾娶妻生一子，但不久仍然离家出走，出家后赴藏。他就是后来在内蒙古传教的大名鼎鼎的内齐托音喇嘛。内齐托音大致出生在 1587 年左右，因此他赴藏的时间可能在 1607 年前后。② 据此可以推断，土尔扈特人早已皈依藏传佛教，至迟在 16 世纪末佛教在土尔扈特人中已被广泛传播。土尔

---

① 《蒙古回部王公表传》，卷一百一，传第八十五，"土尔扈特部总传"，乾隆六十年武英殿刊本。
② 参见拙文"关于内齐托音喇嘛相关的顺治朝满文题本"，《西域历史语言研究集刊》第三辑，科学出版社，2010 年，第 375 页。

扈特人离开故土西迁到伏尔加河流域后,虽然与信仰伊斯兰教的各游牧民族为邻,虽然受到俄罗斯东正教势力的越来越强大的压力,但他们一直毫无动摇地"重佛教,敬达赖喇嘛"。① 因此,"熬茶礼佛",谒见达赖喇嘛,接受达赖喇嘛的封号,仍然是西迁以后土尔扈特人的社会生活和政治生活的不可或缺的重要内容。

和鄂尔勒克去世的前一年,即 1643 年,其子书库尔岱青曾亲赴西藏晋见五世达赖喇嘛。据五世达赖喇嘛自传《云裳》记载,水羊年(1643年),"以温萨活佛和土尔扈特岱青为首的大批香客来到拉萨。土尔扈特岱青给我赠送了一百匹带鞍子的马,作为初次见面的礼物。……温萨活佛②和土尔扈岱青二人将我请到大昭寺,呈献了成千上万的重要礼品。我举行规模盛大的回向祈愿法事。"③五世达赖喇嘛在他自传里没有记载授予书库尔以汗号之事。但是根据前引满文档案,七世达赖喇嘛致策凌敦多卜的信和雍正皇帝给七世达赖喇嘛的圣旨都证实,五世达赖喇嘛曾授予书库尔岱青以"岱青汗"号。对此还有实物证据。在俄罗斯国家档案馆藏有一份蒙古文文书,是 1661 年书库尔岱青致俄罗斯沙皇的信,其中书库尔使用了他的汗号。书库尔岱青在信的开头就写道:"愿吉祥。在那里以察罕汗(即沙皇——引译者)为首大家安康吧。在此以岱青汗我为首我们全体安康。这是请二汗之安。"④伏尔加河流域的土尔扈特人国家之所以被后世称为"汗国",就是因为他们的首领被达赖喇嘛封为汗之故。书库尔岱青是土尔扈特汗国的第一代

---

① 何秋涛:《朔方备乘》卷三十八,《土尔扈特归附始末叙》。
② 指第三世温萨活佛,即准噶尔的噶尔丹汗之前世。
③ 五世达赖喇嘛著、陈庆英等译:《五世达赖喇嘛传》,第一册,藏学出版社,1997 年,第 206 页。书库尔岱青何时返回土尔扈特,达赖喇嘛没有记载。据一些俄文著作的说法,书库尔岱青于 1646 年去了西藏,并在西藏和准噶尔前后停留了十载(参见马汝珩、马大正:《飘落异域的民族——17 至 18 世纪的土尔扈特蒙古》,北京:中国社会科学出版社,1991 年,第 57 页)。这是不可能的。和鄂尔勒克于 1644 年去世,书库尔岱青继而成为土尔扈特的首领。当时,书库尔岱青必须在内巩固自己的统治地位,在外与俄罗斯等周边国家与民族交涉,长达十年不在国内是完全不可能的。
④ 参考塔亚:《关于十七世纪土尔扈特历史的一份重要文书》(蒙古文),*Quaestiones Mongolorum Disputatae*, V, Tokyo, 2009, pp.142—156. 引文由本文作者汉译。

汗。从书库尔岱青致沙皇的信中可以看出，达赖喇嘛所封汗号大大提高了书库尔的地位，使他与沙皇亚历山大·米哈洛维奇·罗马诺夫平起平坐，把沙皇和自己并称"二汗"。足见土尔扈特与西藏关系对该汗国政治的巨大作用。

1661年，书库尔岱青汗让位于其子朋楚克。朋楚克执政九年，于1770年去世。继而成为土尔扈特汗国首脑的是朋楚克之子阿玉奇（1642—1724年）。在蒙、汉、满、藏、俄等文字文献中均未记载朋楚克与西藏的关系。前引满文档案说明，清廷和西藏方面甚至可能把阿玉奇误以为是书库尔岱青汗的儿子，可见朋楚克在东方知名度不高。与其父相反，阿玉奇在欧亚草原和清朝都是大名鼎鼎。阿玉奇和他的祖父书库尔岱青汗一样，一方面与"天朝"结好，提高自身的地位，另一方面，也极力与西藏圣地保持联系，得到达赖喇嘛神权的保护。根据前引满文文书档案记载，七世达赖喇嘛一说"仓央嘉措达赖喇嘛在世时，给阿玉奇汗以岱青阿玉奇汗之号与印"，一说"五世达赖喇嘛授阿玉奇以阿玉奇岱青汗号"，似乎自相矛盾。但是，诺夫列托夫根据俄文档案指出，1690年达赖喇嘛赐给阿玉奇以汗号，并送去了这一封号的大印。① 可见，七世达赖喇嘛的说辞原则上并不相互矛盾。因为，1690年时五世达赖喇嘛已圆寂，但是噶丹颇章政权"秘不发丧"，对外界仍以五世达赖喇嘛名义发布文书，当时授阿玉奇以汗号和大印当然用五世达赖喇嘛之名；然而六世达赖喇嘛其时已七岁，虽对外尚未公开，但五世达赖喇嘛秘不发丧期间的以达赖喇嘛名义发布的文书，只得看作是六世达赖喇嘛所为。从满文档案中得知，六世达赖喇嘛授予阿玉奇的是五世达赖喇嘛曾经授予其祖父书库尔的汗号——"岱青汗"。

阿玉奇执政时期的土尔扈特与准噶尔两个汗国的关系越趋紧张，以至于最后土尔扈特人经准噶尔草原赴藏的交通完全被阻隔。这与阿

---

① M.诺夫列托夫著、李佩娟译：《卡尔梅克人》，国家清史编纂委员会编译组、中国社会科学院原民族研究所、《准噶尔史略》编写组合编：《卫拉特蒙古历史译文汇集（第二册）》，内部资料，第103页。

玉奇和清朝的密切交往有关。在噶尔丹与清朝对立时期,阿玉奇虽远在异域,但积极配合清朝,在1696年昭莫多战役后率军到阿尔泰山以东,堵截噶尔丹的逃路。在噶尔丹失败后,他还遣其使者诺颜和硕齐随同策妄阿拉布坦的使者"入贡庆捷。"1699年,阿玉奇还派使者额里格克逊到北京"奉表贡",受到清廷的欢迎。然而,准噶尔新首领策妄阿拉布坦与阿玉奇并非志同道合,他对清朝的温和态度是策略性的,临时的,从长远讲,策妄阿拉布坦并不希望看到西方的土尔扈特汗国与他的宿敌清朝之间往来过密,关系过亲。这对准噶尔是一种威胁。1699年,阿玉奇之子三济扎卜"与父有隙",率一万人投奔策妄阿拉布坦,后者将三济扎卜送还,而扣留其部众,分给各鄂托克,从此与阿玉奇"构难"。此时,阿玉奇侄儿阿拉布珠尔陪同其母在西藏熬茶礼佛,但因准噶尔与土尔扈特反目,不得而归,投奔了清朝。1704年,清朝奉阿拉布珠尔为固山贝子,安置在嘉峪关外的色尔腾地方。① 清朝出于对准噶尔的战略考虑,远交准噶尔周围的国家和民族,主动、积极接触和拉拢土尔扈特汗国,康熙皇帝前后派出了殷扎纳使团和满泰使团赴土尔扈特。但这不是本文讨论的主题,这里不论。总之,17世纪末时,经过准噶尔的赴西藏之交通被切断,土尔扈特人不得不借道俄罗斯西伯利亚平原,绕道北京,再从北京西上,经西宁路或者四川路赴藏。

然而,这并没有难倒土尔扈特人,他们虔诚的信仰和坚定的朝圣信念以及土尔扈特汗王对达赖喇嘛神权的依赖激励他们克服了一切困难。1624年,阿玉奇岱青汗去世,其子策凌敦多卜即位,于是又有一批使者和朝圣者踏上了遥远的东方之旅。这正是我们前文所译满文档案反映的情况。

在讲到策凌敦多卜与西藏关系前,简单交代一下策凌敦多卜即位的艰难经过。自和鄂尔勒克到阿玉奇汗,土尔扈特的内政外交是独立自主的。汗国的汗王指定自己的继任者,再请达赖喇嘛授予汗号,加强其合法性。但是,阿玉奇去世时,汗国暴露出了继承人问题:阿玉奇早

---

① 祁韵士:《皇朝藩部要略》卷九,《厄鲁特要略一》。

先指定的即位者长子沙克都尔扎布 1722 年就已去世,沙克都尔扎布生前提议即位的其长子达桑格得不到阿玉奇汗的认可。阿玉奇汗再指定其另一个儿子策凌敦多卜即位,此人不负众望。阿玉奇死后,沙克都尔扎布之长子达桑格、沙克都尔扎布之弟袞扎布之子敦罗卜旺布纷纷争夺汗位。俄罗斯帝国利用这一乱局,乘机干涉,1724 年 5 月宣布阿玉奇的外甥道尔济·纳扎洛夫为汗。但是,道尔济·纳扎洛夫自知不敌群雄,退出争夺,旋即达桑格被敦罗卜旺布所败,敦罗卜旺布又与俄罗斯当局发生矛盾。因此俄罗斯当局转而支持策凌敦多卜,1724 年 9 月宣布他为汗国的总督。因为敦罗卜旺布激烈反俄并觊觎汗位,所以俄历 1731 年 5 月 1 日俄罗斯又给策凌敦多卜授予汗号,送给了汗位的象征物。①

在此之前的 1730 年(雍正八年),策凌敦多卜已向清朝和西藏派出了使者。据清朝派往土尔扈特使团成员满泰等的满文奏折,1731 年他们到达土尔扈特后,阿玉奇汗的未亡人达尔玛巴拉向他们说道,"曾派那木卡格隆恭请博格达汗之安,并往西藏谒见达赖喇嘛",问满泰等是否遇见。据策凌敦多卜说,该使团是在"去年"(雍正八年,1730 年)启程的。② 达尔玛巴拉的一句话道出了那木卡格隆使团的目的,就是给雍正皇帝请安,并通过清朝赴藏朝圣。很显然,在复杂的内外斗争中,策凌敦多卜为了巩固他的地位,又一次寻求东方大国的支持和达赖喇嘛的承认。

关于这个使团清朝官私史书均未记载。③ 据满文档案记载,该使团于雍正九年十月十五日到达泰宁(今四川道孚县)谒见七世达赖喇嘛,十年正月十一日启程离开,在泰宁停留了共计一百零四天。④ 实际

---

① 策凌敦多卜即位过程详见 M. 诺夫列托夫:《卡尔梅克人》,第 108—110 页。
② 《清代中俄关系档案史料选编》,第一编下册,第 557、558 页。
③ 在《清世宗实录》中唯一一处与此相关的记载如下(雍正九年八月戊申):"又谕:尔等行文与蕭格,图尔古特之使臣若至彼处,暂且不必令往西藏。著在达赖喇嘛处居住。若已过去,亦著追回。伊等日用之费,著四川督抚宽裕给与。"文中的"图尔古特"即土尔扈特。根据其时间和内容,这个谕旨内容涉及土尔扈特那木卡格隆使团。雍正皇帝不允许他们从泰宁到西藏去,但是要求保证使团食宿充足。
④ 中国第一历史档案馆编:《清代新疆满文档案汇编》(一),第 226 页上栏。

上,该使团从伏尔加河流域出发,自西藏返回,往返利用了两年时间(雍正八年至十年)。关于这次土尔扈特使者的到来和授予汗号,《七世达赖喇嘛传》在1731年和1732年记载里简短提过。①

该使团在西藏的主要目的是请七世达赖喇嘛授予策凌敦多卜以汗号。在这个过程中发生了一个插曲,就是使者西喇布丹津突然向达赖喇嘛父亲提出,希望达赖喇嘛封他的领主多尔济为汗。后经过土尔扈特使团的紧急协商,内部统一了意见,并向达赖喇嘛保证,只有策凌敦多卜是阿玉奇汗的唯一合法继承人,汗位并无其他人选,这才得到了达赖喇嘛对策凌敦多卜的加封。但是,此事表明,实际上土尔扈特人内部的汗位之争一直存在。

七世达赖喇嘛同意授予策凌敦多卜以汗号。然而,七世达赖喇嘛的处境与他的前世们有所不同,他不能自主加封策凌敦多卜,必须先奏报清廷,经皇帝允准,方可行事。于是雍正九年底(1731年初),达赖喇嘛派使者到北京奏请恩准,雍正皇帝的批复于次年三月(1732年4月)到达达赖喇嘛处,土尔扈特人拿到达赖喇嘛对策凌敦多卜的封文及印时,已经是当年的九月,即1732年10月了。

如前所说,俄国早在1931年5月就抢先封策凌敦多卜为汗。值得一提的是,俄国政府是在土尔扈特使者出使清朝和西藏后加紧封汗的,就是为了抵消将要到来的西藏所封汗号的影响,因为俄罗斯当局了解使团的行程和目的(前引满文档案就记载,俄罗斯人问使者们的目的时,他们告诉俄罗斯人,是要请达赖喇嘛授予策凌敦多卜以汗号!)。这从反面反映了达赖喇嘛所封汗号对土尔扈特的政治生活是多么重要。

但是,土尔扈特使团正在为策凌敦多卜求得汗号而奔波时,土尔扈特内讧,1731年底,策凌敦多卜在军事上败给了昔日的政敌敦多克旺布。1733年初那木卡格隆使团经俄国境回国时,俄罗斯当局扣留了使团人员,理由是在北京时否认他们是俄罗斯居民。这当然是当时中俄

---

① 章嘉·若贝多吉著、蒲文成译:《七世达赖喇嘛传》,西藏人民出版社,1989年,第147、148页。

围绕土尔扈特问题争执的一个反应,但恐怕问题不止这些,使团所带达赖喇嘛封号和汗印可能也是使团被拘留的一个原因。那木卡格隆等迟至 1740 年才得以开释①,但此前的 1735 年,敦多克旺布已正式成为土尔扈特统治者,策凌敦多卜流亡圣彼得堡。因为如上诸多周折,达赖喇嘛所授汗号的神权光环未能照耀这位不幸的年轻汗王。这些事情从另一个方面反映出,达赖喇嘛所封汗号对土尔扈特的政治生活是多么的重要。

四、总结

通过该五份满文档案的研究,可以弄清以下几个事实:

其一,土尔扈特的第一代汗不是《蒙古回部王公表传》所说的阿玉奇汗,阿玉奇也不是自称汗。事实上,土尔扈特首领与达赖喇嘛的关系早在阿玉奇的祖父书库尔岱青时期就已开始了。第一个赴藏谒见达赖喇嘛和受封与达赖喇嘛的土尔扈特领袖是书库尔岱青。五世达赖喇嘛曾授予书库尔岱青以"岱青汗"号,汗号来自于书库尔原有的贵族称号"岱青",这样的做法在当时是非常普遍的现象。

其二,阿玉奇(1642—1724 年)是受封于达赖喇嘛的第二个土尔扈特汗。六世达赖喇嘛授予阿玉奇的是五世达赖喇嘛曾经授予其祖父书库尔的汗号——"岱青汗"。

其三,策凌敦多卜是受封于达赖喇嘛的第三位土尔扈特汗。七世达赖喇嘛授予策凌敦多卜以"岱青沙萨拿布咱汗"之号,并授予印。

其四,土尔扈特佛教集团的首领们也受到了达赖喇嘛的封号,其中土尔扈特大喇嘛沙库尔得到了"额尔德尼毕力克图诺门汗"名号,那木卡格隆获得"达彦达尔罕囊素"名号等。土尔扈特人留下几名喇嘛在西

---

① 《致大亚细亚各地独裁君主中国大皇帝陛下各国务大臣及外藩事物总理大臣》(1740 年 5 月 29 日),见国家清史编纂委员会编译组、《历史研究》编辑部合编:《故宫俄文资料》,内部资料,第 40 页。

藏继续学佛,并从西藏迎请了高僧和医生。达赖喇嘛——满足了他们的要求。

其五,藏传佛教在土尔扈特人政治和社会生活中具有极其重要的地位和影响。土尔扈特人虽然远徙异域,但和西藏圣地一直保持着密切的联系。达赖喇嘛封赠的汗号、印章,对土尔扈特汗王提高其身份地位有重要的意义,对族内统治的影响自不待言,就是和俄罗斯当局的博弈中也有明显重要的作用。

其六,土尔扈特人和西藏的交通对达赖喇嘛为首的格鲁派寺院集团具有重要的经济意义。蒙古全社会笃信佛教,蒙古入藏熬茶的费用极其昂贵,主要支出就是给达赖喇嘛、班禅额尔德尼和拉萨三大寺,即大昭寺、小昭寺、扎什伦布寺以及其他名寺的布施。布施的物品从金银珠宝到蟒缎丝绸、生活用品无所不包。在其中,土尔扈特人的布施更具特色。因为他们地处欧亚草原的西段,经常和俄罗斯、东欧和中亚各民族进行贸易,所以在他们的贡品中包括俄罗斯呢子、哈萨克和回族绸缎、普鲁士呢子以及金表等。这些物资的意义非同小可,它是当时西藏和欧洲、中亚国家交流的一个重要途径。

从这个研究中我们可以得到这样两个启示:

一、一个民族的宗教信仰和感情,往往在无形中决定着他们的世界观和价值观。土尔扈特人笃信佛教,出于政治、社会和文化多种需求,他们一直以来都和西藏保持着密切的关系,不断来西藏朝圣,派僧人赴藏学佛,还从西藏延请高僧大德和医生。这样的交流,使土尔扈特和西藏紧密联系在一起。18世纪70年代土尔扈特人最终离开伏尔加河流域,千辛万苦,付出重大牺牲而回归故土,当然有其当时的诸多现实的原因(主要是俄罗斯帝国的欺压),但这一壮举背后的深远而伟大的精神力量就是土尔扈特人坚定的佛教信仰。假设土尔扈特人全族已皈依了东正教,他们恐怕就很容易融入俄罗斯社会,很难说会踏上东归之路。

二、从史料学角度我们同样得到重要的启示。像土尔扈特与西藏关系这类关于欧亚大陆深处的民族关系和宗教关系的事情,只能在清朝的满文档案史料中得到了解。号称是按年月日顺序编排的皇帝的《实录》和《起居注》,本应该记载这些重大事件,因为这些事情当时都是通过皇帝亲自过问和下令处理的，因此而留下了丰富的满文档案资料。但是事实并非如此，清朝官方史料对此毫无记载。本人在此之前的研究也表明①，17、18世纪之交在西藏发生过的许多重大历史事件，清朝不仅都参与其中，而且起了很重要的作用。但是在清朝官方史料不见记载。那么，清代汉文史料的编纂在多大程度上利用了满文档案资料？这是一个大问题。再者，官方文献的史料取舍是另一个大问题。就内亚史的内容来讲，官方史料的着眼点和兴趣不在于内亚各民族社会内部和他们的相互关系上，而是在他们对清王朝的关系上，所以他们和清朝双边关系的政治化的话语充斥着那些史书。此外，不能彰显皇帝的武功文略，或者甚至有损于树立皇帝伟大形象的事件，即便是很重要，也不会记载到官修史书里。因此，无论是何种情况，想要了解17—18世纪的中亚历史的真相，首先要看的不是清朝官修的汉文史书，而是满文档案。满文档案才是拓展17—19世纪中亚历史研究的可靠而丰富的史料。

（原载《西域研究》2015年第1期，但因篇幅关系多有删减。此处为全文）

---

① 见拙文"1705年事变的真相"（《中国藏学》，2008年第3期）、"六世达赖喇嘛仓央嘉措圆寂的真相"（《西域历史语言研究集刊》，第五辑，2012年）、《十七、十八世纪之交的西藏秘史——围绕关于六世达赖喇嘛仓央嘉措的满蒙文秘档》（*Quaestiones Mongolorum Disputatae*，Tokyo，2010）等。

关于雍正皇帝颁给
七世达赖喇嘛的一道圣旨

乌云毕力格　石岩刚

清朝是以满洲人为主体建立的中国最后一个封建王朝，是一个多民族统一的国家。因此，研究清代史，尤其是探讨清朝对边疆民族地区的治理，仅靠汉文史料是远远不够的。只有利用多语种第一手资料，才能看清历史的本来面目，才能正确把握历史发展的来龙去脉，从而进一步正确总结相关历史的经验与教训。

本文仅对清朝雍正皇帝颁给七世达赖喇嘛格桑嘉措（1708—1757年）的一道藏文圣旨进行汉译的同时，用同时期的满文档案资料对其进行注释。本文的目的在于，通过分析，简单总结七世达赖喇嘛时期清朝皇帝和达赖喇嘛间关系的一些变化。

一、藏文圣旨的内容

多杰才旦主编的《西藏档案汇编》收录了一道雍正皇帝颁给达赖喇嘛的雍正十年（1733 年）二月二十九日的圣旨。从圣旨时间可以断定，这是颁给七世达赖喇嘛的圣旨。因为档案文书资料的独特性，如不深究该圣旨中的人和事，就无法了解该圣旨所涉及的内容。现将该圣旨藏文的罗马字转写和译文列于下面（阿拉伯数字为行数，下同）：

转写：

(480-1)tshe ring gnam gyi she mong gis rabs yangs nor 'dzin

khyon la mnga' dbang bsgyur ba 2 hu'ang dhi'i bka'/ nub phyogs mchog tu dge ba'i zhing gi rgyal dbang sa steng gi rgyal bstan 3 yongs kyi bdag po thams cad mkhyen pa badzra dha ra tā la'i bla mar bzlo ba/ nye char bla ma khyod 4 kyi zhu shog las/ thor kod a yu Shi'i bu che ba tshe ring don grub kyi mi sna tshos/ sngar tā la'i bla 5 mas a yu shi la han cho lo dang tham ka gnang ba'i srol bzhin/ da cha tshe ring don grub la 6 yang/ han cho lo dang tham ka gnang dgos tshul yang yang zhus 'dug par/ tā la'i bla ma lnga 7 pa'i dus nas/ don dag che rigs thams cad bstan pa'i sbyin bdag chen po gong ma bdag 8 po la zhus nas/ ji ltar bslab ston gnang ba ltar byed srol yod pa'i rjes su 'brangs ste/ 9 khyed tsho'i don skor 'di yang bdag gi drin can 7[①] gong ma bdag po chen po la zhus nas/ 10 7[②] bka'i bslab ston gnang rjes sbyin rtses byed ces mol song/ da cha don skor 'di la bslab 11 ston bzang po gnang ba mkhyen mkhyen zhes zhus pa thugs la nges byung/ snga mo thor kod shu khu 12 di'i[③] ching han gyis bdag gi yab mes dam pa'i dus nas rjes su mthun pa'i sems rtse gcig 13 gis 'tshams zhus legs 'bul gyi 'brel thog rjes sor a yu shi han yang dang ba'i sems(481-1)kyis 'tshams zhus legs 'bul gyi rgyun yod bzhin/ da cha a yu shi han gyi bu tshe ring don 2 grub kyis rang gi yab rgyal po don du dbus gtsang la dge rtsa sgrub tshul gus pas zhu ba'i don 3 du o ro su brgyud nas mi sna bsngags te zhus pa la bdag gis thor kod kyi na rim rgyun ltar 4 ma chad pa brtse bas dgongs nas/ bang chen rnams la bya dga' bdag skyes phun sum tshogs 5 pa dang blon dmag gi bsrung cha'i mthun rkyen bcas dbus gtsang phyogs

---

① 此为原文中的藏文数字。
② 同上注。
③ 原文作shi,误。有可能是转抄者之笔误。

su rdzong brda gnang 6 zin la/ da lam tshe ring don grub kyi bla ma nyid la pha mes kyi lugs srol bzhin cho lo gnang 7 dgos tshul zhus par/ bla ma khyed kyi bdag la zhus nas thag chod byas tshul gyi zhu shog 8 'byor ba ltar/ thor kod/ snga mo nas bstan pa gtso bor byas ste chos mthun dag snang dang 9 ldan pa yin gshis/ khong gi yab mes shu khur ta'i ching dang a yu shi'i han cho lo rnams ta 10 la'i bla ma na rim nas gnang ba'i srol ltar/ khong gis sa thag ring nas mi sna btang ste gus 11 pas zhus don bzhin khong gi yab mes la cho lo gnang ba ltar/ dge mtshan bkra shis pa'i cho 12 lo gnang dgos pa bla ma khyod kyis go bar bgyis shig / ched du bka' bzlo ba bzhin kha 13 btags gcig dang bcas tshes dge la/ yung cing gi gnam lo bcu pa'i zla ba gnyis pa'i 14 nyer dgu la// ①

汉译：

奉天承运大地之主宰皇帝敕西天大善自在佛所领天下释教普通瓦赤喇怛喇达赖喇嘛曰：迩来，尔喇嘛奏曰："土尔扈特阿玉奇长子策凌敦多卜诸使者一再提请：'视前世达赖喇嘛授予阿玉奇以汗号与印之例，如今请给策凌敦多卜汗号及印。'吾云：'自五世达赖喇嘛始，凡大事皆应奏请施主大皇帝，遵谕旨而行，于尔等之事亦应待我启奏恩主大皇帝后，依所赐谕旨裁定。'为此，仰求睿鉴，颁示善旨。"之前，土尔扈特书库尔岱青汗自朕先祖以来，一心顺从，建立致敬献礼联系。其后，阿玉奇汗亦以诚心致敬献礼如旧。今阿玉奇汗之长子策凌敦多卜欲在卫藏为父汗建立善根，使者途经俄罗斯前来礼赞并请求。对此朕以悲心念及土尔扈特之世代不断（朝礼），遂奖赏众使者以美酒，并已派官兵护卫等，助其等前往卫

---

① 多杰才旦主编：《西藏档案汇编》，北京：中国藏学出版社，1997年，第480—481页。藏文转写和翻译由石岩刚完成。

藏。今策凌敦多卜向尔喇嘛请求如其先祖之例赐予汗号,尔喇嘛(将此事)禀奏朕,请朕裁决之奏书已至。如尔所奏,因土尔扈特向来尊崇圣教净信佛法,故依历代达赖喇嘛赐予其父祖书库岱青和阿玉奇汗号;依此旧例,其又从极远之地派遣使者,虔敬请求。应如赐予其父祖封号一般,赐予其善吉祥封号。尔喇嘛应知。钦此,并附哈达。吉日雍正十年二月二十九日。

二、圣旨的解读

该圣旨的主旨是什么?它的研究意义何在?

笔者新近发表了 *The Torghut Khanate and Tibet: On the Basis of Manchu Documents from 1732* 一文[①],它对解读该藏文圣旨有很大帮助。根据该文的研究成果我们可以发现,雍正的这道圣旨事关七世达赖喇嘛请朝廷恩准他给土尔扈特汗国的首领策凌敦多卜授予汗号事。

土尔扈特是卫拉特人的一个分支,原居住在今新疆西北和附近地区。1628年,土尔扈特首领和鄂尔勒克率部众五万余户,迁到里海以北的伏尔加河下游草原,后来在那里建立了游牧汗国。土尔扈特人信奉藏传佛教格鲁派,视达赖喇嘛、班禅额尔德尼如天上的日月,因而西迁伏尔加河流域以后仍然和西藏圣地保持着不断的密切的宗教联系。

据笔者前引文,圣旨中所说的书库尔岱青汗(Shu khu di'i ching han),就是1628年率领土尔扈特西迁伏尔加河流域的和鄂尔勒克之子,他1644年赴西藏谒见五世达赖喇嘛,被授予"岱青汗"号与印。后来,其孙阿玉奇(藏文圣旨中的 A yu shi)又被六世达赖喇嘛仓央嘉措

---

① Borjigidai Oyunbilig, "The Torghut Khanate and Tibet: On the Basis of Manchu Documents from 1732", *Quaestiones Mongolorum Disputatae* IX, by Association for International Studies of Mongolian Culture, Tokyo, 2013, pp. 1-13.

封为"阿玉奇岱青汗"。而所说的阿玉奇长子(bu che ba)策凌敦多卜(Tshe ring don grub),是阿玉奇汗的第六子,因他即位时其兄长均已离世,故成为阿玉奇在世诸子中的长子。他即位后,为了得到清朝的支援和达赖喇嘛神权的保护,也按照以往土尔扈特诸汗的传统,派使团到清朝谒见雍正皇帝,从那里再到七世达赖喇嘛身边,请求达赖喇嘛授予策凌敦多卜以汗号。该使团于雍正八年从伏尔加河流域出发,途径俄罗斯,来到北京,受到清廷的款待,被清军护送至达赖喇嘛所在地(这就是圣旨所言"遂奖赏众使者以美酒,并已派官兵护卫等,助其等前往卫藏")。土尔扈特使团到达达赖喇嘛身边时已是雍正十年。

圣旨中还提到了土尔扈特和清朝的关系,即所谓"土尔扈特书库尔岱青汗自朕先祖以来,一心顺从,建立致敬献礼联系。其后,阿玉奇汗亦以诚心致敬献礼如旧。"据《皇清藩部要略》载,早在顺治三年(1646年),和鄂尔勒克之子罗布藏诺颜等与清廷建立关系,十二年(1655年)时,书库尔岱青派使者到清朝"奉表贡"①,此后双方关系不断。到了阿玉奇执政时期,土尔扈特和清朝的交往空前亲密。在噶尔丹与清朝对立时期,阿玉奇积极配合清朝,在1696年昭莫多战役后率军到阿尔泰山以东,堵截噶尔丹的逃路。康熙四十三年(1704年),阿玉奇侄儿阿拉布珠尔陪同其母在西藏熬茶礼佛,但因准噶尔与土尔扈特反目,不得而归,投奔了清朝。清朝奉阿拉布珠尔为固山贝子,安置在嘉峪关外的色尔腾地方。②康熙五十一年(1712年),阿玉奇派萨穆坦使团到清廷,是年,康熙皇帝派出了以太子侍读殷扎纳使团回访土尔扈特③。到了雍正八年(1730年),几乎和策凌敦多卜使者同时,雍正皇帝又派了满泰使团赴土尔扈特。

以上是该圣旨的背景和部分内容。该圣旨的主旨内容,则是七世达赖喇嘛向雍正皇帝提出请求,恩准他给土尔扈特首领授予汗号,而雍

---

① 包文汉整理:《清朝藩部要略稿本》,黑龙江教育出版社,1997年,第128—129页。
② 同上书,第159页。
③ 同上书,第161页。该使团的成员之一图里琛回国后撰写了《异域录》一书,故殷扎纳使团以图里琛使团著称。

正鉴于土尔扈特与清朝的友善关系和达赖喇嘛代为请奏之情，恩准达赖喇嘛"赐予其善吉祥封号"。这是一件饶有兴趣的事件，值得探讨。

为了更好地解读该事件的历史意义，我们看看七世达赖喇嘛呈上雍正皇帝的原奏折之内容。该奏折的藏文原件不存，现在我们看到的是军机处满文录副档所收鼐格的满文译本。鼐格是当时清朝派驻达赖喇嘛处专门处理达赖喇嘛事务的清朝官员。鼐格奏折内容如下（译文中的下划线为译者所加，表示重点）：

(211-6) wesimburengge 7 aha naige. kišan-i gingguleme 8 wesimburengge. ulame 9 wesimbure jalin：ere aniya biyai orin sunja-de. (211-1) dalai lama aha mende alahangge. turgūt-i elcisa. 2 ceni akū oho ayuki han-i jui ceringdondob-i jalin 3 minde han-i colo-be baihabi. erei turgunde mini 4 wesimbure emu bithe-be. ambasa mini funde ulame 5 wesimbureo seme 6 wesimbure tanggūt bithe-be niyakūrafi tukiyefi alibuhabi. 7 aha be. dalai lama-i 8 wesimbure tanggūt bithe-be murušeme ubaliyambufi encu jedzi-de 9 arafi. dalai lama-i 10 wesimbure lacadame fempilehe da bithe-be suwaliyame gingguleme 11 tuwabume wesimbuhe：12 hūwaliyasun tob-i juwanci aniya aniya biyai orin jakūn. (212-1) dalai lamai 2 wesimbure bithe. 3 abkai hesei forgon-be aliha onco amba 4 dzambutib-de hūsun-i kurdun-be forgošoro 5 manjusiri dergi han-i umuhun-i genggiyen-de. 6 wargi abkai amba sain jirgara fucihi-i 7 abkai fujergi fucihi-i tacihiyan-be aliha 8 eiten-be sara wacira dara dalai 9 lama seme fungnehe aijige toin bi. 10 amba aisin-i gung diyan-i baru hargašame. 11 hing seme niyakūrafi. sain fangga hiyan-be 12 debume. ilha some ton akū hengkišeme 13 wesimburengge. ajige toin mimbe. 14 šengdzu hūwangdi. jai (212-1) manjusiri dergi ejen. nurhūme kesi isibume 2 wehiyehe baili mohon akū dade. 3 enduringge ejen. ajige toin mimbe wacira 4 dara dalai lama seme fungnehe. ajige 5 toin bi. ere ujen amba 6 kesi-be alifi. suwayan šajin-i baita-de 7 hing seme kiceme. nenehe

dalai lamai 8 kooli songkoi yabume ofi. minde 9 ce doron bume.
nenehe dalai lamai kooli 10 songkoi obuha turgunde. te turgūt-i 11
taiji ayuki-i ahūngga jui ceringdondob-i 12 elcin-i gisun. nenehe dalai
lama. turgūt-i 13 taiji ayuhi-de han-i colo doron buhe 14 songkoi. ne
ere ceringondob-de kemuni 15 han-i colo doron bureo seme dahūn
dahūn-i (213-1) baiha. geren elcisa. meni meni taijisai jalin 2 han-i
colo baiha ba akū. damu ayuki-i 3 deo-i jui dorji-i elcin-i gisun.
aikabade ayuki-i 4 juse-be ojorakū seci. ini deo-i jui 5 dorji-de inu ubu
bisire-be dahame. 6 han-i colo buci inu ombi seme enggici 7 ere gisun
gisurehe gojime. amala geli 8 gisurehe-be gofi. bi gisurehekū sere 9
jergi gisun bisire jakade. mini henduhengge. 10 han-i colo bumbi sere
baita ujen 11 oyonggo. suweni geren-i mujilen ishunde
12 acanarakū bime. ba na geni goro 13 sandalabuhabi. suweni taijisai
gūnin-be bi 14 šumilame ulhirakū. suwe bederefi meni meni 15 bade
uhei hebšefi. geren-i gūnin acafi. 16 emu niyalmai jalin colo baiha
manggi. (213-1) tere erinde. teni 2 manjusiri amba ejen-de baime
wesimbufi 3 toktobuki seme alafi. uthai ne buci 4 ojorakū babe
ulhibuhe. geli elcisai tubet-i 5 baru genere-de. geren acfi mini donir 6
beile polonai oronde baita icihiyara diba-be 7 hūlafi. geren elcisai
gisurehe bade. be meni meni 8 taiji-i jalin han-i colo-be baiha ba akū.
9 geren damu ceringdondob-i jalin sehebi. bi geli 10 mini ama sonom
darja. donir. polonai-i diba se. 11 turgūt-i elcisa-be isabufi fujurulame
fonjici. 12 geren elcisai gisun. han-i colo sirara kooli ayuki 13 bihe
fonde. ini ahūngga jui ceringdondob-de. 14 han-i icihiyara eiten baita-
be afabuha bihe 15 te bicibe. se inu ahūcilahabi. meni bade 16 bisire
taijisa. noyan obume tukiyehei bi; giyan (214-1) oci ahūngga jui
ceringdondob ombi sere gisun. 2 geren-i gūnin-de acambi serede. bi
mini turgun-be 3 alahangge. sunjaci dalai lama-i fon-ci ebsi. doro 4
šajin-be uherilehe 5 amba ūglige ejen serengge. amba aisin-i gung

diyan-i 6 aisin-i soorin-de tehe abkai fejergi-i 7 gubci ejen 8 manjusiri amba han inu-be dahame. tere ergide 9 hing seme niyakūrafi. eiten amba baita-be. 10 enduringge ejen-de wesimbufi toktobuci ambula acambi. 11 minde 12 šengszu hūwangdi. jai 13 manjusiri dergi ejen. jalan-de emhun jui-be gosire 14 amai gese. amba gosin-i wehiyehe baili umesi 15 ujen. mini se inu cinggiya. yaya baita-be. (214-1) manjusiri ejen-i tacibuha hesei songkoi yabume ofi. 2 te suweni ere baita-be. 3 bailingga ejen-de wesimbufi. 4 hese wasinjiha erinde. suweni geren-i gūnin-de acabume. 5 ceringdondob-de kooli songkoi colo doron buki. 6 suwe ubade aliyaci aliya. aliyame banjinarakū 7 oci. joo-i baci amasi bedere erinde. 8 eici 9 dergi hese isinjimbi dere. tere erinde buci 10 ombi seme toktobuha. turgūt-i elcisa tubet-i 11 baru jurambufi. bi baitai turgun-be gingguleme 12 wesimbuhe. 13 aisin genggiyen-i sain hese wasimbure-be bulekušereo14 bulekušereo. bithe wesimbure doroi hūturingga 15 šufa-be suwaliyame sain inenggi-de. dalai lama 16 bi hing seme niyakūrafi hengkišeme (215-1) jafaha.①

汉译：

奏折。奴才鼐格、祁山等谨奏。转奏事。本月二十五日（1732年2月20日），达赖喇嘛告知我等曰：土尔扈特使者等为其已故阿玉奇汗之子策凌敦多卜向我求汗号。为此事上奏之书，请大臣等转奏为盼。并将其藏文书下跪呈交。奴才等将达赖喇嘛所奏藏文书大致翻译，另写一折，与达赖喇嘛所奏封印原文一起谨呈御览。雍正十年元月二十八日（1732年2月23日）。

达赖喇嘛上奏之书文：

---

① 原文见中国第一历史档案馆编：《清代新疆满文档案汇编》第1册，广西师范大学出版社，2012年，第212—218页。满文转写和汉译由乌云毕力格完成。

承天奉运、在瞻卜州广大地域转动力轮之曼殊室利大皇帝足下明鉴。敕封西天大善自在佛所领天下释教识一切瓦赤喇达喇达赖喇嘛朝向大金殿,真诚下跪,点燃美味香,手持鲜花,无数次叩首上奏:因圣祖皇帝及曼殊室利上皇帝连续施恩,隆恩无尽,故圣皇帝封小僧为瓦赤喇达喇达赖喇嘛。小僧受此隆恩,为黄教之事诚心尽责,照前世达赖喇嘛之法行走,故授册书与印,令吾与前世达赖喇嘛同。今土尔扈特台吉阿玉奇之长子策凌敦多卜使者言:视前世达赖喇嘛授予土尔扈特台吉阿玉奇以汗号与印之例,如今请给此策凌敦多卜汗号及印。如此再三提请。诸使者并无为各自之台吉请汗号之事。只有阿玉奇弟之子多尔济使者背地里言:如意为阿玉奇诸子不可,则其弟之子多尔济亦有份儿,可授之以汗号也。而后又作罢,称未曾出此言。吾曰:授予汗号事所系重大。尔等不一心,地方亦相距甚远,尔等之台吉之意吾复不甚明知。尔等返回,在各自地方全体商议,统一众人之见,大家同为一人请汗号。那时吾可向大曼殊室利皇帝上奏请旨,并行裁定。如此告知(彼等)现在不可授予之理。再者,使者等赴藏时聚集在一起,请吾之多尼尔、替贝勒颇罗鼐办事之第巴等同坐,众曰:吾等不为各自之台吉请号。众人只为策凌敦多卜。吾复将吾父索诺木达尔扎、多尼尔、颇罗鼐之第巴与诸使者聚在一起探询。诸使者言:袭汗号之例:阿玉奇在世时,将汗所料理诸事已交予其长子策凌敦多卜。现在,亦以其年齿为长。吾等之在游牧诸台吉奉彼为诺颜。按礼数,长子策凌敦多卜应为之。此言合乎众意。吾告知(彼等)以吾心思:自五世达赖喇嘛以来,统驭政教之大施主乃居大金宫殿金座之天下共主曼殊室利大皇帝也。故此,向那方向诚然下跪,凡事向圣主呈奏定夺,则非常合理。圣祖皇帝及曼殊室利大皇帝如同世间疼爱独子之父,以大仁扶植吾身者,其隆恩甚重。吾年幼,凡事依照曼殊室利皇帝之晓谕而行,尔等之此事亦要奏报恩主,等圣旨到时,迎合众人之意,将依照惯例授予策凌敦多卜以汗号与印。尔等可在彼等待,如等不得,自昭地返回时或许圣旨抑或即到,彼时授予亦可。土尔扈特使者等已向西藏出发，吾谨奏其事由。恭请皇上温旨。明鉴，明鉴。以见书礼随同吉祥哈达于吉日，达赖喇嘛<u>诚心诚意跪叩呈上</u>。

从这本奏折中可以清楚地看到，当时七世达赖喇嘛对雍正皇帝的毕恭毕敬的态度与举止，以及他在清朝皇帝面前的卑微和事不能自主的地位。七世达赖喇嘛通过清朝官员向皇帝呈送其文书时"下跪呈交"，而在其奏折中称，"大皇帝足下明鉴"，达赖喇嘛"朝向大金殿，真诚下跪，点燃美味香，手持鲜花，无数次叩首上奏"，"向那方向（即向雍正皇帝——译者注）诚然下跪，凡事向圣主呈奏定夺"，将文书"诚心诚意跪叩呈上"，云云。尤其重要的是，七世达赖喇嘛授土尔扈特首领策凌敦多卜汗号时，不敢自主行事，特地向雍正皇帝请旨，这是前所未有的事情。七世达赖喇嘛虽言"自五世达赖喇嘛始，凡大事皆应奏请施主大皇帝，遵谕旨而行"，但实际上，达赖喇嘛给内外札萨克蒙古、准噶尔、土尔扈特贵族授予汗号、汗印从不向清朝请示报告。比如，1666年五世达赖喇嘛授予准噶尔地区和硕特首领鄂齐尔图台吉以"车臣汗"号，1672年授予喀尔喀土谢图汗以"具足信仰与力量之瓦赤赖土谢图汗"号，1678年授予准噶尔首领噶尔丹以"博硕克图汗"号。这些都是五世达赖喇嘛来北京会见顺治皇帝、受到顺治皇帝册封以后的事，但没有一次曾向皇帝请旨，连事后通报都未曾有之。还有，如前文提到，土尔扈特的阿玉奇汗被六世达赖喇嘛仓央嘉措封为"阿玉奇岱青汗"，六世达赖喇嘛同样没有向康熙朝廷就此事请过旨。从清朝内秘书院档和内阁蒙古堂档中五世和六世达赖喇嘛致清朝皇帝的书信、文书等看，达赖喇嘛对皇帝的权威和功德往往以极其华丽而冗长的辞藻加以赞美，但很少用贬低自身的词汇，同时常常提及自己为皇帝和众生的幸福安康勤奋做佛事。他们书信一般用"奉上"（蒙古文：ergübe，满文：jafaha）、"呈奏"（蒙古文：ayiladqaba，满文：wesimbuhe），而不用"跪叩呈上"之类的词。

那么，达赖喇嘛和清朝皇帝之间的关系，从七世达赖喇嘛开始发生了很大的变化。探究这一变化的原因，归根结底，是清朝在西藏统治的逐步强化有关。明末清初,和硕特蒙古占据西藏,建立了和硕特汗廷,并和清朝建立了和平友好关系。自清初以来,清朝一直采取通过和硕特汗廷间接控制西藏的政策,因此一直支持和硕特蒙古在西藏的统治。到了 17 世纪末,在西藏出现真假六世达赖喇嘛之争,清朝最后利用这一事件逐步实现了它对西藏的直接统治。众所周知,1681 年五世达赖喇嘛圆寂后,第巴桑结嘉措秘不发丧达十五年之久,期间认定仓央嘉措为六世达赖喇嘛,但没有得到清朝的正式承认。1705 年,第巴桑结嘉措被西藏蒙古汗王拉藏所杀,六世达赖喇嘛仓央嘉措随之被废除。拉藏汗扶持一名僧人益喜嘉措为"六世达赖喇嘛",但得不到西藏和青海蒙古的承认。这期间,拉藏汗的反对者们在康区找到六世达赖喇嘛仓央嘉措的转世灵童,即后来的七世达赖喇嘛格桑嘉措,并把他迎请到青海塔尔寺。1717 年,准噶尔进兵西藏,推翻了拉藏汗的和硕特汗廷。和硕特汗廷覆亡后,清朝决定出兵西藏,于是承认格桑嘉措为六世达赖喇嘛,以驱逐准噶尔、护送真正达赖喇嘛到布达拉宫坐床为名,分两路出兵西藏,因此得到西藏人民的普遍欢迎,兵不刃血,实现了对西藏的直接统治。其后,清朝有意限制达赖喇嘛的权力,取消固有的汗王制的同时,建立噶伦制度,设立康济鼐、阿尔布巴等四噶伦管理西藏政务。但是 1727 年阿尔布巴等三噶伦执杀康济鼐,爆发了所谓的"卫藏战争"。清朝平定叛乱后,继续削弱达赖喇嘛权力,扶持平叛有功的颇罗鼐势力,又因担心达赖喇嘛和颇罗鼐势力之间引起争端,令达赖喇嘛移居西康安远庙和泰宁,不让他问政,政教完全分立。总之,格桑嘉措被认定为达赖喇嘛和送入布达拉宫,完全依靠了清朝军事力量,他本人不仅年少,而且完全在清朝掌控之下。因此,格桑嘉措的处境与以往的达赖喇嘛截然不同,这是达赖喇嘛与清朝皇帝关系发生变化的主要原因所在。

达赖喇嘛对清朝皇帝关系的这一转变,实际上反映了清朝在西藏的统治进入了一个新时期,即朝廷在西藏政治中开始居支配地位。这是此后清朝在西藏一系列政治改革的前提。

(本文原载沈卫荣主编:《西域历史语言研究集刊》第七辑,科学出版社,2014 年)

达瓦齐时期准噶尔遣使赴拉达克熬茶考

陈 柱

清代准噶尔蒙古笃信藏传佛教格鲁派，与西藏有着密切关系，赴藏熬茶礼佛是其一项重大活动。准噶尔与清朝长期处于紧张敌对状态，清朝统治西藏后，严格限制准噶尔与西藏往来。清准关系改善后，准噶尔首领噶尔丹策零和策旺多尔济那木扎勒获得乾隆帝允准，先后三次遣使赴藏熬茶。此后，清廷便不再允许准噶尔进藏，准噶尔与西藏的联系再次被切断。拉达克北接新疆，东邻西藏，是新疆、西藏与南亚地区相互往来的通道，地理位置显要。拉达克与新疆以喀喇昆仑山为界，中有众多山口相通，彼此间一直存在频繁的政治经济文化往来。其居民多为藏族，信奉藏传佛教，与西藏在政治、经济和宗教各方面联系紧密。达瓦齐登上准噶尔汗位后，乾隆十八、十九年两次遣使赴拉达克熬茶，试图通过拉达克交通西藏。本文以中国第一历史档案馆所藏两件满文档案为基础，结合清代其他档案文献记载，对达瓦齐遣使赴拉达克熬茶一事原委进行考察和梳理。

一、拉达克王国与西藏的关系

拉达克古称玛域（或作芒域），是古象雄之地，在西藏吐蕃王朝时期为"六茹"之一"象雄茹"的一部分。拉达克王国的建立与吐蕃王朝的衰亡密切相关。公元842年，吐蕃赞普朗达玛（gLang-dar-ma）被杀，吐蕃王朝土崩瓦解，西藏进入分裂混乱时期。9世纪末，朗达玛曾孙吉德尼玛衮（sKyid-lde-nyi-ma-mgon）逃到象雄的布让（今西藏普兰），娶象雄统治家族没庐氏女为妻，收服象雄各部，统称"阿里"，建立割据政权。

没庐氏为尼玛衮育有三子,尼玛衮将长子贝吉衮(dPal-gyi-lde-rig-pa-mgon)分封到玛域(拉达克),次子扎西衮(bKra-shis-mgon)分封到布让,三子德祖衮(lDe-gtsug-mgon)分封到古格(今西藏日土,此后象雄专指古格一地),史称"阿里三围"或者"上部三衮"。三人及其后裔分别在各自封地内进行统治,逐渐形成玛域(拉达克)王国、布让王国和古格王国三个割据政权。① 可见贝吉衮是拉达克王国王室的始祖,拉达克王室是吐蕃赞普后裔。拉达克王国建立后未曾中断,一直延续到19世纪中叶被克什米尔吞并。

"阿里三围"的分裂割据是当时西藏整体分裂混乱局势的结果和反映。至13世纪中叶,蒙古帝国崛起于漠北高原,重新统一西藏,西藏四百年的分裂混乱局面才告终结,"阿里三围"也重新统一于西藏。元朝在中央设置宣政院,在西藏地方设置"乌思藏纳里速古鲁孙等三路宣慰使司都元帅府",管辖西藏全境政教事务。都元帅府下设"纳里速古鲁孙元帅府",管辖"阿里三围"玛域(拉达克)、古格和布让三地,"纳里速古鲁孙"即藏文"阿里三围"音译。元亡之后,明朝对西藏的管辖较为松散,主要实行羁縻统治,设置乌思藏、朵甘两个"卫指挥使司"和"俄力思军民元帅府",其中后者即统辖包括拉达克在内的阿里地区的军政事务。②

明末清初,中原鼎革,疏于顾及西藏,西藏各地方势力和教派之间纷争不已。在此期间,藏传佛教格鲁派日益壮大,与占统治地位的噶举派势力矛盾激化。在卫拉特蒙古和硕特部顾实汗的援助下,格鲁派打倒噶举派,消灭其他敌对势力,确立格鲁派在西藏的统治地位,建立起和硕特汗廷与达赖喇嘛等格鲁派上层联合统治的西藏地方政权。此时

---

① 周伟洲:"19世纪前后西藏与拉达克的关系及划界问题",《中国藏学》1991年第1期,第54—55页;尊胜:"分裂时期的阿里诸王朝世系(附:谈"阿里三围")",《西藏研究》1990年第3期,第55页。关于自朗达玛被杀至尼玛衮分封三子形成"阿里三围"的详细经过,可参看〔意〕伯戴克(Luciano Petech):"拉达克王国:公元950—1842年(二)——拉达克史上的第一个王朝",彭陟焱译、扎洛校,《西藏民族学院学报(哲学社会科学版)》2009年第3期,第16—20页。关于朗达玛被杀年代,一般作842年,周伟洲先生文中作841年。

② 周伟洲:《19世纪前后西藏与拉达克的关系及划界问题》,第55—56页。

拉达克王室尊奉藏传佛教竹巴噶举派,因教派差异,加之正在经略克什米尔地区的莫卧儿帝国的威胁,拉达克倒向莫卧儿帝国,公开对抗西藏地方政权和格鲁派,并对西藏西部地区怀有野心,出兵占领阿里的古格等地。①

17世纪70年代,因尊奉竹巴噶举派的布鲁克巴(今不丹)迫害当地格鲁派,和硕特汗廷及达赖喇嘛对布鲁克巴发动战争。拉达克王向以竹巴噶举派保护者自居,拉达克王德勒南杰(bDe-legs-rnam-rgyal,约1675—1691年在位)指责西藏攻打布鲁克巴,扬言要进攻拉萨。为此,和硕特汗廷及达赖喇嘛与布鲁克巴达成和解,于康熙十八年(1679年)派遣和硕特贵族噶丹次旺巴桑波(dGa'-ldan-tshe-dbang-dpal-bzang-po)②统率蒙古骑兵和藏兵征讨拉达克。西藏军队很快收复被拉达克占领的阿里地区,并于康熙二十年(1681年)攻入拉达克境内,不久即占领拉达克首府列城,征服拉达克大部分地区。于是德勒南杰向莫卧儿帝国统治下的克什米尔地方长官伊卜拉欣·汗(Ibrahim Khan)求援。克什米尔派军进入拉达克,噶丹次旺军作战失利,撤至拉达克东部边境附近。战后,康熙二十二年(1683年)克什米尔迫使拉达克向莫卧儿皇帝纳贡,改宗伊斯兰教,在境内修建清真寺,并派遣人质。克什米尔援军撤走后,噶丹次旺再次率军进攻拉达克,据说准噶尔汗国首领噶尔丹也派军增援。噶丹次旺军重新占领拉达克,拉达克投降。③ 拉达克臣服于异教的莫卧儿帝国,改宗伊斯兰教,严重损害了藏传佛教的

---

① 周伟洲:《19世纪前后西藏与拉达克的关系及划界问题》,第56页;陆水林译:"《查谟史》摘译",《中国藏学》1999年第4期,第109—110页;陈庆英:"固始汗和格鲁派在西藏统治的建立和巩固",《中国藏学》2008年第1期,第82页。

② 噶丹次旺系顾实汗次子达赖珲台吉长子,当时和硕特汗王达赖汗的堂兄,又译作噶登策旺贝桑布、甘丹次旺、噶尔丹策旺等。关于噶丹次旺,参看〔意〕伯戴克:《1681—1683年西藏、拉达克以及莫卧儿的战争》,汤池安译,《国外藏学研究译文集》第12辑,西藏人民出版社,1995年,第213—214页;〔意〕伯戴克:《拉达克王国:公元950—1842年(五)——拉达克力量的衰退》,扎洛译,彭陟焱校,《西藏民族学院学报(哲学社会科学版)》2009年第6期,第22页。

③ 〔意〕伯戴克:《拉达克王国:公元950—1842年(五)——拉达克力量的衰退》,扎洛译,彭陟焱校,第23页。

利益和拉达克自身的利益,拉达克统治者与西藏地方僧俗上层都决定议和。

康熙二十三年(1684年),在竹巴噶举派领袖第六世竹钦活佛米旁旺布(Mi-pham-dbang-po)主持下,西藏地方和拉达克达成协议,重归和好,除在贸易方面互惠互利外,在政治和宗教上,拉达克臣属于西藏,阿里地区收归西藏地方,西藏退还所占拉达克土地;拉达克放弃伊斯兰教,坚定佛教信仰;定期向拉萨派遣"年贡使"(洛恰,藏语 lo phyag,西文 lapchak),向西藏地方政权和达赖喇嘛进献贡物,并向拉萨的僧俗上层和各大寺庙供奉礼品。这样,拉达克重新成为西藏藩属,受西藏管辖,西藏地方也将阿里地区纳入直接统治之下。①

二、拉达克王国与清朝及准噶尔的关系

康熙五十六年(1717年),准噶尔汗国首领策旺阿喇布坦派遣大策凌敦多布率军入侵西藏,袭杀和硕特汗王拉藏汗,和硕特部在西藏的统治终结。康熙五十九年(1720年),清军入藏,驱逐了准噶尔入侵势力。自此,西藏正式纳入清朝统治之下,作为西藏藩属的拉达克也开始收归清朝管辖。由于清朝并不对西藏进行直接统治,而将西藏作为藩部,实行一套符合西藏政教情况的独特政治制度,故拉达克在清朝国家体制中的地位也颇具特色。清廷将其作为"藩属的藩属",由西藏地方政府根据清廷的指示代为管辖,西藏地方政府成为清廷与拉达克地方沟通联络的中介。

拉达克因其特殊地理位置,成为清朝获取新疆准噶尔部、回部及周

---

① 关于1681—1683年西藏与拉达克之间的战争及1684年西藏与拉达克协议详情,参看〔意〕伯戴克:《1681—1683年西藏、拉达克以及莫卧儿的战争》,第207—236页;〔意〕伯戴克:《拉达克王国:公元950—1842年(五)——拉达克力量的衰退》,扎洛译、彭陟焱校,第21—24页;陆水林译:《〈查漠史〉摘译》,第106—108、110—111页;陈庆英:《固始汗和格鲁派在西藏统治的建立和巩固》,第82—84页;周伟洲:《19世纪前后西藏与拉达克的关系及划界问题》,第56—57页。另,徐亮:《1684—1842年拉达克与中国西藏的政治关系研究》(硕士学位论文,兰州大学,2009年)一文对此也有论及,可参考。

边地区情况的重要途径。清朝档案和官书对此多有记载。如清实录记载,雍正二年(1724年),拉达克王尼玛纳木扎尔(Nyi-ma-rnam-rgyal)派遣使臣来到拉萨,与七世达赖喇嘛、五世班禅额尔德尼的使臣一道进北京朝贡。① 又载,雍正十年(1732年),拉达克王"尼玛纳木扎尔与贝子康济鼐同心报效。"②尼玛纳木扎尔之子德中纳木扎尔继位后,继续效忠清朝,为清廷"探取叶尔启木、准噶尔处信息,报知贝勒颇罗鼐转行奏达","与贝勒颇罗鼐一体效力,甚属勤劳"③。可见,拉达克归顺清朝不久,清廷就开始利用拉达克打探准噶尔和回部的消息。乾隆帝继位后,随着清朝对西藏统治的加强和经略西北的推进,拉达克与清朝的关系进一步紧密。

　　康熙十九年(1680年)噶尔丹征服天山南路后,拉达克成为准噶尔汗国的邻居,双方关系逐渐展开。随后的1681—1683年西藏与拉达克战争中,噶尔丹还曾出兵援助蒙藏联军统帅和硕特部贵族噶丹次旺征讨拉达克。战后,拉达克成为西藏臣属,准噶尔与拉达克的关系也得以改善。康熙五十九年(1720年)以后,清朝严禁准噶尔与西藏往来。为了保持与西藏的政教联系,准噶尔积极发展与拉达克的关系,多次派人到拉达克打探西藏情况,试图交通和联络西藏。清廷则对此严加防范。雍正朝后期清朝与准噶尔关系改善后,准噶尔三次获准进藏熬茶,同时仍保持着与拉达克的交往。

---

① 《清世宗实录》卷二十一,雍正二年六月乙未。也可参看〔意〕伯戴克:《拉达克王国:公元950—1842年(六)——18世纪上半叶的拉达克》,彭陟焱译、扎洛校,《西藏民族学院学报(哲学社会科学版)》2010年第3期,第10页。尼玛纳木扎尔在乾隆朝实录中译作"呢玛那木扎尔",其他文献中又译作尼玛南杰、尼玛南嘉、尼玛朗加等。伯戴克认为其统治年代开始于1691年,并于1729年让位于其子德迥南杰(即清朝文献中的德中纳木扎尔、德忠那木扎尔,其他文献中又译作德炯南嘉、德中朗加等),见上文第7、12页。拉达克王在清朝文献中被称为"拉达克汗"。
② 《清世宗实录》卷一百十六,雍正十年三月己卯。
③ 同上书。"叶尔启木"系清朝对"叶尔羌"的早期汉译。

三、清朝统治西藏与准噶尔赴藏熬茶

熬茶是指藏传佛教信徒到藏传佛教寺庙礼佛和发放布施,通常由熬茶者向寺庙众喇嘛布施酥油茶和钱物,众喇嘛则为之唪经祈福。准噶尔蒙古与卫拉特蒙古其他各部一样,17世纪初即接受藏传佛教格鲁派(黄教),成为格鲁派的虔诚信徒,与藏传佛教圣地西藏发生紧密关系。此后,赴藏熬茶礼佛成为准噶尔等卫拉特蒙古各部的一项重要活动,17世纪40年代以后获得较大发展。在卫拉特蒙古和硕特部统治青藏高原时期,准噶尔与西藏进行熬茶等交往比较便利和自由,学界对此已有过研究。[①] 康熙朝以来,准噶尔与清朝的关系长期处于紧张敌对状态。康熙五十六年(1717年),准噶尔首领策旺阿喇布坦派军入侵西藏,推翻和硕特汗廷,控制西藏长达三年。康熙五十九年(1720年),清朝驱逐入侵西藏的准噶尔势力,将西藏纳入统治之下,自此严厉防范准噶尔与西藏往来,准噶尔赴藏熬茶被禁绝。

雍正五年(1727年),策旺阿喇布坦去世,其子噶尔丹策零继位成为准噶尔汗国首领。噶尔丹策零时期,准噶尔与清朝先后发生和通泊之战(雍正九年,1731年)和额尔德尼召之战(雍正十年,1732年)两次大战,双方各有胜负。额尔德尼召之战后,双方都有意缓和长期的紧张关系,着手谈判划分准噶尔与清朝所辖喀尔喀蒙古之间的游牧界。自此双方关系得到改善,进入长达二十余年的和平交往时期。乾隆四年(1739年),双方最终勘定界址,此后频繁开展互派使者、大规模贸易等多方面往来,准噶尔重获赴藏熬茶的机会。这一时期,准噶尔先后三次获得清廷允准遣使赴藏熬茶。准噶尔第一次熬茶使半途而返,并未进藏,实际赴藏熬茶只有两次。分别印行于2009年和2010年的《军机处

---

① 参看蔡家艺:《清前期卫拉特蒙古进藏熬茶考述》,载中国社会科学院民族研究所主编:《中国民族史研究》,中国社会科学出版社,1987年,第265—281页;达力扎布:"略论16—20世纪蒙古'进藏熬茶'",《西域历史语言研究集刊》第7辑,科学出版社,2014年,第349—371页。

满文准噶尔使者档译编》①(所收档案起止时间为雍正十二年至乾隆十九年)和《清代军机处满文熬茶档》②(所收档案起止时间为乾隆五年五月至乾隆十三年四月)。两部档案集为研究和平时期的清准关系、准噶尔史和蒙藏关系提供了极其宝贵、丰富的史料,也为复原此一时期准噶尔赴藏熬茶的详情提供了便利,引起学界重视。关于此三次准噶尔赴藏熬茶详见后文。

四、两件满文档案所载达瓦齐遣使赴拉达克熬茶

笔者在查阅清代边疆满文档案时,发现两件关于达瓦齐统治时期准噶尔派遣使者赴拉达克熬茶的满文奏折,一件是乾隆十八年(1735年)十二月二十一日《驻藏大臣多尔济等奏闻准噶尔额木齐吹扎布叶尔羌达尔罕伯克等来拉达克熬茶等情折》③,一件是乾隆十九年十一月二十七日《驻藏大臣萨喇善等奏报准噶尔吹扎布叶尔羌回子阿都尼萨尔等来拉达克熬茶贸易等情折》④。两件档案既未见于《军机处满文准噶尔使者档译编》,也未见于《清代军机处满文熬茶档》,其内容在《清实录》中也没有记载。它们反映的历史原委是怎样的呢?下文笔者试图结合清代相关档案文献,解析两件档案内容,对此事进行考察和梳理。

---

① 中国第一历史档案馆、中国边疆民族地区历史与地理研究中心合编:《军机处满文准噶尔使者档译编》,中央民族大学出版社,2009年。
② 中国第一历史档案馆编译:《清代军机处满文熬茶档》,上海古籍出版社,2010年。
③ 中国边疆史地研究中心、中国第一历史档案馆合编:《清代新疆满文档案汇编》第8册,乾隆十八年十二月二十一日《驻藏大臣多尔济等奏闻准噶尔额木齐吹扎布叶尔羌达尔罕伯克等来拉达克熬茶等情折》,广西师范大学出版社,2012年,第416—417页。中国第一历史档案馆、中国人民大学清史研究所、中国社会科学院中国边疆史地研究中心编《清代边疆满文档案目录》中,除新疆卷载录该档案外,综合卷西藏类也载录该档案,见该书第12册综合卷,广西师范大学出版社,1999年,第40页。
④ 《清代新疆满文档案汇编》第9册,乾隆十九年十一月二十七日《驻藏大臣萨喇善等奏报准噶尔吹扎布叶尔羌回子阿都尼萨尔等来拉达克熬茶贸易等情折》,第228—231页。《清代边疆满文档案目录》除新疆卷外,综合卷西藏类也载录该档案,见该书第12册综合卷,第41页。

（一）两件满文档案汉译[①]

1. 档案一

乾隆十八年十二月二十一日《驻藏大臣多尔济等奏闻准噶尔额木齐吹扎布叶尔羌达尔罕伯克等来拉达克熬茶等情折》汉译[②]：

奏。奴才多尔济、舒泰谨奏。为奏闻事。驻防阿里地方之第巴索冈霖等呈称："派至拉达克地方探信之人来报：'准噶尔额木齐吹扎布等十人、叶尔羌达尔罕伯克等十五人二月十五日来拉达克，探问土伯特地方消息，至拉达克寺庙熬茶。'为此，我等将所闻之事呈报。"嗣后达赖喇嘛告称："派至拉达克买果子之人来告我等：'我等与来拉达克之准噶尔额木齐吹扎布、叶尔羌达尔罕伯克会于市集。吹扎布问我等为何事而来，答曰：我等为买果子而来，尔等为何事而来。彼等曰：我等来拉达克地方熬茶，土伯特地方之达赖喇嘛、班禅额尔德尼身体安否？有否广兴黄教？众人俱敬奉达赖喇嘛否？噶布伦以下人众俱好否？我等答称：土伯特地方蒙大皇帝之恩，托达赖喇嘛、班禅额尔德尼福佑，广弘黄教，生活甚为安逸。我等又问彼处人众是否安好，彼等告称：我台吉喇嘛达尔扎行事凶暴，欲杀达瓦齐。达瓦齐闻后，躲至边地。后达瓦齐不忍厄鲁特人众败坏卫拉特之道，带兵抓捕喇嘛达尔扎，成为台吉。现我台吉达瓦齐敬奉经教，甚为太平，众喇嘛广弘佛经云云。彼等熬茶贸易完毕，即起程归去。'准噶尔之人甚为狡诈，除此外，并未告知别情。此等语，拉达克之人亦皆相告。我等将所闻之事呈献，日后详加访察，如另有消息，再行呈报。"奴才我等嘱驻阿里地方之第巴索冈霖等："尔等仍于拉达克地方差派强干之人，若拉达克汗、其头目另有

[①] 两件满文档案汉文均为笔者所译。
[②] 满文拉丁转写见附录一。

消息,即切实探访后来报。"如此交付差派。此外,达赖喇嘛自今年十二月初五日坐禅,翌年正月二十日出定。为此谨奏。

乾隆十九年正月二十五日奉批红:知道了,钦此。

乾隆十八年十二月二十一日

2. 档案二

乾隆十九年十一月二十七日《驻藏大臣萨喇善等奏报准噶尔吹扎布叶尔羌回子阿都尼萨尔等来拉达克熬茶贸易等情折》汉译①:

奏。奴才萨喇善、舒泰谨奏。为奏闻事。十一月二十一日,达赖喇嘛遣卓尼尔向我等送来蒙古文书札,内称:"自拉达克汗地方经驿道寄送达赖喇嘛之书内称:'准噶尔额木齐吹扎布等七人、叶尔羌地方商回阿都尼萨尔伯克等十人,于今年十月初六日至拉达克地方,因彼等地方之堪布喇嘛根敦达克巴病殁而来熬茶。据彼等称,此前因欲请土伯特地方之堪布一名,曾奏请大皇帝,然并未获准。现想是复派四人前去上奏矣。达瓦齐仍任台吉,有子一人。吹扎布等于十月二十日起行返回。'再,自我等藏地派驻拉达克地方贸易之人呈称:'小人我等二人于九月初五日至拉达克地方。准噶尔额木齐吹扎布等七人、回子阿都尼萨尔伯克等十人,于十月初六日至拉达克地方。叶尔羌地方商回等来者亦多。我等与吹扎布相遇,吹扎布问我等:尔等今年又来买果子否?我等答称:是来买果子。又问:尔等土伯特地方之达赖喇嘛、班禅额尔德尼身体安好否?有否弘扬黄教?众人俱敬奉达赖喇嘛否?噶布伦以下人众俱好否?我等曰:土伯特地方托达赖喇嘛、班禅额尔德尼福佑,广弘黄教,生活甚为安逸。尔等地方一切俱好否?彼等称:我台吉达瓦齐身体甚好,诸官皆各司其事,哈萨克、布鲁特等仍照旧纳赋。因

---

① 满文拉丁转写见附录二。

我等地方之喇嘛根敦达克巴圆寂，故来拉达克寺庙熬茶。我等地方之众喇嘛、诸官俱愿衷心上奏大皇帝，欲遣人往土伯特地方熬茶做佛事。然因无大皇帝旨意，亦属无奈等语。再，拉达克地方之人暗中告知我等：听得，因准噶尔地方人众不和，一千五百余户人口俱诚心往求大皇帝。吹扎布等熬茶完毕，于十月二十日返回。'如此寄书。再，驻阿里地方之第巴等探获消息所寄书，亦与所遣买果子二人之书一致。故送来告知大臣等。"拉达克汗甚属恭敬，亲将所闻准噶尔消息经由驿道诚心致书达赖喇嘛。故奴才我等告知卓尼尔转告达赖喇嘛，仍由达赖喇嘛处向拉达克汗寄书一封，命其此间若另得准噶尔消息，切实探访后寄送达赖喇嘛。此外，其间或驻阿里地方之第巴等另得消息来报，或所遣买果子之人返回后有确实消息，再另奏闻。为此谨奏。

乾隆十九年十二月二十七日奉批红：知道了，钦此。

十一月二十七日。

（二）两件满文档案内容解析

两件满文档案中出现"土伯特""台吉""卓尼尔""堪布"等词。"土伯特"是清朝对西藏地方的通称。"台吉"有时又作"珲台吉"，是准噶尔蒙古最高首领的名号。"卓尼尔"是清代西藏噶厦政府中的中级僧官。"堪布"则是藏传佛教地区精通经典、担任寺院或扎仓（藏僧学习经典的学校）的住持，担任"堪布"的僧人多是获得藏传佛教格西学位的高僧。

可以看出，两件档案内容基本相同，主要反映了三个方面的信息：准噶尔使者在拉达克的活动；西藏地方探取这一信息的三个渠道；驻藏大臣将情况奏报乾隆帝。第一方面的信息是这样的：乾隆十八年（1753年）二月十五日，当时准噶尔汗国首领达瓦齐所派使者准噶尔人额木齐吹扎布等10人、天山南路叶尔羌的达尔罕伯克等15人一行来到拉达克打探西藏消息，进行贸易，并到拉达克的寺庙熬茶。当时西藏正值七世达赖喇嘛在位，经常派遣西藏人到拉达克贸易，购买果品等物，额木齐吹扎布一行正好在集市上遇到这些西藏贸易人员。双方进行了交谈，彼此询问来拉达克的缘故及各自地方的情况。额木齐吹扎布等人似乎知道这些贸易人员是西藏来的，向其询问达赖喇嘛、班禅额尔德尼和噶布伦以下人众是否安好，西藏黄教的发展情况如何，以及西藏人众是否敬奉达赖喇嘛。西藏贸易人员巧妙作答并反问准噶尔的情况，额木齐吹扎布等人告知达瓦齐带兵推翻了台吉喇嘛达尔扎的统治，成为准噶尔首领。

乾隆十九年（1754年），达瓦齐再次派遣使者到拉达克打探西藏消息并熬茶。这次达瓦齐所派使者是准噶尔人额木齐吹扎布等7人、叶尔羌地方商回阿都尼萨尔伯克等10人，他们在当年十月初六日到达拉达克。据称，他们这次来是为准噶尔堪布喇嘛根敦达克巴的圆寂熬茶做佛事。根敦达克巴在准噶尔应当颇有地位，是某个大寺的堪布，但尚不清楚其具体情况。额木齐吹扎布等告知拉达克王，准噶尔曾向乾隆帝奏请从西藏延请一名堪布喇嘛到准噶尔，但未获批准。额木齐吹扎布一行又与七世达赖喇嘛派到拉达克贸易之人相遇，如同上次一样彼此询问对方来由及各自地方情况。除额木齐吹扎布等所告准噶尔情况外，其余问答内容均与前次相同。额木齐吹扎布等告诉西藏贸易之人达瓦齐身体很好，准噶尔地方政治安定，所属哈萨克、布鲁特仍旧顺服；由于堪布喇嘛根敦达克巴圆寂，所以来拉达克熬茶做佛事。他们表示，准噶尔僧俗人众都衷心向乾隆帝奏请去西藏熬茶做佛事，但得不到乾隆帝允准，很是无奈。十月二十日，额木齐吹扎布一行起程离开拉达克返回。

早在康熙十九年（1680年）噶尔丹统治时期，准噶尔就已征服新疆天山南路的回部，当地穆斯林都成为准噶尔属民。由于这些穆斯林善于经商，因此准噶尔专门组织了由他们组成的官商集团，四出贸易获利，积累财富。乾隆六年和乾隆八年准噶尔两次派遣使者赴藏熬茶，都随带了众多"办理贸易事务回人"①，先在青海东科尔贸易，换取熬茶布

---

① 蔡家艺：《清前期卫拉特蒙古进藏熬茶考述》，第268页。

施所需钱物后再进藏。这些"回人"就是上述性质的准噶尔官商。达瓦齐两次遣使到拉达克熬茶都有众多叶尔羌的穆斯林商人陪同,并在拉达克进行贸易,可以推测这些穆斯林商人也是通过贸易为准噶尔在拉达克熬茶换取钱物。

两份档案都没有提及当时拉达克王的名字。根据意大利藏学家伯戴克的研究,雍正七年(1729年)德迥南杰(bDe-skyong-rnam-rgyal)继承拉达克王位①;乾隆四年二月(1739年3月),德迥南杰去世,其子彭措南杰(Phun-tshogs-rnam-rgyal)继位②;乾隆十八年三月二十日(1753年4月23日),彭措南杰让位于其子次旺南杰(Tshe-dbang-rnam-rgyal)③;乾隆四十七年五月(1782年6月),次旺南杰让位于长子次旦南杰(Tshe-brtan-rnam-rgyal)④。第一件档案只交待了达瓦齐使者到达拉达克的时间,即乾隆十八年二月十五日(1753年3月19日),参照伯戴克的研究可知当时拉达克是彭措南杰在位。该档案没有记载达瓦齐使者离开拉达克的时间,只称"彼等熬茶贸易完毕,即起程归去",可见他们在拉达克停留时间并不长。第二件档案记载乾隆十九年达瓦齐使者于十月初六日(1754年11月19日)到达拉达克,十月二十日(12月3日)离开,可知当时拉达克王已是次旺南杰。此次达瓦齐使者在拉达克只停留半个月,据此推测,乾隆十八年达瓦齐使者在拉达克停留时间应相差不远,彭措南杰让位于次旺南杰在乾隆十八年达瓦齐使者抵达拉达克之后第35天,可以断定彭措南杰退位前达瓦齐熬茶使者应该已经离开。因此达瓦齐两次遣使到拉达克熬茶时拉达克王分

---

① 〔意〕伯戴克:《拉达克王国:公元950—1842年(六)——18世纪上半叶的拉达克》,彭陟焱译、扎洛校,第12页。

② 同上文,第13页。

③ 同上文,第15页。文中称次旺南杰同时也是彭措南杰之兄萨迥南杰(Sa-skyong-rnam-rgyal)之子,并讨论了出现这种情况的原因,见该文第16页。陆水林先生译《〈查谟史〉摘译》一文也提到次旺南杰(文中译作才旺南嘉)是萨迥南杰(文中译作萨炯南嘉)之子,见《〈查谟史〉摘译》第114页。关于次旺南杰在拉达克王系中的位置,可参看尊胜:《分裂时期的阿里诸王朝世系(附:谈"阿里三围")》,第57—58页,文中译作泽旺朗加。

④ 〔意〕伯戴克:《拉达克王国:公元950—1842年(七)——拉达克力量的衰退》,扎洛译、彭陟焱校,《西藏民族学院学报(哲学社会科学版)》2010年第4期,第21页。

别为彭措南杰和次旺南杰。

两份档案十分清楚地反映出当时西藏地方获得准噶尔使者在拉达克活动情况的三个渠道。第一个渠道是拉达克王直接将情况报告给达赖喇嘛。由第二份档案可知从拉萨到拉达克有专门的驿道,为彼此的交通往来提供了便利,乾隆十九年拉达克王就是通过这条驿道将情报寄送给七世达赖喇嘛的。第二个渠道是达赖喇嘛常向拉达克派遣贸易人员,购买果品等物资,这些人实际上也是情报人员,随时将在拉达克获取的关于新疆的重要消息传送到拉萨。此两次准噶尔遣使赴拉达克熬茶时,七世达赖喇嘛所派贸易人员竟然都与准噶尔使者遭遇。通过与准噶尔使者的交谈,他们不仅将清廷想要向准噶尔宣传的西藏的情况直接传达给准噶尔,也直接获得准噶尔方面的情况(包括准噶尔意欲向清廷传达的信息)。除了向准噶尔使者直接了解新疆的情况外,这些贸易人员还通过其他方式探取新疆的情报。如第二份档案提到,当时拉达克民众暗中将听闻的准噶尔情况告诉他们:"因准噶尔地方人众不和,一千五百余户人口俱一心往求大皇帝。"第二个渠道获得的信息最为丰富。拉达克王及西藏贸易人员将情报呈报达赖喇嘛后,达赖喇嘛再将情报告知驻藏大臣。第三个渠道是驻西藏阿里地区的长官第巴向拉达克派遣探子获取情报,这也是西藏地方获取新疆情报的重要途径。阿里与拉达克接壤,具有地理上的优势。阿里的第巴接到探报后即呈报给驻藏大臣或者达赖喇嘛。

驻藏大臣获得三个方面的情报后,经过比较和甄别,将详情如实奏报乾隆帝。通过三个渠道获得的情报会存在详略、真伪等差异,有的情报可能并非三个渠道都能同时获得,因而综合三个渠道所获情报进行比较、甄别和互补,才能得到较为接近事实的全面信息。当时驻藏大臣和西藏地方正是通过这种方式得知此两次准噶尔赴拉达克熬茶情况的。从清代档案文献记载来看,这三个渠道一直是雍正时期和乾隆前期西藏地方通过拉达克探取新疆情报的重要途径,从中我们可以了解到清前期西北疆域开拓过程中搜集情报方式的灵活多样。

五、达瓦齐时期准噶尔遣使赴拉达克熬茶的背景

(一) 乾隆朝准噶尔三次赴藏熬茶概况

准噶尔部众笃信黄教,尊崇达赖喇嘛和班禅额尔德尼,赴藏熬茶礼佛是其一项重要活动。雍正后期清准关系改善后,从乾隆四年至乾隆十三年(1748年)十年间,准噶尔先后三次获得乾隆帝允准并派遣使者赴藏熬茶。第一次发生在乾隆六年。先是,乾隆二年(1737年)七月,五世班禅额尔德尼在札什伦布寺圆寂。乾隆三年十二月,噶尔丹策零派遣哈柳率使团进京奏请允准准噶尔赴藏熬茶,为五世班禅做佛事。乾隆帝没有拒绝,允许准噶尔100名使者进藏。但噶尔丹策零不满足于这一人数,乾隆四年初再次遣使进京请求将人数增加到300人,也为乾隆帝所批准。① 经过两年往返商议和准备,乾隆六年(1741年)正月,准噶尔宰桑齐默特、巴雅斯瑚朗、商卓特巴喇嘛多约特禅机率领三百人熬茶使团抵达哈密;在凉州将军乌赫图护送下四月初到达青海东科尔,开始贸易,准备贸易完毕后进藏熬茶。可是,在长达四个月的时间中,准噶尔使团除了贸易和在青海塔尔寺等处寺庙熬茶外,并无意进藏,借口贸易不顺一再拖延入藏时间。到七月下旬货物全部售罄时,齐默特等又以西藏道路险峻、天气寒冷、所带牲口不堪任用为由,不顾清朝官员反对,仍不愿前往西藏。清朝官员无可奈何,准噶尔使团八月底起程返回。② 因此,准噶尔此次赴藏熬茶并未实现。

因乾隆六年准噶尔赴藏熬茶半途而返,乾隆七年(1742年)正月和

---

① 叶志如:《从贸易熬茶看乾隆前期对准噶尔部的民族政策》,《新疆大学学报(哲学社会科学版)》1986年第1期,第68页;马林:《乾隆初年准噶尔部首次入藏熬茶始末》,《西藏研究》1988年第1期,第64—65页;吕文利、张蕊:《乾隆年间蒙古准噶尔部第一次进藏熬茶考》,《内蒙古师范大学学报(哲学社会科学版)》2010年第4期,第41页。

② 傅恒等撰:《平定准噶尔方略》前编卷四十六,乾隆六年八月丙申;蔡家艺:《十八世纪中叶准噶尔同中原地区的贸易往来略述》,载中国蒙古史学会编《中国蒙古史学会论文选集(1981年)》,内蒙古人民出版社,1986年,第247页;叶志如:《从贸易熬茶看乾隆前期对准噶尔部的民族政策》,第63、68页;马林:《乾隆初年准噶尔部首次入藏熬茶始末》,第66—67页;吕文利、张蕊:《乾隆年间蒙古准噶尔部第一次进藏熬茶考》,第43—44页。

十月,噶尔丹策零又以为其亡父策旺阿喇布坦熬茶做佛事为由,先后两次派遣吹纳木喀出使北京奏请再次赴藏熬茶。乾隆帝早有预料,批准了准噶尔的请求。乾隆八年(1743年)六月底,噶尔丹策零派遣吹纳木喀、巴雅斯瑚朗为首率领300余人熬茶队伍抵达青海东科尔贸易,清廷选派侍郎玉保、将军乌赫图护送和照管。因有前一次的经验教训,在清朝官员引导下,准噶尔使团很快贸易完毕,于九月下旬赶到西藏,然后前往前后藏主要寺庙熬茶布施。十二月初,准噶尔使团圆满完成熬茶任务,从拉萨起程返回,期间共布施黄金四百余两、白银十五万七千多两。①

乾隆十年(1745年),准噶尔发生大瘟疫。当年九月噶尔丹策零染病于伊犁去世,其次子策旺多尔济那木扎勒继承汗位,不久准噶尔即陷入内乱。十一年(1746年)初,策旺多尔济那木扎勒派遣使臣哈柳进京奏请为其亡父噶尔丹策零入藏熬茶做佛事,于三月抵京。乾隆帝早在十年十一月间就已听闻噶尔丹策零死讯,对其颇感惋惜。对于哈柳的奏请,乾隆帝很快允准。② 十一年十二月,策旺多尔济那木扎勒又派遣使臣玛木特进京,最终商定进藏熬茶的具体时间、路线。十二年(1747年)六月,准噶尔宰桑巴雅斯瑚朗率领300余人使团自伊犁出发,经天山南路进藏,因渡塔里木河时遭遇河水泛滥,迟至九月下旬才抵达预定的贸易地点得卜特尔,随即展开贸易。清廷派遣侍郎玉保护送和照管。贸易完毕后,十一月中旬玉保带领准噶尔使团赴藏,十二月中旬抵达西藏。至十三年(1748年)二月下旬,准噶尔使团方才熬茶布施完毕,于三月初离藏返回。此次熬茶布施准噶尔共花费黄金四百余两、白银十

---

① 蔡家艺:《十八世纪中叶准噶尔同中原地区的贸易往来略述》,第248页;蔡家艺:"清代前期准噶尔与内地的贸易关系",载中国蒙古史学会编《中国蒙古史学会论文选集(1983)》,内蒙古人民出版社,1987年,第267页;叶志如:《从贸易熬茶看乾隆前期对准噶尔部的民族政策》,第63、69页;吕文利:"乾隆八年蒙古准噶尔部进藏熬茶始末",《明清论丛》2012年第12期,第270—271、273—275页。

② 《清高宗实录》卷二百五十九,乾隆十一年三月乙亥、壬午、甲申。

九万四百余两。①

(二) 乾隆帝不再允准准噶尔赴藏熬茶

1. 策旺多尔济那木扎勒时期

乾隆十三年准噶尔使团在西藏熬茶完毕返回后,三月十八日乾隆帝即向负责护送和照管准噶尔使团的玉保下达谕旨:"嗣后彼等若再请赴藏熬茶,勿轻许准行。"②准噶尔使团离开西藏时,为日后到色拉寺、哲蚌寺等寺庙熬茶预留了数万两银钱。当时驻藏大臣索拜和傅清担心准噶尔再来西藏熬茶,于是询问刚继承其父颇罗鼐职位不久的郡王珠尔默特那木扎勒对准噶尔人入藏熬茶的看法。珠尔默特那木扎勒表示:

> 准噶尔人性善欺诈,拉藏汗时,彼等潜入西藏,杀戮众喇嘛,破坏佛教,阖藏喇嘛、唐古忒人众无所不知。是故,彼等无论如何为利禅黄教慷慨布施,各寺庙众喇嘛惟念昔日之痛猜忌而已,并无因获布施欣喜、感戴策妄多尔济那木扎勒之人。再,准噶尔人等往来及住藏期间,我等唐古忒人等每日备办彼等骑驮之牲畜马牛、喂养马畜之草料、柴薪等,只是受累而已,毫无益处。……此次所来准噶尔使臣等彼此不和,且又不能管束属众,故与前次不同。喇嘛斋桑亦较狂妄,日后意欲扰害我土伯特地方,亦未可料。准噶尔台吉

---

① 蔡家艺:《十八世纪中叶准噶尔同中原地区的贸易往来略述》,第 250 页;蔡家艺:《清前期卫拉特蒙古进藏熬茶考述》,第 271—275 页;叶志如:《从贸易熬茶看乾隆前期对准噶尔部的民族政策》,第 69 页(叶文认为此次熬茶使团人数为 200 人,有误);吕文利:《乾隆十二年准噶尔人入藏熬茶始末》,《西部蒙古论坛》2013 年第 2 期,第 4—7 页。关于布施的黄金、白银数量,蔡家艺先生《清前期卫拉特蒙古进藏熬茶考述》一文作黄金四百二十二两三钱、白银十九万四百四十八两七钱七分,吕文利《乾隆十二年准噶尔人藏熬茶始末》一文作黄金 419.3 两、白银 173587.805 两。此处白银数量据蔡文。

② 《清代新疆满文档案汇编》第 7 册,乾隆十三年三月十八日《谕为嗣后准噶尔再请赴藏熬茶勿轻许准行事》,第 429 页。

> 策妄多尔济那木扎勒倘复奏请派使赴藏熬茶，若蒙洞鉴不允，与我唐古忒之众极有利裨。①

可见，康熙五十六年准噶尔军入侵西藏并控制西藏三年造成极为恶劣的影响，给西藏僧俗人众留下深刻阴影和伤痛，三十年后的乾隆十三年，当地人仍然无法对此释怀，对准噶尔人深怀不满和疑忌。虽然准噶尔赴藏熬茶给西藏的寺庙和喇嘛布施了大量钱财，但也给当地百姓带来沉重负担，郡王珠尔默特那木扎勒明确表示准噶尔入藏熬茶对西藏"只是受累而已，毫无益处"。因此西藏上自大贵族，下至平民百姓都不愿准噶尔再来西藏熬茶。有鉴于此，乾隆十三年三月二十五日，驻藏大臣索拜和傅清向乾隆帝上奏建议日后不宜再准准噶尔人赴藏熬茶："以臣愚见，准噶尔人等赴藏熬茶，唐古忒人等委实辛苦，郡王珠密那木扎勒极不乐意。嗣后倘若不准准噶尔人等赴藏，则于土伯特地方甚有利裨。"②

乾隆帝在当年五月收到奏折后，随即向索拜和傅清降旨，晓谕和安抚郡王珠尔默特那木扎勒，表示日后要严行拒绝准噶尔人为寻常事进藏：

> 准噶尔人等狡诈，断不可信，倘若仍令来往于藏，久而久之，必致纷扰。珠密那木扎勒所虑者是。此二次准其所请赴藏熬茶，特因噶尔丹策零为其父策妄阿喇布坦、策妄多尔济那木扎勒为其父噶尔丹策零屡屡虔心奏请，彼等为父祈请，不便不准，故朕恩准施行，焉能照准其寻常之事。嗣后准噶尔人等遇有此等之事，仍请赴藏熬茶，不得已尚准其请。倘非此等之事，为寻常之事祈请，断不

---

① 《清代军机处满文熬茶档》（下），84，乾隆十三年三月二十五日《驻藏大臣索拜等奏闻准噶尔人等复请赴藏熬茶不宜再准折》，满文见第1521—1525页，汉译文见第1529页。该书在汉译文第1529页将档案批红时间"乾隆十三年五月初三日"误作上奏时间。

② 同上，满文见第1525—1527页，汉译文见第1530页。

准行。①

谕旨表明,清廷日后不再允许准噶尔为寻常之事进藏,除非像噶尔丹策零和策旺多尔济那木扎勒那样为其亡父熬茶做佛事这种"大事"。但从此后情况来看,不管准噶尔以任何理由奏请,清廷都未再允许准噶尔入藏。

乾隆十四年(1749年)冬,策旺多尔济那木扎勒以准噶尔汗国早先从西藏延请来的喇嘛大多年老或亡故,遣使臣尼玛进京奏请每年派人赴藏熬茶、学经礼佛,尼玛等于乾隆十五年(1750年)正月初抵京。② 从策旺多尔济那木扎勒上奏的表文来看,他曲解了乾隆帝此前所降准噶尔须有"大事"才能入藏熬茶的谕令,乾隆帝的意思是准噶尔首领为其去世父汗熬茶做佛事这种"大事"才能允准进藏,策旺多尔济那木扎勒理解为只要有大事就能进藏,于是以"弘扬黄教"为准噶尔大事,请求以后每年都进藏。③ 乾隆帝接见了尼玛一行,重申了此前的原则,并以准噶尔人进藏路途遥远艰苦、西藏郡王珠尔默特那木扎勒反对准噶尔人入藏熬茶、清朝官兵护送照看劳烦为由,拒绝了准噶尔的请求。乾隆帝建议策旺多尔济那木扎勒可以选派准噶尔喇嘛到北京的寺庙学经,这里有很多德高望重的呼图克图和来自西藏的得道喇嘛,与在西藏学经

---

① 《清代军机处满文熬茶档》(下),85,乾隆十三年五月初四日《寄谕驻藏大臣索拜等嗣后准噶尔等倘为寻常事请求赴藏则不准》,满文见第1532—1533页,汉译文见1535页;《清高宗实录》卷三百十四,乾隆十三年五月丙戌。《清代新疆满文档案汇编》第8册,乾隆十三年五月初四日《军机大臣傅恒寄信驻藏大臣索拜为嗣后限制准噶尔部进藏熬茶事》与熬茶档所载为同一档案,对应内容见该档案汇编第30页。

② 《军机处满文准噶尔使者档译编》(下),398,《主事诺木浑为使臣尼玛等已由哈密起程事呈军机大臣文》,第2665—2666页;405,《主事诺木浑等为报使臣尼玛等抵京日期事呈军机大臣文》,第2669页;407,《准噶尔台吉策妄多尔济那木扎勒为请准每年派人赴藏熬茶事奏书》,第2670页。

③ 《军机处满文准噶尔使者档译编》(下),407,《准噶尔台吉策妄多尔济那木扎勒为请准每年派人赴藏熬茶事奏书》,第2670页。

无异。① 为此,乾隆帝还专门向策旺多尔济那木扎勒下达一份谕旨申明此事。② 尼玛等遂于二月初起程返回准噶尔。

2. 喇嘛达尔扎时期

(1) 喇嘛达尔扎第一次遣使北京

不久,策旺多尔济那木扎勒即在当年被其庶兄喇嘛达尔扎废杀,喇嘛达尔扎登上准噶尔汗位。喇嘛达尔扎很快在当年冬派遣使臣宰桑额尔钦、尼玛等到北京朝贡,并奏请进藏熬茶礼佛,延请喇嘛。额尔钦等在乾隆十六年(1751年)正月底抵京,正值乾隆帝南巡,于二月底在苏州受到接见。③ 喇嘛达尔扎仍以赴藏熬茶礼佛为准噶尔大事,请求派人进藏,乾隆帝坚持此前的原则,以喇嘛达尔扎赴藏熬茶并无名分,予以驳斥:"蒙古遣人赴藏熬茶者,均为报答彼等亡故父母之恩情。噶尔丹策零、策妄多尔济那木扎勒,均为报答其父之恩而遣人耳。今喇嘛达尔扎之请,为报答何人之恩? 愿报答尔等前台吉策旺多尔济那木扎勒之恩乎? 若为伊自身,才承其位,好端端生时即遣人赴藏乎。再,于达尔扎此等非要紧之事上,朕岂有屡次派官兵照管之理? 此等事断不准行。"④ "熬茶之事并非俗规,前尔已故台吉噶尔丹策零为其父台吉策旺阿喇布坦,策妄多尔济那木扎勒为其父台吉噶尔丹策零,奏请赴藏熬茶诵经,此皆欲追报先人,理应准行,故准其所请,又加恩沿途补赏牲畜盘

---

① 《军机处满文准噶尔使者档译编》(下),417,《丰泽园筵宴尼玛面降谕旨不准派人赴藏习经记注》,第2676—2677页;419,《协办大学士阿克敦等奏闻转宣尼玛不可每年派人至藏习经片》,第2678—2680页。

② 《军机处满文准噶尔使者档译编》(下),436,《谕准噶尔台吉策妄多尔济那木扎勒准派喇嘛至京习经》,第2692—2693页。

③ 《军机处满文准噶尔使者档译编》(下),457,《军机大臣傅恒等奏报准噶尔使臣抵京日期片》,第2704页;458,《寄谕甘肃巡抚鄂昌等速令准噶尔使臣等赶赴京城》,第2705页;476,《预备迎接使臣事务片》,第2714—2715页;480,《准噶尔台吉喇嘛达尔扎之奏表》,第2718页;497,《使臣瞻觐圣明时所降谕旨》,第2729—2730页;《平定准噶尔方略》前编卷五十三,乾隆十六年二月乙亥;蔡家艺:《十八世纪中叶准噶尔同中原地区的贸易往来略述》,第252页。

④ 《军机处满文准噶尔使者档译编》(下),497,《使臣瞻觐圣明时所降谕旨》,第2730页。

费,特派大臣官员照管。彼时朕即降旨,尔等台吉因有此大事,朕方允行。若无大事,断然不许,所降谕旨甚明。"①于是,额尔钦在觐见时,又以喇嘛达尔扎新近继承准噶尔汗位为由,请求进藏。乾隆帝认为并没有准噶尔新汗继位即派人进藏熬茶的惯例,驳回了额尔钦的请求。②

喇嘛达尔扎在奏表中表示不便从准噶尔选派喇嘛到北京学经,而奏请从西藏或者北京延请四五名贤能喇嘛到准噶尔教习佛经,乾隆帝断然拒绝从西藏延请喇嘛,勉强同意从北京延请,但表示当年不便立即选派,此后将从西藏拣选若干有德行喇嘛到京,等准噶尔下次遣使来奏请时再派遣,在使臣返回时一同带去。③

(2)喇嘛达尔扎第二次遣使北京

于是,喇嘛达尔扎遵照乾隆帝指示,又于乾隆十六年十一月派遣使臣图卜济尔哈朗等进京,祈求从北京延请三位呼图克图中的一名、西藏索尔巴噶勒丹锡呼图一名到准噶尔,又以为其父噶尔丹策零做佛事为由奏请派人赴藏熬茶。④ 图卜济尔哈朗等于乾隆十七年(1752年)正月中旬抵京,受到乾隆帝接见。对于第一个请求,乾隆帝表示在京呼图克图各有职司,不能派遣,建议延请清廷专门从西藏拣选到北京的十位有德行喇嘛;至于西藏索尔巴噶勒丹锡呼图,已经在当年亡故,更无从派遣。由于喇嘛达尔扎没有交待延请从西藏来的普通喇嘛,图卜济尔哈朗不敢自作主张,没有答应,延请喇嘛一事只好作罢。⑤ 对于第二个请求,喇嘛达尔扎认为此次以为其父做佛事这一乾隆帝认可的"大事"为

---

① 《军机处满文准噶尔使者档译编》(下),499,《颁于准噶尔台吉喇嘛达尔扎之敕书》,第2731页。
② 《军机处满文准噶尔使者档译编》(下),497,《使臣瞻觐圣明时所降谕旨》,第2730页;499,《颁于准噶尔台吉喇嘛达尔扎之敕书》,第2731页。
③ 《军机处满文准噶尔使者档译编》(下),497,《使臣瞻觐圣明时所降谕旨》,第2729页;499,《颁于准噶尔台吉喇嘛达尔扎之敕书》,第2731—2732页。
④ 《军机处满文准噶尔使者档译编》(下),521,《军机大臣傅恒等奏报预计使臣至京日期折》,第2746—2747页;536,《准噶尔台吉喇嘛达尔扎之表文》,第2755页。
⑤ 《军机处满文准噶尔使者档译编》(下),539,《使臣图卜济尔哈朗等朝觐时颁降谕旨记注》,第2756页;547,《协办大学士阿克敦等奏闻使臣朝觐时所降谕旨及使臣所奏事情折》,第2762—2763页;555,《颁予准噶尔台吉喇嘛达尔扎之敕书》,第2767—2768页。

名奏请入藏熬茶,必能获得允准,没想到仍然遭到驳斥和拒绝。① 乾隆帝认为喇嘛达尔扎之弟、前任准噶尔首领策旺多尔济那木扎勒已经为其父噶尔丹策零在西藏熬茶做过佛事,不能再去一次:

> 再尔奏遣人至藏之事,去年尔使臣额尔钦前来,以尔新袭位为辞奏请,朕即降旨;无换一台吉,即遣人入藏一次之理,故不准行。此次尔使臣图卜济尔哈朗又以追报尔老台吉噶尔丹策零为辞,前策妄多尔济那木扎勒已为噶尔丹策零熬茶一次,今安得又遣人前往。若有十子,岂有十次遣人进藏之理? 此皆不可能准行之事。②

图卜济尔哈朗等无奈,只好无功而返。

3. 达瓦齐时期

此时正值准噶尔激烈内讧,乾隆十七年十一月,喇嘛达尔扎在伊犁被达瓦齐和阿睦尔撒纳袭杀,达瓦齐登上准噶尔汗位。此时,准噶尔已经濒临崩溃的边缘,清廷也正在紧锣密鼓地谋划彻底平定准噶尔,更不可能同意准噶尔赴藏熬茶。达瓦齐继位后忙于打击政敌、巩固地位,迟至乾隆十九年(1754年)三月才向清廷正式派遣使节,这是达瓦齐政权与清廷的唯一一次直接联系,也是准噶尔与清廷的最后一次正式通使往来。四月底,达瓦齐所派使臣宰桑敦多克等抵达清准边界,五月中旬在承德避暑山庄得到乾隆帝接见。③ 达瓦齐此次遣使,一来为取得清

---

① 《军机处满文准噶尔使者档译编》(下),540,《协办大学士阿克敦等奏报会见使臣言语情形折》,第2757—2758页;547,《协办大学士阿克敦等奏闻使臣朝觐时所降谕旨及使臣所奏事情折》,第2763页;《清高宗实录》卷四百七,乾隆十七年正月戊子。

② 《军机处满文准噶尔使者档译编》(下),555,《颁予准噶尔台吉喇嘛达尔扎之敕书》,第2768页。

③ 《军机处满文准噶尔使者档译编》(下),572,《军机处为令准噶尔使臣火速前来及探询其密言事札付伴送之章京》,第2776页;583,《军机大臣傅恒等奏闻接取达瓦齐之奏表事宜折》,第2783—2784页;593,《兵部尚书舒赫德奏闻询问使臣自彼处起程时日情形折》,第2791—2792页;蔡家艺:《十八世纪中叶准噶尔同中原地区的贸易往来略述》,第253页。

廷对其继位的承认,二来为奏请进藏熬茶。先前准噶尔首领策旺多尔济那木扎勒被喇嘛达尔扎所杀,现在达瓦齐将喇嘛达尔扎废杀,因此他以策旺多尔济那木扎勒的合法继承者自居,遵照乾隆帝的"大事"原则,请求入藏为策旺多尔济那木扎勒熬茶诵经,振兴黄教。他以为这样便名正言顺。① 但是,由于达瓦齐废杀喇嘛达尔扎篡位,不仅继位方式不正当,而且既夺取了噶尔丹策零家族的权位,又断绝了噶尔丹策零子嗣。并且达瓦齐在境内迫害异己,祸及僧人。乾隆帝长期以来对噶尔丹策零颇怀感念,对其子策旺多尔济那木扎勒和喇嘛达尔扎也较为宽厚。现在达瓦齐却以噶尔丹策零的继承者自居,奏请进藏,"振兴黄教,安逸众生",乾隆帝对此十分反感,严厉地斥责了达瓦齐的行径,指其为噶尔丹策零的"仇人"。② 因此达瓦齐此次遣使只是自讨无趣,徒劳而返。达瓦齐使者敦多克等六月中旬自北京起程返回。③

自乾隆十三年策旺多尔济那木扎勒所遣熬茶使者自西藏返回后,清廷便不再允许准噶尔以任何理由进藏。准噶尔直至最终被清朝灭亡,也再未能进藏熬茶。

六、达瓦齐遣使赴拉达克熬茶

乾隆十三年后,因得不到清廷允准,准噶尔再也无法进入西藏熬茶礼佛、学经和延请喇嘛。无奈之下,准噶尔重又试图通过拉达克交通西藏,并前往拉达克熬茶礼佛。例如,乾隆十六年(1751年)初,喇嘛达尔扎在派遣使臣额尔钦、尼玛等到北京奏请赴藏熬茶之际,同时遣使到拉达克贸易,询问西藏达赖喇嘛、班禅额尔德尼及黄教情况。当时在位的

---

① 《军机处满文准噶尔使者档译编》(下),585,《使臣敦多克所携达瓦齐之奏表》,第2785页。

② 《军机处满文准噶尔使者档译编》(下),587,《筵宴使臣等时所降谕旨记注》,第2786页;588,《达瓦齐所遣使臣朝觐时所降谕旨》,第2787页;598,《颁予准噶尔达瓦齐之敕书》,第2794—2795页。

③ 《军机处满文准噶尔使者档译编》(下),606,《伴送使臣之主事索诺木为带使臣先行前往肃州事呈军机大臣文》,第2799页。

拉达克王彭措南杰将此奏报乾隆帝，引起清廷警觉。① 这一年秋，喇嘛达尔扎又派人到拉达克探听西藏消息。因年初进京奏请从西藏延请喇嘛未果，喇嘛达尔扎还通过拉达克王向七世达赖喇嘛请求从西藏选派喇嘛到准噶尔。七世达赖喇嘛没有同意，转告准噶尔可到北京延请喇嘛。②

乾隆十七年十一月达瓦齐篡位后，忙于内争，暂无暇派人进京上奏，遂于乾隆十八年二月就近派遣额木齐吹扎布为首率领使团到拉达克熬茶，并探听西藏消息。乾隆十九年春，达瓦齐正式派遣使臣敦多克等进京朝贡，奏请入藏熬茶，却遭到乾隆帝严厉斥责，无功而返。当时又值准噶尔堪布喇嘛根敦达克巴圆寂，达瓦齐只得再派额木齐吹扎布为首率领使团于当年十月初重到拉达克熬茶，为圆寂的堪布喇嘛做佛事，借机打探西藏消息。这便是前引乾隆十八年十二月二十一日《驻藏大臣多尔济等奏闻准噶尔额木齐吹扎布叶尔羌达尔罕伯克等来拉达克熬茶等情折》和十九年十一月二十七日《驻藏大臣萨喇善等奏报准噶尔吹扎布叶尔羌回子阿都尼萨尔等来拉达克熬茶贸易等情折》两件满文档案所反映之事。

达瓦齐遣使到拉达克熬茶，试图通过拉达克交通西藏，这可以说是准噶尔在衰亡之际为恢复与西藏的政教联系、振兴黄教所作的最后努力。17世纪初准噶尔皈依黄教后，西藏格鲁派对准噶尔的崛起和强盛发挥着重要作用，黄教僧人在准噶尔形成强大势力，成为准噶尔政权的一个基石和支柱。18世纪中叶准噶尔的衰落与清朝禁断准噶尔与西藏的往来及准噶尔黄教的衰落不无关系。西藏是藏传佛教圣地，达赖喇嘛和班禅额尔德尼在笃信藏传佛教的蒙古各部有着崇高地位和巨大影响力，西藏格鲁派上层成为相继崛起的清王朝和准噶尔蒙古都极力争夺和拉拢的对象。在对西藏的角逐中，清朝最终取得胜利，准噶尔和西藏的联系被切断，唯有得到清廷允准，准噶尔才得与西藏交往。这对

---

① 《清高宗实录》卷三百八十二，乾隆十六年二月乙亥。
② 《清高宗实录》卷四百二，乾隆十六年十一月乙亥。

准噶尔的政教利益不能不造成严重损害。清准关系改善后，准噶尔虽曾三次获准进藏熬茶，但都是在清朝严密监视和防范下进行的。此后，准噶尔多次遣使北京奏请从西藏延请喇嘛到准噶尔弘教或者从准噶尔派遣僧人至西藏学经，并屡次请求赴藏熬茶礼佛，都被乾隆帝拒绝。虽然乾隆帝同意从北京派遣喇嘛到准噶尔弘教，终因对具体喇嘛人选未达成一致而未果。在此背景下，拉达克因独特地缘优势为准噶尔所重视，成为准噶尔借以交通西藏、恢复与西藏政教联系的唯一途径。准噶尔衰亡之际，拉达克又因藏传佛教兴盛，被达瓦齐视作权可满足宗教需求的"圣地"，遣使前去熬茶礼佛。但时势的变化已不容准噶尔回旋。乾隆二十年（1755 年），在达瓦齐盟友阿睦尔撒纳协助下，清军平定伊犁，达瓦齐被俘，准噶尔汗国灭亡。

附录一

(416 页-1)(＋) wesimburengge. (2) aha dorji. šutai gingguleme (3)(＋) wesimburengge. (4)(＋)(＋) donjibume wesimbure jalin. ari-i bade seremšeme tehe diba (5) sogʻangnai sei alibuha bithede. ladak-i bade mejige gaime (6) takūraha niyalmai boolanjihangge. jun gar-i emci coijab-i (7) jergi juwan niyalma. yerkim-i darhan bek-i jergi tofohon (8) niyalma. juwan biyai tofohon-de ladak-de jihe. tubet (9) ba-i mejige-be fonjime. ladak juktehen-de mangja fuifume (10) jihe seme gisurembi. uttu ofi. meni donjiha babe (11) boolaha sehebi. sirame dalai lamai baci. ladak-de (12) tubihe udaname takūraha ursei mende alanjiha bade. (13) ladak-de jihe jun gar-i emci coijab. yerkim-i (14) darhan bek be hūdai bade acaha. coijab membe ai (15) baita-de jihe seme fonjire-de. be tubihe udame (16) jihe. suwe ai baita-de jihe seme karu fonjire-de. (17) ceni gisun. be ladak-i bade mangja fuifume jihe. (18) tubet ba-i dalai lama. bancen erdeni-i beye elheo. (19) šajin-be badarambuhai bio. gubci urse gemu dalai (20) lama-be gingulembio. gʻablon-ci fusihūn geren urse (21) gemu saiyūn sehe.

meni gisun. te tubet-i bade. (22)(+)(+) amba ejen-i kesi. dalai lama. bancen erdeni-i adistit-de (23) šajin-be ambula badarambume. umesi elhe-i jirgame (24) banjimbi seme karu alafi. geli ceni tubai gubci urse (25) gemu saiyūn seme fonjire-de. ceni alarangge. meni taiji (26) lamadarja ehe doksin-i yabume. dawaci-be waki serede. (27) dawaci donjifi uthai jecen-i bade jailaha. amala (28) ūlet-i urse noirot-i doro efujere-be jenderakū (29) ofi. cooha-be gaifi. lamadarja-be jafafi. dawaci (30) taiji oho. te meni taiji dawaci ging-ni doro-be (31) gingguleme. umesi taifin-i bi. lamasa nomun-be badarambume (417页-1) bi seme alambi. ese mangja-be fuifume. hūdašame (2) wajifi uthai jurafi genehe sembi. jun gar-i urse umesi (3) argangga. ereci tulgiyen. umai gūwa babe alarakū. (4) ere jergi gisun. ladak-i urse inu gemu gisurendumbi. (5) meni donjiha babe alibuha. amala kimcime fujurulafi aika (6) encu mejige bici. jai alibuki seme boolanjihabi. aha be (7) ari-i bade tehe diba šog'angnai sede suwe ladak-i (8) bade kemuni sain akdun niyalma-be takūrafi. ladak (9) han. ceni ambakan urse-ci aika encu mejige bici. (10) yargiyalame fujurulafi boolanjikini seme afabume unggiheci (11) tulgiyen. ere aniya jorgon biyai ice sunja-ci dalai (12) lama can tehe. ishun aniya aniya biyai orin (13) deri sumbi sembi. erei jalin gingguleme (14) (+)(+) donjibume wesimbuhe. (15) abkai wehiyehe-i juwan uyuci aniya aniya biyai orin (16) sunja-de (17)(+) fulgiyan fi-i pilehe (18) (+)(+) hese. saha sehe. (19) abkai wehiyehe-i juwan jakūci aniya jorgon biyai orin emu.

附录二

(228页-10)(+) wesimburengge. (11) aha saršan šutai gingguleme (12)(+) wesimburengge. (13)(+)(+) donjibume wesimbure jalin. omšon biyai orin emu-de (14) dalai lama-i baci jonir-be takurafi. (15)

aha mende benjihe monggo hergen-i bithede (16) ladak han-i baci giyamun deri dalai (17) lama-de jasiha bithede. jun gar-i (18) emci coijab-i jergi nadan niyalma. (19) yerkim bai hūdašara hoise adu nisar bek-i (20) jergi juwan niyalma. ere aniya juwan biyai ice ninggun-de. ladak-i bade isinjifi. (22) ceni ba-i k'ambu lama gendun dakba nimeme (23) akū oho turgunde. manja fuifume jihe (229 页-1) ceni henduhengge. erei onggolo. tubet bai (2) k'ambu-be emke soliki sere jalin (3)(+)(+) amba ejen-de baime wesimbuhe bicihe. (4) umai yabubuhakū. te ainci dasame (5) duin niyalma unggifi wesimbume genehe (6) dere. dawaci kemuni taiji tehebi. inde (7) emu jui bi sembi. coijab se juwan (8) biyai orin-de jurafi amasi genehe (9) seme jasihabi. jai meni dzang-ci ladak-i (10) bade tehe udaname takūraha niyalmai alibume (11) jasihangge. buya meni juwe niyalma uyun biyai (12) ice sunja-de ladak-i bade isinjiha. (13) jun gar-i emci coijab-i jergi nadan (14) niyalma. hoise adu nisar bek-i jergi juwan (15) niyalma. juwan biyai ice ninggun-de ladak-i (16) bade isinjiha. yerkim bai hūdašara hoise sei (17) jihengge inu labdu. be coijab-be ucarafi (18) coijab mende fonjihangge. suwe ere aniya (19) geli tubihe udame jiheo. be. inu (20) tubihe udame jihe. geli suweni tubet bai (21) dalai lama. bancen erdeni-i beye elheo. (22) suwayan šajin-be badarambuhai bio. gubci (23) urse gemu dalai lama-be ginggulembio. (24) g'ablon-ci fusihūn geren urse gemu (25) saiyūn seme fonjiha-de. meni gisun. (26) tubet-i bade. dalai lama. bancen erdeni-i adistit-de suwayan šajin-be ambula (27) badarambume umesi elhe-i jirgame banjimbi. (29) suwe tubai gubci gemu saiyūn seme (30) fonjiha-de. ceni gisun. meni taiji (31) dawaci-i beye sain. hafasa gemu meni (230 页-1) meni aliha baita-be icihiyambi. hasak. (2) burut sei alban. kemuni nenehe songkoi jimbi. (3) meni bai lama gendun dakba akū (4) oho turgunde. ladak-i juktehen-de (5) manja fuifume jihe. meni ba-i lama sa (6) hafasai gūnin-de. gemu (7)(+)(+) amba ejen-de wesimbufi. tubet-i bade (8) manja fuifume. bujan weileme niyalma unggigi (9) sere gūnin bisire gojime. damu (10)(+)(+) amba ejen-i hese akū ofi. inu arga (11) akū seme alahabi. jai ladak bai (12) urse fejergideri mende jenduken-i alahangge. (13) donjici. jun gar ba-i ursei dorgide. (14) majige acuhūn akū ofi. emu minggan (15) sunja tanggū funcere boigon anggala (16) gemu hing seme (17)(+)(+) amba ejen-be baime genehe sembi. coijab se (18) manja fuifume wajifi. juwan biyai orin-de (19) amasi genehe seme jasihabi. jai ari-i (20) bade tehe diba sei mejige gaifi jasiha (21) bithe. inu tubihe udaname takūraha juwe (22) niyalmai bithe emu adali. uttu ofi ambasa-de (23) donjibuha seme benjihe-de. aha be. ladak (24) han-i beye. dalai lama-be umesi gingguleme (25) jun gar-i mejige-be donjifi. giyamun deri (26) hing seme bithe jasiha-be dahame. dalai (27) lama-i baci. kemuni ladak han-de emu bithe jasifi. ere sidende aika jun gar-i (28) encu mejige bahaci yargiyalame fujurulafi (30) uthai dalai lama-de jasikini seme (31) jonir-de hendufi. ulame dalai lama-de alaha-ci (231 页-1) tulgiyen. ere sidende eici ari-i bade (2) tehe diba sei encu mejige bahafi boolanjire. (3) eici tubihe udaname takūraha niyalma amasi (4) isinjiha manggi. yargiyan mejige bici. encu (5)(+)(+) donjibume wesimbuki. erei jalin gingguleme (6)(+) wesimbuhe.. (7) abkai wehiyehe-i juwan uyuci aniya jorgon (8) biyai orin nadan-de (9) (+) fulgiyan fi-i pilehe (10) (+)(+) hese saha sehe.. (11) omšon biyai orin nadan.

The Dzungarian Missions Ladakh
during the Reign of Dawaci

Chen Zhu

Dzungar Mongolians sincerely believed in dGe-lugs-pa of Tibetan

Buddhism in Qing dynasty. It was an important affair for them to go to Tibet to "boil tea" and pay respect for Buddha. Qing Empire had strictly prohibited Dzungar to contract with Tibet since Qing started to govern Tibet. After the relationship between them took a turn for the better, Dzungar was permitted by Qianlong Emperor to go to Tibet to "boil tea" for three times. But after that they were no longer allowed to enter Tibet. Ladakh was adjacent to Xinjiang and Tibet and believed in Tibetan Buddhism with dGe-lugs-pa being flourishing, Dawaci dispatched envoys to Ladakh to "boil tea" and make contract with Tibet respectively in the 18th year and the 19th year of Emperor Qianlong's reign after he became the Khan of Dzungar. This thesis researched the event thoroughly based on two pieces of Manchu-language achieves and other literatures of Qing dynasty.

（本文原载《西部蒙古论坛》2015 年第 3 期，内容略有改动）

拉达克协助清朝缉拿大小和卓一事考述

陈 柱

一

拉达克位于今印度所控克什米尔北部,北接新疆,东邻西藏,是新疆、西藏与南亚次大陆之间相互往来的通道。其居民多为藏族,信奉藏传佛教。拉达克很早以来就与西藏是一个整体,是西藏阿里地区的组成部分,在政治、经济和宗教各方面联系紧密。平定大小和卓[①]叛乱是清前期历史和18世纪内亚史的一件大事,对清代中国西北疆域的开拓治理及18世纪内亚局势影响颇为深远,被视为"乾隆十全武功"之一载入清朝史册。对大小和卓叛乱的研究向来为治清代西北边疆史和民族史者所重视,相关著述也颇丰,不过仍有值得深入研究之处。为防止大小和卓逃脱,清朝在平叛过程中曾命邻近的拉达克协助打探消息、堵截和缉拿大小和卓。此事虽小,意义却不一般。其一,考察此事,有助于揭示拉达克与清朝及西藏地方的关系;其二,考察此事,有助于深入了解清朝平定大小和卓叛乱的具体过程,包括大小和卓的活动和清军的调配、情报的搜集和传递、相关对策的制定,以及在此过程中周边各部

[①] 清代满文档案称大小和卓时,"和卓"一词对应的满文为 hojom(拉丁转写),汉译为"和卓木";称其他带有"和卓"名号的人物时,"和卓"一词对应满文为 hojo(拉丁转写)。据刘志霄先生称,"和卓"一词添加后缀"木"字,直译为汉语当为"我们的和卓",也即第一人称领属人称形式(名词以辅音字母结尾添加附加成分"-m"),"和卓木"是新疆伊斯兰教白山派信徒和黑山派信徒对阿帕克和卓家族和伊斯哈克·瓦利家族的尊称。见刘志霄:《维吾尔族历史》,中国社会科学出版社,1996年,第485页,脚注。本文统一使用"和卓"一称。

族的反应和活动;其三,通过此事,可以了解拉达克与新疆天山南路回疆地区的往来;其四,透过此事,也有助于了解乾隆中期对西藏的治理,包括三世章嘉呼图克图、六世第穆呼图克图在西藏的政治活动及作用。然就笔者所知,目前学界尚少有人专门深入探讨此事。① 因此,笔者不揣陋昧,利用中国第一历史档案馆所藏清代新疆满文档案及《清实录》《平定准噶尔方略》等清代官书记载,对此事进行考察和梳理,以求揭示其原委。

二

拉达克古称玛域(或作芒域),是古象雄之地,在西藏吐蕃王朝时期为"六茹"之一"象雄茹"的一部分。拉达克王国的建立与吐蕃王朝的衰亡有关。唐武宗会昌二年(842年),吐蕃赞普朗达玛(gLang-dar-ma)被杀,吐蕃王朝土崩瓦解,西藏进入历史上的分裂混乱时期。9世纪末,朗达玛曾孙吉德尼玛衮(sKyid-lde-nyi-ma-mgon,又译作吉德尼玛贡)逃到象雄的布让(今西藏普兰),娶象雄统治家族没庐氏女为妻,收服象雄各部,统称"阿里",建立地方割据政权。没庐氏为尼玛衮育有三子,尼玛衮将长子贝吉衮(dPal-gyi-lde-rig-pa-mgon,又译作贝吉日巴衮、贝吉德热巴贡,或称贝吉贡、班吉衮、日巴衮等)分封到玛域(拉达克),次子扎西衮(bKra-shis-mgon)分封到布让,三子德祖衮(lDe-

---

① 就目前笔者所见,论及此事的学术成果有:邓建新《章嘉呼图克图研究》一书抄录并转述了乾隆朝实录中记载的乾隆皇帝要求拉达克协助缉拿大小和卓的五份重要谕旨,指出章嘉呼图克图在其中的活动和作用,见该书第151—156页,宗教文化出版社,2010年。秦永章:《论清代国师章嘉·若必多吉的政治活动》一文简单提到乾隆朝实录对三世章嘉呼图克图督导驻藏大臣处理缉拿大小和卓之事及奏报自拉达克所探消息的几条记载,见该文第81—82页,《清史研究》2000年第3期。该氏所著:《乾隆皇帝与章嘉国师》一书重述了以上内容,见该书第199页,青海人民出版社,2008年。陈晓敏所著《清代驻京喇嘛制度研究》一书与秦氏所述基本相同,略有差异,见该书第75—76页,北京燕山出版社,2011年。伯戴克也根据乾隆朝实录记载叙及此事,见〔意〕L.伯戴克著、扎洛译、彭陟焱校:《拉达克王国:公元950—1842年(七)——拉达克力量的衰退》,《西藏民族学院学报(哲学社会科学版)》2010年第4期,第18—19页。

gtsug-mgon)分封到古格(今西藏日土,此后象雄专指古格一地),史称"阿里三围"或者"上部三衮"。三人及其后裔分别在各自封地内实行统治,逐渐形成玛域(拉达克)王国、布让王国和古格王国三个割据政权。① 可见贝吉衮是拉达克王国王室的始祖,拉达克王室是吐蕃赞普后裔。

"阿里三围"的分裂割据是当时西藏整体分裂混乱局势的结果和反映。至13世纪中叶,蒙元帝国崛起于漠北高原,重新统一了西藏,西藏四百年的分裂混乱局面才告终结,"阿里三围"也重新统一于西藏。元朝在中央设置宣政院,在西藏地方设置"乌思藏纳里速古鲁孙等三路宣慰使司都元帅府",管辖西藏全境政教事务。都元帅府下设"纳里速古鲁孙元帅府",管辖"阿里三围"玛域(拉达克)、古格和布让三地,"纳里速古鲁孙"即藏文"阿里三围"音译。元亡之后,明朝对西藏的管辖较为松散,主要实行羁縻统治,设置乌思藏、朵甘两个"卫指挥使司"和"俄力思军民元帅府",其中后者即统辖包括拉达克在内的阿里地区的军政事务。②

明末清初,中原鼎革,中央政府疏于顾及西藏,西藏各地方势力和教派之间纷争不已。在此时期,藏传佛教格鲁派日益壮大,与占统治地位的噶举派势力矛盾激化。在卫拉特蒙古和硕特部顾实汗的援助下,格鲁派打倒噶举派,消灭其他敌对势力,确立格鲁派在西藏的统治地位,建立起和硕特汗廷与达赖喇嘛等格鲁派上层联合统治的西藏地方政权。此时拉达克王室尊奉藏传佛教竹巴噶举派,因教派差异,加之正在经略克什米尔地区的莫卧儿帝国的威胁,拉达克倒向莫卧儿帝国,公开对抗西藏地方政府和格鲁派,并对西藏西部地区怀有野心,出兵占领

---

① 尊胜:《分裂时期的阿里诸王朝世系(附:谈"阿里三围")》,《西藏研究》1990年第3期,第55页;周伟洲:《19世纪前后西藏与拉达克的关系及划界问题》,《中国藏学》1991年第1期,第54—55页。关于自朗达玛被杀至尼玛衮分封三子形成"阿里三围"的详细经过,可参看〔意〕L.伯戴克著、彭陟焱译、扎洛校:《拉达克王国:公元950—1842年(二)——拉达克史上的第一个王朝》,《西藏民族学院学报(哲学社会科学版)》2009年第3期,第16—20页。关于朗达玛被杀年代,一般作842年,周伟洲先生文中作841年。

② 周伟洲:《19世纪前后西藏与拉达克的关系及划界问题》,第55—56页。

阿里的古格等地。①

17世纪70年代,因尊奉竹巴噶举派的布噜克巴(今不丹)迫害当地格鲁派,和硕特汗廷及达赖喇嘛对布噜克巴发动战争。拉达克王向以竹巴噶举派保护者自居,拉达克王德勒南杰(bDe-legs-rnam-rgyal,又译作德雷南嘉、德累南杰、德烈朗加等,约1675—1691年在位)指责拉萨政府攻打布噜克巴,扬言要进攻拉萨。为此,西藏地方与布噜克巴达成和解,于康熙十八年(1679年)派遣和硕特贵族噶丹次旺巴桑波(dGa'-ldan-tshe-dbang-dpal-bzang-po)②统率蒙古骑兵和藏兵征讨拉达克。西藏军队很快收复被拉达克占领的阿里地区,并于康熙二十年(1681年)攻入拉达克境内,不久即占领拉达克首府列城,征服拉达克大部分地区。于是德勒南杰向莫卧儿帝国治下克什米尔地方长官伊卜拉欣·汗(Ibrahim Khan)求援。克什米尔派军进入拉达克,噶丹次旺军作战失利,撤至拉达克东部边境附近。战后,康熙二十二年(1683年)克什米尔迫使拉达克向莫卧儿皇帝纳贡,改宗伊斯兰教,在境内修建清真寺,并派遣人质。克什米尔援军撤走后,噶丹次旺再次率军进攻拉达克,据说卫拉特蒙古准噶尔部首领噶尔丹也派军增援。噶丹次旺军重新占领拉达克,拉达克投降。③ 拉达克臣服于异教的莫卧儿帝国,改宗伊斯兰教,严重损害了藏传佛教的利益和拉达克自身的利

---

① 周伟洲:《19世纪前后西藏与拉达克的关系及划界问题》,第56页;陆水林译:《〈查谟史〉摘译》,《中国藏学》1999年第4期,第109—110页;陈庆英:《固始汗和格鲁派在西藏统治的建立和巩固》,《中国藏学》2008年第1期,第82页。

② 噶丹次旺系顾实汗次子达赖珲台吉长子,当时和硕特汗王达赖汗的堂兄,又译作噶登策旺贝桑布、甘丹次旺、噶尔丹策旺等。关于噶丹次旺,参看〔意〕L. 伯戴克著、汤池安译:《1681—1683年西藏、拉达克以及莫卧儿的战争》,《国外藏学研究译文集》第12辑,西藏人民出版社,1995年,第213—214页;汤池安《评伯戴克关于1681年西藏边境战争的性质问题》附录《1681—1683年西藏、拉达克及莫卧儿的战争》,《西藏研究》1991年第1期,第154页;〔意〕L. 伯戴克著、扎洛译、彭陟焱校:《拉达克王国:公元950—1842年(五)——拉达克力量的衰退》,《西藏民族学院学报(哲学社会科学版)》2009年第6期,第22页。

③ 〔意〕L. 伯戴克著、扎洛译、彭陟焱校:《拉达克王国:公元950—1842年(五)——拉达克力量的衰退》,第22—23页。也可参看〔意〕伯戴克著、杨铭、方琳译:《拉达克政权的衰落》相关部分,载《藏学学刊》第6辑,四川大学出版社,2010年,第265—266页。后者系前者另一译本。

益,西藏地方僧俗上层与拉达克统治者决定议和。

在竹巴派领袖第六世竹钦活佛米旁旺布(Mi-pham-dbang-po)主持下,康熙二十三年(1684年),西藏地方和拉达克达成协议,重归和好,除在贸易方面互惠互利外,在政治和宗教上,拉达克臣属于西藏,阿里地区收归西藏地方,西藏退还所占拉达克土地;拉达克放弃伊斯兰教,坚定佛教信仰;定期向拉萨派遣"年贡使"(洛恰,藏语 lo-phyag,西文 lapchak),向西藏地方和达赖喇嘛进贡,并向拉萨的僧俗上层和各大寺庙贡奉礼品。这样,拉达克重新成为西藏藩属,受西藏管辖,西藏地方也将阿里地区纳入直接统治下。①

康熙五十六年(1717年),准噶尔部首领策旺阿喇布坦派遣大策凌敦多布率军入侵西藏,袭杀和硕特汗王拉藏汗,和硕特部在西藏的统治告终。康熙五十九年(1720年),清军入藏,驱逐了准噶尔入侵势力。自此,西藏正式纳入清朝统治下,作为西藏藩属的拉达克也开始收归清朝管辖。由于清朝并不对西藏进行直接统治,而将西藏作为藩部,实行一套符合西藏政教情况的独特政治制度,故拉达克在清朝国家体制中的地位也颇具特色。清廷将其作为"藩属的藩属",由西藏地方政府根据清廷的指示代为管辖,西藏地方政府成为清廷与拉达克地方沟通联络的中介。拉达克因其特殊地理位置,成为清朝获取新疆准噶尔部、回部及周边地区情报的重要途径,准噶尔部也试图通过拉达克交通西藏。清朝档案和官书对此多有记载。如根据清实录,雍正二年(1724年),拉达克王尼玛纳木扎尔(Nyi-ma-rnam-rgyal)派遣使臣来到拉萨,与达

---

① 关于1681—1683年西藏与拉达克之间的战争及1684年西藏与拉达克协议详情,参看〔意〕伯戴克著、汤池安译:《1681—1683年西藏、拉达克以及莫卧儿的战争》一文,或汤池安:《评伯戴克关于1681年西藏边境战争的性质问题》附录《1681—1683年西藏、拉达克及莫卧儿的战争》;〔意〕L.伯戴克著、扎洛译、彭陟焱校:《拉达克王国:公元950—1842年(五)——拉达克力量的衰退》,第21—24页;陆水林译:《〈查谟史〉摘译》,第106—108、110—111页;陈庆英:《固始汗和格鲁派在西藏统治的建立和巩固》,第82—84页;周伟洲:《19世纪前后西藏与拉达克的关系及划界问题》,第56—57页。另,徐亮:"1684—1842年拉达克与中国西藏的政治关系研究"(兰州大学硕士学位论文,2009年5月)一文也对此有所论及,可参考。

赖喇嘛、班禅额尔德尼的使臣一道进京朝贡。① 又如,雍正十年(1732年),拉达克王"尼玛纳木扎尔与贝子康济鼐同心报效"。② 尼玛纳木扎尔之子德中纳木扎尔继位后,继续效忠清朝,为清廷"探取叶尔启木、准噶尔处信息,报知贝勒颇罗鼐转行奏达","与贝勒颇罗鼐一体效力,甚属勤劳"③。可见,拉达克归顺清朝不久,清廷就开始利用拉达克打探准噶尔和回部的消息。乾隆帝继位后,随着清朝对西藏统治的加强和经略西北,拉达克与清朝的关系进一步紧密,尤其在清朝与准噶尔的关系及清朝平定大小和卓叛乱中发挥了重要作用。

三

大小和卓发动叛乱后,乾隆帝要求缉拿和严惩大小和卓的态度十分坚决,尤其不能容忍小和卓逃脱。指挥平叛大军的将军雅尔哈善就因攻打库车城时逃脱了小和卓,被乾隆帝革职处决。由于拉达克的特殊地理位置,清廷平定大小和卓叛乱过程中,对其十分重视,让西藏地方的僧俗官员三世章嘉呼图克图、驻藏大臣、六世第穆呼图克图及噶伦等居中联络拉达克,充分利用其打探消息、协助堵截和缉拿大小和卓。拉达克对清朝的指示恭顺遵行,十分勤勉,探取消息后,随即向西藏地方汇报。西藏地方得报后,一面协同商议如何妥善办理,一面迅速上奏乾隆帝。同时,西藏地方还自行选派侦探前往拉达克探听消息。

关于这一时期的拉达克王,国内鲜有学者关注。根据伯戴克研究,

---

① 《清世宗实录》卷二十一,雍正二年六月乙未(二十四日)。也可参看〔意〕L. 伯戴克著、彭陟焱译、扎洛校:《拉达克王国:公元950—1842年(六)——十八世纪上半叶的拉达克》,《西藏民族学院学报(哲学社会科学版)》2010年第3期,第10页。尼玛纳木扎尔在乾隆朝实录中译作"呢玛那木扎尔",其他文献中又译作尼玛南杰、尼玛南嘉、尼玛朗加等。伯戴克认为其统治年代开始于1691年,并于1729年让位于其子德迥南杰(即清朝文献中的德中纳木扎尔、德忠那木扎尔,其他文献中又译作德炯南嘉、德中朗加等),见〔意〕L. 伯戴克著、彭陟焱译、扎洛校:《拉达克王国:公元950—1842年(六)——十八世纪上半叶的拉达克》,第7、12页。拉达克王在清朝文献中被称为"拉达克汗"。
② 《清世宗实录》卷一百十六,雍正十年三月己卯(二十二日)谕。
③ 同上。"叶尔启木"系清朝对"叶尔羌"的早期汉译。

上述拉达克王德中纳木扎尔（德迥南杰）之子彭措南杰（Phun-tshogs-rnam-rgyal）于 1753 年 4 月让位于儿子次旺南杰（Tshe-dbang-rnam-rgyal）。① 1782 年 5 月，次旺南杰退位，其长子次旦南杰（Tshe-brtan-rnam-rgyal）继位。② 清朝出兵征讨和平定大小和卓叛乱的时间正好处于拉达克王次旺南杰在位时期。同一时期的清朝相关满文档案中出现"昌纳木济勒"（满文 cangnamjil, 有时写作 cengnamjil）"扎旺纳木扎尔"（dzawang namjal）这两个拉达克王的名字。③ 显然"昌纳木济勒""扎旺纳木扎尔"与"次旺南杰"均系同名异译，是同一人。可见，协助清朝探信和缉拿大小和卓的拉达克王即次旺南杰（昌纳木济勒、扎旺纳木扎尔）。

（一）

先是，准噶尔汗国首领噶尔丹策零死后，准噶尔陷入内乱。几经争战，准噶尔贵族达瓦齐登上汗位，达瓦齐盟友卫拉特辉特部贵族阿睦尔撒纳反叛达瓦齐而降清。清朝乘机进军天山北路，在阿睦尔撒纳协助下，乾隆二十年（1755 年）清军擒获达瓦齐，平定准噶尔，被准噶尔统治者拘禁在伊犁的大和卓布拉尼敦（buranidun, 又译作波罗尼都）和小和卓霍集占（hojijan, 又称汗和卓）两兄弟也向清军投诚。清军将大和卓遣回喀什噶尔招抚天山南路回众，而将小和卓仍留在伊犁管理当地回

---

① 〔意〕L. 伯戴克著、彭陟焱译、扎洛校：《拉达克王国：公元 950—1842 年（六）——十八世纪上半叶的拉达克》，第 15 页。文中称次旺南杰同时也是彭措南杰之兄萨迥南杰（Sa-skyong-rnam-rgyal）之子，并讨论了出现这种情况的原因，见该文第 16 页。陆水林先生译《〈查谟史〉摘译》一文也提到次旺南杰（文中译作才旺南嘉）是萨迥南杰（文中译作萨炯南嘉）之子，见该文第 114 页。关于次旺南杰在拉达克王系中的位置，可参看尊胜：《分裂时期的阿里诸王朝世系（附：谈"阿里三围"）》，第 57—58 页，文中译作泽旺朗加。

② 〔意〕L. 伯戴克著、扎洛译、彭陟焱校：《拉达克王国：公元 950—1842 年（七）——拉达克力量的衰退》，第 21 页。

③ "扎旺纳木扎尔"见《驻叶尔羌办事参赞大臣舒赫德等奏闻拉达克汗遣使至叶尔羌献礼请安情形折》（乾隆二十四年十二月二十三日），中国边疆史地研究中心、中国第一历史档案馆合编：《清代新疆满文档案汇编》第 43 册，广西师范大学出版社，2012 年，第 320 页。"昌纳木济勒"一名详见后文。自此以下，除注明外，文中专有名词后括号内拉丁字均为满文转写。

众。后阿睦尔撒纳又反叛清朝,小和卓追随叛乱。清廷派军征讨阿睦尔撒纳,小和卓逃入天山南路,以叶尔羌为根据地。在小和卓劝诱下,兄弟俩正式举起叛乱大旗,煽惑回众,天山南路各城纷纷卷入。清廷起初不愿大动干戈,从伊犁派遣副都统阿敏道率领兵丁前往库车招抚,不料霍集占竟于乾隆二十二年(1757年)三月间将阿敏道及所带兵丁全行杀害。对此,乾隆帝极为震怒,遂于乾隆二十三年(1758年)初命雅尔哈善为靖逆将军,率军万余人自哈密经吐鲁番进军库车。自五月起,清军围攻库车,霍集占领兵救援,入据库车城。库车城墙坚固,久攻不下。雅尔哈善实行长期围困之法,霍集占支撑不住,乘机逃往阿克苏,清军最终于八月初取得库车及附近沙雅尔、赛喇木等小城。霍集占逃脱后,乾隆帝将雅尔哈善革职问罪,改派定边将军兆惠领兵进剿,兆惠率大军前往追击霍集占。①

正值此时,乾隆二十二年二月,七世达赖喇嘛在布达拉宫圆寂,西藏黄教事务一时无人掌管,局势面临危险。乾隆帝经深思熟虑,决定派遣三世章嘉呼图克图入藏暂为代行达赖喇嘛职权。此时,西藏僧俗向清廷呼请以六世第穆呼图克图阿旺绛白德勒嘉措办理黄教事务。经时任驻藏大臣伍弥泰和萨拉善奏请,乾隆帝同意让六世第穆呼图克图暂代达赖喇嘛掌管黄教事务,赐给其"掌管黄教吉祥诺门汗"名号,并谕令章嘉呼图克图停止入藏。这样,摄政制度在西藏建立起来。后来,为确定七世达赖喇嘛的转世灵童,乾隆帝再次派遣章嘉呼图克图入藏。当年十二月,章嘉呼图克图抵达拉萨。乾隆二十三年(1758年)四月,章嘉呼图克图在西藏僧俗官员陪同下赴扎什伦布寺会见六世班禅,商讨达赖喇嘛转世灵童事宜。二十四年(1759年)二月,经六世班禅指认,确定了七世达赖喇嘛的转世灵童,即八世达赖喇嘛,获得乾隆帝认可和批准。章嘉呼图克图在主持七世达赖喇嘛的灵塔开光仪式后于乾隆二十五年(1760年)初返回北京。在清军征讨大小和卓叛乱期间,三世章

---

① 新疆维吾尔自治区民族研究所编著:《新疆简史》,新疆人民出版社,1978年,第261—263页。

嘉呼图克图一直在西藏,从而得以领衔西藏僧俗官员协助办理缉拿大小和卓事务。

在清军取得库车地区后,乾隆帝于二十三年九月十一日向正在西藏的三世章嘉呼图克图下达谕旨:

> 今既得库车城,沙雅尔、赛喇木等地回子俱已投降,大军奋勉前进,擒拿小和卓。呼图克图将此晓谕众人。前伍弥泰、官保等奏叶尔羌之人至拉达克后遇厄鲁特人。查此,贼人小和卓穷蹙往求拉达克亦未可知。呼图克图知此后,与伍弥泰、官保等命第穆呼图克图、第巴等,转嘱阿里之第巴晓谕拉达克人众:此小和卓者,先前为准噶尔监禁看守,我大兵进剿,方获脱出,施恩释放回籍。何其邪恶之人,竟全不知恩图报。此邪恶透顶之人,无论逃至何处,必牵累该处。彼等知后,小和卓偶若逃往,即行擒拿解送。若藏匿不送,必亲将抓获。无论小和卓逃至何处,我军必尾随追至,断不容半途而废。彼等与其遭难被擒,孰若将其缚献,以享恩典。特此,小和卓若至彼处,即行拿送;如若未至,即与彼等无涉。著用心访察。①

这是乾隆帝首次谕令拉达克协助缉拿大小和卓。清军平定准噶尔前后,厄鲁特部众四散逃亡,大批人走投无路逃入天山南路追随大小和卓。从上引资料可见,在清军追剿小和卓叛军时,厄鲁特人甚至有从天山南路逃至拉达克者。应该是拉达克王次旺南杰将此事报告了驻藏大臣伍弥泰和官保,两人于是将其奏报乾隆帝。乾隆帝得知后,敏锐地推测小和卓霍集占走投无路时也有可能逃至拉达克。于是,他对拉达克恩威并施,要求在小和卓逃至时将其擒送,不得容留,并用心访察。这

---

① 《章嘉呼图克图等奏报晓谕拉达克汗如若和卓逃至该处即行拿送折》(乾隆二十三年十月十九日),《清代新疆满文档案汇编》第33册,第436—437页。对应满文拉丁转写见附录一。本文所引满文档案汉译文及拉丁转写均系笔者所作。

是清朝要求拉达克协助缉拿大小和卓之始。

(二)

霍集占自库车逃奔阿克苏后,纠集叛军再援库车,途中为清军所败。乾隆二十三年八月十七日,霍集占带残部折回阿克苏,企图将阿克苏回众迁往乌什,岂料阿克苏回众闭城不纳。霍集占遂率兵攻城,城中抵抗,不能入城,便逃往乌什。阿克苏头目毛拉阿舒尔等向清军献表请降,兆惠率清军于八月二十五日到达,和平取得阿克苏城。兆惠将捷报奏闻乾隆帝。乾隆帝颇有先见之明,料定"此时霍集占应已逃回叶尔羌",并向兆惠指出霍集占可能的逃路,"其或霍集占弃城远窜,投入布鲁特及痕都斯坦等部落",敦促兆惠等率军"速往追袭,毋失事机"。①

霍集占逃往乌什时,又为乌什回众所拒,被迫率部众逃往喀什噶尔投奔其兄布拉尼敦。乌什头目霍集斯伯克向清军献城投降,清军于八月三十日进驻乌什。霍集占至喀什噶尔,与布拉尼敦商定各守一城,互为声援。于是,布拉尼敦率步马兵万余人,据守喀什噶尔城,霍集占则率众入据叶尔羌城。② 兆惠率军向叶尔羌进发期间,有厄鲁特三百余人逃到叶尔羌投奔小和卓。章嘉呼图克图得知后,奏报乾隆帝,对此乾隆帝二十三年九月二十六日下达谕旨:

> 再闻自叶尔羌逃往和沙木巴察之厄鲁特三百余人,现住彼处等语。朕令呼图克图赴藏,特为辨认达赖喇嘛之呼毕勒罕出世,俟辨认明确后呼图克图即行回京。所奏甚是。朕亦将此敕谕伍弥泰、官保矣。至厄鲁特逃往和沙木巴察地方,亦系有之。今既得库

---

① (清)傅恒等撰:《平定准噶尔方略》正编卷六十二,乾隆二十三年九月丙午(二十三日),《西藏学汉文文献汇刻》第 2 辑,全国图书馆文献缩微复制中心,1990 年,第 2077 页。"痕都斯坦"当系南亚次大陆西北部一部落,具体所指尚待考证;布鲁特即今柯尔克孜人,境外者称吉尔吉斯人。

② 《平定准噶尔方略》正编卷六十三,乾隆二十三年十一月戊子(初五日),定边将军兆惠等疏奏进兵叶尔羌情形,第 2103 页;新疆维吾尔自治区民族研究所编著:《新疆简史》,第 263 页。

车,而阿克苏城回众亦俱投降,将军兆惠已领兵赴叶尔羌擒拿逆贼霍集占矣。回部俱怨霍集占,从前被其胁制,未得投诚,今大兵所至,闻风效顺。而霍集占所恃之沙喇斯、玛呼斯厄鲁特及由伊犁带往之乌沙克回众等,俱为大兵剿戮,余贼无几。霍集占不日就擒,即可蒇事。将此谕呼图克图知之。并谕众唐古忒,如霍集占势穷力蹙,窜入藏地,或逃往拉达克等处,著遵旨擒获解送,朕必加以懋赏,断不可容留疏纵。①

这是乾隆帝第二次降旨要求拉达克协助擒拿大小和卓。不过乾隆帝似乎误解了"和沙木巴察"(košam baca 或 hošam baca)一词,将其当作地名。实际上和沙木巴察是拉达克人对小和卓霍集占的称呼,在清代档案中有时又译作"和卓木巴察"(hojom baca)。

当时,驻藏大臣伍弥泰、官保曾向乾隆帝奏请将卫藏地方从阿里至喀喇乌苏一线展放的匝兰沙木(dzalanšam)等十三座卡伦裁撤。此时正值清军进军叶尔羌,因叶尔羌等地与卫藏相通,为防止从叶尔羌等地逃散的回众逃经以上卡伦,所以清廷定议指示伍弥泰、官保暂停裁撤卡伦,仍旧展放。伍弥泰、官保将此向管理西藏政务的噶伦等交付,并行文阿里地方的第巴及驻守卡伦的人众:"逃散回子若有逃来,即速行擒送藏地。"同时,伍弥泰、官保向拉达克王次旺南杰寄去文书,嘱咐其打探叶尔羌消息后报告。后来,乾隆帝又专门向章嘉呼图克图下达谕旨,命其转告伍弥泰和官保,嘱咐拉达克王等"将叶尔羌地方消息探明后来报"。于是,伍弥泰和官保随即嘱托第穆呼图克图、噶伦再次行文晓谕拉达克王。② 此后,章嘉呼图克图、伍弥泰、官保又协同第穆呼图克图专门从西藏派选东科尔索诺木玉勒札勒(dongkor sonom yuljal)潜入

---

① 《清高宗实录》卷五百七十一,乾隆二十三年九月己酉(二十六日)谕。"唐古忒"是清代对藏民的称呼。

② 《驻藏办事大臣伍弥泰等奏报行文拉达克汗探听叶尔羌消息折》(乾隆二十三年九月二十八日),《清代新疆满文档案汇编》第33册,第210—211页。

拉达克打探情报。①

(三)

其实,早在乾隆二十三年八月二十九日,当乌什伯克霍集斯向兆惠军献城归顺时,曾向兆惠献策,分析大小和卓往后的动向及清军应采取的对策:"霍集占败逃后或往喀什噶尔与波罗泥都相会,或往叶尔羌,俱未可定。二城可集众一万人。今若由乌什至喀什噶尔,则山险难行,且伊等必由叶尔羌逃往痕都斯坦、哈喇土伯特、拔达克山,不若径往叶尔羌。伊即在喀什噶尔,既与布鲁特、安集延有隙,必不往投,仍从叶尔羌经过,大兵截擒较易。至波罗泥都,为人愿谨,大兵至喀什噶尔,自当归降。惟将军裁决等语。"②霍集斯所称"哈喇土伯特"即拉达克,也写作"喀喇土伯特"。霍集斯此人颇值得研究,他对清朝平定准噶尔和回部所产生的影响不可小视,关于其历史功过,此处暂置不论。霍集斯对和卓兄弟逃路的推测对清军影响很大,他的这一论断此后长期为清廷所采信。

兆惠听信霍集斯建议,率军直趋叶尔羌,于乾隆二十三年十月初抵达叶尔羌城郊外,随即派出哨兵侦探叶尔羌城消息和霍集占动向,以便制定作战计划。了解情况后,兆惠方知所带兵力单弱,不足以围城。他向乾隆帝上奏道:"此城较库车甚大,四面共十二门,所领步马兵四千余,只足围其一面。且自乌什前来,行戈壁一千五百里,马一千余匹,甚属疲乏。若围城则兵力单弱,贼将冲突逃走。"③他预测霍集占如果逃走,"惟向南路之痕都斯坦、拔达克山、喀喇土伯特等处,拟于此等要隘驻兵堵截";并领兵出击,诱贼出战,同时奏请清廷接济兵丁马匹,将驻

---

① 《章嘉呼图克图等奏报晓谕拉达克汗如若和卓逃至该处即行拿送折》(乾隆二十三年十月十九日),《清代新疆满文档案汇编》第33册,第438页。
② 《平定准噶尔方略》正编卷六十二,乾隆二十三年九月庚戌(二十七日),定边将军兆惠疏奏伯克霍集斯迎降,第2080页。
③ 《平定准噶尔方略》正编卷六十四,乾隆二十三年十一月戊子(初五日),定边将军兆惠等疏奏进兵叶尔羌情形,第2103—2104页。

扎在库车、赛喇木、拜城各处的所有绿旗兵丁都调赴军前,送马三千匹前来。① 由此看来,兆惠在推测小和卓叛军的未来逃路时,完全采取了霍集斯的论断,并决定采取措施"于此等要隘驻兵堵截",通往"喀喇土伯特"即拉达克的去路也在堵截范围内。

兆惠军进抵叶尔羌城后,布阵攻城,霍集占叛军退守城中。兆惠无奈,又不敢分兵围城,只得撤兵,一方面在叶尔羌河南岸扎营休整,等待叛军出城交战和援军到来,此即"黑水营";另一方面派兵在通往痕都斯坦、巴达克山和拉达克的去路堵截叛军。② 不久,大和卓布拉尼敦率大军从喀什噶尔来援叶尔羌,两和卓叛军数万人里应外合,将兆惠营地重重围困。黑水营清军仅三千余人,灵活机动应敌,叛军始终未能将其攻破。

(四)

先是,乾隆二十二年冬,拉达克王次旺南杰曾派遣探子潜入叶尔羌地方。探子至次年四月方才返回拉达克,在叶尔羌探得:

> 彼时和沙木巴察系叶尔羌之诺颜,一厄鲁特首领率六千余人至叶尔羌,求告和沙木巴察:先前尔等叶尔羌地方为我厄鲁特属下,现我等没了主子,走投无路,愿追随尔和沙木巴察。和沙木巴察将两名厄鲁特呼巴拉克(hūba-rak)算在内,发给约三百人食用口粮,安置于叶尔羌城边;余者安置于西奇尔(sikir)、叶尔巴(yerba)等处。和沙木巴察曾授其属下官喀奇木伯克之一子,为厄鲁特、叶尔羌间拉尔匝阿克苏(lardza aksu)城诺颜。听闻厄鲁特兵近万二千人来至,喀奇木伯克遂领兵一千,以驼十四峰载弹药、咱巴拉炮(dzambara poo),于正月三十日发往阿克苏,前往筹措迎敌。尔后不久,听得厄鲁特杀喀奇木伯克。叶尔羌人众互云,不知

---

① 《平定准噶尔方略》正编卷六十四,乾隆二十三年十一月戊子(初五日),定边将军兆惠等疏奏进兵叶尔羌情形,第2104页。

② 《平定准噶尔方略》正编卷六十四,乾隆二十三年十一月辛丑(十八日),定边将军兆惠等疏奏攻城剿贼情形,第2116页。

虚实,厄鲁特者不能识得,想是内地大军矣。①

探子回拉达克后将消息报告拉达克王。在此稍早,拉达克王还打探到,乾隆二十二年七月间,在叶尔羌居住的一名巴勒提人与西赉衮(siraigūn)地方的六七户人一起来到巴勒提的西奇尔(sikir)地方,不知是因叶尔羌地方不安定逃亡而来,还是为做生意而来。拉达克王将这些情报呈报西藏地方。乾隆二十三年九月初八日,章嘉呼图克图与驻藏大臣又将此奏报乾隆帝。②

这份奏报在十月初送达清廷,乾隆帝阅后对拉达克王夸奖有加。此时,清军取得乌什、正向叶尔羌进发的消息传来。乾隆帝倍加喜悦,于十月初九日降旨将情况晓谕章嘉呼图克图和西藏的僧俗人众,并要求章嘉呼图克图等转谕拉达克王:

> 拉达克汗等报知此情,甚好。前已将取库车、沙雅尔、赛喇木、阿克苏城,及贼人小和卓败走之事陆续降旨晓谕。今将军兆惠领兵发阿克苏,征讨霍集占。昔霍集斯伯克一心助逆,今闻知小和卓之恶,献乌什城而降。现大军进讨叶尔羌,往擒贼人小和卓,此时想必已将其擒获。今既得乌什城,霍集斯伯克归降。将此谕呼图克图,著转谕唐古忒等知晓。擒获贼人小和卓,再另谕呼图克图。倘贼人大小和卓为大军所迫,逃往拉达克等处,著该处即遵前旨擒拿解送,朕必厚加恩赏。断不可容留疏纵,好生奋勉。呼图克图等将此转谕拉达克汗知之。③

---

① 《章嘉呼图克图等奏报自拉达克处探得厄鲁特人等逃往叶尔羌地方折》(乾隆二十三年九月初八日),《清代新疆满文档案汇编》第33册,第14—15页。对应满文拉丁转写见附录二。

② 出处同上。巴勒提即今巴基斯坦巴尔蒂斯坦(Baltistan),位于新疆叶尔羌南部,东与拉达克相邻。

③ 《章嘉呼图克图等奏报行文晓谕拉达克如若小和卓等逃往该处即行缉拿送交折》(乾隆二十三年十一月二十四日),《清代新疆满文档案汇编》第34册,第382—383页。对应满文拉丁转写见附录三。《清高宗实录》所引该谕旨内容大致相同,略有删减,见该书卷五百七十二,乾隆二十三年十月壬戌(初九日)谕。

这是乾隆帝第三次降旨要求拉达克协助缉拿大小和卓。看来,乾隆帝对当时形势估计过于乐观,以为兆惠军此次挥师挺进,必将攻克叶尔羌大获成功。岂料实际却是兆惠军于该月初六日抵达叶尔羌,自十三日起在叶尔羌城南被大小和卓兄弟数万叛军围困达三月之久。

四

章嘉呼图克图、驻藏大臣伍弥泰、官保于乾隆二十三年十月十六日接到上述九月十一日乾隆帝的谕旨,十分重视,随即至布达拉宫,传谕第穆呼图克图、噶伦等西藏僧俗官员。第穆呼图克图、噶伦等听闻清军"今既得库车城,沙雅尔、赛喇木等地回子等均已投降"的战绩,不胜喜悦。章嘉呼图克图、伍弥泰、官保将该谕旨译成藏文(唐古忒字)后交付第穆呼图克图和噶伦,转谕阿里的第巴和拉达克部众。三人又与第穆呼图克图、噶伦等商议如何向拉达克王次旺南杰及其各大头目交托此事,议定后向拉达克王及其头目写成藏文文书,内容如下:

> 尔等所居之地与叶尔羌交界,向来感戴大皇帝恩泽,诚心呈报所获消息,毫无隐瞒。尔等世受大皇帝恩典,岂敢悖理为恶人所累。尔等若将逆贼擒送,子孙得受大皇帝恩泽,佛法长存不失。今大军进发,已取库车等地,小和卓迟早被擒。小和卓及各大头目若势穷力蹙,逃往尔拉达克地方,著即行擒拿。俟我大军追至尔等边界,尔即一面报知,一面将其送交大营,以免逃脱。尔若疑虑惧脱,即解送藏地,圣皇帝必厚加恩赏。若逃来之人甚多,尔等力弱,不能擒拿,即明白报知阿里第巴,助尔擒拿。若无逃往之人,则与尔等无涉。再,小和卓等若潜往尔处相求,大军必至追击。尔地方人众毋庸惊惧,仍将访得消息速行报来。①

---

① 《章嘉呼图克图等奏报晓谕拉达克如若和卓逃至该处即行拿送折》(乾隆二十三年十月十九日),《清代新疆满文档案汇编》第33册,第438—439页。对应满文拉丁转写见附录四。

如此办理后,章嘉呼图克图、伍弥泰、官保又命阿里第巴囊古尔巴珠尔默特(nanggurba jurmet)在此期间"遵旨探信,严守地方,善加留心,自拉达克地方擒送之回子,探获之消息,即行接受,呈送于我等。尔等地方之兵员现仍旧预备,等候拉达克之消息。若有求援之事,一面报来,一面助其擒贼,断不可疏忽,切勿惊扰人众"。①

乾隆二十三年九月二十六日乾隆帝第二次所降谕旨,语意甚为明确,送达章嘉呼图克图、驻藏大臣伍弥泰、官保后,却引发一场"闹剧"。其原委如下:伍弥泰和官保误解了谕旨的意思,谕旨本意为命令拉达克在小和卓逃至时擒送,伍弥泰、官保二人却以为皇帝令他二人去擒拿小和卓。于是两人接旨后,争相准备带兵前往阿里地方,等小和卓逃至拉达克时,便前往擒拿。幸得章嘉呼图克图明白旨意,并且熟悉西藏情形,认为"藏内人多疑,恐因此妄造语言,于事无益",故对伍弥泰、官保两人及时加以制止,将此事奏报乾隆帝,如此才得以避免闹出事端。乾隆帝闻知后,极为恼火,严厉地训斥伍弥泰和官保:"朕前降旨,若贼匪霍集占逃往拉达克等处,即行擒拿解送。原指拉达克而言,其词甚明。此岂伍弥泰、官保等所能办理。明知不能,故欲前往,特欲使呼图克图阻止,为之转奏,以彰伊等之黾勉。殊属胡涂,且复取巧。呼图克图阻止伊等甚是。伍弥泰、官保著传旨严行申饬。"②

章嘉呼图克图、伍弥泰、官保接到乾隆帝第三次所降命拉达克缉拿大小和卓谕旨后,召集第穆呼图克图、噶伦等,清楚地向其传达谕旨。第穆呼图克图率噶伦等接旨后,章嘉呼图克图、伍弥泰、官保又遵旨行文晓谕拉达克王次旺南杰:

> 现大军进发,已得库车、阿克苏等城,将回众尽行剿掳,余者无多,争相献城归降。现往擒大小和卓,彼等窘迫,希冀脱生,逃来尔等地方躲避亦未可知。若逃来尔拉达克地方,即遵奉大皇帝谕旨

---

① 《章嘉呼图克图等奏报晓谕拉达克如若和卓逃至该处即行拿送折》(乾隆二十三年十月十九日),《清代新疆满文档案汇编》第 33 册,第 439—440 页,对应满文拉丁转写见附录四。
② 《清高宗实录》卷五百七十七,乾隆二十三年十二月庚辰(二十八日)谕。

擒拿解送。大皇帝必厚加恩赏,断不可观望容留疏纵。好心访察,奋勉勿误。仍将所闻所知消息即行陆续呈报。①

办理完毕后,乾隆二十三年十一月二十四日,三人联名上奏。奏折提到,先前选派到拉达克地方探信的东科尔索诺木玉勒札勒尚未回来。②

兆惠进军叶尔羌,十月间在黑水营被围,清廷派定边右副将军富德、参赞大臣舒赫德、阿里衮率军前往救援。富德军自乌鲁木齐起程,于十二月中旬到达阿克苏,乾隆二十四年(1759 年)正月初抵达呼尔璊,与霍集占叛军遭遇,将其击溃,取得"呼尔璊大捷"。兆惠整军突围,与富德军会合,黑水营之围遂解。霍集占叛军逃回叶尔羌城中,清军也撤回阿克苏休整。不知何故,拉达克王却探得清军已攻取叶尔羌等城,霍集占逃往西得沙堪地方,准备在其逃来时擒送。同时,拉达克王及其部众闻知清军临近其地,十分惊恐畏惧。西藏派往拉达克探信之人得知这些情况,报告西藏地方。章嘉呼图克图等随即行文拉达克王进行抚慰,并奏报乾隆帝,请求乾隆帝谕令兆惠对拉达克进行安抚。乾隆帝于二十四年正月初六日传谕兆惠和章嘉呼图克图:

拉达克距叶尔羌甚远,我兵尚在攻城,何由即近伊地。此必我兵平定乌什、阿克苏等城,直抵叶尔羌,贼众惊恐流传,故拉达克亦闻信息耳。看来回众闻风,全无固志,尚觉易于办理。将来霍集占若果潜逃,或追至拉达克,伊等素称恭顺,惟檄令擒送霍集占,不可丝毫扰累。著传谕兆惠及章嘉呼图克图知之。③

谕旨中乾隆帝分析拉达克受惊的原因,确有几分道理,不过仍显过

---

① 《章嘉呼图克图等奏报行文晓谕拉达克如若小和卓等逃往该处即行缉拿送交折》(乾隆二十三年十一月二十四日),《清代新疆满文档案汇编》第 34 册,第 383—384 页。对应满文拉丁转写见附录三。
② 出处同上,第 384 页。
③ 《清高宗实录》卷五百七十八,乾隆二十四年正月戊子(初六日)谕。

于乐观地估计了当时叶尔羌的形势。乾隆帝还向兆惠指示,如果将来霍集占果真逃至拉达克,兆惠等派军去拉达克追剿,只可要求拉达克主动擒送霍集占,不可对其进行扰累。

为打探天山南路的情况和大小和卓的动向,拉达克王遵照乾隆帝的谕旨,一方面先后多次派遣探子前往叶尔羌等地,另一方面也向自南疆来拉达克的人众探听消息①,并随时将探得的消息报送西藏。拉达克与大小和卓控制时期的天山南路多有贸易往来,和小和卓也有直接交往,双方曾互派使者进行联络。小和卓霍集占对拉达克比较友善,似乎他并未觉察和听闻拉达克与清朝的亲密关系。拉达克人称霍集占为"和沙木巴察"(或作和卓木巴察),称大和卓布拉尼敦为"沙乌仲和察"(šaujung hoca)。乾隆二十二年,霍集占曾致书拉达克王,建议双方往后增派商人往来贸易。这层关系为拉达克王派人到南疆侦探、搜集情报提供了便利。乾隆二十三年,拉达克王派了六人以贸易为名潜入南疆。遗憾的是,这六人中三人在南疆病死,另三人下落不明,因而未能向拉达克王汇报任何消息。② 这一年正值清军进入南疆征讨小和卓,不知小和卓是否曾向拉达克派过商人。

此后,拉达克王又派一位名叫扎西匹勒(jasipil)的商人,以寻找未归的六名拉达克商人为由前去叶尔羌。扎西匹勒于乾隆二十三年十一月二十九日从拉达克起程,十二月十七日到达叶尔羌的边界桑株(又译作萨纳珠)地方,二十四年正月初三日抵达叶尔羌,正月十四日和二十三日在东郭里克(dunggolik)地方的营地内两次受到小和卓霍集占的接见。据霍集占称,清军曾在此处扎营,该处应即兆惠军"黑水营"所在。期间,霍集占派人带扎西匹勒参观了清军营地和己方营地的战后

---

① 西藏与拉达克之间有包括贸易往来在内的多种形式的人员往来,西藏地方也利用这些人员来打探拉达克和天山南路之间的情况。如一份满文档案中记载,乾隆二十三年九、十月间,一位从西藏去拉达克买果子之人回藏后向西藏官员报告:"今年叶尔羌之生意人等未有一人来拉达克地方。"见《章嘉呼图克图等奏报晓谕拉达克如若和卓逃至该处即行拿送折》(乾隆二十三年十月十九日),《清代新疆满文档案汇编》第33册,第440页。

② 《章嘉呼图克图等奏拉达克派人到叶尔羌探听和卓与官兵交战情形折》(乾隆二十四年四月初一日),《清代新疆满文档案汇编》第37册,第270—271页。

面貌。扎西匹勒打听到二十三年七月以来清军和大小和卓交战的大致情况和小和卓的动向后,即返回拉达克汇报。拉达克王将扎西匹勒所见所闻写成文书交给了章嘉呼图克图等派去阿里和拉达克探信的宰桑哈西哈(jaisang hasiha)、那木扎勒台吉(namjal taiji)带回。当时,西藏先前所派索诺木玉勒札勒也在拉达克。哈西哈、那木扎勒、索诺木三人一起会见了扎西匹勒,赏给扎西匹勒及其亲随纱缎(šufa suja)、银、茶等物,并向扎西匹勒确认其所报的情况,并无二致。拉达克王的文书于乾隆二十四年三月二十五日送达章嘉呼图克图等手中。为表彰扎西匹勒的功劳,章嘉呼图克图等又差人到拉达克重重赏赐了他。①

五

随着内地援军和物资到来,兆惠和富德商议兵分两路,每路各一万五千人,分取喀什噶尔和叶尔羌,向大小和卓发起总攻。乾隆二十四年六月,清军起程,一路由兆惠率领自乌什取喀什噶尔,一路由富德率领自和阗取叶尔羌,以摧枯拉朽之势迅速前进,势如破竹。大小和卓惊恐万状,疯狂抢掠物资,挟持回众逃亡。②

(一)

此时,清军对喀什噶尔、叶尔羌与周边的交通情况有了更深入的认知,因而对大小和卓可能的逃路做出了更细致的分析,着手进行防范堵截,并不断探获关于大小和卓的最新动向。将军兆惠曾派侍卫成果、布占泰前往布鲁特,两人带回布鲁特的明伊勒哈和喀什噶尔的旧阿奇木伯克和什克伯克。兆惠从明伊勒哈和和什克伯克了解到:"霍集占兄弟,与霍罕城之额尔德尼伯克交好,将来或往相投。喀什噶尔之西,歧

---

① 《章嘉呼图克图等奏拉达克派人到叶尔羌探听和卓与官兵交战情形折》(乾隆二十四年四月初一日),《清代新疆满文档案汇编》第 37 册,第 268—275 页。
② 新疆维吾尔自治区民族研究所编著:《新疆简史》,第 266 页。

路有三,大兵欲擒贼,必先取喀什噶尔,据此三歧要隘,自无所逃。"①兆惠立即传檄浩罕首领额尔德尼伯克,晓以利害,劝导不要容留大小和卓;并决定先攻取喀什噶尔,然后领兵至叶尔羌与富德军会合。期间,兆惠、富德曾各自绘制了南疆的地图呈献乾隆帝。乾隆帝仔细阅览,对喀什噶尔和叶尔羌两地形势有了了解,开始重视叶尔羌通往巴达克山(又作拔达克山)之路。他看到"富德所进地图,叶尔羌之西,有自英额奇盘山过伯克呼尔璊岭,通拔达克山之路",而兆惠此前奏折内并未注意此路,于是在二十四年六月初六日谕令兆惠派兵前往堵截,告诫兆惠不能大意,并"传谕兆惠、富德等,此次进兵,其应先攻何地,及于何处堵截,即会同酌议具奏。地方遥远,不必候朕指示,一面应机办理"。②

经过几天考虑,乾隆帝对喀什噶尔和叶尔羌的形势更加熟悉,于六月十一日再次降旨指示兆惠和富德"其喀什噶尔西去之鄂坡勒岭,可通霍罕敏珠尔岭,玉斯屯、阿喇图什岭俱通安集延。沿途之额德格讷、伊什克里克等部落,皆传檄晓以利害,并将地方形势,绘图具奏",并同意兆惠和富德所议分路进兵策略。同时,乾隆帝进一步分析清军分兵进取喀什噶尔和叶尔羌后大小和卓可能的逃路和应采取的对策:"朕意我兵既入,霍集占等若仍分守两城,即各行奋力攻取。一城先下,即合兵协力。如霍集占走投喀什噶尔,则前后攻击,自必成擒。或波罗泥都知要隘已塞弃城逃来叶尔羌,必兄弟会合往投痕都斯坦、拔达克山、哈喇土伯特。览伊等所奏地图,富德图内则有英额奇盘山、伯克呼尔璊岭通拔达克山;兆惠图内则有通拔达克山之玉鲁克岭,通巴勒提之裕勒阿哩克及通哈喇土伯特之萨纳珠等路。驻兵堵截,其属紧要。"他特地差人将兆惠和富德的地图合并重绘,"于应行驻兵之地贴签指出,寄伊等阅看办理"。③

---

① 《平定准噶尔方略》正编卷七十三,乾隆二十四年六月乙卯(初六日),谕定边将军兆惠等酌议进剿情形,第2276页。"霍罕"即浩罕。
② 同上。
③ 《平定准噶尔方略》正编卷七十三,乾隆二十四年六月庚申(十一日),申谕定边将军兆惠等分兵进剿情形,第2278页。

从上述两份谕旨内容来看，由喀什噶尔和叶尔羌通往巴达克山最为便捷，自叶尔羌"有英额奇盘山、伯克呼尔璊岭通拔达克山"，自喀什噶尔有"通拔达克山之玉鲁克岭"。虽然此时乾隆帝在预测大小和卓逃路时仍是并举"痕都斯坦""拔达克山"和"哈喇土伯特"（即拉达克）三路，但通往巴达克山的道路已经引起他的高度重视，在其认识中，大小和卓逃往拉达克的可能性正在减小。这无疑是与实际形势的发展相符的。

（二）

清军大兵压境之际，大小和卓自知难敌，预谋退路，分别派人到巴达克山、浩罕等处联络。乾隆二十四年四月间，霍集占即将家眷、行李等转移到叶尔羌西面羌呼勒之赫色勒塔克（今阿克陶、塔什库尔干与莎车三县交界），准备在清军来攻叶尔羌时逃往巴达克山。① 大和卓抢掠喀什噶尔回众后，于六月二十七日弃城由玉鲁克岭（今疏附西南尤鲁克巴什）潜逃；小和卓抢掠叶尔羌回众马匹、牲畜等财物后，于闰六月初二日弃城由伯克和罗木渡口逃奔羌呼勒。两兄弟会合后，率领三四百人取道色勒库尔逃往巴达克山。②

多渠道迅速获取真实情报对及早制定科学决策极为重要。此时，清朝获取确切消息颇为滞后，且不同方面人员获取情报时间早晚不一，可信度也存在差异，对清廷决策和清军行进造成不利影响。进军喀什噶尔的兆惠最先获得大小和卓准备逃往巴达克山的消息。兆惠军于乾隆二十四年闰六月初三日抵达伊克斯哈喇地方，六名喀什噶尔回人和一名乌什回人逃来归降。兆惠详加询问后方知：波罗泥都在"呼尔璊大捷"一战中中枪受伤，曾遣人与霍集占商议投降，霍集占不同意。于是兄弟俩便分途向巴达克山和浩罕等处遣使联络日后逃亡之事。浩罕一

---

① 《平定准噶尔方略》正编卷七十四，乾隆二十四年闰六月癸卯（二十五日），定边将军兆惠等疏奏波罗尼都逃窜喀什噶尔回众迎降，第 2301 页；新疆维吾尔自治区民族研究所编著：《新疆简史》，第 265 页。

② 新疆维吾尔自治区民族研究所编著：《新疆简史》，第 266 页。

直没有给予答复,并且兄弟俩也担心沿途被布鲁特抢掠,因此不敢逃往浩罕。两人向巴达克山各部落赠送了丰厚的礼物,巴达克山也作出了回复。于是,二十四年四月间霍集占便向羌呼勒地方转移家口、行装,准备逃往巴达克山。而布拉尼敦也将抢掠的财物陆续运至塔勒巴楚克河,仅与亲信之人在喀什噶尔城中居住,六月二十七日即弃城而逃。兆惠率军进取喀什噶尔本为堵截大和卓的逃路,结果尚未抵达喀什噶尔,布拉尼敦便已远遁。兆惠不敢冒进,没有派军追击,只一面率领三千骑兵前往喀什噶尔安抚回众,一面派人侦察布拉尼敦行踪,准备在获取其逃入巴达克山的确切消息后"即直入其境,宣示军威,晓以利害,相机索取擒拿"。①

闰六月初五日,协同作战的参赞大臣舒赫德在进军途中遇到喀什噶尔所属牌租阿巴特回众来降,告知"波罗泥都于六月二十七日将喀什噶尔大小人等,欲移往巴达克山,回众不愿同行,逃来牌租阿巴特者甚多"。这样舒赫德也得知大和卓准备逃往巴达克山的消息,他一边派人将降人送往兆惠军营,一边将消息飞报富德军营,并上奏清廷。②

西藏地方接到大小和卓逃奔巴达克山的消息稍晚。章嘉呼图克图和驻藏大臣伍弥泰、官保等曾选派布雅托音(buya toin)在西藏和拉达克之间打探情报。拉达克王获取小和卓准备逃往巴达克山的消息后,立即行文交由布雅托音呈送拉萨。章嘉呼图克图和时任驻藏大臣伍弥泰、官保、集福收到拉达克王文书后,将其译为满文,于闰六月二十二日奏报乾隆帝。据拉达克王文书内称:

> 巴勒提萨噶尔(sag'ar)地方名为玛拉巴比(malababi)之回子,因认得我处之头目扎西,五月二十七日,玛拉巴比向扎西寄信,内称:"本月初六日,一回子、两卡齐巴勒提(k'aci baldi)之四人,

---

① 《平定准噶尔方略》正编卷七十四,乾隆二十四年闰六月癸卯(二十五日),定边将军兆惠等疏奏波罗尼都逃窜喀什噶尔回众迎降,第2301—2302页。
② 《平定准噶尔方略》正编卷七十四,乾隆二十四年闰六月癸卯(二十五日),参赞大臣舒赫德等疏奏派拨台站马匹及牌租阿巴特回人信息,第2304—2305页。

逃来巴勒提萨噶尔地方后告称：'听闻先前内地大军来叶尔羌后大举进攻，后大军重往叶尔羌近旁驻扎。回子喀奇木伯克（kacimbek）兄弟之四五百人俱为和卓木巴察所杀，喀奇木伯克之兄弟及其两子均归降大军。阿卜杜拉（abdura）、奇木喀勒巴特沙果（kimkʻalbat šago）回子与我等一齐逃窜。小和卓木派四百人将此等回众全行抓捕而去，将我等七人之物全行夺走。我等逃出。'西勒噶尔（silgʻar）地方头目彭噶尔巴（punggarba）寄给小和卓木信内称：'尔若逃去拉达克，拉达克地方者，信奉佛教之人，必定将尔抓捕送交内地大军。尔不若来我等巴勒提地方为善。'如此寄信是实。此信是否送达和卓木，未知其详。其属下人众相议曰：'小和卓木断不会逃往拉达克、巴勒提两地，将逃往巴达克山部矣。'再，先前归降大军之桑株地方头目桑巴沙尔廓沙（sang bašar kʻoša）为小和卓木所擒，关押于牢中。现今是否有事，未得深知。"故我照彼等所告报之，不知虚实。又听闻，额纳特坷克（enetkek）部阿朗吉尔巴察汗（alanggir baca han，笔者注：即印度莫卧儿帝国皇帝阿拉姆吉尔二世）病殁，其子将承袭汗位，将管界头目内沙木勒木勒（neisa mulmul）唤去。俟我派往叶尔羌探信之人归来，再详加询问，将所得消息陆续呈报。①

巴勒提位于新疆以南，东与拉达克接壤，信奉伊斯兰教，但其人种属于藏人，操藏语，与拉达克往来密切。文书中所称"头目扎西"应即前文提到的拉达克王派至叶尔羌探信的扎西匹勒。可见扎西匹勒为探取南疆情报，不仅亲身冒死前往叶尔羌，而且联络他人为其打探消息。文书中提到巴勒提西勒噶尔地方头目彭噶尔巴向小和卓寄信劝其不要逃往拉达克，而劝其来投巴勒提，其理由是"尔若逃往拉达克，拉达克地方者，

---

① 《章嘉呼图克图等奏据拉达克汗呈报和卓等逃往巴达克山折》（乾隆二十四年闰六月二十二日），《清代新疆满文档案汇编》第39册，第441—442页。对应满文拉丁转写见附录五。

信奉佛教之人，必定将尔抓捕送交内地大军"。此事颇为有趣。

大小和卓逃往拉达克的可能性是很小的。新疆的和卓家族其祖先本是从中亚布哈拉等地迁入南疆的，在中亚地区仍有相当多的信众和相当大的影响力，并且中亚地区是穆斯林的世界，因此大小和卓最终逃往中亚地区是必然的，这从日后其后裔长期在中亚地区活动可以看出，只是因时机变化经由何处逃入中亚可能不定。从喀什噶尔和叶尔羌与周边中亚地区的交通来看，经由巴达克山的可能性是最大的，这也是大小和卓最终的选择。拉达克位于新疆以南喀喇昆仑山南麓，东接西藏，南邻克什米尔和印度，远离中亚，且信奉藏传佛教，与清朝和西藏地方关系紧密，大小和卓逃奔拉达克是没有出路的。但由于乾隆帝和清军将领起初对此并无认识，长期担心大小和卓兄弟可能逃往拉达克，所以才不断要求拉达克协助缉拿兄弟二人。随着清军在南疆的深入和形势的变化，敏锐的乾隆帝已经认识到巴达克山一路的重要性，但为保万全，仍不放松对包括拉达克在内的各个方向的防范堵截。

在将军兆惠、参赞大臣舒赫德、西藏的章嘉呼图克图和驻藏大臣已获取大小和卓准备逃往巴达克山消息并上奏清廷的同时，领兵从和阗进军叶尔羌的定边右副将军富德对大小和卓的确切动向却毫无所知，仍按照此前的认识主张防范安集延和拉达克两路。在其行至叶尔羌附近时，在南疆贸易的两名俄罗斯人、一名安集延人和八名拉达克人为躲避大小和卓的迫害，前来投靠富德军。富德分别向其问话，据八名拉达克人告称：

> 我等系拉达克汗昌纳木济勒（cangnamjil）之仆从。昌纳木济勒每年向大皇帝纳贡，送至西藏之达赖喇嘛处。因听闻大皇帝大军来取叶尔羌、喀什噶尔之消息，曾派噶沙（gaša）、噶扎木苏（gajamsu）、喀希敦多卜（k'asidundob）、罗卜藏达西（lobdzangdasi）、噶拉布（g'arabu）、阿卜匝勒（abdzal）、苏达（suda）、回子托克托默特（toktomet）我等八人，若大军来至叶尔羌、喀什噶尔，即来觐见将军、大臣等，获取实情；若大军尚未至，即由裕勒阿哩克（yul

arik)地方归来。我等来至裕勒阿哩克地方,于贼人卡伦被抓,书信、物品俱被夺走,在叶尔羌城住了月余。现将军、大臣等已率大军来至,故来拜见。①

于是,富德一面上奏建议清廷将清军进军收服叶尔羌、喀什噶尔的情况传谕周边诸部落,广为宣示军威,一面行文要求安集延和拉达克协助缉拿大小和卓。富德认为,拉达克是"从藏地转贡之属部","我属部之人为贼人所阻,当宣示皇恩遣回"。他担心小和卓"万一无路可逃,潜往求拉达克,亦未可知",要求拉达克王"若霍集占等逃往,即行擒拿解送",并将文书加盖官印,交拉达克人带回。②

虽然兆惠和舒赫德早在闰六月初即将大小和卓准备逃往巴达克山的确切消息上奏,清廷已于当月二十五日接到两人奏报,但不知何故,七月十二日乾隆帝仍然降旨要求拉达克协助擒拿小和卓霍集占:

谕军机大臣等:叶尔羌、喀什噶尔等城回众归降,逆贼布拉呢敦、霍集占二人潜逃未获。著寄信章嘉呼图克图,除通行晓谕藏地人众外,并传示阿哩、拉达克等处,如霍集占等逃往彼处,即可缚献。或呼图克图先已起身,可将此旨寄知集福、官保奉到时,即遵照办理。③

这是乾隆帝第四次也是最后一次降旨命令章嘉呼图克图和驻藏大臣晓谕拉达克协助缉拿大小和卓。

---

① 《定边右副将军富德等奏将俄罗斯伊万等解往巴里坤及晓谕安集延拉达克查拿霍集占折》(乾隆二十四年闰六月二十二日),《清代新疆满文档案汇编》第39册,第448页。对应满文拉丁转写见附录六。

② 同上书,第448—450页。对应满文拉丁转写见附录六。

③ 《清高宗实录》卷五百九十二,乾隆二十四年七月庚申(十二日)谕。

六

大小和卓叛军逃往巴达克山,清军一路追击。七月中旬,和卓兄弟逃入巴达克山境内。进入巴达克山后,小和卓霍集占图谋不轨,与当地部众发生冲突。加之清军大兵压境,坚决要求巴达克山首领苏勒坦沙擒献两和卓,苏勒坦沙遂于八月将和卓兄弟因杀,遣使归顺清朝。至此,大小和卓叛乱终于平定,拉达克王协助清朝缉拿大小和卓的任务也应终结。迟至九月二十七日,乾隆帝才降旨告知时任驻藏大臣官保、集福,命其传谕拉达克王此后不必再打探大小和卓消息,也无须再缉拿大小和卓。谕旨内容如下:

> 官保等奏:拉达克汗蒙恩叩首上奏,曾差人往迎所遣探信之人,行至叶尔羌近旁,遇叶尔羌所属之人,不得通行等情。拉达克汗所奏,朕已洞察。惟昨因叶尔羌、喀什噶尔等城俱行收取,曾降旨晓谕。今将军等复奏贼和卓等逃入巴达克山,为伊部落人等擒获,行将解送。俟其献出时再行降旨。现叶尔羌、喀什噶尔等城俱已归附,巴达克山部众即将解送贼和卓等,已无须探消息。将此谕官保等,与第穆呼图克图差人晓谕拉达克汗知之,嗣后拉达克汗处不必探信。仍施恩赏赐拉达克汗大缎二端。①

十月下旬,乾隆帝接到巴达克山归诚并呈献霍集占首级的奏报,当月二十三日命军机处向中外宣示平定大小和卓军务告竣,并"将大功告成传谕章嘉呼图克图及驻藏大臣,俾卫藏及阿里、拉达克等处知之"。②

驻藏大臣官保、集福接到九月二十七日谕旨,前往布达拉宫向第穆

---

① 《驻藏办事大臣官保等奏晓谕拉达克汗不必探听霍集占消息折》(乾隆二十四年十一月十六日),《清代新疆满文档案汇编》第42册,第412—413页;《清高宗实录》卷五百九十七,乾隆二十四年九月甲戌(二十七日)谕。对应满文拉丁转写见附录七。

② 《清高宗实录》卷五百九十九,乾隆二十四年十月庚子(二十三日)谕。

呼图克图、噶伦班第达等传旨，随后与第穆呼图克图将谕旨译为藏文，并将其连同乾隆帝赏赐的缎匹遣使送往拉达克。同时，差人叫回先前派驻拉达克和阿里探信的第巴噶尔丹巴（diba g'ardamba）、那木扎勒台吉、宰桑哈什哈等人。①

　　先是，拉达克王次旺南杰曾派遣四人至叶尔羌打探清军的进展。其中两人在途中患天花病逝，另两人一无所获回到拉达克。由于乾隆帝上述谕旨尚未到达，拉达克王仍不知清军已攻取喀什噶尔、叶尔羌等地及大小和卓逃亡的情况。于是，他于十二月初又派遣达什佳木撮（daši jiyamts'o）等十人携带书札前往叶尔羌晋见清军将领和大臣。达什佳木撮等于十二月十七日来至叶尔羌的清军营地，受到驻叶尔羌办事参赞大臣舒赫德、阿里衮、额敏和卓等接见。据达什佳木撮称，拉达克王曾叮嘱彼等："尔等速从将军、大臣等处赍书返回，以通行晓示我等人众，并呈报驻藏大臣等上奏大皇帝。"舒赫德等将清军取得天山南路各城、大小和卓逃亡被杀、边外诸部归顺的情况详细告诉他们，将其妥善安顿，并按照拉达克王的请求将情况写成波斯文回文交予。舒赫德等又赏给拉达克王及使者礼物，把拉达克王所呈波斯文书札译出大概，于十二月二十三日呈奏。② 舒赫德等复拉达克王回文稿内容如下：

　　　　致土伯特之拉达克汗：尔处所遣使者达什佳木撮等安然来至叶尔羌，所呈文书、赠我将军及吐鲁番郡王之礼品，俱已携来。现大功告成，我将军等遵旨应召回京。尔呈文内称，请酌将叶尔羌大军诸情形，写为帕尔西回子字回文，交尔使者达什佳木撮带回。昨大兵分三、四路进军，攻取叶尔羌、喀什噶尔等城，擒拿贼人霍集占

① 《驻藏办事大臣官保等奏晓谕拉达克汗不必探听霍集占消息折》（乾隆二十四年十一月十六日），《清代新疆满文档案汇编》第42册，第413—414页。
② 《驻叶尔羌办事参赞大臣舒赫德等奏闻拉达克汗遣使至叶尔羌献礼请安情形折》（乾隆二十四年十二月二十三日），《清代新疆满文档案汇编》第43册，第319—322页。"达什佳木撮"清实录中写作"达什佳木撮"（详后），"佳""佳"一笔之差，根据两字发音及对应满文，以"佳"为是。

兄弟。两贼布拉尼敦、霍集占闻风丧胆,携属下乌沙克、伯德尔格、塔喇沁回子及厄鲁特弃城而逃,往求巴达克山。于阿尔楚尔、伊西洱库尔地方为我大兵追及,除被剿戮者外,余者男妇数万俱行收降,两贼逃入巴达克山求救。为此,我大兵进发,遣派使者。苏勒坦沙畏惧天威,感慕大皇帝仁化,将两贼俱行正法,呈献尸首。现诸部归降,巴达克山、博洛尔、安集延、玛尔噶朗、浩罕等部之布鲁特等俱愿为大皇帝臣仆,各遣子弟为使觐见,瞻仰圣容,众回子地方俱成大皇帝臣仆。汗尔早已归顺大皇帝,此番更探取诸消息,委实勤勉。自此永无兵戎,众人皆享皇恩,安居乐业。嗣后往来通商,实属理所当然。尔使者达什佳木撮将此处情形俱亲眼看得,因汗尔求帕尔西字书带回,故照尔所请写成授予。唯因尔使者达什佳木撮等路遇大雪,马匹牲畜羸弱,艰行而来,我等上体大皇帝抚育仁爱远人之至意,将彼等安顿歇息,办给马匹、行粮等物,各赏缎匹荷包。现将赠汗之礼品蟒缎、片金、大缎四件,及帕尔西回子字书一并授予彼等,自叶尔羌起行遣回。为此致。①

舒赫德、阿里衮等呈进的以上奏折、文稿于乾隆二十五年(1760年)正月二十五日送达御前。《清高宗实录》乾隆二十五年正月辛未条简要记录此事:

> 参赞大臣舒赫德等奏,据萨纳珠卡座送到土伯特使人达什佳木撮等十人。称系拉达克汗所遣,赍书呈送。臣会同大臣官员等传见。达什佳木撮云我系管辖右界五千户头目,闻大兵平定回部,特奉书称贺,请通贸易,以番缎回带为赟。臣等宣慰筵宴讫,授以复拉达克汗书,及蟒锦缎匹,并分赏来使缎布,令其起程。②

---

① 《[参赞大臣阿里衮]为将大功告成之处晓谕拉达克汗事咨文》([乾隆二十五年正月]),《清代新疆满文档案汇编》第44册,第187—189页。对应满文拉丁转写见附录八。
② 《清高宗实录》卷六百五,乾隆二十五年正月辛未(二十五日)。

伯戴克在讨论次旺南杰时期拉达克与清朝的关系时也引用了这一记载,他将达什佳木撮称为扎西嘉措(藏文 skra-shis-rgya-mtsho)。①

从乾隆二十三年九月十一日向章嘉呼图克图等第一次降旨命拉达克协助打探回部消息、缉拿大小和卓开始,乾隆帝先后四次就此下达谕旨。终因大小和卓逃入巴达克山被擒杀,乾隆帝于二十四年九月二十七日降旨,晓谕拉达克无须再打探大小和卓消息和缉拿二人。十月二十三日,乾隆帝谕令军机处向中外宣示军务告竣、回疆平定,并"将大功告成传谕章嘉呼图克图及驻藏大臣,俾卫藏及阿里、拉达克等处知之"。十二月二十三日,驻叶尔羌办事参赞大臣舒赫德、阿里衮、额敏和卓又拟定《为将大功告成之处晓谕拉达克汗事咨文》呈奏,有关拉达克协助清朝缉拿大小和卓一事最终告结,共历时一年三个月。此后,未再见相关档案和官书记载。

七

乾隆二十二年,大小和卓在天山南路举兵发动大规模反清叛乱,清廷派出大军征讨。为尽早平定叛乱,乾隆帝命邻近天山南路和西藏的拉达克部协助打探消息,堵截和缉拿大小和卓。此事虽小,其过程却颇为曲折复杂,意义也非同寻常。上文依据中国第一历史档案馆所藏清代新疆满文档案,结合清代官书《平定准噶尔方略》和《清实录》的记载,对此事原委进行了较为详细的考察和梳理。此事是由乾隆帝向当时在西藏的三世章嘉呼图克图和驻藏大臣降旨,通过其督导西藏摄政六世第穆呼图克图和协助理政的噶伦等人,指示阿里地方的第巴和拉达克

---

① 〔意〕L. 伯戴克著、扎洛译、彭陟焱校:《拉达克王国:公元 950—1842 年(七)——拉达克力量的衰退》,第 19 页。乾隆二十五年正月辛未(二十五日)为公元 1760 年 3 月 12 日,伯戴克原文也为这一日期,扎洛先生译文中误作 5 月 12 日;这一记录出自《清高宗实录》卷六百五,伯戴克原文和扎洛先生译文注释均误作卷六百二。原文见 Luciano Petech, *The Kingdom of Ladakh* (C. 950—1842 A. D.), Istituto Italiano per il Medio ed Estremo Orinte, Roma, 1977, p. 114.

王次旺南杰具体办理。期间,章嘉呼图克图等多次将乾隆帝谕旨译为藏文、书写藏文或波斯文文书向拉达克王传达清廷的旨意和告知清军在新疆的进展,督促拉达克打探情报和缉拿大小和卓;并多次选派侦探前往阿里和拉达克搜集情报。拉达克王始终恭顺勤勉地遵照清廷谕旨办理此事,先后派遣多批探子前往叶尔羌等地刺探情报,同时向自南疆来到拉达克的人员和相邻的巴勒提部民众探听消息,积极协助清朝缉拿大小和卓,将所获一切消息随时呈报西藏地方,由西藏地方奏报清廷。

通过考察此事,我们了解到多方面很有价值的信息,主要有如下几点:一、清军平定大小和卓叛乱的详细经过,如大小和卓的活动、清军的调配、情报的搜集和传递、相关对策制定,以及在此过程中周边部族的反应和活动等;二、拉达克与清朝及西藏地方关系紧密,以"藩属的藩属"这种特殊形式对清廷保持臣服和效忠,与西藏地方有政治、宗教、贸易等多方面往来;三、拉达克与天山南路回疆地区有着包括贸易往来在内的活跃交往,与大小和卓兄弟也有直接往来;四、三世章嘉呼图克图、驻藏大臣、六世第穆呼图克图、噶伦、阿里地方的第巴在办理此事中发挥了重要作用,他们各自在清代西藏政治上的地位和作用、当时西藏地方政府的运转形式以及乾隆朝对西藏的治理也由此可见一斑。笔者才疏学浅,以上考察非常粗浅,错误或不当之处在所难免,诸多方面仍需继续深入挖掘和研究,权作抛砖引玉,求教于方家。

附录一

(436 页 -8)... abkai wehiyehe-i orin (9) ilaci aniya juwan biyai juwan ninggun-de (10) isinjiha aliha bithei da hiya kadalara dorgi (11) amban. tondo baturu gung fuheng-ni jasiha (12) bithede abkai wehiyehe-i orin ilaci aniya (13) uyun biyai juwan emu-de (14) (十) hese wasimbuhangge. kūtuktu-de jasi jakanhoise-be (15) dailara cooha ududu mudan hoise sebe gidafi (16) ambarame burulabuha. kuce hoton-be baha manggi. jai (17) kūtuktu-de jasiki seme hese

wasimbuha bihe.（18）te kuce hoton-be baha bime. šayar（19）sairim-i jergi ba-i hoise se（20）gemu dahaha. ne amba cooha hacihiyame（21）casi ibeme dosifi. ajige hojom-be（22）jafanambi. kūtuktu erebe geren-de ulhibureci（23）tulgiyen onggolo umitai. guwamboo-i baci.（24）yerkim ba-i niyalma ladak-de jifi（437 页-1）ūlet-be ucaraha babe wesimbuhe bihe.（2）erebe tuwaci. hūlha ajige hojom hafirabufi（3）ladak-de baime jidere-be boljoci（4）ojorakū. kūtuktu erebe safi umitai.（5）guwamboo sei emgi dimu kūtuktu. diba sede（6）afabufi. ulame ari-i diba-de afabufi（7）ladak-i urse-de ulhibufi. ere ajige（8）hojom serengge. neneme jun gar-de（9）gamabufi horibume tuwakiyabuha niyalma. meni（10）amba cooha ibeme dosifi teni aitubume（11）tucibufi. kesi isibume da bade sindafi（12）unggihe. ai umesi ehe niyalma ofi.（13）fuhali kesi baili-be sarkū. ere（14）gese niyalma fuhali ehe jaka. yaya（15）bade isinaci. urunakū tere ba-be（16）ušabufi ehe ombi. ce safi ajige hojom（17）talu-de geneci. ce uthai jafafi ebsi（18）benjibukini. aika gidafi benjirakū oci. uthai（19）inde ušabure-de isinambi. adarame seci（20）ajige hojom ya bade ukafi geneci（21）meni cooha urunakū dahalahai farganame（22）genembi. ainaha seme aldasi nakarakū. ede（23）ce baibi ušabufi joboro-be alire（24）anggala. jafafi benjihe manggi. kesi-be（25）alire-de isirakū ere cohome ajige（26）hojom ceni bade jici. uttu benjikini. aika（27）jiderakū oci. uthai cende daljakū seme（28）ulhibufi inu saikan gūnin wereseme fujurulakini...

附录二

（14 页-12）...ladak-i（13）han sei karu unggihe bithei dorgide...（22）jai duleke（23）aniya tuweri meni ladak-i udu niyalma. yerkim-i（24）bade genefi. ere aniya duin biyade amasi（25）isinjifi gisurehengge. tere ucuri yerkim-i noyan（26）an-i košam baca inu.

ūlet-i emu niyalma（15 页-1）dalafi ninggun minggan niyalma gaifi yerkim-i bade（2）jifi gisurehengge. neneme suweni yerkim. meni ūlet-i（3）harangga. mende ejen akū bihe. te ainacibe. be（4）košam baca sinde dahaki seme gisurehe-de. košam baca（5）juwe ūlet hūbarak-be dabume ilan tanggū isire（6）niyalma-de jedere kunesun bufi. yerkim hoton-i（7）ujan-de tebuhebi. funcehe urse-be sikir.（8）yerba-i jergi bade tebuhebi. ūlet. yerkim-i（9）sidende bisire lardza aksu sere bade košam baca-i（10）hafan kacimbek-i emu jui-be. hoton-i noyan（11）sindafi tebuhe-de. tubade ūlet-i emu tumen（12）juwe minggan isire cooha jihe sere mejige-be（13）donjifi. kacimbek emu minggan cooha gaifi juwan（14）duin temen-de okto muhaliyan dzambara poo acifi（15）aniya biyai gūsin-de aksu bade genefi muteci（16）afaki. muterakū oci. okdoci ojoro-be bodome（17）genehe amala. goidahakū donjici. ūlet. kacimbek-be（18）waha seme. yerkim-i fejergi urse gisurembi. yargiyan（19）tašan-be sarkū. ūlet sehengge. ainci takame（20）mutehekū. amba muru dorgi ba-i cooha dere（21）seme gūnimbi...

附录三

（382 页-6）...abkai wehiyehe-i orin ilaci（7）aniya juwan biyai ice uyun-de（8）（十）hese wasimbuhangge. janggiya kūtuktu sei baci.（9）ladak-i han sei boolaha...（21）seme（22）boolaha bade ulame wesimbuhebi. ladak-i han sei（23）ere mejige boolahangge umesi sain. onggolo kuce（24）šayar. sairim. aksu hoton baha. hūlha ajige hojom（25）silhi meijefi burulaha bade. siran siran-i gemu hese（26）wasimbume unggihe. jakan jiyanggiyūn jao hūi se cooha（27）gaifi aksu-ci ibeme dosika manggi. neneme hūlha（28）ajige hojom-de emu ici aisilame yabuha hojisbek（29）hūlha ajige hojom sei ehe-be safi. ini baru（30）afafi uši hoton-be alibufi dahaha. te amba

(383 页-1) cooha yerkim-i baru ibeme dosifi hūlha ajige (2) hojom sebe jafaname genehe. ere sidende hūlha ajige (3) hojom sebe jafame baha dere. te uši hoton (4) baha bime. hojisbek dahaha babe. neneme kūtuktu sede (5) jasifi. ulame tanggūt sede ulhibukini. hūlha ajige (6) hojom sebe jafame baha manggi. jai encu kūtuktu-de (7) jasiki. ere hese-be alime gaiha manggi. kūtuktu sei (8) baci kemuni ulame ladak han-de ulhibume hese (9) wasimbu. hūlha ajige hojom. amba hojom ere (10) sidende aika tumen-de amba cooha-de hafirabufi (11) ceni ladak-i jergi bade geneci. ini baci uthai mini (12) neneme wasimbuha hese-de dahame jafafi ebsi (13) benjibukini. inde ujeleme kesi isibumbi. ainaha (14) seme halbure turibure oci ojorakū. saikan kicekini (15) seme ulhibukini sehebe gingguleme dahafi jasiha seme (16) isinjiha-be. aha be uthai dimu kūtuktu (17) gʻablon sebe isabufi ulame getukeleme wasimbuha manggi. (18) dimu kūtuktu gʻablon sebe gaifi gala giogin arame (19) alarangge. amba cooha dosifi kuce aksu-i jergi (20) hoton baha. šaras mahūs-i ūlet. ušak-i hoise se (21) gemu gisabuha. funcehengge labdu akū oho bime. te (22) ajige hojom-de aisilame yabuha jojisbek uši (23) hoton-be alibufi dahaha. ere sidende ehe hūlha (24) ajige hojom amba hojom beye baiha sui jalufi (25) jafabuha dere seme urgunyeme alambi. uttu ofi. (26) aha be (27)(+) hese-be dahame ladak han-de. te amba cooha (28) dosifi. kuce aksu-i jergi hoton-be baha. hoise (29) sebe gisabume wafi. funcehengge asuru labdu akū oho (30) bime. geli temšendume hoton alibume dahahangge bi. (31) ne ajige hojom. amba hojom-be jafanambi. ce (32) hafirabufi ergen guweki seme ereme. suweni bade (384 页-1) ukame jailara jidere-be boljoci ojorakū. aika (2) suweni ladak-i jergi bade ukame jici. uthai (3)(+) amba ejen-i hese-be dahame jafafi benjibukini. (4)(+) amba ejen urunakū suwende ujeleme (5) kesi isibumbi. ainaha seme tuwašame

halbure turibure-de (6) isibuci ojorakū. saikan gūsin wereśeme kice. ume (7) uśabure kemuni donjiha saha mejige-be uthai (8) sjran sjran-i boolanju seme getukeleme ulhibume (9) jasihabi. jai neneme aha meni tucibufi ladak-i (10) bade mejigeśebume unggihe dongk'or sonom yuljal. (11) ladak han sei baci. ere sidende kemuni mejige (12) boolanjire unde. boolanjiha erinde. aha be uthai encu (13)(+) donjibume wesimbuki. erei jalin gingguleme (14)(+) donjibume wesimbuhe...

附录四

(438 页-19)... ne wasimbuha (20)(+) hese-be. tanggūt bithe ubaliyambufi dimu kūtuktu. (21) g'ablun sede afabufi ari-i diba. ladak-i (22) urse-de ulhibume jasihaci tulgiyen. aha be. (23) dimu kūtuktu sei emgi hebeśefi ladak han ambakan (24) data-de suweni tehe ba yerkim-de jecen (25) acaha. daci (26)(+) amba ejen-i kesi-be hukśeme unenggi gūnin-i eiten (27) baha mejige umai gidarakū kemuni boolanjimbihe. (28) suwe serengge. jalan halame (29)(+) amba ejen-i kesi-be aliha niyalma aiseme fudasi (30) doro-i ehe urse-de uśabumbini. suwe aika (31) fudaraka hūlha-be jafafi benjici. juse omosi-de (32) isitala (439 页-1) (+) amba ejen-i kesi-be bahafi alimbime. enteheme (2) fucihi-i śajin-ci aljarakū ombi. te amba (3) cooha dosifi kuce hoton jergi ba-be baha. (4) ajige hojom yamji cimari jafabumbi. aika hafirabufi (5) suweni ladak-i bade ukame jidere. geli ukame (6) jihe ambakasi data bici. suwe uthai jafafi (7) meni amba cooha aika fargame suweni jecen-i (8) hanci isinaha oci ukambure turibure-de isiburakū (9) emu derei mende boolame. emu derei amba kūwaran-de (10) benefi afabukini. aika kenehunjecuke turibure-be gelere (11) hacin bici. uthai dzang-be benjibukini. (12)(+) enduringge ejen. suwende urunakū (13)(+) ujen kesi isibumbi. aika ukame jidere niyalma umesi (14) labdu.

suweni hūsun niyere jafame muterakū oci. (15) uthai meni ari-i diba-de boolanjibufi (16) suwende aisilame jafambi. ubabe gemu ari-i (17) diba-de getukeleme afabuhabi. aika jiderengge (18) akū oci. suwende daljakū. jai ajige hojom-i (19) jergi urse jailafi suweni bade baime jici. (20) amba cooha toktofi sundalame fargambi. suweni (21) ba-i urse heni majige ume gelere. kemuni (22) fujurulame baha yaya mejige-be. (23) mende hūdun boolanjikini sere jergi gisun arafi (24) jasiha. gūnici. ajige hojom. ladak-i bade (25) ukame jici. ladak-i urse (26)(+) ejen-i kesi-be hukšeme. urunakū jafafi (27) alibumbi. ari-i diba nanggurba jurmet sede (28) inu ere sidende (29)(+) hese-be dahame mejige-be dacila. ba (30) na-be ciralame seremšeme saikan gūnin (31) werešeme ladak-i baci jafafi benjihe (440 页-1) hoise. baha mejige-be uthai alime (2) gaifi mende benjibu. suweni ba-i (3) coohai urse-be ne fe belhefi (4) ladak-i mejige-be aliyafi. aisilara ba (5) bici. emu derei mende boolanjime. emu (6) derei aisilame hūlha-be jafakini. ainaha (7) seme oihorilaci ojorakū. ume geren-be (8) burgišara seme ciralame afabufi bithe (9) unggihebi. ceni baci boolanjifi aha (10) umitai. guwamboo acara-be tuwame emu (11) derei icihiyame. emu derei (12)(+) wesimbuki...

附录五

(441 页-7)...jakan ladak han-i baci. buya (8) toin minde jasiha bithe-de. baldi sigʻar ba-i (9) malababi sere hoise. meni ubai da jasi-be (10) takara jakade. malababi-i baci. sunja biyai orin (11) nadan-de. jasi-de jasiha bithei dorgi-de. ineku (12) biyai ice ninggun-de emu hoise. juwe kʻaci (13) baldi-i duin niyalma. baldi sigʻar-i bade ukame (14) jifi alahangge. neneme dorgi ba-i amba (15) cooha yerkim-de jifi ambarame afaha. amala (16) amba cooha dasame yerkim-i hanci nikenehe seme (17) donjiha sembi. hoise kacimbek-i deo-i duin

(18) sunja tanggū niyalma-be. hojom baca gemu (19) waha. kacimbek-i ahūn deo. ini juwe jui gemu (20) amba cooha-be dahame tehebi. abdura. kimk'albat (21) šago hoise. meni sasa ukame jihe bihe. ajige (22) hojom duin tanggū cooha unggifi. tere hoise sebe gemu (23) jafafi amasi gamaha bime. meni nadan niyalmai jaka-be (24) gemu durime gamaha. be ukame tucike sembi. silg'ar (442 页-1) ba-i da punggarba-i ajige hojom-de jasiha (2) bithe-de. si aika ladak-de ukame geneci. (3) ladak-i ba serengge. fucihi-i tacihiyan-de (4) dosika urse. simbe urunakū jafafi dorgi ba-i (5) amba cooha-de benebumbi. si kemuni meni baldi-i (6) bade jici sain seme bithe unggihenge yargiyan. (7) ere bithe hojom-i jakade isinaha isinahakū (8) babe bahafi tengkime sarkū. fejergi ursei gisurehengge. (9) ajige hojom ainaha seme ladak. baldi sere juwe bade (10) ukame generakū. badakšan gurun-de ukame genembi (11) dere seme leolendumbi. jai neneme amba cooha-de (12) dahaha sanju ba-i da sang bašar k'oša-be (13) ajige hojom jafafi gindana-de horihabi. ne bisire (14) akū bade tengkime sarkū seme alambi. uttu (15) ofi. bi ceni alaha songkoi boolaha yargiyan tašan-be (16) sarkū. geli donjiha bade. enetkek gurun-i alanggir (17) baca han nimeme akū oho. ini jui han-i (18) soorin-be sirambi seme. jecen-be kadalara da (19) neisa mulmul-be hūlame gamahabi sembi. amala (20) mini yerkim-de takūrafi dacilabume unggihe (21) niyalma amasi jihe erinde. jai kimcime fonjifi. baha (22) mejige-be. siran siran-i boolaki sehebi...

附录六

(446 页-21) wesimburengge. (22) aha fude. agūi gingguleme (23) wesimburengge. (24) (十) donjibume wesimbure jalin. aha be yerkim-de (25) isinjifi bira doore-be aliyara sidende. (447 页-1) oros-ci hūdašame jihe oros iwan. (2) mekeila. anjiyan-ci hūdašame jihe

hoise (3) abiyas hojo. geli ladak gurun-i gaša (4) gajamsu-i jergi jakūn niyalma acanjihabi. (5) fonjici…(448 页-6)… ladak-i gaša-i jergi jakūn niyalmai (7) alarangge. be ladak-i han cangnamjil-i albatu. (8) cengnamjil① aniyadari (9)(+) amba ejen-de alban jafame wargi dzang-ni (10) dalai lama-i bade benembi. (11)(+) amba ejen-i cooha. yerkim. hasihar-be (12) gaime jihe seme mejige donjire jakade. (13) amba cooha yerkim. hasihar-de isinjiha oci. (14) suwe jiyanggiyūn ambasa-be acafi. yargiyan mejige (15) gaifi jikini. amba cooha aika yerkim hasihar-de (16) isinjire unde oci. yul arik sere baci amasi (17) jikini seme gaša. gajamsu. k'asidundob. lobdzangdasi. (18) g'arabu. abdzal. suda. hoise toktomet meni jakūn (19) niyalma-be takūrafi unggihe bihe. yul arik sere (20) bade isinjifi. hūlhai karun-de jafabufi. bithe (21) jaka hacin-be gemu durime gaiha. yerkim hoton-de (22) biya funceme tehe. te jiyanggiyūn ambasa amba (23) cooha gaifi isinjiha ofi. jiyanggiyūn ambasa-be (24) acame jihe sembi. [　]② aha be hujufi. (25) gūnici. (26)(+) enduringge ejen-i gosin wen akūnarakū ba akū (27) ofi. yaya goroki aiman-i urse musede (28) dahahakūngge akū. te hojijan geren gurun-ci (29) hūdašame jihe urse-be teisulehe-be tuwame (30) tabcilame durime yabuhangge. yargiyan-i ehe oshon (31) ten-de isinahabi. baicaci. oros serengge. (32) muse-de tanggū aniya isime ijishūn yabuha (449 页-1) gurun. anjiyan-i hoise serengge. duleke aniya (2) musei hasak. burut-be dahabuha-be donjifi inu (3) dahame dosiki sehe aiman. ladak serengge. uthai (4) kara tubet inu. dzang-ci ulame alban jafara (5) harangga gurun. gemu giyan-i (6)(+) ejen-i kesi fulehun-be selgiyeme bilume gosire-be tuwabuci (7) acambime. musei cooha

---

① 前文写为"cangnamjil",此处写为"cengnamjil",原文如此,后同。
② 原文留有空格,后同。

duleke aniya kuce-be (8) gaiha. uši. aksu-be dahabuha gojime. yerkim. (9) ho tiyan-de afaha baita-be ere sidende tulergi (10) geren aiman-i urse gūnici donjihakū sarkū sere (11) ba akū. te (12)(+) ejen-i horon hūturi-de. amba cooha emgeri teksilefi (13) ilan jugūn deri dosire jakade. ho tiyan-be (14) dahūbuha. yerkim. hasigar①-be bargiyaha. gubci (15) hoise-be toktobuha babe inu giyan-i geren aiman-de (16) selgiyebufi. musei coohai horon-be badarambume ulhibuci (17) acambi. uttu ofi. aha be hebešefi oros iwan. (18) mekeila-be giyamun deri bar kun-de benebufi. (19)(+) hese aliyabureci tulgiyen. anjiyan-i hoise abiyas hojo-de (20) suweni anjiyan-i urse duleke aniya. meni amba cooha (21) burut. hasak-be dahabuha-be donjifi. cihanggai (22)(+) gosin wen-de dahame dosiki sere aiman. be te simbe (23) amasi unggimbi. suweni urse-de acafi. hojijan-i (24) ukaka babe geren-de ulhibu. talude aika suweni (25) anjiyan-de ukame dosici. urunakū jafafi mende (26) alibu. (27)(+) amba ejen-de wesimbuhe manggi. suwende kesi isibumbi. aika (28) hojijan-i arga-de dosifi halbume bibure oci. meni (29) cooha suweni nukte-i bade dosifi baicame jafara-de (30) geren-i golondure burgišara-be akū obume mutembio. (31) aisi jobolon-be bodome kimcime bodofi yabu. ume (32) aliyacun tutabure sere jergi gisun-i anjiyan-i (33) hoise sede afabure bithe bufi. geli abiyas hojo-de (450页-1) dere tokome ulhibume gisurefi. kunesun icihiyafi (2) unggihebi. jai ladak-i gašan②-i alaha ladak han (3) cangnamjil-i ahasi-de alibure belek jaka. bithe (4) gemu hūlha-de tabcilabuha. bithede ai gisun (5) araha-be sarkū bicibe. musei harangga gurun-i (6) niyalma-be. hūlha-de hanggabuha-be dahame. (7)(+) ejen-i kesi-be selgiyeme

---

① 前文写为"hasihar",此处写为"hasigar",原文如此。
② 前文写为"gaša",此处写为"gašan",原文如此,后同。

amasi unggici acambi sere (8) anggala. tumen-de hūlha ukara jugūn akū-de. (9) olime ladak-de baime genere-be inu boljoci (10) ojorakū. hojijan se ukame geneci. uthai jafafi (11) benjikini seme ladak han cengnamjil-de inu doron gidaha bithe arafi. gašan sede kunesun icihiyame (13) boso šangnafi unggihebi. erei jalin gingguleme (14) wesimbuhe. (15) abkai wehiyehe-i orin duici aniya nadan biyai orin nadan-de (16) fulgiyan fi-i pilehe (17)(＋) hese icihiyahangge sain. saha sehe…

附录七

(412 页-11)…jakan coohai nashūn-i baci (12) jasiha bithede. abkai wehiyehe-i orin duici (13) aniya uyun biyai orin nadan-de (14)(＋) hese wasimbuhangge. guwamboo sei baci. ladak han-i (15) kesi-de hengkileme wesimbuhe. jai ini mejigešebume (16) takūraha niyalma-be okdonobume unggihe niyalma. (17) yerkim-i hanci isinafi yerkim-i harangga niyalma-be (18) ucarafi duleme mutehekū jergi babe wesimbuhebi. (19) ladak han-i ere wesimbuhe babe bi (20) bulekušeme tuwaha. damu jakan yerkim hasihar-i (21) jergi hoton-be gemu baha babe ulhibume (413 页-1) hese wasimbuha bihe. jakan jiyanggiyūn se (2) geli hūlha hojom se badakšan-de ukame (3) dosifi badakšan-i urse-de jafabuha. badakšan-i (4) urse cembe jafafi benjibumbi seme wesimbuhebi. (5) te badakšan-i urse hūlha hojom sebe (6) jafafi benjibure-be dahame. jafafi benjihe manggi. (7) jai ulhibume hese wasimbume unggire-ci tulgiyen. (8) te yerkim hasihar-i jergi hoton yooni (9) baha bime. badakšan-i urse geli uthai (10) hūlha hojom sebe jafafi benjibumbikai. mejigešeburengge (11) gemu baiburakū ohobi. erebe guwamboo sede jasifi (12) dimu kūtuktu-i emgi niyalma takūrafi. ladak (13) han-de ulhibume alafi sakini. ereci julesi (14) ce mejigešemre-be nakakini. ede kesi isibume

(15) ladak han-de juwe amba suje šangnafi unggi (16) sehebe gingguleme dahafi isinjiha-be. aha be. (17) uthai budala-de genefi. dimu kūtuktu. g'ablun (18) gung bandida sede ulhibume (19) (＋) hese wasimbuha...

附录八

(187 页-1) ladak han-de unggire bithei jise. (2) (＋) hesei takūraha yerkim-de tefi baita icihiyara (3) hebei amban. aliha amban. gūsa-be (4) kadalara amban [ ] hebei amban. aliha (5) amban. gūsa-be kadalara amban. dacun (6) kiyangkiyan gung [ ] hebei amban. turfan-i (7) giyūn wang [ ]-ni bithe. tubet-i (8) ladak han-de unggihe. sini baci (9) takūraha elcin daši jiyamts'o se sain-i (10) yerkim-de isinjifi. alibure bithe. meni (11) jiyanggiyūn. jai turfan-i wang minde bure (12) belek-be gemu gajihabi. te meni jiyanggiyūn sa (13) amba gungge mutebufi (14) (＋) hesei hūlafi amasi genehebi. sini alibuha bithede. (15) yerkim-de amba cooha sain-i bisire (16) arbun muru-be tuwafi. parsi-i hoisei (17) hergen-i karu bithe arafi. sini elcin (18) daši jiyamts'o-de bufi amasi unggireo (19) sehebi. jakan meni amba cooha ilan duin (20) jugūn deri yerkim. hasihar-i jergi (21) hoton-be gaime. hūlha hojijan-i ahūn (22) deo-be jafame dosire-de. juwe (23) hūlha buranidun. hojijan donjifi silhi meijefi. (24) ini fejergi ušak. bederge. taracin hoise. (25) ūlet-be gaifi hoton-be waliyafi ukafi (26) badakšan-de baime genere-de. alcur. (27) isil kul bade meni amba cooha amcabufi (28) gisabume wabuhangge-ci tulgiyen. gūwa ududu (188 页-1) tumen haha hehe-be gemu dahabume (2) bargiyahabi. juwe hūlha ukafi badakšan be (3) baime dosika-be. meni amba cooha (4) ibenefi elcin takūrafi gaire-de. sultanša. (5) (＋) abkai horon-de geleme. (6) (＋) amba ejen-i gosin wen-be buyeme. juwe (7) hūlha-be gemu

wafi. uju giran-be (8) alibume. gubci aiman dahame dosihabi. te (9) badakšan. bolor. anjiyan. margalang. hohan-i (10) jergi aiman-i burut se. gemu cihanggai (11)(+) amba ejen-i albatu ofi. teisu teisu juse (12) deote elcin-be takūrafi (13)(+) amba ejen-i genggiyen-de hargašabume unggihebi. (14) ne gubci hoise-i ba gemu (15)(+) amba ejen-i aha jušen oho bime. han si (16) aifini (17) amba ejen-de dahame dosifi. ere mudan geli (18) eiten mejige-be gaime. mujakū kiceme (19) faššame yabuha. ereci amasi enteheme cooha (20) dain akū. we ya gemu (21)(+) amba ejen-i kesi-be alime jirgame sebjeleme (22) banjire-be dahame. amasi julesi hūdašame (23) yaburengge umesi giyan-i baita. sini elcin (24) daši jiyamts'o. ubai arbun muru-be gemu (25) yasai sabufi genehe. han si parsi-i hergen-i (26) bithe-be gaifi gamakini sere jakade. sini (27) gisun-i songkoi arafi unggihe. damu sini (28) elcin daši jiyamts'o se. jugūn-de amba (29) nimanggi teisulefi. morin ulha macufi jobofi (30) jihe turgunde. be (189 页-1) (+) amba ejen-i goroki jecen-i urse-be bilume (2) gosire ten-i gūnin-de acabume. cembe (3) teyebume tebufi morin kunesun-i jergi (4) hacin-be sirabume icihiyafi. niyalma tome (5) suje boso šangnafi. han sinde unggire belek (6) gecuheri. giltasikū. amba suje duin-be (7) suwaliyame. parsi hoise hergen-i karu (8) bithe arafi afabufi yerkim-ci jurambufi (9) amasi unggihebi. erei jalin unggihe…

（本文原载于沈卫荣主编《西域历史语言研究集刊》2015 年第 8 辑，内容略有变动）

准噶尔汗国明阿特鄂托克来源与游牧地考

特尔巴衣尔

准噶尔汗国是由卫拉特人创建的自17世纪中叶始到18世纪中叶止统治新疆和中亚一带的游牧政权。明阿特[①]系一蒙古部落名,也是准噶尔汗国24鄂托克[②]之一。由于受史料限制,以往学界对准噶尔各鄂托克的情况不是很清楚。对明阿特鄂托克做过专门介绍的只有清官修《西域图志》:"明阿特,二宰桑,人三千户,为一鄂托克。"[③]伯希和据此对明阿特鄂托克评注道:"此名意义不大(本意为1000),在其他地方也曾出现过。"[④]但近年来随着满文档案的公布,为摸清准噶尔各鄂托克情况提供了可能。一些学者也开始试图利用新公布的满文档案来探讨准噶尔社会组织问题。如日本东北学院大学的小昭孝博[⑤]利用满文档案对准噶尔汗国鄂托克和昂吉制度进行了深入研究。日本追守门学

[①] "明阿特"系蒙古语,为"明安 mingga(n)"(一千)的复数形式。"明安"为阿尔泰语系通用词,如满语中为 minggan,维吾尔语中为 ming,哈萨克语中为 meng,女真语中为"猛安"(《金史》)或"皿干"(《女真译语》),均为数字"千"之意。"明安"作为部落名在蒙古社会普遍存在,如科尔沁部的"茂明安""塔宾明安";察哈尔部的"德热明安";卫拉特辉特部的"伊克明安"等。"明安"作为社会或行政建制,蒙古汗国时期有千户制,金朝有"猛安谋克"制("猛安者,千夫长也。谋克者,百夫长也。"《金史·兵制》)。

[②] 鄂托克为准噶尔汗国地方基本行政建制。准噶尔汗国地方行政建制主要有鄂托克、昂吉和集赛。(《西域图志·官制·附准噶尔部旧官制》卷二十九)

[③] 《西域图志》卷首一天章一"准噶尔全部纪略"及卷二十九,官制一,附准噶尔部旧官制。

[④] 〔法〕伯希和著,耿升译:《卡尔梅克史评注》,中华书局,1994年,第70页。

[⑤] 〔日〕小昭孝博:《清朝のジューン=ガル征服と二重支配構想》,《史學研究》第240號;《清と中央アジア草原-遊牧民の世界から帝国の辺境へ》,一般財団法人東京大学出版会,2014年。《ジューンガルの支配体制に関する基礎的検討》,〔日〕洼田順平、承志、井上充幸編:《イリ河流域歴史地理論集——ユーラシア深奥部からの眺め》,松香堂,2009年,第33—63頁。

院大学承志利用军机处满文录副奏折,首先对准噶尔汗国十六大鄂托克的来源问题进行了总论,①然后又进一步利用满文档案另撰专文对准噶尔汗国乌鲁特鄂托克游牧地、首领等问题进行了详细的考证,②新疆师范大学巴图巴雅尔利用《清代准噶尔使者档》探讨了准噶尔汗国扎哈沁鄂托克的起源问题。③ 然而对明阿特部的研究,国内学者尚未涉及。蒙古国学者乌云吉尔格勒利用满文档案对蒙古国西部明阿特旗来历和迁往科布多的过程进行了详细考证。④但仍未涉及准噶尔汗国明阿特鄂托克来源与游牧地问题。

笔者在查阅满文档案过程中发现了一些有关明阿特鄂托克的档案,这些档案涉及明阿特部的来源和游牧地及其变迁等重要问题。

一、明阿特鄂托克的来源

最早论及明阿特部的是 17 世纪初俄国旅行家们。如,俄国使者瓦西里·丘米尼兹和伊万·彼得林二人于 1616—1619 年在西伯利亚和蒙古旅行,其旅行记及所画旅行图所示,明阿特人生活在克穆河一带。⑤ 俄国学者波塔宁记载:"明阿特部从 16 世纪至 17 世纪初期,曾居于贝加尔湖西南克穆河、克穆齐克河、唐努山一带。"⑥《大清一统志》标明,贝克穆、华克穆两河相会形成乌鲁(大)克穆河,克穆齐克河乃大

---

① 承志:"十八世纪准噶尔十六大鄂托克——以一份满文奏折为中心",乌云毕力格主编:《满蒙档案与蒙古史研究》,上海古籍出版社,2014 年 7 月。
② 承志:《十八世纪准噶尔十六大鄂托克——乌鲁特鄂托克探析》(续一),*Quaestiones Mongolorum Disputatae* (XI), International Association for the Study of Mongolian Cultures, Tokyo, 2015。
③ Ba Batubayar(巴·巴图巴雅尔):《zaqačin-u teüke soyol un sodulul》(《乌苏扎哈沁贝勒旗历史文化研究》,蒙古文),新疆人民出版社,2013 年。
④ Очирын Оюунжаргал. Манж Чин улсаас монголчуудыг захирсан бодлого Улаанбаатар2009.
⑤ Б. Сандал. Мянгадын гарал YYслийн асуудлаас. Улаанбаатар1969.
⑥ Г. Н. Потанин. Очерки Северо-Западной Монголии, СПБ,1881г, ТОМ III, T. 12. 转引自 Очирын Оюунжаргал. Манж Чин улсаас монголчуудыг захирсан бодлого, Улаанбаатар2009.145.

克穆河支流。克穆、克穆齐克两河为同一水系,均位于清代唐努乌梁海境内。① 唐努山"在乌里雅苏台城北,近山游牧之乌梁海,为唐努山乌梁海"。② 可见以上地名均属唐努乌梁海地区,说明明阿特人 16 世纪初生活在唐努乌梁海一带。上引唐努山位置于"乌里雅苏台城北"显得过于笼统,其实唐努乌梁海位于唐努山以北,萨彦岭以南,现今俄罗斯联邦图瓦共和国和蒙古国西北部。③ 唐努乌梁海地区居民为乌梁海人,又叫图瓦人,系蒙古别部,操突厥语,信奉藏传佛教。现今的明阿特语也保留着很浓的突厥特色,其生活习俗等方面与乌梁海人亦极为相似。④ 俄国学者伯塔宁认为明阿特部为蒙古化的突厥人。⑤

对乌梁海人的族属,清代官书另有记载"……查和托辉特所属有:叶克和托辉特、巴罕和托辉特、明阿特、哈柳沁、托斯、奢集努特等六鄂托克。并乌梁海十六鄂托克……"⑥表明,明阿特部原为和托辉特部之一或隶属于和托辉特部。和托辉特部属喀尔喀西部的札萨克图汗部,常年统治乌梁海、图瓦等诸多突厥语部族。"和托辉特,为喀尔喀极边,西近额鲁特,北近俄罗斯,俗喜斗,乌梁海复错处其间,捕貂涉猎,依木而居,纳赋和托辉特,有事则藉之为兵。故和托辉特虽隶札萨克图汗,实自为一部。"⑦可见,明阿特部同乌梁海人等隶属于蒙古喀尔喀部札萨克图汗和托辉特部。

说明,明阿特人早期生活在唐努乌梁海境内,为乌梁海部之近亲,操突厥语的部落,与乌梁海人同时归属于喀尔喀蒙古和托辉特部。

---

① 《大清一统志》,卷五百三十二,"乌里雅苏台图";《大清会典图》唐努乌梁海图"同治八年克穆斯科乌梁海图"。
② 《大清一统志》,卷五百三十二,"乌里雅苏台"。
③ 《中国历史地图集》,第八册,第 55—56 页。
④ Д. Нансалмаа. Угсаатан судлал, Боть XVIII-XIX. Улаанбаатар2010.
⑤ Г. Н. Потанин. Материалы для истории сибири. 1866. 转引自 Д. Нансалмаа. Угсаатан судлал, Боть XVIII-XIX. Улаанбаатар2010.
⑥ 《平定准噶尔方略》,正编卷之三十五,第 19 页,乾隆二十一年十二月辛卯条"定边左副将军成衮扎布等疏奏安插和托辉特部众事宜"。
⑦ 张穆撰:《蒙古游牧记》,卷十,同治六年寿阳祁氏木刻刊本。

二、明阿特部游牧地的变迁

对明阿特人的族属,来自其内部的说法显得非常重要,满文档案提供了这种可能。一份满文奏折转述了明阿特部首领们对其部来源的介绍:(满文转写说明:序号为每页行号;＋号表示抬头;/表示换行)2amban bandi saral oyonggo gingguleme narhūšame/＋3wesimburengge/＋4hese be baire jalin baicaci minggad sere emu /5aiman i urse uheri juwe minggan funcere boigon bi/ 6daci altai bade tehe uriyanghai bihe"臣班第、萨刺勒、鄂容安谨秘奏为请旨事,经查有明阿特部落二千余户原系阿尔台地方之乌梁海。"①说明,明阿特部原分布于阿尔泰山一带,系乌梁海人。满文档案又言:ceni demci se/12 jifi ubade banjire encehen akū mohohobi cihanggai/13 beye i hūsun i yafagan micucibe altai ergide/14 gurime genefi ceni uriyanghai niyaman hūncihin②de/15 nikefi gurgušeme buthašame banjiki seme baime/"其(明阿特)德木其来告:'于此处已无力生存,愿以自备资斧,即使徒步匍匐而行也要到阿尔泰,求往亲族乌梁海处狩猎为生。'③据此,明阿特部早期也可能是操突厥语的部族,为乌梁海人之亲属,以狩猎为生,如同吉尔吉斯④、特楞古特等部。

通过以上讨论可知,明阿特部最初分布于唐努乌梁海地区,隶属于喀尔喀和托辉特部。那乌梁海人为何又说其故土在阿尔泰山一带?明

---

① 《清代新疆满文档案汇编》12册260页"定北将军班第等奏明阿特部落原系阿尔泰乌梁海请准其返回原牧地折"。乾隆二十年八月初三日。

② Niyaman意为心脏,hūncihin意为亲戚,表明亲属关系很近,如同蒙古语中的Jirüken törül。突厥语中的y(j)ürök bawr表示在所有亲戚类别中最为近亲。

③ 《清代新疆满文档案汇编》12册260页"定北将军班第等奏明阿特部落原系阿尔泰乌梁海请准其返回原牧地折"。乾隆二十年八月初三日。

④ 此处吉尔吉斯与现今吉尔吉斯斯坦和柯尔克孜族不同,为生活在叶尼塞河一带的土著居民。该部,后来一部分被迁到了准噶尔形成了准噶尔汗国吉尔吉斯鄂托克,一部分被清朝政府迁到了黑龙江一带。

阿特部何因何时从唐努乌梁海迁到阿尔泰山,最后到准噶尔腹地,成为其一鄂托克的？一份调查明阿特人源流的满文档案说：

6meni minggad i urse cinggis han i duin/7otok i dorgi niyalma behe adarame jun/8gar de dosika be sarkū damu jun gar i/9sengge hongtaiji hara hulan galdan bošoktu/10cagan arabtan sede furdehe alban jafame/11yabufi amala arabtan i fonde meni angga/12mergen se/13amba ejen de dahaki sere gūnin i ceni/14beyese cagan arabtan de furdehe alban be/15jafame genefi nukte be ebsi guribume alban be/16jafafi nuktei amargici amcame jidere de geren/17uriyanghai se minggad be dahame sasa jifi/

我明阿特部原属成吉思汗四鄂托克之人,但不知如何进入准噶尔,只知为准噶尔僧格洪台吉、哈喇忽剌、噶尔丹博硕克图、查干(策旺)阿拉布坦贡皮张。及阿拉布坦时,我部昂噶莫尔根等怀归顺圣主之心赴查干阿拉布坦处贡皮之际以内迁,从游牧地之北境来归,有乌梁海人众亦跟随我明阿特同来……①

在此,明阿特人已经不清楚自己是从什么时候开始隶属于准噶尔。只知道向以上几位准噶尔首领纳过贡。此处出现的哈喇忽剌系僧格祖父,为16世纪初准噶尔部首领。但在此将哈喇忽剌的名字排到了僧格之后,紧接着在未列哈喇忽剌之子、僧格之父巴图尔洪台吉的情况下,直接跳到了噶尔丹。明阿特人记忆当中,以为哈喇忽剌执政在僧格之后。若明阿特人真的是从哈喇忽剌时期开始属准噶尔,那也不会遗漏巴图尔洪台吉。而且,哈喇忽剌时期的17世纪初,明阿特尚分布于唐努山一带,受喀尔喀部统治。此哈喇忽剌之名,属明阿特人记忆混乱导

---

① 中国第一历史档案馆藏：《军机处满文录副奏折》,定边左副将军成衮扎布等奏,"定边左副将军成衮札布奏查明明阿特人源流并报其应由科布多大臣管辖折"。档案号：3-0181-2171-025,缩微号：076-0322。

致的误植。在明阿特人这次追忆当中已经完全没有在唐努山一带生活过的记忆。而明阿特曾为成吉思汗四鄂托克之说,也许恰好反映了在其役属于喀尔喀和托辉特部时有四个鄂托克。明阿特部有一个叫莫尔根的首领带领一部分部众逃归旧主喀尔喀。

至于明阿特部如何归属准噶尔,明阿特部首领莫尔根何时投清等问题,在一份调查和托辉特部源流的档案中有更详细的记载:

> mende umai fe dangse akū. be nenehe sakdasa ci donjiha bade. meni hotogoit i lubšang sain hon taiji kalkai dorgi ishunde eherefi tes i honggor tologai sere bade afame gidabufi. onggot, minggat, minggan uriyanghai sai jergi ini harangga geren be gaifi oros i jecen honggoroi sere bade genefi tere de ulet sengge sere noyan sain hon taiji sebe dailafi albatu be oljilame gamaha. amala ulet noyasa ceni dorgide geli eherendufi ineku sengge sere noyan be ini ahūn baturu cecen se nungnefi albatu be oljilaha de sain hongtaiji sai beye ukafi jiderede esebe ulet i namsiki yoyan i harangga obufi bihe be amala ese galdan bošoktu rabtan sede alban bufi bisirede ineku galdan bošoktu musei kalkasa be dailame jifi gasana sere bade amba cooha de gidabufi sain hon taiji i fe albatu ci meni onggot otok i ahūcilaha jaisang olosu minggat i ahūcilaha jaisan isha angga mergen se fe noyan be baime jifi gendun daicing hon taiji i jui beile sunjisengge i funde elhe taifan i deki ilaci aniya de jihe.

我部(和托辉特人)全无旧档。曾于耆老处闻:我和托辉特罗步藏赛音洪台吉于喀尔喀内乱时于特斯洪郭尔托罗盖地方交战失利。(罗步藏)将翁古特、明阿特、明安乌梁海等属众携往俄罗斯边境洪郭尔之地,诺颜赛音洪台吉等人于适地即受额鲁特僧格攻掠,部众被掠去。

未及,额鲁特诺颜们亦起内乱,僧格为其兄巴图尔、车臣等所弑,僧格部众为其兄所掠。适时,(和托辉特部)赛音洪台吉只身脱逃来归,其在准噶尔所遗部众分与额鲁特那木西克诺颜。我等即成噶尔丹博硕克图、阿拉布坦之属。

噶尔丹博硕克图侵入我喀尔喀,被大军败于噶撒纳地方。赛音洪台吉之旧部中有我翁古特鄂托克首领宰桑额罗素,明阿特首领宰桑伊苏哈昂噶莫尔根等寻其原诺颜,于根顿戴青洪台吉之子贝勒孙吉僧格之时,于康熙四十三年来归。①

这两份档案说明,明阿特部同乌梁海等曾均隶属于喀尔喀蒙古札萨克图汗和托辉特部。准噶尔部首领僧格趁和托辉特部穷促之际出兵掳掠,将明阿特等部人众掳去,明阿特部遂开始向准噶尔首领僧格纳贡。故明阿特人从僧格时期才开始隶属准噶尔无疑。从上引"(明阿特)原系阿尔台地方之乌梁海"来看,明阿特人被准噶尔掳去后被安置在了阿尔泰科布多一带。《准噶尔使者档》有段记载也印证了这一点,tereci sahahūn honin aniya de isitala meni minggad sere aiman hobdu i bade nuktembihe jai [meni ××hartu fejergingge]"自当时至癸未年为止,我明阿特之部落于科布多地方游牧,又 [我××属部](原文破损,方括号里文字系笔者复原)亦有居住者"。② "当时"是指明阿特部被僧格掳掠,安置于科布多一带之时。僧格为何将乌梁海人掠过来安置在阿尔泰山?阿尔泰山有明阿特部同族乌梁海人,而且阿尔泰山更适合狩猎为生的明阿特部,将明阿特人安置在阿尔泰山更便于安置和管理。

"直至癸未年"说明,明阿特部在阿尔泰科布多一带一直生活到了癸未年。明阿特部首领们说:ts'ewang 7rabtan i forgon de coohai hūsun i bargiyame/8gajifi cembe ukarakū seme amargi jecen de/9hasag burud be seremšebume tebuhebi"值策旺阿拉布坦时,为防其

---

① 中国第一历史档案馆藏:《军机处满文录副奏折》,定边左副将军成滚扎布等奏,乾隆三十年十二月十二日奏,"请将明阿特旗人或由科布多大臣监管折",档案号:2163-033,缩微号:075-2067。

② 《准噶尔使者档》,第一册,第62件,第289页。

（明阿特）遁走，以兵力威劫，令其防守后方①哈萨克、布鲁特。"②癸未年，即公元1703年，康熙四十二年。策旺阿拉布坦执政时期为1697—1727年。癸未年的1703年正值策旺阿拉布坦执政时期。两份档案的记载说明，在1703年的策旺阿拉布坦统治时期，准噶尔统治者将明阿特部从科布多阿尔泰一带强行迁走。

档案又言，令其防守后方边界之哈萨克、布鲁特。明阿特所迁往哈萨克布鲁特之后方边界到底在哪？有份满文档案提供了线索：

dawaci i kūwaran ci manghan/ mendu gebungge juwe niyalama be suwaliyame benjihe manggi /amban be uhei manghan mendu de kimcime/fonjici jabureng meni juwe niyalama gemu/ minggad otok i niyalama meni emu otok juwe/ minggan fucere niyalma temurtu noor de tehebi"自达瓦齐营内脱出之莽汉、们都等额鲁特二人来投。自前锋一并送来。臣等讯问莽汉、们都，据供称'我二人均为明阿特鄂托克人，我一鄂托克两千余人居于特穆尔图淖尔'。"③这说明，明阿特人于准噶尔汗国末期在特穆尔图淖尔一带游牧。特穆尔图淖尔亦曰图斯库尔④，为今吉尔吉斯斯坦境内的伊塞克湖。⑤"（东布鲁特）旧游牧地，在格根喀尔奇拉、特穆尔图，为准噶尔所侵⑥"，说明布鲁特人原居于特穆尔图淖尔一带，后被准噶尔人所占。故特穆尔图淖尔成为准噶尔与布鲁特边界的可能性很大。说明明阿特人被迁往后方防守哈萨克、布鲁特之地在特穆尔图淖尔等地。这又进一步说明了明阿特鄂托克自策旺

---

① 满文原文为amargi，该词在满语中有两种意思，一个是"北方"，一个是"后方"。因哈萨克、布鲁特在准噶尔西边而不在北边。故此处理解为后方较宜。

② 《清代新疆满文档案汇编》12册260页"定北将军班第等奏明阿特部落原系阿尔泰乌梁海请准其返回原牧地折"。乾隆二十年八月初三日。

③ 《清代新疆满文档案汇编》第11册64页，定边左副将军阿穆尔撒纳等奏翼长阿玉锡于伊犁夜袭达瓦齐成功情形，乾隆二十年五月十五日。

④ 徐松：《西域水道记》，卷五。

⑤ 谭其骧：《中国历史地图集》，第八册，中国地图出版社，1991年，第52—53页。"特穆尔图淖尔temurtunoor"系蒙古语，意为有铁的湖。"图斯库尔tuzkol"系突厥语，意为盐湖。"伊塞克"，系突厥语，吉尔吉斯语称作"esqkol"，维吾尔语称作"isqkol"，为"热湖"之意。

⑥ 《大清一统志》，卷五百二十九，"东布鲁特"。

阿拉布坦时期被西迁后直到准噶尔汗国灭亡为止一直游牧于特穆尔图淖尔等地区。

档案又说,为防止其逃走,才迁移过去。这一点清朝官员奏折也有所反映 tsewangrabtan cembe musei dorgi/25bade dahame dosinjirakū seme kenehunjeme/26guribufi gajihangge"策旺阿拉布坦防其来我内地归附,将之迁去"①。上引成衮扎布奏折也有几次提到被俘和托辉特与明阿特人逃跑事件,如,趁准噶尔首领僧格被杀,赛音洪台吉只身脱逃来归;趁噶尔丹之败,翁古特鄂托克首领宰桑额罗素和明阿特首领宰桑伊苏哈昂噶莫尔根等来归。②

那准噶尔统治者为何又将乌梁海人从阿尔泰地区迁移到西北边境?③ 僧格统治时期,阿尔泰山一带是准噶尔部基地,《咱雅班第达传》证明了这一点:

toulai ǰiliyin ǰun cecen qan bošoktu qan du cerig mordoǰi ……ǰaqa du ürünggü bulɤan cinggildu bayiasani oroulǰi abubai 兔年(1675年)夏,和硕特鄂齐尔图车臣汗向噶尔丹发动进攻,……收复了在边境上的乌隆古、布拉干、青吉勒等地。④

乌隆古、布拉干、青吉勒三条河均位于阿尔泰山一带。⑤ 僧格1671年死,到1675年,噶尔丹还没开始出兵统一卫拉特,其状况与僧格时期

---

① 《清代新疆满文档案汇编》第12册260页"定北将军班底等奏明阿特部落原系阿尔泰乌梁海请准其返回原牧地折",乾隆二十年八月初三日。

② 中国第一历史档案馆藏:《军机处满文录副奏折》,"定边左副将军成衮扎布等奏请将明阿特旗人或由科布多大臣监管折"。档案号:2163-033,缩微号:075-2067,乾隆三十年十二月十二日。

③ 张建先生撰《再造强权——准噶尔珲台吉策妄阿拉布坦崛起史新探》(《"中央研究院"历史语言研究所集刊》,第八十六本,第一分,2015年,第80页。)一文认为,准噶尔汗国对其周边的吉尔吉斯等部进行过大规模迁徙,其因有三:一、使这些部落从纳贡者转变为准噶尔汗国的属民,充实力量;二、避免他们成为俄国臣民,日后因贡赋权问题酿成冲突;三、令其拱卫伊里西南门户,防备穆斯林游牧民,尤其是新征服的布鲁特人反抗。张先生观点非常正确,是准噶尔迁移明阿特部的主要原因。但正如档案所言,为防止其逃跑也是迁移明阿特部的一个重要原因。

④ Г. Н. Румянцева и А. Г. Сазыкина, Раднабадра: История Рабджам Зая-пандиты, Санкт-Петербург,1999,p. 29.

⑤ 《大清一统志》卷五百三十三,"科布多图"。徐松:《西域水道记》,卷五。

无异。以上《准噶尔使者档》所引史料也进一步证明了阿尔泰科布多地区为准噶尔统治下的乌梁海人游牧地。噶尔丹败亡后，清军进驻科布多，明阿特人居住地成了准噶尔与清朝边界地带。为明阿特人逃归喀尔喀或清朝创造了便利条件，于是发生了明阿特人一系列逃亡事件。正因有这些逃之事件，准噶尔方面为防止其再次逃跑，将明阿特部从东北边界迁移到了西北边界。策旺阿拉布坦之所以选择在癸未年迁移明阿特部，就是因为明阿特人往往利用准噶尔国内混乱局势，趁其无暇西顾之际逃亡。正值此时，准噶尔洪台吉策旺阿拉布坦用计吞并了土尔扈特汗国阿玉奇汗之子桑扎布一万户百姓，准噶尔与土尔扈特关系顿时变得紧张起来，双方剑拔弩张，进入紧急备战状态。同时，准噶尔与哈萨克头克汗关系也变得异常紧张。"策旺阿喇布坦，素行奸恶，故其附近哈萨克布鲁特诸部，皆相仇雠。"①这种情况下，为防止后院起火，对不稳定分子和不可靠分子进行防备是理所当然的。尤其是对曾趁乱逃跑数次的明阿特部更是要严加管束。将明阿特部调离阿尔泰以收调虎离山之效，再将其迁到哈萨克、布鲁特边界又可起到御敌作用。准噶尔方面在与西边的土尔扈特、哈萨克关系紧张之时，既要保持内部稳定，又需要调集人力实边固境，迁徙明阿特部以防守西北之举也就成为了很自然的事。策旺阿拉布坦在这一年迁移明阿特等部还有一重要原因是，恰在前一年八月固守噶尔丹在科布多基地的丹津阿拉布坦降清。②噶尔丹于康熙三十六年三月身亡，但其部将丹津阿拉布坦占据阿尔泰山西麓，东拒降清朝，西抗衡策旺阿拉布坦，其主要依靠当地乌梁海等部。策旺阿拉布适于此时，趁虚而去，掳掠当地居民。俄文史料记载，于1703年，卡尔梅克人（准噶尔人）将吉尔吉斯人全部迁走，使吉尔吉斯地方空无一人。③可见这一年策旺阿拉布坦迁移的不只是明阿

---

① 《大清圣祖仁皇帝实录》卷二百，康熙三十九年庚子。
② 《清代起居注册·康熙朝》，第17册，康熙四十一年八月初一庚辰日条。联经出版公司，2009年，第9513页。
③ Бартольд. История Турецко Монгольские народов. 218—219. 转引自张建"再造强权——准噶尔珲台吉策妄阿拉布坦崛起史新探"，《"中央研究院"历史语言研究所集刊》，第八十六本，第一分，2015年，第80页。

特一部,还有吉尔吉斯、特楞古特等部,这些部后来都由属部直接进入了准噶尔鄂托克建制。噶尔丹东征,将准噶尔的精锐和有生力量都消耗殆尽。准噶尔国内极度虚弱,急需补充力量,填补虚耗的兵力,因此在周围不断搜罗人口成为了必要。

准噶尔汗国灭亡后,明阿特部众要求返回阿尔泰山故土的请求未得到乾隆帝的许可。[①] 一部分明阿特人因卷入准噶尔之乱被剿灭[②],一部分被清朝迁到了黑龙江[③]。未及被准噶尔掳掠之明阿特和从准噶尔逃归之明阿特人起初仍属旧主喀尔喀,后来,明阿特部脱离喀尔喀部成为了单独一个旗,属科布多参赞大臣管辖[④]。

三、余论

我们通过这些满文档案和参照其他相关史料,发现明阿特部与乌梁海部曾一起生活在唐努乌梁海地区,隶属于喀尔喀蒙古札萨克图汗所辖和托辉特部。明阿特部早期如同乌梁海等,为操突厥语的蒙古部落之一。后来,准噶尔部趁喀尔喀内乱之际,出兵掳掠明阿特人,将其安置在与其语言、风俗和生产生活方式基本一致的乌梁海人附近,于科布多阿尔泰一带狩猎、游牧。后来,因清朝和喀尔喀势力的逼近,为明阿特人的逃亡活动提供了方便,并致使其数度逃走。策旺阿拉布坦时期,准噶尔与西边的哈萨克和土尔扈特关系一时紧张起来,防止明阿特人趁乱再度逃亡,又出于西北边防需要,准噶尔人将明阿特人从准噶尔东北边界强行迁到西北边界一带以防备哈萨克、布鲁特,其中一部分被安置在了特穆尔图淖尔。明阿特部变迁问题极为复杂。明阿特部从一

---

① 《方略》正编卷十七,乾隆二十年秋八月癸亥;《高宗纯皇帝实录》(七),卷五〇二,乾隆二十年十二月乙巳。

② 《高宗纯皇帝实录》(七),卷五四九,乾隆二十二年十月。

③ 有29户120口被迁往黑龙江为奴。中国第一历史档案馆藏:《军机处满文录副奏折》,署定边左副将军车布登扎布奏,"将现在喀尔喀地方之明阿特人等送往黑龙江地方安置折",档案号:03-0176-1637-020,缩微号:045-1342,乾隆二十二年五月十六日。

④ 富俊:《科布多事宜》,嘉庆四年版,中国方志丛书,成文出版社1970年,第29页。

个突厥语部落经历蒙古化过程,成为和托辉特部一部分,又从和托辉特部被割掠而去成为准噶尔汗国一鄂托克,旋又逃归喀尔喀,最后又脱离喀尔喀成一独立的明阿特旗而传至今。这一系列复杂的变迁过程可视作游牧部落分化组合和变迁史的缩影。蒙古部落变迁史为一重要学术问题,但由于史料匮乏,难以窥视一斑。有幸的是,近年来清代档案,尤其是有关边疆地区满文档案的不断出版和公布,使我们研究准噶尔等蒙古部落变迁史提供了可能。明阿特部为准噶尔很不起眼的边缘小部落,历来学界对此很不重视,伯希和认为该部没有意义。但这一不起眼的小部却恰恰具有蒙古部落变迁史上的典型性和特殊性。

清朝征服汗哈屯乌梁海资料评析与史实考述

特尔巴衣尔

阿尔泰乌梁海人曾役属于准噶尔汗国。乾隆二十年（1755年），清朝倾全国之力，对称霸中亚的劲敌准噶尔汗国发动了一场大规模的征服战争。最后的游牧帝国准噶尔顷刻间被摧毁。

在此过程中，清朝派出另一股军队北征，以征服阿尔泰乌梁海人。清朝此次征服乌梁海的战争是准噶尔战争的一部分，但由于规模极小，又不是在主战场和主战线，治清准战争史者对乌梁海战线重视度不够或甚至将其完全忽略。乌梁海战争形势直接受准噶尔战争总局势左右，同时又反作用于准噶尔战争。欲更加全面和深入地了解准噶尔战争，有必要对乌梁海战争进行细致考察。

近年来整理和出版的档案极大地丰富了准噶尔史料，同时也在一定程度上丰富了乌梁海史料。但笔者发现目前所出版的档案当中所收录的阿尔泰乌梁海资料甚少，更谈不上有核心资料。① 关于阿尔泰乌梁海的核心资料主要藏于中国第一历史档案馆所藏"军机处满文录副奏折·民族事务类·蒙古项"中，尚未公布。笔者在做毕业论文期间从中国第一历史档案馆抄录了一些相关满文档案。这些珍贵的档案资料为我们提供了许多历史细节。历史的真相往往隐藏于细节中，通过对

---

① 如《清代军机处满文熬茶档》，没有涉及乌梁海事件；《军机处满文准噶尔使者档译编》只有一两条相关信息，但没什么价值；《清代乾隆朝满文寄信档》和《乾隆朝上谕档》虽有些相关信息，但都集中在乾隆二十五年以后的事件。即便在《清代新疆满文档案汇编》当中我们也很难找到乌梁海核心资料。

历史细节的修复和细究,相信必能有更深入的认识或全新的发现。

本文以笔者所摘录满文档案为基础拟就清朝对汗哈屯乌梁海的征服战争做一番探讨,以期进一步认识乾隆帝对准噶尔乃至整个清朝对外战争的策略。

乾隆十年(1745年),准噶尔汗国首领噶尔丹策凌死。准噶尔内部为争夺汗位展开了血腥的争斗,失利者纷纷投靠清朝。乾隆十五年(1750年),准噶尔达什达瓦部[①]投清。乾隆十八年(1753年),杜尔伯特部三车凌[②]投清。乾隆帝开始有了出兵准噶尔的打算。[③] 乾隆十九年(1754年),辉特部首领阿睦尔撒纳[④]投清,更加坚定了乾隆帝出兵准噶尔的决心。最终于乾隆二十四年(1759年)清军彻底毁灭了准噶尔部,征服了天山南北。在此军事行动前后,清朝分别两次出兵征服阿尔泰乌梁海人。清兵首次出兵乌梁海之事,笔者在硕士学位论文中已有详细论述[⑤],以下仅就再次出兵乌梁海之事进行论述。

乾隆十八年(1753年)十一月至乾隆十九年(1754年)九月,清朝秘密派兵抓捕居于准噶尔与清朝交界处的乌梁海人几个大首领。[⑥] 翌年,清兵涌入伊犁,准噶尔汗国灭亡。紧接着,又秘密派兵征服了汗哈屯等处乌梁海人。

清朝在出兵准噶尔之前,作为一项重要的准备工作,于乾隆十九年(1754年)九月,首先秘密派出三千余喀尔喀、额鲁特兵,以迅雷不及掩

---

① 达什达瓦为准噶尔大贵族,准噶尔骁将小策零敦多布之孙,准噶尔汗国二十一昂吉之一。昂吉为地方行政单位,达什达瓦昂吉是部众过万的特大贵族集团。

② 三车凌,又称三策凌,为准噶尔汗国所属杜尔伯特部三个首领,即车凌、车凌乌巴什和车凌孟克。

③ 参见傅恒等编《平定准噶尔方略》,乾隆十九年五月壬午,正编卷二,页二十五。乾隆三十七年武英殿刻本。收入西藏社会科学院西藏学汉文文献编辑室编《西藏学汉文文献汇刻》(第二辑),全国图书馆文献缩微复制中心出版,1990年7月(版本信息以下略,不再注明)。

④ 准噶尔汗国所属辉特部首领。曾协助达瓦齐夺取准噶尔汗位,为一强势贵族。

⑤ 参见拙文"清朝征服阿尔泰乌梁海若干问题探讨",内蒙古师范大学硕士学位论文,2013年。

⑥ 同上。

耳之势包围居科布多和阿尔泰山的乌梁海四鄂托克,抓捕宰桑①,掠夺人畜,共掳人口 472 户,1815 口;牲畜 46613 头。② 十月十二日,清军抓获准噶尔扎哈沁鄂托克首领两玛木特③及部众。④

紧接着,清朝方面开始把矛头指向了准噶尔汗国另一重要外围部众汗哈屯乌梁海人。汗哈屯乌梁海位于准噶尔汗国极北与俄罗斯接壤,因居汉河、哈屯河故名。汉河为现今俄罗斯比亚河;哈屯河为现今俄罗斯卡通河,降清后编为阿勒坦诺尔乌梁海二旗。清军刚抓捕完科布多一带乌梁海人后不久,乾隆十九年(1754 年)十月派遣讷库勒、达拉塔⑤等五人前往汗哈屯乌梁海人处进行劝降活动。乾隆二十年(1755 年)正月初,达拉塔等人回营说,乌梁海人不相信使者所言,要求清方从乌梁海被俘三宰桑⑥中派去一人说明宰桑是否被杀,部众是否被掳。听到这个消息,乌梁海总管赤伦⑦主动要求亲自前往汗哈屯一带进行劝降活动,得到了批准。⑧ 赤伦于二月初五日带领五名随从⑨出

---

① "鄂托克"为准噶尔汗国地方行政机构。"宰桑"为鄂托克长官,一鄂托克有一名或数名宰桑。
② 拙文"清朝征服阿尔泰乌梁海若干问题探讨"。
③ 扎哈沁为准噶尔汗国一鄂托克。"扎哈沁"在蒙语中有"守边人"之意。扎哈沁鄂托克有两名宰桑,一个叫"库克新玛木特",另一个叫"通玛木特",两者统称为"两玛木特"。玛木特之名富有伊斯兰教风格,为"穆罕默德"(Muhammad)的别称,准噶尔汗国时期叫"玛木特"的人很多。现今哈萨克等民族当中也不乏其名者,维吾尔语中通常叫做"买买提"(Memet)。
④ 《平定准噶尔方略》乾隆十九年十月癸酉,正编卷四,页九。
⑤ 讷库勒为乌梁海宰桑雅儿图之属。见《军机处满文录副奏折》乾隆二十年五月十日,档案号:03-0174-1406-011,缩微号:035-1555。达拉塔身份不明。
⑥ 科布多一带乌梁海四鄂托克五宰桑当中,有两名逃跑,其中一位在逃跑路途中被杀死,另一位逃到了汗哈屯乌梁海地方,三个被俘。
⑦ 赤伦为被俘乌梁海三宰桑之一,被捕后封为总管。
⑧ 中国第一历史档案馆藏《军机处满文录副奏折·民族事务类·蒙古项》(以下档案均出自该项,不再注明),乾隆二十年正月五日,档案号:03(全综号)-0174(目录号)-1406(卷号)-001(件号),缩微号:035(缩微盘号)-1496(拍照号)(以下档案号以此为序,不再注明);《军机处满文录副奏折》乾隆二十年二月十四日,档案号:03-0174-1408-006,缩微号:035-1642。
⑨ 清廷命大臣刘戈、员外郎那苏图、和托辉特台吉班吉拉格齐等立即选出五名有子女、可靠之人交与赤伦用。见《军机处满文录副奏折》乾隆二十年正月五日,档案号:03-0174-1406-001,缩微号:035-0149。

哈米尔沙吉盖卡伦前往汗哈屯乌梁海人处开始劝降活动。① 四月初五总管赤伦与其弟察罕一同回军营汇报,内容如下:

> 我等于二月十五日出卡伦至汗哈屯乌梁海处言:"我等被俘之时,我马畜虽受微扰,然圣佛②降恩,令我居特斯地方。今将军大臣遣我来告汝等:准噶尔内乱,达瓦齐弑尔台吉,百姓甚苦。汝艾应争作先导,说集余部而来投,安居乐业于阿尔泰山。我等今暂迁居于特斯等地,待事成后,复归故地而居。圣主为如佛陀之人,以安居百姓为重。汝等岂不思受圣上隆恩安居乐业乎?"伊众宰桑聚而问曰:"汝等被掳,汝之属人被掠而分与各处为实。汝何以谎言蒙我。我若投,与汝等同。"我对曰:"我等身受荣至极,我众人今暂居特斯等处为实。将军大臣遣我至此,欲使汝等亦蒙受圣上仁恩矣。大国宽宏至极,竟容我如蚁虫之人居其邻,若大国发数千兵而来伐,汝等可阻乎?"伊等言:"前有察罕、巴图蒙克等人来言,我全然未信,今有汝亲自前来,我深信不疑。然我乌梁海俱依山林而生,若出阿尔泰山,如离水之鱼。汝赴将军大臣处告,我等归附后,容我于阿尔泰山游牧,再定我贡物。"③

由以上对话可以看出,乌梁海人对赤伦一行所言半信半疑;对之前的劝降者讷库勒等五人的话则完全不信,并扣留了赤伦之弟察罕等三人,撕毁了郭勒卓海(goljohai)等人的信。直到赤伦此行才将弟弟察罕从乌梁海人中带出。赤伦在做劝降活动的同时想收集自己的残部来,但到边境被宰桑布珠库等人所阻。赤伦将其中29人的亲属交给其弟察罕提前离开,还剩120余人留在乌梁海地方没能带回。④ 赤伦此行,

---

① 《军机处满文录副奏折》乾隆二十年二月十七日,档案号:03-0174-1406-006,缩微号:035-1526。
② 乾隆皇帝
③ 《军机处满文录副奏折》乾隆二十年四月初七日,档案号:03-0174-1406-008,缩微号:035-1536。
④ 同上。

基本上以失败而告终,于三月二十九日,仍然带着其五个随从回到卡伦,而赤伦之弟察罕带领26名男子,2名女子和1个小孩,还有130匹马,6头骆驼和一些鸟枪等物来归。① 对赤伦此次回卡所做的报告,笔者抄得三份相关档案,内容各不尽同。但《平定准噶尔方略》(以下均简称《方略》)只收录了最后一份档案。

《方略》等官书对赤伦这次行动,只记了开头和结果,忽略了事件缘由和详细过程等。在赤伦招降活动之前,派讷库勒、察罕、达拉塔等人对乌梁海人进行的劝降活动,官书完全不见记载。由于官书省略了清方对乌梁海人招降活动的整个过程,让我们无法知晓此次活动的实效,甚至都无法知道结局。清朝两次派人赴乌梁海进行劝降,由于乌梁海宰桑们半信半疑、犹豫不决和互相阻挠等原因,没能达到预期的目的,完全以失败告终。在《方略》等官书中无法看清这些迹象。在《方略》中,关于赤伦招抚乌梁海人的缘由记载道"阿睦尔撒纳等奏乌梁海总管赤伦欲带人前往招服汗哈屯之乌梁海人众"②,"阿睦尔撒纳奏遣赤伦前往招服汗哈屯之乌梁海"③。乍一看,招抚乌梁海之事似乎是由阿睦尔撒纳一手策划执行的。据档案反映,清朝对乌梁海人的招抚活动策划已久,而且一直在进行,是乾隆帝既定方针,阿睦尔撒纳派赤伦去招降是很自然的,以乾隆皇帝的意愿执行而已。当乾隆皇帝接到阿睦尔萨纳发来奏折说赤伦请求亲自前往招抚时,批红云:"朕览之甚悦"。④ 阿睦尔萨纳的举动正中下怀,也很好的迎合了乾隆帝的意愿。乾隆皇帝在高兴之余赏阿睦尔萨纳荷包及银一千两⑤。清朝方面最先派出的赤伦之弟察罕、雅儿图宰桑属下讷库勒及达拉塔等,均属于已降乌梁海

---

① 《军机处满文录副奏折》乾隆二十年四月十四日,档案号:03-0174-1406-10,缩微号:035-1549。
② 《平定准噶尔方略》乾隆二十年正月乙丑,正编卷五,页二十四。
③ 《平定准噶尔方略》乾隆二十年正月乙丑,正编卷五,页二十五。
④ 《军机处满文录副奏折》乾隆二十年正月五日,档案号:03-0174-1406-001,缩微号:035-1496。
⑤ 《军机处满文录副奏折》乾隆二十年正月二十七日,档案号:03-0174-1406-002,缩微号:035-1504。

各鄂托克重要人物。失败后派出赤伦这一宰桑级人物,经再次失败后派兵出征。这整个脉络只有通过档案才能看得更清晰。

通过档案可以看出,清军对科布多一带乌梁海四鄂托克人畜的扫荡和掠夺给汗哈屯乌梁海人留下了恶劣影响,成为了赤伦一行劝降失败的主要原因之一。乾隆十九年九月,清军秘密抓捕乌梁海四鄂托克宰桑后,其牲畜被掠夺一空,部众集体被押到战俘"集中营",成为战争难民,靠清朝施舍和赈济来过活。① 赤伦在乌梁海人面前也承认其马畜遭侵扰。可见乌梁海人受害程度不浅,而且也成为了内外乌梁海人②当中公开的事实。乌梁海人虽然口头上似乎在感恩戴德,但实际上对其目前状况很不满意。物质上被洗劫一空,生活很艰难;天天被军队看守着过囚犯式的日子,精神上他们所受打击更大。不满于现状的乌梁海人开始纷纷逃跑,逃人问题成为了这一时期的中心问题。

乾隆二十年三月十三日,发生了恩克西等18户逃跑事件。清朝方面对此非常震惊,将其直接责任人唐努乌梁海宰桑杜塔齐处死,其他相关人员都受到了处罚。③ 四月十日,乌梁海托逊等3人逃跑。④ 四月末,逃人被追回。但相关人员还是受到了处罚:逃人被处死;责任人喀尔喀章京乌巴西被免官并受罚;看守兵6人被治罪;责任人之上司宰桑巴哈苏亦遭处罚。⑤ 五月初九日,乌梁海布杜克沙勒带子女逃跑被追回,布杜克沙勒被处死,子女赏给乌梁海官员为奴。责任人三等侍卫博伊杜尔交部议处;看守兵4人遭重罚。⑥ 类似的逃人可能还很多,被隐瞒的更多。

---

① 拙文《清朝征服阿尔泰乌梁海若干问题探讨》。
② 当时清朝方面的叫法,已投附清朝的乌梁海叫内乌梁海,尚未投附的叫外乌梁海。
③ 《军机处满文录副奏折》乾隆二十年三月十四日,档案号:03-0174-1411-001,缩微号:035-2291;乾隆二十年三月二十二日,档案号:03-0174-1411-003,缩微号:035-2303。
④ 《军机处满文录副奏折》乾隆二十年四月十三日,档案号:03-0174-1389-005,缩微号:034-2632。
⑤ 《军机处满文录副奏折》乾隆二十年四月三十日,档案号:03-0174-1389-006,缩微号:034-2647。
⑥ 《军机处满文录副奏折》乾隆二十年六月三日,档案号:03-0174-1411-005,缩微号:035-2313。

清朝方面为何对逃人如此敏感、如此严酷？首先，作为叛逆者，当然可恶，理当重罚。但另一方面，也是最重要的原因是这些逃人给外乌梁海人通风报信，将乌梁海人在清朝的状况报告给外乌梁海宰桑，增加了外乌梁海人对清朝方面的恐惧感，担心归附后财产和部众被掠夺。内乌梁海被征服后，的确有不少乌梁海百姓被掠，分赏喀尔喀或额鲁特。前引恩克西等18户，准备要被赏军，在押送途中逃跑。在游牧社会，主要财产是牲畜和人，为了劳军难免有赏人赏畜现象，而这些人畜只能从战俘中索取。再者，逃跑者最为担心的是他们所投靠的新主人对清朝方面有所好感，更怕他们去投靠清朝，难保自身生命安全。因此，逃跑者往往故意夸大新降乌梁海人的处境和清朝方面的劣迹。这样一来，极大刺激了乌梁海人尤其是乌梁海首领。后来，青衮杂布率兵去征服汗哈屯乌梁海，时时遇见一些乌梁海说客过去阻挠乌梁海宰桑投降，到处散布乌梁海宰桑被杀、百姓被掠为奴的消息。如布珠库宰桑，听从乌梁海说客拒绝投降。① 如，有一叫哈尔嘎希(hargasi)的说客为赤伦属下。因这些来自已降乌梁海的逃人最清楚已降乌梁海人的状况，最具有说服力和感召力。

清朝方面劝降失败后开始策划出兵征服乌梁海，据档案记载：

> 乾隆二十年五月寄班弟文称，赤伦报："乌梁海宰桑郭勒卓海(goljohai)愿归，但宰桑布珠库拒归"。待伊犁平定后，善后事宜俱交班弟与阿睦尔撒纳。青衮杂布于伊犁无大事，且谙乌梁海情形，令其率和托辉特兵及酌情择后继至之索伦兵。率乌梁海察达克、赤伦前往收抚汗哈屯乌梁海。晓谕乌梁海宰桑郭勒卓霍伊："圣主有言：'汝若来降，与前降乌梁海人同，于原地居住安居乐业，不令迁徙。若不来降，以兵力取之'"。其等必来降。若不来降，以兵力取之。但有布珠库扣我使者，阻挠郭勒卓霍伊等人来投，实属可

---

① 《军机处满文录副奏折》乾隆二十年八月十八日，档案号：03-0174-1408-59，缩微号：035-2013。

恶。若实有来投，亦不以投诚者视之，仍需将其拘捕。若有反抗，以兵力捉拿，将其属人分赏察达克、赤伦等。将其察谕察达克等人知之。……前有察达克请减免乌梁海贡物。此等乌梁海人由我以兵力攻取，不可减免贡赋。

班弟遵旨赏赤伦参领职，赏银50两。青衮杂布在抓捕达瓦齐的前锋部队中，待其事毕，遵照指示派出征服乌梁海。① 六月一日，乌梁海参领赤伦、总管赤根率其佐领6名、骁骑校6名余，军队98名到达乌里雅苏台。分给赤伦、赤根等所领官兵以两个月的粮食、牲畜，补充武器等。应赤伦之请授其弟察罕和察达克之弟车登以骁骑校职。令于科布多太舒尔湖（taixur noor）一带听候青衮杂布调遣。② 到了这一步，乾隆皇帝还是不愿意放弃招抚战术，六月十五日，军机处传来紧急命令，拨给赤伦一百两银子，令他率领手下人马立即赶往乌梁海招抚布珠库等人。但赤伦觉得招抚布珠库无望，不敢前往，希望与青衮杂布一起行事。③ 青衮杂布于六月初率兵去征抚汗哈屯等处乌梁海。④ 对此过程，《平定准噶尔方略》有详细记载，下面我们为了更加细致地了解该事件原委，拟将《方略》与相应档案做比较，以考察《方略》和档案的差异，引文为《方略》原文，()中未具体注明者均为档案原文。档案信息为：《军机处满文录副奏折》，档案号03-0174-1408-059，缩微号035-2013。以下均出自该档，不再注明。

　　戊辰。驻扎乌里雅苏台办事大臣莫尔浑等疏奏郡王青衮杂布

---

① 《军机处满文录副奏折》乾隆二十年五月初八日，档案号：03-0174-1392-12，缩微号：035-0050。
② 《军机处满文录副奏折》乾隆二十年六月三日，档案号：03-0174-1406-12，缩微号：035-1561。
③ 《军机处满文录副奏折》乾隆二十年六月二十二日，档案号：03-0174-1406-13，缩微号：035-1567。
④ 《军机处满文录副奏折》乾隆二十年八月十八日，档案号：03-0174-1408-059，缩微号：035-2013。

(档案中青衮杂布均写作 cenggunjab,即成滚扎布。官书中为避免将其与三音诺颜部成滚扎布混淆,专创新称青衮杂布。其实二者同名)收服汗哈屯等处乌梁海部众。莫尔浑等奏言:据参赞大臣喀尔喀副将军郡王青衮杂布咨称:(《方略》此处省略了乾隆二十年四月十六日上谕)四月十六日,奉旨(率和托辉特和索伦官兵)会同察达克、赤伦前往汗哈屯地方(汗哈屯、巴斯库斯(baskus)、舒鲁斯巴(šulusba))收服乌梁海(乌梁海、特楞衮(telenggun,为 telenggud 之误))等。遵于六月初四日起程,七月初五日至萨噶勒巴什岭,先遣副都统敦多卜(我旗副都统敦多卜)、贝子策布登(贝子策布登之旗参领领旗章京齐布格(《方略》此处有误。此处非贝子策布登,而为策布登属下之人齐布格。)、托辉特佐领乌巴西(ubasi)、索伦骁骑校斋桑布(jaisangbu)、乌梁海达布胡尔(dabhur)为使。)等领兵三百名前赴汗地方收服乌梁海等,继而遣喀尔喀贝子策布登、御前侍卫图伦楚(turuncu)、参领察达克,率兵三百前往汗等地。(《方略》误,可知敦多卜非带兵者,而为使者。策布登、图伦楚、察达克等人才是带兵者)亲领官兵四百名(因哈屯河上游阿宝(aboo)、哈布齐海(habcihai)、巴斯库斯、舒勒苏巴、扎拉塔淖尔(jalatanoor)等地窄陡,林木极密,山高且险,故我率兵四百名前往)于初九日抵宰桑哈尔玛什(《方略》误,档案数次记载表明,哈尔玛什不是宰桑而是得木齐)游牧阿尔呼特地方(至包若勒(boorol)地方,前锋乌梁海总管图布新、和托辉特旗之佐领阿友西等捉一乌梁海人回。此人供:"我是赤根宰桑之属得木齐哈尔玛什(harmasi)之人,我于狩猎之时被捕,我游牧地在阿尔胡特。"我青衮杂布立即率兵,日夜兼程,急速前往,初九日至哈尔玛什游牧地)传示圣主仁慈,许其投诚(我大军已平定准噶尔。汝等来降,不令尔迁移,许原地居住),哈尔玛什等率众恳降(《方略》略去哈尔玛什的表态和所透露的乌梁海方面情报)。并遣一等台吉班扎喇克察等(还有蓝领护军阿友西)传示得木齐那尔图。四等台吉丹珠尔等,传示明噶特台吉莽纳什,即领兵(越过扎赉嘎希岭至察罕乌苏)至察罕乌苏宣谕皇仁。

那尔图（《方略》省略了招降那尔图的曲折过程）、莽纳什（台吉丹珠尔，至萨克扎兰（sakjalan）地方，招降莽纳什二十五户）等俱率众迎降。途中适遇札萨克齐巴克扎卜、根敦等，领兵二百名搜缉擅杀卡伦侍卫贝多尔之贼犯等，遂会兵前往。十五日，至巴斯库斯地方（十四日至阿宝、哈布齐海地方，捉拿活口为向导），宰桑玛济岱等亦恳纳降，并询知宰桑那木扎尔住于鄂衣孟，保衮住于萨穆勒都，莽噶拉克住于萨勒扎河，布珠库、和齐赖住于哈屯河各地方。随派署参领阿必达、侍卫多尔济、索诺苏噶特、固穆扎卜等，分路传示。于二十五、二十七等日，多尔济、阿必达等率宰桑那木扎尔、保衮来降（《方略》省略了招降各个宰桑时的状况和曲折过程）。二十九日，侍卫索诺苏噶特，带领宰桑莽噶拉克来降。惟宰桑布珠库尚未投诚（《方略》省略了招降宰桑布珠库时反复、曲折、艰难的过程）。据称愿随特楞古特宰桑投见，而特楞古特宰桑那穆克来见时，仍未同至。现在严饬那穆克等，令其带领布珠库前来，倘不遵行，即用兵收服。续据贝子策布登等呈称：七月初五日，自萨噶勒巴什岭带兵前往，宰桑敦尔卓辉来迎。告知副都统敦多卜业经传示，情愿归降。又据敦多卜传示，汗地方乌梁海宰桑鄂木布、布鲁特宰桑根都什、特楞古特宰桑瓜齐楞，布鲁特、和托克、布克图什、那穆克等七人俱率众降附。其查取各宰桑户口牲只数目，及应办事宜。俟贝勒策布登扎布到时，共同商酌办理。臣等伏查，汗哈屯等处乌梁海俱已收服。惟布珠库一人未获，现在各处搜缉，不日即可弋获（《方略》省去了派人到处搜捕宰桑布珠库的情形）。俟青衮杂布撤兵时，将一应办理事宜，会同酌议具奏。请旨。奏入报闻。①

由此我们可以看出作为记述性史料的《方略》所存在的诸多问题，如对当事人的名字和职位的误载或张冠李戴；删略奏折中所引上谕；对人物身份、地名、事件经过记述不详；对曲折复杂的历史事件详细过程

---

① 《平定准噶尔方略》乾隆二十年八月戊辰，正编卷十七，页八至十一。

进行了简化。

到九月九日,乌梁海拒降宰桑布珠库被青衮杂布部下捉拿。满文档案收录郡王青衮杂布报告如下:

> 谨遵乾隆二十年四月十六日谕:"布珠库曾扣我使者,阻止郭勒卓海归降,甚属可恶。布珠库此次若来降,不以投诚者视之,仍将其逮捕。若有反抗,以兵力捉拿。其属众分与察达克、赤伦、赤根等,告赤伦等人知之。"又有忠勇公傅恒所寄乾隆二十年七月十八日上谕:"汗哈屯乌梁海宰桑曾扣我使者,收郭勒卓海请降书。今大军已至,既不来降,又派人来我卡伦捉活口,甚属可恶。令青滚杂布务必尽快捉拿,严加审讯,当众正法。其宰桑之位,自察达克、赤伦之子弟当中选一可胜任者充之。"……九月初九日,我旗参领班珠尔、新降乌梁海宰桑呼图克图之弟马木特等来报:"吾闻布珠库及其家属于临俄罗斯之查拉斯(caras)河居住。吾等急速行军至查拉斯河地抓获布珠库及其妻与一小童。"青滚杂布我当即审问,布珠库言:"赤伦属下逃人哈尔盖(hargai)来告:'准噶尔被平定,达瓦齐被捉之事纯属谣言。大军一来,男子将均被屠杀,妻儿将被掳。你布珠库也将被杀,妻儿与属众将分赏于察达克、赤伦、赤根等人。'我布珠库甚惧之,遂避匿之。至于布达尔岱(budaldai)等人如何商议去掠夺卡伦,杀死侍卫之事,我全然不知。大国如此快速捉拿达瓦齐,平定准噶尔,实出我愚钝之念之外。我撕毁郭勒卓海之请降书,扣留使者察罕等事属实。"再次逼讯其遣人掠夺卡伦之事,仍坚供不移。布珠库即便未派人掠夺卡伦,然劫毁郭勒卓海请降书,扣留和留难我使者察罕。前我军既至,乌梁海宰桑俱来降,唯独布珠库到处逃匿,只身避走,方今抓获,甚属可恶。今日将其遵旨交与护军图伦楚正法,以为众戒。布珠库之恶行,宣告于乌梁海之众。将布珠库妻儿交与舒楞额博尔朵辉(bordohui)照看。此外,新收宰桑芬噶拉克言:"在我幼小之时,家父早逝,噶尔丹策凌处派来收贡之宰桑,视我弱小无能管理,

将我属下两个得木齐的人众分给了布珠库。待我成年能行事后，亦未归还于我，汗哈屯等处乌梁海诸宰桑俱知此事。"青衮杂布我当即询问参领察达克、总管图布新等莽噶拉克之事。其言到："莽噶拉克极小之时，其父当逝。适值噶尔丹策凌之时，其所派收贡之人会诸宰桑议，莽噶拉克年尚幼，不能领众，抽其两得木齐之众暂交布珠库代管。待莽噶拉克成年，能领众之时，再归还之。此暂交布珠库代管之事确有之。若今归还之，莽噶拉克必定感激圣恩，愈加奋勉。"现已遵旨将布珠库正法，将布珠库属众或分赏察达克、赤伦、赤根，布珠库宰桑之位，于察达克、赤伦等人子弟内选一胜任者统领之，或将布珠库之众给还莽噶拉克等由请旨定夺。①

对此，乾隆皇帝发旨：

至莽噶拉克告称，从前伊父身故，噶尔丹策凌将伊属下两得木齐撤出，给与布珠库管理。令布珠库所属，若止莽噶拉克之众，即可给还。若此外尚有属人，自应遵旨赏给察达克、赤伦管理。可传谕哈达哈等，询问青衮杂布，令其分晰声明具奏。②

谕曰："若布珠库所得仅为莽噶拉克两德木齐，即给还之。是否另有别人，仔细分辨。"经查确实只有莽噶拉克之属，剩余人众俱分赏察达克、赤伦等人③。

关于此次捉拿和惩治布珠库事件《方略》中青衮杂布的上报只有一句，省略了乾隆皇帝所下两道谕旨，该谕旨亲自指示如何处理布珠库。又省略了捉拿布珠库的整个详细过程，并且完全省略了对布珠库的审

---

① 《军机处满文录副奏折》乾隆二十年九月十八日，档案号：03-0174-1437-013，缩微号：036-2578。
② 《平定准噶尔方略》乾隆二十年九月庚子，正编卷十九，页七。
③ 《军机处满文录副奏折》乾隆二十年十月二十四日，档案号：03-0174-1437-017，缩微号：036-2598。

讯。噶尔丹策零派人抽莽噶拉克属下两个得木齐给与布珠库之事,《方略》未交待其具体原因,而档案则有详细记载。因莽噶拉克年幼,噶尔丹策零派往乌梁海收取贡赋的宰桑将其两个得木齐人众暂时交给布珠库管理,并非趁他年幼而进行欺辱。看《方略》很容易让人产生误解,噶尔丹策零似乎有意将莽噶拉克属下强行抽调,直接损害莽噶拉克的利益,而博得布珠库的信任,从而造成莽噶拉克一味要投清,而布珠库被利益冲昏头脑,一味维护准噶尔统治。其实,此事没有强行,是汇集乌梁海所有宰桑争取大家同意后,按照规矩行事。但后来由于准噶尔内乱,准噶尔首领们忙于内斗,来不及处理在乌梁海内部遗留下来的问题。布珠库是达瓦齐最信得过的人,也是达瓦齐的女婿,其游牧地在准噶尔最东界,离清朝势力最接近,承担着守护边界的任务。若有人逃离或投清,恐怕他要承担一定的责任。而莽噶拉克对清朝所持态度与乌梁海其他宰桑一样,在阻止赤伦收集自己人马而归时,莽噶拉克率先进行了阻止,并未表现出强烈的叛离准噶尔而投靠清朝的倾向。在乾隆皇帝的谕旨,尤其是官书中刻意强调莽噶拉克的积极投清态度和布珠库的消极反清态度,刻画正反两方面人物,夸大莽噶拉克的受害和仰慕清朝的心态。最后,清方归还莽噶拉克的人众,以表示宽宏大量,表示在准噶尔倍受残害的莽噶拉克在清朝获得了殊恩,从而塑造乾隆帝宽宏、公正、仁慈和准噶尔统治者对属部的残暴、不公正、蛮横无理的形象。

准噶尔汗国对乌梁海人的统治方式和控制程度,历来是一大历史难题。档案中的这条记载恰恰可以反映准噶尔汗国对乌梁海的统治和管理的一个侧面。通过以上材料可知,收取贡物是准噶尔管理乌梁海的一种重要方式。准噶尔宰桑在收取贡物的同时,处理乌梁海内部各种事务,有权抽调乌梁海部民,进行人事调动,可见准噶尔的统治已经渗透于乌梁海。

通过《方略》与档案的比较,可以发现:

第一,《方略》省略了很多细节,如时间、地点、人名、官职等;省略了事件的具体过程,有的只记开头与结果,对其复杂曲折过程只是一笔带过;对文书内容和格式进行了简化,如大量删除奏折中引用的上谕、寄信等,尤其是对层层上报的文书进行了简化。

第二,《方略》有些细节性错误,因编纂者对满文档案的误解或编纂者的疏忽等而造成对人名、职务等张冠李戴。

第三,《方略》等官书在史料的裁剪方面暗下功夫,或者刻意遮掩,或者有意放大,以达到隐晦、歪曲、甚至篡改历史的目的。

官书被省去的文书格式和时间,帮助我们深入认识清代信息传递系统。被省略的众多地名将成为历史地理学珍贵资料。被省的人名、官职名有助于我们深入认识基层管理制度。由于官书省略了事件的详细过程和插曲性的小的历史事件,让我们无法看清如乌梁海等小群体内部关系,使历史事件显得过于简单,从而得出的结论也不免有些简单,认识也会停留于表面。官书通过精心裁剪,为人设下思维陷阱,使人很容易误入歧途,中人圈套,被官方史家牵着鼻子走,从而使得出的结论趋同于官方价值取向。而档案使历史脉络显得更加清晰,帮助我们在一定程度上与官方价值体系保持一定的距离,帮助我们尽量摆脱官书为我们套下的思维枷锁。

观察清朝这次乌梁海战争,发现清朝方面是以招抚为主,在招抚不成的情况下才进行军事征服。刚一征服完科布多地区乌梁海人后,就派即降乌梁海宰桑赤伦之弟察罕和雅儿图宰桑亲属讷库勒等人前往乌梁海招抚。失败以后,再派赤伦亲自过去招抚,还是以失败告终。至此,清朝方面还是不死心,再次要求赤伦进行招降,赤伦感到招降无望而拒绝。这些招降活动,不是像官书所言由阿睦尔撒纳一人策划,而是由乾隆皇帝长期策划的结果,阿睦尔撒纳只是其中一个环节的执行者而已。清朝方面派出青衮杂布去出兵乌梁海,理由是青衮杂布熟悉乌梁海情况,其实准噶尔人更了解乌梁海情况,清廷完全没安排准噶尔方面的人去参与,明显不想让准噶尔方面的人对此有战功。清朝官员们长期以来一直认为,对乌梁海人没必要去理睬,只要拿下准噶尔,乌梁海人自然会归降。乾隆皇帝长期以来执意要征服,似乎有些不合乎常理,但乾隆帝也有他的考虑,他不想让乌梁海部成为准噶尔战争的副产品。试图将乌梁海战争独立或并列于准噶尔战争,分离于阿睦尔撒纳的战功,拆开乌梁海与阿睦尔撒纳的关系,进而脱离与准噶尔的关系。使乌梁海成为独立战利品,从而达到清朝对乌梁海部的直接控制。乌梁海地理位置特殊,一部分居于喀尔喀与准噶尔交界处;另一部分居于俄罗斯与准噶尔交界处。清朝直接控制了乌梁海就可以切断准噶尔与喀尔喀以及俄罗斯的关系,从而达到孤立和封锁准噶尔的目的。而且,清朝通过控制乌梁海可以对准噶尔形成包围之势,可更牢固地控制准噶尔。

舒赫德革职事件考

特尔巴衣尔

舒赫德，满洲正白旗人。祖徐元梦。舒赫德出身显赫，雍正初年即入仕途，很快升任为监察御史。乾隆初年，一跃而成为了尚书。但舒赫德仕途生涯，并不顺利。他一生三起三落，仍身负重任，为一传奇人物。

乾隆十九年（1754年）七月，乾隆帝下旨强烈指责舒赫德处理乌梁海事宜不力，旋又以其安置阿睦尔撒纳建议不妥为由将舒赫德治罪、革职。

一、舒赫德受罪事宜的起因

准噶尔汗国大汗噶尔丹策凌既死，大汗诸子为争夺汗位展开了血腥斗争。杜尔伯特部三车凌[①]为躲避战乱，于乾隆十八年十一月投靠清朝以求保护。在三车凌投清后不久，准噶尔宰桑玛木特率二百余人不顾卡伦官兵阻挠，强行阑入边境追讨三车凌，旋又畏清军有备，潜行逸出。[②] 乾隆皇帝，为此特派兵部尚书舒赫德为钦差大臣，前往漠北军营处理越境冲突事件。乾隆帝又令侍郎玉保为参赞大臣，前锋统领努三、散秩大臣萨喇勒在参赞大臣上行走，俱派往军营协同舒赫德料理军务。[③] 舒赫德派兵成功抓捕了阑入卡伦的扎哈沁首领玛木特和乌梁海两德木齐。

---

① 傅恒：《钦定平定准噶尔方略》正编卷一，乾隆十八年十二月丁亥。
② 傅恒：《钦定平定准噶尔方略》正编卷一，乾隆十八年十二月壬辰。
③ 傅恒：《钦定平定准噶尔方略》正编卷一，乾隆十八年十二月丁亥。

据清官修史书记载,兵部尚书舒赫德在处理边境诸事过程中,因小过或无过而不断受到乾隆帝的无端指责,最后同策楞、成衮扎布等以处理阿穆尔撒纳问题不当被革职论罪。

舒赫德派军诱捕阑入卡伦的玛木特,乾隆皇帝却下命释放玛木特。舒赫德准备将同玛木特一起入边的乌梁海两德木齐扎木参、瑚图克也给放走。乾隆帝下谕"舒赫德所办,甚属错谬"。"今扎木参、瑚图克既被我擒获,岂得与玛木特一体办理。舒赫德见不及此,谬误已极。朕实不意舒赫德竟至如此,朕甚愧之。"①乾隆帝下令放走玛木特,舒赫德等人理所当然的把同时被捕两德木齐也要放走,但受到了乾隆帝的批评。

清军抓捕玛木特和乌梁海两德木齐的行动惊动了居于边境的乌梁海人,使之顿时望风而逃,避而远之。准噶尔方面,达瓦齐战胜敌人,稳住了局面。②清朝乘乱收服乌梁海人的计划一时落空。舒赫德等奏:"准噶尔达瓦齐,复作台吉。乌梁海等不愿归顺,一时难以收服。"乾隆帝下旨:"达瓦齐复作台吉之处,何必龁及,此尤朕所不解也。……此时惟遵朕屡次所降谕旨,饬谕萨喇勒悉心妥办,舒赫德倘再行从中阻挠,决不宽恕其罪。"③乾隆皇帝本想乘准噶尔内乱之际收服乌梁海,但达瓦齐稳住了局面,使计划落空。该计划失败的主要原因是时机不成熟,清军准备不足,而且清军抓捕玛木特之举产生了打草惊蛇之效,而非舒赫德无能。但乾隆帝把责任都推到了舒赫德身上。

在抓捕玛木特与乌梁海人的行动中,喀尔喀人额琳沁、格勒克巴木丕勒等人甚为奋勉,舒赫德上奏请求宽免二人奉调迟悞之罪。但乾隆帝对此大为不满,坚持要求惩治此二人:"伊等屡屡蒙昧姑息,朕竟不知何故。"并严肃批评了成衮扎布。④ 在古代,官员犯错,常常以戴罪立功来求得宽恕为常制。喀尔喀两官员在抓捕行动中甚为奋勉,大有立功

---

① 《高宗纯皇帝实录》(六),卷四百五十六,乾隆十九年二月丁酉。
② 傅恒:《钦定平定准噶尔方略》正编,卷一,页四十.乾隆十九年二月丁酉。
③ 《高宗纯皇帝实录》(六),卷四百五十七,乾隆十九年二月。
④ 《高宗纯皇帝实录》(六),卷四百六十,乾隆十九年四月。

表现，理应得到宽恕。但乾隆帝这次举措异常，意在刻意要怪罪舒赫德。

清军大举抓捕玛木特等人之事震惊了准噶尔。准噶尔贵族扎那噶尔布来文谴责。军中又传言噶勒藏多尔济欲率五千兵来攻。迫于准噶尔方面的压力，为稳住局势，舒赫德等未经请旨便致书准噶尔大汗达瓦齐。乾隆帝甚为不悦，下旨将舒赫德从前所有加级纪录，尽行销去，从宽免其革职。① 至于此举，舒赫德在奏折中辩言，因前将军大臣有移文准噶尔大汗之举，遂效法之。② 再说，准噶尔扎纳噶尔布致书将军大臣，发出通牒，给清军施加压力，又军中传言，噶勒藏多尔济等人将率兵来攻，形势紧张，马上回文稳住局势至关重要。时间和形势根本不允许其先上奏再处理。但乾隆帝以此为由惩治舒赫德一番。

在舒赫德等人招抚乌梁海无望之际，阿睦尔撒纳降清。舒赫德同策楞、成衮扎布等建议将新降阿睦尔撒纳等人眷属分驻于戈壁以内，留其为首台吉及兵丁等于军营，以备遣用。乾隆帝怒斥道："此事策楞、舒赫德不知是何居心，乖张谬戾，实为朕所不料。"③ 还有，阿睦尔撒纳胞兄德济特被玛木特所获，舒赫德等未赴接济，更使乾隆帝盛怒，"伊二人必欲执拗，不知其出何肺腑。策楞、舒赫德身膺重寄，何颠倒舛缪，至于此极。"④ 最后策楞、舒赫德均被革职，以闲散在参赞大臣上效力赎罪，所有家产，全部抄没。其子特通额、舒常被革职，发往黑龙江披甲，在京诸子拏交刑部，以为大员负恩者戒。⑤ 舒赫德等人最大的罪过，亦最终罪过为建议安置阿睦尔撒纳之举。其实在这一点上乾隆帝只是给阿睦尔撒纳等人做个样子看看，以此来表示对阿睦尔撒纳的重视和信任，以拢络阿睦尔撒纳，为收买人心之举。再说，实际上这是将军策楞的"失

---

① 《高宗纯皇帝实录》（六）卷四百六十一，乾隆十九年四月。
② "军机大臣舒赫德等奏错将擒拿玛木特等人之情告知达瓦齐原由并请从重治罪折"，中国第一历史档案馆藏，"军机处满文录副奏折·民族事务类·蒙古项"，档案号1316-007，缩微号032-0678，乾隆十九年二月三十日。
③ 《高宗纯皇帝实录》（六）卷四百六十九，乾隆十九年七月。
④ 《高宗纯皇帝实录》（六）卷四百六十九，乾隆十九年七月丙午。
⑤ 同上。

误",但乾隆帝硬将之转嫁于舒赫德"此必舒赫德意见,策楞从而附会耳"①,使之最终成为了舒赫德之过。

以上这些罪状看上去不是什么重大失误,只是乾隆帝不同意舒赫德对以上问题所采取的措施而已。通过以上"罪状"可知,乾隆帝对舒赫德早已非常反感,有刻意捏造罪状之嫌。可以看出,阿睦尔撒纳事件仅仅是个借口而已,惩罚和撤换舒赫德只是个时间问题,阿睦尔撒纳事件为此提供了很好的理由,以此为由惩治舒赫德等人最好不过了。舒赫德就这样以莫须有的罪名被革职论罪,且殃及子女。

二、舒赫德处理乌梁海事宜中与乾隆帝的分歧

乾隆帝为何对舒赫德如此反感的根源在于处理玛木特和乌梁海两德木齐事件上。舒赫德在抓捕擅自入边的玛木特和乌梁海两德木齐过程中,一味一意孤行,置乾隆帝指示于不顾,屡屡抗旨,使乾隆帝下不了台,致使乾隆帝妥协于舒赫德。此举使乾隆帝极为不悦,故怀恨在心,不断挑舒赫德刺,终究会借故惩治,以平内心不快。但对于此事,所有官书都回避不谈,只有通过满文档案方可窥其端倪。

据档案记载,在捉拿玛木特和乌梁海两德木齐人问题上,舒赫德与乾隆帝意见有分歧。舒赫德决定分兵两路,以萨喇勒和乌尔登擒乌梁海两德木齐等;以达清阿擒玛木特。但乾隆帝不同意分兵作战,而要求以萨喇勒为首,达清阿为辅,共同去捉拿玛木特和乌梁海人。

正月二十一日乾隆帝寄谕舒赫德:

> 萨喇勒曾经战事,又谙准噶尔情形。以伊为首,委之,宜矣,且事可成。今亦派达清阿为一路,分散兵力,达清阿为无谋略之人,调以用之,似不合机宜。速移文舒赫德告之,汝所派军队,若能合军,即合为一路。若不及,则以汝前计行之。舒赫德一接朕谕,即

---

① 《高宗纯皇帝实录》(六)卷四百六十九,乾隆十九年七月辛丑。

速著达清阿与萨喇勒合兵为善。若汝军队尚未出卡,即遵朕所谕,以萨喇勒为首,率达清阿合兵赴乌梁海地寻踪,捉拿入卡之人。以此行之,必无闪失,有胜算矣。若达清阿恶萨喇勒,于同营以至不睦,可即撤回达清阿。①

对乾隆帝的指示,舒赫德解释道:

萨喇勒与达清阿两路军已经接近卡伦,若令两军汇合,达清阿之西路军与萨喇勒之中路军相隔数百里。唯恐达清阿未及合军,萨喇勒事已先竣。两军悉已出卡,不及汇合,故臣遵旨仍分两路出征。②

乾隆帝还是不死心,仍然坚持己见。正月二十六日③所寄批红谕旨云:

览尔之奏,达清阿不可独行此举。亦分兵两路,于事有何益?朕思之,仅鏊军一路,以萨喇勒为首,乌尔登和达清阿佐之,行之为宜。朕屡发之旨,得之乎?接到此旨,即上奏答复。达清阿是否已出征,为何无声息?数日以来,汝所奏之文甚少。奏文不可断矣。

又寄信补充道:

---

① "军机大臣舒赫德等复奏萨喇勒达清阿仍分两路进兵乌梁海折",中国第一历史档案馆藏,"军机处满文录副奏折·民族事务类·蒙古项",档案号1320-3,缩微号32-0805,乾隆十九年正月二十一日。
② 同上。
③ 该上谕于乾隆十九年正月初九日发出。(见中国第一历史档案馆藏"军机处满文录副奏折·民族事务类·蒙古项",档案号1320-1,缩微号32-078,乾隆十九年正月初九日。)

查捕进卡伦乌梁海之事,以萨喇勒为首,较合机宜。朕数次降旨之,今舒赫德仍以萨喇勒和努三各为一路,达清阿等为一路。卡伦外又无大山,尽为平原,无大障碍。仅出卡伦而已,非直捣贼巢伊犁。何必要分兵二路、三路乎?军力应仍在一路为宜,不可分两路。为避免其马匹疲惫,乘其尚未出卡伦之际,速寄信舒赫德等告之。仍遵朕前所降之旨,以萨喇勒为首,以乌尔登、达清阿辅之,整军一路,查拿阑入卡伦之人。努三有畏葸之心,何以此辈之人以充数。领此类之人而去,必坏事矣,故努三不可派往。

面对乾隆帝如此强有力的要求,舒赫德答复道:

额鲁特(指玛木特)与乌梁海所居各在东西,相距甚远,一路人马无法顾及,故分路出兵。正月初七夜,臣于塔米尔军营接到圣上令以萨喇勒为首之旨。达清阿于去年十二月二十八日出乌里雅苏台,初九、初十日到卡伦。萨喇勒于正月初五日自塔米尔出发,与达清阿相距两千里。若再令达清阿与萨喇勒汇合,来回周折,恐怕马力不支,且行军日久有泄漏军机之险。又思达清阿不可独行,以乌尔登佐之。因兵事不可拖延,臣如此为之。

以努三佐萨喇勒之事,此行诸参赞大臣悉以派出,努三曾与萨喇勒同处日久,故此为之,又经臣再三教导。萨喇勒熟悉乌梁海情形,又曾经战事,乌梁海事皆委于伊。萨喇勒、努三正月二十三日,于卡伦内索卓克处整兵,二十五日即至卡伦。臣于二十六日夜接旨,若行文撤回努三,恐移文至其处,尚需两三日程。此间,萨喇勒等必出卡伦,且已开始料理乌梁海事,已不及另作决定。因兵事不可延误,为速行圣上之命,臣尚未等及上谕即私自行之。①

---

① "军机大臣舒赫德等复奏已派萨喇勒达清阿等分两路进兵乌梁海厄鲁特情形折",中国第一历史档案馆藏,"军机处满文录副奏折·民族事务类·蒙古项",档案号1320-2,缩微号32-0793,乾隆十九年正月二十七日。

乾隆帝再三要求以萨喇勒为首,以达清阿为辅,合兵一路解决玛木特和乌梁海问题。但舒赫德对此视而不见,数日之内不回奏文,拖延时间,甚至抗旨。舒赫德非要分兵两路,派萨喇勒和达清阿分别进军。舒赫德把达清阿派往主战场,去攻取玛木特;把萨喇勒派往一小分战线,去抓捕乌梁海人。我们知道,当初玛木特率 200 人入卡,而乌梁海两德木齐率 20 人跟随。也就是说,萨喇勒的工作重要性仅仅是达清阿的十分之一。达清阿要去抓捕统领数千人的鄂托克首领,而萨喇勒要去抓捕管理几十个人的小头目,萨喇勒的功绩和影响远不及达清阿。与此同时,舒赫德又派努三来进一步分解萨喇勒功绩。萨喇勒的行动更具有艰巨性和风险性,因为乌梁海人分散居住,而且都依深林或险峰自保。相比之下,玛木特所居住地为平原地带,易于攻取。还有,对玛木特采取的是计取;而对乌梁海是力取。很明显,舒赫德等人让萨喇勒去完成既艰险,又不太重要的任务;让达清阿去完成重要且风险小的任务,以立下主功。这跟乾隆帝的计划正好相反。君臣之间为什么会发生这种分歧?首先,萨喇勒是额鲁特蒙古人,是准噶尔汗国达什达瓦昂吉之台吉。在准噶尔汗权争夺战中失利,于乾隆十五年(1750 年)九月与达什达瓦之妻率众投降清朝。舒赫德、达清阿等为满洲官员,与萨喇勒在心里上和情感上有所隔阂,当然不愿意让萨喇勒立头功。另一方面,舒赫德等人,不信任萨喇勒。"非我族类,其心必异",害怕有不测以造成更大的麻烦。退一步说,萨喇勒即便不出乱,一旦立功坐大,将来也是个隐患,应防患于未然。对舒赫德等满洲官员们的想法,乾隆帝也应该明白。但乾隆帝原则是"以夷制夷",不仅继承了中原王朝对周边民族一贯实行的策略,更重要的是,满洲最初作为一个弱小民族,在征服比自身更为强大的周边民族时,善于拉拢敌方的人来打击对方,这也成为了清朝能够成功的重要原因,也可以说是其基本国策之一。乾隆帝考虑到,萨喇勒对准噶尔状况比满洲官员熟悉的多,派他过去处理这问题比派达清阿还要顺利,而且以此可互相消耗,并在萨喇勒和玛木特之间制造矛盾使之彼此仇恨。但舒赫德对乾隆帝的策略坚决不执行,故意拖延,企图造成既成事实。以乾隆帝的习惯,事无巨细均过问,但深居宫廷不能及时得到相关情报,而且对战况的了解不如前线将领熟悉,使其始终处于被动状态。前线将领以多变和复杂的战况为由,在细节上做手脚,以至于改变整个战略路线。至此,乾隆帝不得不做出妥协与让步。

舒赫德虽然出色地完成了抓捕工作,但乾隆帝却不太高兴。抓获玛木特和乌梁海后,乾隆帝只赏赐了萨喇勒等蒙古将领,舒赫德、达清阿、努三等人虽也立下了功劳,非但没赏赐,反而被指责一顿。在以后征讨乌梁海人问题上,乾隆帝对舒赫德总是"蛋里挑骨",吹毛求疵,进行无端指责,最后将其撤回。

三、舒赫德被革职原因

官修史书省略了这次君臣分歧,如果没有看过以上几条档案记载,对乾隆皇帝这些反常行为难以理解。读完这些档案后我们才明白,这些军营大臣们手握兵权却不听命于皇帝,触动了乾隆帝最敏感部位的神经,这是绝对不能容忍的。这是前线满洲将领们不听指令的必然结果。乾隆十九年七月,策楞在处理阿睦尔撒纳问题上与乾隆帝有分歧,遭乾隆帝严厉处罚。并且把之前犯有相同"罪行"的舒赫德也扯了进来,一起处理。两人被同时革职,家产籍没,子女遭流放,"以为大员负恩者戒"。舒赫德罪行在于并不奏闻请旨,擅自行事;策楞罪行在于每事附和舒赫德。① 乾隆帝此时最害怕军营将军和大臣联合抗旨,不得不严厉处罚,以为训戒。这一重大人事安排和决策恰恰由于乾隆十九年正月这次君臣争论。官方对这一细节的缺载同样出于隐晦和回避某些问题的需要。官方隐瞒了舒赫德等人获罪的最根本原因,使读者误以为舒赫德获罪所有原因都在于处理具体问题不力,使人想象不到存在君臣矛盾和乾隆帝对其有猜忌心里。这也不能不说是官修史书为我们设下的又一个思维陷阱。

---

① 傅恒:《钦定平定准噶尔方略》正编卷三,乾隆十九年七月庚子。

清朝官修史书恰恰省略了这么一次重要的历史事件。值得庆幸的是我们在军机处满文录副奏折当中找到了这一事件的原委。这一历史细节为我们了解乾隆皇帝西征决策和用人策略有了更深一步的认识。由于此次分歧，舒赫德得罪了乾隆帝。但作者认为，事情远非如此简单。舒赫德获罪最终原因还是在于乾隆帝的用人策略。乾隆帝用人准则是"宽猛相济恩威并施"，多次强调"治天下之道，贵得其中"；而且把权柄紧紧捏在手里，"威福之柄皆不下移，实无大臣敢于操窃"[1]。为此乾隆帝喜玩权术，常常打破常规，表现其个性，对官员的任免和生杀予夺均在一念之中。

舒赫德此行是其在担任兵部尚书以来第一次处理较大军事活动。舒赫德跃跃欲试，以表现其军事才能，又不愿受制于人，但乾隆帝自始至终一直插手，干扰其策。舒赫德一直是官运亨通，一步青云，直至尚书。乾隆帝常常以治罪的方式来压制官员，经常罚不当罪，或破格用人，不守章法，官吏任免上变幻莫测。因此像舒赫德这种骤升暴跌也是习以为常的事。此次惩治舒赫德只是乾隆帝的计谋而已，舒赫德也并未因此次事件而长期失去信任，其仕途也并未至此结束，之后又很快官复原职，得到重用。但不久又以处理准噶尔事宜不当为由再次革职论罪，旋亦官复原职。乾隆帝这一系列举动进一步反映了其用人以罚的驭医术和专制统治思想。

---

[1] 《清高宗实录》（十四）卷一〇五一，乾隆四十三年二月庚戌。

附入察哈尔和硕特蒙古王公家世源流考
——从两份新见文书谈起

李嘉哲

一、档册相关背景

清代蒙古分为八旗蒙古、内属蒙古与外藩蒙古。八旗蒙古于爱新国(Aisin Gurun,1616—1635年)天聪九年(1635年)成编,其人员来源主要是喀喇沁万户的成员,喀喇沁万户解体后,设立了以他们为主的八旗蒙古。也有内喀尔喀五部等部贵族领主及其属民[①]。八旗蒙古是与八旗满洲、八旗汉军性质相同的军事组织。内属蒙古各旗由朝廷任命官员治理,与内地的州、县无异。外藩蒙古实行盟旗制与札萨克制,各旗由当地的世袭札萨克管理,处于半自治状态,同时以若干旗合为一盟,设正、副盟长,掌管会盟事宜,并对各旗札萨克进行监管。在中央,由理藩院统管蒙古事务。

爱新国天聪八年(1634年)林丹汗病故后,察哈尔本部聚众归附爱新国,林丹汗子额哲(号额尔克孔果尔)被爱新国军队所俘虏。爱新国将陆续归附的察哈尔人编入满洲八旗,后来因为归附者为数众多,便建立察哈尔八旗[②](也有一旗、四旗之说[③])。天聪十年(1636年)正月,皇太极将二公主嫁给额哲,四月,封额哲为和硕亲王,在义州(今辽宁义

[①] 乌云毕力格:《蒙古史纲要》,内蒙古人民出版社,2007年版,第206页。
[②] 关于察哈尔八旗,参见达力扎布1997,第310-321页;达力扎布1999;达力扎布2000。
[③] 张永江:《清代藩部研究》,黑龙江教育出版社,2001年版,第133页。

县)造府第,令公主和额驸额哲居住,并令其直属部众驻扎在义州边外。1636年,皇太极登极,建立大清国,不久在蒙古各部中编佐建旗,额哲部编为札萨克旗,这就是清初所说的所谓的"察哈尔国"(Čaqar ulus/Cahar gurun)①。康熙十四年(1675年),林丹汗之孙布尔尼起兵反叛,不久败亡,林丹汗一族绝嗣。"察哈尔国"人在布尔尼事件后,主要部分被带到京师,分给八旗满洲做奴婢,还有相当多的人逃入附近各旗。值得注意的是,大同、宣化边外的察哈尔人是此前编制的八旗察哈尔,也称为"察哈尔游牧八旗",在布尔尼事件时就有关于察哈尔游牧八旗"左翼四旗"和"右翼四旗"哗变的记载。② 察哈尔八旗游牧地"东至克什克腾界,西至归化城土默特界,南至太仆寺牧厂及山西边界,北至苏尼特及四子部落界"③。后来又陆续将喀尔喀、准噶尔等部投诚之人编为佐领,隶属于察哈尔。乾隆二十六年(1761年),设察哈尔都统一人,驻张家口,"总理游牧八旗事务,兼辖张家口驻防官兵";"设副都统二人,在左右翼边界驻扎"。乾隆三十一年(1766年),裁汰副都统一人,留一人驻张家口④。

本文所翻译的两篇,其一是关于附在察哈尔八旗的和硕特蒙古王公的记录档。该档册现存于哈佛大学燕京学社图书馆,档案编号 HYL(C),TMA,2252.8,3618。其二是关于和硕特蒙古王公世袭的蒙文奏折,现存于西藏档案馆,档案编号 TH157-00359。

---

① 关于察哈尔国游牧地四至的问题,学界多有争论,乌云毕力格师认为清初的察哈尔国游牧地四至应该如下:
南界:哈喇乌苏河与库昆河,即今日内蒙古库伦旗南部的厚很河及其支流哈喇乌苏河流域。
西界:达勒达河、察罕河一带,即今日库伦旗西部、奈曼旗东北部。
北界:西拉沐伦河南岸。
东界:科尔沁王阿勒坦格埒勒和宜什班第两旗西界,即今日自库伦旗东南部向北至开鲁县东南境的西辽河一带。详见 Borjigidai Oyunbilig, "On Territority 'Chakhar ulus' Ruled in the Early Qing Dynasty" [J], in: *QUAESTIONEN MONGOLORUM DISPUTATAE II*, pp.57—74, Tokyo: July 2006.
② 乌云毕力格:《蒙古史纲要》,第161—162页。
③ (清)嵇璜、刘墉:《清朝通志》卷三十一地理略,浙江古籍出版社,2000年版。
④ 《钦定大清会典事例》卷九百七十七。

这两个档册所涉及的附在察哈尔八旗的和硕特蒙古王公一系,为乾隆二十一年(1756年)平定准噶尔部阿睦尔撒纳之乱时,归顺并有功于清廷的和硕特固山贝子纳噶察①之族人。其族始封爵人等据《乾隆朝内府抄本理藩院则例》记载如下:"惟附牧察哈尔之和硕特闲散辅国公一人,始封曰纳噶察,为拉藏汗之孙。拉藏汗者,顾实汗之曾孙也。又闲散辅国公一人,始封曰色布腾,为纳噶察从叔父。又札萨克衔台吉一人,始封曰特默齐,为拉藏汗从孙。"由此可知,此族为和硕特汗国顾实汗(固始汗/Güshi Khan)、拉藏汗(Lhazang Khan)的后代,在康熙五十六年(1717年)策妄阿拉布坦灭和硕特汗国时被掳到准噶尔部,至乾隆年间平定准噶尔部阿睦尔撒纳叛乱之时归附清朝,以协助此役战胜之功封爵,并于乾隆二十二年(1757年)承恩徙牧察哈尔。

这一家族的封爵世系,在《钦定外藩蒙古回部王公表传》中可见部分记载,②下限为乾隆四十九年(1785年)。在咸丰年间的《续纂蒙古回部王公表传》中也可见部分记载,③下限为咸丰年间(1850—1860年)。在《清史稿》封爵表中未见记载。而本文所译满文档册的下限至光绪二十八年(1902年),蒙文档册的时间为"道光回回作乱后八十余年",即1927—1937年间。与其他汉文史料相比时间跨度更长,且满文档册将所有本族男丁不论有爵与否、及岁与否、剃度与否均记录在册,而不似其他相关文献仅记述有爵位者的情况,作为一份族谱而言相对全面。

拉藏汗近来一直是学界关注的热点之一,对于其后人,我们了解的并不多。而此份档册将拉藏汗的一子索尔扎及索尔扎之子纳噶察一系、侄子色布腾一系、从孙特默齐一系的家世源流情况详尽地展示直至光绪末年,完整了这几个家族的世系情况。本档册属于遗留性史料,与记叙性史料相比更具有接近历史原貌的特点。

---

① 初封为和硕特闲散辅国公,后封固山贝子。详见后文满文档册译稿。
② 见《钦定外藩蒙古回部王公表传》卷一百十四。
③ 见《续纂蒙古回部王公表传》卷十二传第十二。

二、满文档册转写及译文

图 1 *
字案三察哈尔公台吉等源流册(原文为汉文)
(1) kubuhe suwayan i cahar gūsade jasak obume kamcibuha hoošot gung jasak taijisai (2) fungnehen ejehe be sarkiyaha de sekiyen. booi durugan be baicanjiha songkoi sarkiyafi alibure cese

标题:誊录为札萨克附察哈尔镶黄旗和硕特公札萨克台吉之封诰敕令及按照查验誊录其家世源流所呈册子

图 2
(1) kubuhe suwayan i cahar gūsade jasak obume kamcibuha (2) gurun de aisilara gung gecukjamsu i gung fungnehe te sekiyen be baicaci. erei unggu mafa gurun de (3) aisilara gung balji dade hoošot taiji bihe. abkai wehiyehe i juwan uyuci aniya jun gar i baci. (4) ini ahūn nagaca. dakba. deo ūlemji duin niyalma harangga jušen be ganifi. (5) enduringge ejen i gosin wen be baime dahame jihe turgunde nagaca be gurun de aisilara gung fungnefi. ini deo dakba. (6) balji. ūlemji de gemu jai jergi taiji šangnafi jasak obuhabi. abkai wehiyehe i orin juweci aniya (7) kubuhe suwayan i cahar gūsade jasak obume kamcibuha. erei (8) fungnehen de arahangge (9) abkai hesei forgun be aliha (10) hūwangdei i hesei. bi abkai fejergi be uherilefi dorgi tulergi be bilume dasara de yaya unenggi be tucibume wen de (11) dahafi amban i doro be ginguleme muterengge be udu goroki jecen lakcaha

---

* 图未附,余同。

baingge seme gemu emu adali tuwambi.

图 3

(1) eiten be elbire alirengge. abkai gosin doro unenggi be dosholome fungnerengge han wang sai wesihun kooli. bi (2) dergi abkai gosire be alifi ambasai joboro be gūnin de tabume ofi. yaya hūsutuleme doro be akūmbume faššaha (3) niyalma be gemu hergen bume fungneme doshon derenge kesi isibumbi. hooŝot taiji nagaca si jun gar i (4) amban niyalma. mini wen be buyeme fejergi jušen be gaifi hing seme baime dahame jifi. amargici fargame (5) jihe niyalma be afandufi etehenge ambula saišacuka giya i kesi isibume hergen bume fungnefi. mini gosire (6) gūnin be tuwabuci acambi. te simbe gurun de aisilara gung fungnefi jasak obuha. si mini kesi be alifi (7) urunakū fejergi urse be saikan bargiyademe tacibume hūwašabume uji. taisu taisu banjire doro be kicebu. si (8) unenggi mini gūnin de acabume tacibuha hese be dahame yabume muteci. mini kesi be mohon akū enteheme (9) alimbikai. aikabade fafun kooli be jurceme balai yabure oci. gurun i toktobuha fafun bi. gingule. ume heoledere. (10) abkai wehiyehe i juwan uyuci aniya omšon biyai juwan ilan. (11) ūlet gung nagaca si ere sidende. sini teile inu jobohu faššame yabuhabi. kesi isibume simbe gūsai

图 4

(1) beise fungnehe. (2) abkai wehiyehe i orin emuci aniya juwe biyai duin. (3) nagaca nimeme akū oho manggi. ini deo dakba de gurun de aisilara gung sirabuha. (4) abkai wehiyehe i orin emuci aniya duin biyai orin uyun. (5) dakba nimeme akū oho manggi. ini deo balji de gurun de aisilara gung sirabuha. (6) abkai wehiyehe i orin emuci aniya uyun biyai juwan emu. (7) hese balji i siraha gurun de aisilara gung

daci ini ahūn nagaca fukjin dahame ifi fungnehe be dahame (8) ere gung be jalan halame lashalarakū sirabu sehe. (9) abkai wehiyehe i dehi nadaci aniya aniya biyai orin uyun (10) balji nimeme akū oho manggi. ini jui minjurdorji be gurun de aisilara gung sirabuha. jalan halame lashalarakū sirambi. (11) saicungga fengšen i jai aniya sunja biyai orin sunja

图 5

(1) minjurdorji nimeme akū oho manggi. ini ahūngga jui ilaci jergi taiji dansjinjab be inu gurun de (2) aisilara gung sirabuha. jalan halame lashalarakū sirambi. (3) saicungga fengšen i juwan nadaci aniya jorgon biyai ice uyun. (4) dansjinjab be weilei turgunde nakabuha manggi. ini ahūngga jui yungdun de inu gurun de (5) aisilara gung sirabuha. jalan halame lashalarakū sirambi. (6) saicungga fengšen i orin sunjaci aniya omšon biyai orin ilan. (7) yungdun nimeme akū oho manggi. ini ahū-ngga jui gecukjamsu de inu gurun de aisilara gung sirabuha. jalan (8) halame lashalarakū sirambi. (9) yooningga dasan i sucungga aniya ninggun biyai orin ilan. (10) baicaci gurun de aisilara gung gecukjamsu. yooningga dasan i ilanci aniya de (11) aniyai inu gemun hecen de genehede jorgon biyai orin ilan de

图 6

(1) hesei tojin funggala šangnaha. badarangga doro i juwaci aniya jorgon biyai orin ilan de (2) kiyan cing men de gaiha. juwan duici aniya jorgon biyai orin nadan de (3) hesei (4) gocika de gaiha. juwan jakūci aniya de (5) aniyai inu gemun hecen de genehede jorgon biyai orin nadan de (6) hesei šušu bocoi jolahū šangnaha. kamuni orici aniya duin biyade (7) hesei beise i sabirgi kurume šungnahabi. gecukjamsu ne gurun de aisilara gung. (8) gurun de aisilara gung gecukjamsu i

ahūngga jui lubsangsoonba be tulergi golo be dasara jurgan ci kooli sonkoi (9) wesimbufi badarangga doro i tofohoci aniya omšon biyaide gebu temgetulebume jai jergi taiji obuha. lubsangsoonba (10) ne jai jergi taiji (11) gurun de aisilara gung gecukjamsu i ilaci jui jurmeonamjal. duici jui isicokrub se se de

图 7

(1) isinaha ofi. taiji jergi bahabure be baime badarangga doro i orici aniya de alibume boolahabi. (2) jurgan ci amasi taiji jergi bahabure bithe afabure unde. (3) gurun de aisilara gung bihe minjurdorji i ilaci jui ilaci jergi taiji bihe ronabazar i jui fulingga be (4) se de isinaha ofi. yooninga dasan i duici aniya de tulergi golo be dasara jurgan ci kooli fulingga be (5) wesimbufi duici jergi taiji obuha. fulingga ne duici jergi taiji (6) duici jergi taiji fulingga i ahūngga jui geridei be se de isinaha ofi. taiji jergi bahabure be (7) baime badarangga doro i jakūci aniya jakūn biyade alibume boolahabi. jurgan ci amasi taiji (8) jergi bahabure bithe afabure unde. (9) gurun de aisilara gung bihe yongdun i ilaci jui jamcu be se de isinaha ofi. yooningga (10) dasan i juwan ilaci aniya de tulergi golo be dasara jurgan ci kooli songkoi (11) wesimbufi ilaci jergi taiji obuha. jamcu ne ilaci jergi taiji

图 8

(1) ilaci jergi taiji jamcu i ahūngga jui yungrung be se de isinaha ofi. taiji jergi bahabure be (2) baime badarangga doro i juwan duici aniya jakūn biyade alibume boolahabi. jurgan ci amasi taiji (3) jergi bahabure bithe afabure unde. (4) ilaci jergi taiji jamcu i duici jui tugemel. sunjaci jui erhebayar se se de isinaha ofi. taiji (5) jergi bahabure be baime badarangga doro i orici aniya jakūn biyade alibume boolahabi. jurgan ci (6) amasi taiji jergi bahabure bithe afabure unde.

辅国公格楚克札木苏源流册总译

为札萨克附察哈尔镶黄旗之辅国公格楚克札木苏之被封为公者，今查其源流：

其高祖，辅国公巴勒济，初为和硕特台吉。乾隆十九年自准噶尔来，与其兄纳噶察、达克巴、弟乌勒木济等四人率属来归，①乞沐圣主仁化，以功封纳噶察辅国公，赏其弟达克巴、巴勒济、乌勒木济以二等台吉，授札萨克。

乾隆二十二年附入察哈尔镶黄旗为札萨克。

册封敕书如下：

"奉天承运，皇帝敕谕：朕统御天下，抚育内外，教化真诚。如归附文化，精尽臣道，虽身在远处绝境，依然一视同仁。招安众生，以天之仁道诚钦册恩宠者，汗王之至上典例。朕上承天意，顾臣工之艰难，凡尽力尽道勤勉之人，著皆封爵以示恩宠。尔和硕特台吉纳噶察为准噶尔大臣，慕我教化，率属诚心来归，与随后追赶之敌人交战，得胜凯旋，实为可嘉，理应加恩，封给爵位，以示朕仁爱之心。今封尔为札萨克辅国公，尔务必敬持朕恩，收复属下，善行教化，成就养育。若行事谨遵朕意，可永享天恩；倘狂悖恣肆，则必以国法惩处不怠。乾隆十九年十一月十三日。此间厄鲁特公纳噶察仅一人劳苦勤勉，兹开恩册尔为固山贝子。② 乾隆二十一年二月四日。"

以纳噶察病卒，乾隆二十一年四月二十九日其弟达克巴袭辅国公。

达克巴病卒，乾隆二十一年九月十一日其弟巴勒济袭辅国公。③

上谕："巴勒济袭辅国公，自其兄纳噶察封此爵位始，恩准世袭罔

---

① 事见《钦定外藩蒙古回部王公表传》卷一百十四，传第九十八"和硕特固山贝子纳噶察列传"。

② 事见《清高宗实录》卷五百七，乾隆二十一年丙子二月庚申日条"纳噶察，此次奉派差往阿克苏城。行走奋勉。著加恩晋封贝子。"

③ 事见《清高宗实录》卷五百十一，乾隆二十一年丙子四月丙寅日条"又谕曰，纳噶察之弟达克巴前经加恩令其承袭公爵。现在又已病故。其公爵著纳噶察幼弟巴勒济承袭。"

替,乾隆四十七年正月二十九日。"①

巴勒济病卒,嘉庆二年五月二十五日命其子敏珠尔多尔济袭辅国公,世袭罔替。②

敏珠尔多尔济病卒,嘉庆十七年十二月初九命其长子三等台吉丹津扎布袭辅国公,世袭罔替。③

丹津扎布以罪削爵,嘉庆二十五年十一月二十三日命其长子蕴端袭辅国公,世袭罔替。④

蕴端病卒,同治元年六月二十三日命其长子格楚克札木苏袭辅国公,世袭罔替。

查辅国公格楚克札木苏。同治三年公来京,十二月二十三日上谕曰:"赏孔雀翎。"⑤光绪十年十二月二十三日,赐乾清门行走。⑥十四年十二月二十七日,上谕赐御前行走。⑦十八年来京,十二月二十七日奉上谕赐紫缰。⑧二十年四月,上谕赐贝子补服。

辅国公格楚克札木苏长子罗卜藏颂巴,理藩院依例奏请封袭。光绪十五年十一月,以二等台吉旌表名节。罗卜藏颂巴,今二等台吉。

辅国公格楚克札木苏三子朱勒莫那木札勒、四子伊西朝克鲁勃,及

---

① 事见《清仁宗实录》卷十七,嘉庆二年丁巳五月癸亥日条"以故喀喇沁辅国公拉扎布子玛哈达尔玛、察哈尔和硕特辅国公巴勒济子敏珠尔多尔济,各袭爵。"

② 同上。

③ 事见《清仁宗实录》卷二百六十四,嘉庆十七年壬申十二月戊申日条"以故察哈尔和硕特辅国公敏珠尔多尔济子丹津扎布,袭爵。"

④ 事见《清宣宗实录》卷九,嘉庆二十五年庚辰十一月丙子日条"以故辅国公丹津扎布子蕴端,袭爵。"

⑤ 事见《清穆宗实录》卷一百二十五,同治三年甲子十二月庚寅日条"赏科尔沁辅国公齐默特多尔济、鄂尔多斯一等台吉扎那巴兰扎、喀尔喀辅国公额勒柯木济尔噶朗、密济特多尔济、察哈尔辅国公吉楚克扎木苏、喀尔喀台吉魏多布三保花翎。"

⑥ 事见《清德宗实录》卷二百,光绪十年甲申十二月癸巳日条"赏喀尔喀固山贝子普尔布札布双眼花翎。青海辅国公罗布藏端多布、伊克明安辅国公巴克默特多尔济、察哈尔辅国公格楚克札穆苏、喀尔喀一等台吉车林巴咱尔,均著挑在乾清门行走。"

⑦ 事见《清德宗实录》卷二百六十三,光绪十四年戊子十二月甲辰日条"命喀尔喀镇国公札木萨林札布、察哈尔辅国公格楚克札木苏,在御前行走。"

⑧ 事见《清德宗实录》卷三百十九,光绪十八年壬午十二月壬午日条"赏喀尔喀郡王衔多罗贝勒贡桑珠尔默特、阿巴噶固山贝子贡多桑保、察哈尔辅国公格楚克札木苏紫缰。"

岁封袭，光绪二十年呈部请封，给台吉品级，敕书尚未付。

辅国公敏珠尔多尔济三子，三等台吉罗那巴札尔之子富林噶及岁封袭，理藩院依例奏请封袭，同治四年封四等台吉。富林噶，今四等台吉。

富林噶长子格里德，及岁封袭，光绪八年八月呈部请封，给台吉品级，敕书尚未付。

辅国公蕴端三子札木促，及岁封袭，理藩院依例奏请封袭，同治十三年封三等台吉。札木促，今三等台吉。

三等台吉札木促长子蕴伦，及岁封袭，光绪十四年八月呈部请封，给台吉品级，敕书尚未付。

三等台吉札木促四子图格莫勒、五子额勒赫巴雅尔，及岁封袭，光绪二十年八月呈部请封，给台吉品级，敕书尚未付。

图 9

(1) gurun de aisilara gung ciwangrikjing ni gung fungnehe te sekiyen be baicaci. erei mafa gurun de (2) aisilara gung sebten dade hooŝot taiji bihe. abkai wehiyehe i juwan uyuci aniya junger i baci (3) enduringge ejen i gosin wen be baime dahame jihe turgunde sebten be gurun de aisilara gung fungnefi jasak obuhabi. (4) abkai wehiyehe i orin juweci aniya kubuhe suwayan i cahar gūsade jasak obume kamcibuha. erei (5) fungnehen de arahangge (6) abkai hesei forgun be aliha (7) hūwangdei hese. bi abkai fejergi be uherilefi dorgi tulergi be bilume dasara de yaya unenggi be tucibume wen de (8) dahafi amban i doro be ginguleme muterengge be udu goroki jecen lakcaha baingge seme gemu emu adali tuwambi. (9) eiten be elbire alirenge abkai gosingga mujilen, doro unenggi bedosholome fungnerengge hanwang sai wesihun kooli. bi dergi abkai gosire be alifi ambasai joboro be gūnin de tabume ofi. yaya hūsutuleme doro be akūmbume

图 10

(1) faššaha niyalma be gemu hergen bume fungneme doshon derenge kesi isibumbi. hoošot taiji sebten si (2) jun gar i amban niyalma. mini wen be buyeme fejergi jušen be gaifi hing seme baime dahame jifi. (3) amargici fargame jihe niyalma be afandufi etehenge ambula saišacuka giya i kesi isibume hergen bume (4) fungnefi. mini gosire gūnin be tuwabuci acambi. te simbe gurun de aisilara gung fungnehe si (5) mini kesi be alifi urunakū fejergi urse be saikan bargiyademe tacibume hūwašabume uji. taisu taisu (6) banjire doro be kicebu. si unenggi mini gūnin de acabume tacibuha hese be dahame yabume muteci. mini (7) kesi be mohon akū enteheme alimbikai. aikabade fafun kooli be jurceme balai yabure oci. gurun i (8) toktobuha fafun bi. gingule. ume heoledere. (9) abkai wehiyehe i orin emuci aniya omšon biyai orin ilan. (10) hese sebten i gurun de aisilara gung dahame jihe amala hargašame jifi bi kesi isibume simbe gung fungnehebi (11) ere gung be kesi isibume jalan halame lashalarakū sirabu sehe.

图 11

(1) abkai wehiyehe i dehi jakūci aniya ninggun biyai tofohon. (2) sebten nimeme akū oho manggi. ini jui dasirabten de ineku gurun de aisilara gung sirabuha. (3) jalan halame lashalarakū sirambi. (4) abkai wehiyehe i dehi uyuci aniya juwan biyai orin duin (5) dasirabten nimeme akū oho manggi, ini ahūngga jui sangrubdorji de ineku gurun de aisilara (6) gung sirabuha, jalan halame lashalarakū sirambi (7) saicungga fengšen i juwan uyuci aniya omšun biyai juwan jakūn. (8) sangrubdorji nimeme akū oho manggi, ini jui darijab de ineku gurun de aisirala gung sirabuha, (9) jalan halame lashalarakū sirambi. (10) yooningga dasan i juwan emuci aniya juwe biyai orin ninggun. (11) darijab nimeme akū oho manggi, ini jui ciwangrikjing de ineku

gurun de aisilara gung sirabuha.

图 12

(1)jalan halame lashalarakū sirambi. (2)yooningga dasan i juwan ilaci aniya jakūn biyai juwan emu. (3)baicaci gurun de aisilara gung ciwangrikjing badarangga doro i juwan ningguci aniya de (4)aniyai inu gemun hecen de genehede (5)hesei (6)kiyan cing men de gaiha, orici aniya (7)hesei tojin funggala šangname hetebuhabi. ciwangrikjing ne gurun de aisilara gung. (8)gurun de aisilara gung bihe sebten i jacin jui ilaci jergi taiji bihe dasinamcal i ahūngga jui (9)duici jergi taiji bihe pungcuk i jacin jui duici jergi taiji bihe cimkun i jacin jui šakdurcab be (10)se de isinaha ofi, yooningga dasan i juwanci aniya de tulergi golo be dasara jurgan ci (11)kooli songkoi

图 13

(1)wesimbufi duici jergi taiji obuha. sakdurchab ne duici jergi taiji. (2)duici jergi taiji bihe cimkun i ilaci jui urdoksun be se de isinaha ofi. taiji jergi (3)bahabure be baime badarangga doro i juwan duici aniya jakūn biyade alibume boolahabi. (4)jurgan ci amasi taiji jergi bahabure bithe afabure unde.

辅国公车旺哩克精源流册总译

辅国公车旺哩克精之被封为公者，今查其源流：

其祖，辅国公色布腾，初为和硕特台吉。乾隆十九年自准噶尔来。

色布腾乞归沐圣主仁化，以此封辅国公，乾隆二十二年附入察哈尔镶黄旗为札萨克。

册封敕书如下：

"奉天承运，皇帝敕谕：朕统御天下，抚育内外，教化真诚，如归附文化，精尽臣道，虽身在远处绝境，依然一视同仁。招安众生，以天之仁道诚钦册恩宠者,汗王之至上典例。朕上承天意,顾臣工之艰难,凡尽力尽道勤勉之人,著皆封爵以示恩宠,尔和硕特台吉色布腾为准噶尔大臣。慕我教化,率属诚心来归,与随后追赶之敌人交战得胜凯旋,实为可嘉,兹册以爵位,以示朕仁爱之心。今封尔为辅国公,尔务必敬持朕恩,收复属下,善行教化,成就养育。若行事谨遵朕意,可永享天恩;倘狂悖恣肆,则必以国法惩处不怠。乾隆二十一年十一月二十三日。"

上谕:"色布腾封辅国公后前来觐见,朕加恩于尔,赐世袭罔替。"①

色布腾病卒,乾隆四十九年十月二十四日其子达什喇布坦袭辅国公,世袭罔替。②

达什喇布坦病卒,嘉庆十九年十一月十八日其长子桑噜布多尔济袭辅国公,世袭罔替。③

桑噜布多尔济病卒,同治十一年二月二十六日其子达哩扎布袭辅国公,世袭罔替。④

达哩扎布病卒,同治十三年八月十一日其子车旺哩克精袭辅国公,世袭罔替。⑤

查辅国公车旺哩克精,光绪十六年来京,上谕赐乾清门行走。⑥ 二十年上谕:赐花翎。⑦ 车旺哩克精,今为辅国公爵位。

辅国公色布腾次子,三等台吉达西那木查勒长子,四等台吉朋楚克

---

① 据《钦定外藩蒙古回部王公表传》卷一百十四,传第九十八"和硕特辅国公色布腾列传"。
② 同上。
③ 事见《清仁宗实录》卷二百九十九,嘉庆十九年甲戌十一月乙巳日条"以故察哈尔和硕特辅国公达什喇布坦子桑噜布多尔济,袭爵。"
④ 事见《清穆宗实录》卷三百二十九,同治十一年壬申二月庚辰日条"以故和硕特辅国公桑鲁布多尔济子达哩扎布,袭爵。"
⑤ 事见《清穆宗实录》卷三百七十,同治十三年甲戌八月辛巳日条"以故和硕特辅国公达哩扎布子车旺哩克精,袭爵。"
⑥ 事见《清德宗实录》卷二百九十三,光绪十六年庚寅十二月戊午条"命阿巴噶多罗卓哩克图郡王布彦乌勒哲依、科尔沁多罗贝勒凯毕苏呢特、多罗贝勒索特那木多布沁、喀尔喀辅国公德哩克多尔济、察哈尔辅国公车旺哩克精,在乾清门行走。"
⑦ 事见《清德宗实录》卷三百三十二,光绪二十年甲午正月己卯日条"察哈尔辅国公车旺哩克精,著赏戴花翎。"

次子,四等台吉齐木坤次子,沙克杜尔查布及岁封袭,理藩院于光绪十年依例奏请封袭,封四等台吉。沙克杜尔查布,今四等台吉。

四等台吉齐木坤三子乌尔道克孙,及岁封袭,光绪十四年八月呈部请封,给台吉品级,敕书尚未付。

图 14

(1) jasak uju jergi taiji arabjai i jasak taiji siraha te sekiyen be baicaci. erei mafa jasak (2) uju jergi taiji temeci dade hooŝot taiji bihe. abkai wehiyehe i juwan uyuci aniya jun gar i (3) baci jušen be gaifi. (4) enduringge ejen i gosin wen be baime dahame jihe turgunde temeci be jasak uju jergi taiji obuhabi. (5) abkai wehiyehe i orin juweci aniya de kubuhe suwayan i cahar gūsade jasak obume kamcibuha. erei (6) ejehe de arahangge (7) abkai hesei forgun be aliha (8) han i hese, erdemu be tukiyere gung de karularangga, gurun i amba kooli, tondo mujilen i afaha weile be akūmburengge. (9) ambasai jurgan. julgei enduringge han sa. coohai horon i gurun be toktobuhabi. bitheierdemu i doro be (10) dasahabi, bi julge be alhūdeme, gung erdemu be tokiyeme bithe coohai hafan ilibuha, ere ejehe be gaiha (11) niyalma tondo mujilen i beyebe yabubu. sain mujilen i geren be uji. mergen mujilen i majige babe kimci. jalingga be

图 15

(1) sere, gidašara be ilibu, beyebe šolo ume tucibure enteke be mutebuci, kesi ama mafa de isinambi. hūturi (2) juse omosi de tutambi, beye boo enteheme wesihun banjimbihai, ginggule, ume heoledeme (3) abkai wehiyehe i orici aniya uyun biyai orin duin. (4) hesei ere mudan hargašame jihe hooŝot taiji temeci be untuhun jasak obu sehe. abkai wehiyehe i orin juweci (5) aniya wasimbuha (6) hesei dorgi tangkalu i baci balji, temeci, cihanggai, sebten i sasa

cahar bade gurifi teki seme baime alaha（7）turgunde esebe emu meyen obufi hafan cooha tucibufi uliyasutai de isibufi emu biyai kunesun bele（8）bufi cahar bade benebume jurambuhabi seme wesimbuhebi，tangkalu ere icihiyahangge inu，erebe cedenjab sede jasifi，（9）balji temeci uliyasutai de isinaha manggi，uthai tangkalu i wesimbuhe songkoi kunesun benebufi cahar i bade benjibuhinai sehe，（10）abkai wehiyehe i dehi emuci aniya ilan biyai juwan nadan（11）temeci nimeme akū oho manggi，ini ahūngga jui dasišampil be untuhun jasak uju jergi taiji sirabuha.

图 16
（1）jalan halame lashalarakū sirambi（2）abkai wehiyehe i susai nadaci aniya juwan biyai orin ninggun.（3）dasišampil nimeme akū oho manggi，ini ahūungga jui duici jergi taiji engkebolot be untuhun jasak（4）uju jergi taiji sirabuha，jalan halame lashalarakū sirambi（5）doro eldengge i ningguci aniya jakūn biyai orin.（6）engkebolot nimeme akū oho manggi，ini banjiha jui duici jergi taiji burnibadar be untuhun jasak（7）uju jergi taiji isibuha，jalan halame lashalarakū sirambi.（8）doro eldengge i orin jakūci aniya uyun biyai juwan.（9）burnibadar nimeme akū oho manggi，ini banjiha jui duici jergi taiji marcincimbu be untuhun jasak（10）uju jergi taiji sirabuha，jalan halame lashalarakū sirambi，（11）gubci elgiyengge i jakūci aniya nadan biyai orin juwe.

图 17
（1）marcicimbu nimeme akū oho manggi，ini ahūngga jui arabjai be untuhun jasak uju jergi taiji（2）sirabuha jalan halame lashalarakū sirambi.（3）baclarangga doro i juwanci aniya jorgon biyai juwan.（4）baicaci jasak uju jergi taiji arabjai badarangga doro i juwan nadaci

aniya de(5)aniyai inu gemun hecen de genehede jorgon biyai orin ilan de (6) hesei tojin funggala šangnaha, arabjai ne untuhun jasak uju jergi taiji (7)jasak uju jergi taiji arabjai i ahūngga jui gongcukdorji be tulergi golo be dasara jurgan ci kooli songkoi (8) wesimbufi badarangga doro i orici aniya juwe biyai orin duin de gemu temgetuleme ilaci jergi taiji obuha, (9) gongcukdorji ne ilaci jergi taiji, (10)untuhun jasak uju jergi taiji bihe dasišampil i duici jui duici jergi taiji bihe ocirbaru i jacin jui (11) duici jergi taiji bihe arabtan i ahūngga jui lasurungnamjal be se de isinaha ofi, yooningga dasan i

图 18
(1) duici aniya de tulergi golo be dasara jurgan ci kooli songkoi (2)wesimbufi duici jergi taiji obuha, lasurungnamjal ne duici jergi taiji(3)duici jergi taiji lasurungnamjal i ahūngga jui lubsangrasi, jacin jui erdenigusum se se de ifinaha ofi, (4)taiji jergi bahabure be baime badarangga doro i orici aniya jakūn biyade alibume boolahabi, jurgan ci (5)amasi taiji jergi bahabure bithe afabure unde, (6)duici jergi taiji bihe arabtan i sunjaci jui ibahūlangdai se de isinaha ofi, taiji jergi bahabure be (7) baime bararangga doro i jai aniya jakūn biyade alibume boolahabi, jurgan ci amasi taiji jergi bahabure bithe afabure unde.

札萨克一等台吉阿拉布斋源流册总译

札萨克台吉阿拉布斋袭札萨克一等台吉，今查其源流：

其祖，札萨克一等台吉特默齐，初为和硕特台吉。

乾隆十九年自准噶尔来，乞沐圣主仁化，封一等台吉。①

---

① 据《钦定外藩蒙古回部王公表传》卷一百十四，传第九十八"和硕特札萨克一等台吉特默齐列传"。

乾隆二十二年附入察哈尔镶黄旗为札萨克。

敕书如下：

"奉天承运，皇帝诏曰：弘德报功，国之定例也。以忠事国，尽心敬奉，臣之大义也。古之圣王，武功以安邦，文德以治国。朕慕效先王，受此诰者，必忠心躬行，以善心抚庶民，以智心查细微，提防奸佞，停禁欺凌，事必躬亲，以此成德。恩缘父祖，福荫子孙。若此则身家富贵绵远，勉之不得怠慢，乾隆二十年九月二十四日。"

奉旨："此次入京瞻觐，赐和硕特台吉特默齐为闲散札萨克。"

乾隆二十二年所宣上谕内称："唐喀禄请奏将巴勒济、特默齐、奇杭盖、色布腾均一同迁至察哈尔处。将伊结为一队，出官兵送往乌里雅苏台，拨给一月粮糗，为送往察哈尔之地而遣往等语。唐喀禄此次办理着甚是。将此传谕车顿扎布，等巴勒济、特默齐至乌里雅苏台时，即刻依唐喀禄之奏给粮糗，送往察哈尔。乾隆四十一年三月十七日。"

特默齐病卒，其长子达什沙木丕勒袭札萨克衔一等台吉。

达什沙木丕勒病卒，道光六年八月二十日其长子四等台吉鞔克博罗特袭札萨克衔一等台吉，世袭罔替。①

鞔克博罗特病卒，道光二十八年九月十日其养子四等台吉布勒尼巴达勒袭札萨克衔一等台吉，世袭罔替。

布勒尼巴达勒病卒，咸丰八年七月二十二日其养子四等台吉玛林晋沁保袭札萨克衔一等台吉，世袭罔替。

玛林晋沁保病卒，光绪十年十二月十日其长子阿拉布斋袭札萨克衔一等台吉，世袭罔替。②

查札萨克一等台吉阿拉布斋，光绪十七年十二月二十三日来京瞻

---

① 事见《清宣宗实录》卷一百四，道光六年丙戌八月丙子日条"以故和硕特札萨克一等台吉达什沙木丕勒子鞔克博罗特，袭职。"

② 据《清德宗实录》卷一百九十九，光绪十年甲申十二月甲申日条"喀喇沁辅国公僧格札布、克什克腾札萨克一等台吉棍布栋噜布、察哈尔札萨克一等台吉阿拉布斋，于神武门外瞻觐。"考订此事及人名阿拉布斋。

覲,上谕赏花翎。① 阿拉布斋,今札萨克衔一等台吉。

札萨克一等台吉阿拉布斋长子龚楚克多尔济,理藩院依例奏请封袭,于光绪二十年二月二十四日都旌表为三等台吉。龚楚克多尔济,今三等台吉。

札萨克衔一等台吉达什沙木丕勒四子,四等台吉奥齐勒巴鲁次子,四等台吉阿拉布坦长子喇苏伦那木扎勒,及岁封袭,同治四年理藩院依例奏请封袭,封四等台吉。喇苏伦那木扎勒,今四等台吉。

四等台吉喇苏伦那木扎勒长子鲁布桑拉西、次子额尔德尼古苏木,及岁封袭,光绪二十年八月呈部请封,给台吉品级,敕书尚未付。

四等台吉阿拉布坦五子伊巴霍朗代,及岁封袭,光绪二年八月呈部请封,给台吉品级,敕书尚未付。

图 19

(1) duici jergi taiji janisiri i te sekiyen be baicaci, erei mafa ūlemji abkai wehiyehe i juwan uyuci aniya (2) jun gar i baci ini ahūn nagaca, dakba, balji sei sasa (3) enduringge ejen i gosin wen be baime dahame jihe turgunde, jai jergi taiji šangnahabi, ūlemji nimeme akū oho manggi, (4) abkai wehiyehe i susai jakūci aniya tulergi golo be dasara jurgan ci ūlemji i jai jergi taiji oci (5) fukjin dahajiha fonde bahabuhangge, kooli de sirabuci acara be dahame, benjihe songkoi te jergi be sirabufi seme (6) wesimbuhade (7) hese gisurehe songkoi obu sehebe gingguleme dahafi, ūlemji i ahūngga jui duici jergi taiji nafangcultim be, jai jergi (8) taiji sirabuha, nafangcultim nimeme akū oho manggi, saicungga fengšen i juwan jakūci aniya ini (9) banjiha jui masibatu be jai jergi taiji sirabuha, masibatu nimeme akū oho manggi, gubci elgiyengge i (10) nadaci aniya ini banjiha jacin jui duici

---

① 事见《清德宗实录》卷三百六,光绪十七年辛卯十二月癸丑日条"赏科尔沁辅国公呢玛、察哈尔一等台吉阿尔布斋,花翎。"

jergi taiji relsangjab be jai jergi taiji sirabuha, relsangjab (11) nimeme akū ohobi

图 20

(1) jai jergi taiji bihe relsangjab i akūngga jui janisiri be se de isinaha ofi, yooningga dasan i (2) juwan ilaci aniya de tulergi golo be dasara jurgan ci kooli songkoi (3) wesimbufi duici jergi taiji obuha, relsangjab nimeme akū oho manggi, badarangga doro i juwan jakūci aniya (4) juwe biyade ini banjiha ahūngga jui duici jergi taiji janisiri de jai jergi taiji bahabure be (5) baime alibume boolahabi, jurgan ci amasi jai jergi taiji bahabure bithe afabure unde, janisiri ne (6) duici jergi taiji (7) jai jergi taiji bihe relsangjab i ilaci jui buyanbadarho be se de isinaha ofi, taiji jergi bahabure be (8) baime badarangga doro i jakūci aniya jakūn biyade alibume boolahabi, jurgan ci amasi taiji jergi (9) bahabure bithe afabure unde.

四等台吉札尼西里源流册总译

四等台吉札尼西里,今查其源流:

其祖乌勒木济,乾隆十九年自准噶尔来,其兄纳噶察、达克巴、巴勒济同岁来归。以其乞沐圣主仁化,赏二等台吉。

乾隆五十八年乌勒木济病卒,理藩院奏"乌勒木济原为二等台吉,依例应令依原品级封袭",上谕依议办理,乌勒木济长子,四等台吉那方楚勒提姆袭二等台吉。

那方楚勒提姆病卒,嘉庆十八年其养子玛锡巴图袭二等台吉。①

玛锡巴图病卒,咸丰七年其养次子,四等台吉勒乐桑扎布袭二等

---

① 人名"玛锡巴图"据《清宣宗实录》卷一百三十一,道光七年丁亥十二月己丑日条"附在察哈尔旗下和硕特二等台吉玛锡巴图等五人、廓尔喀使臣噶箕毕热格萨然咱邦礼等二人,及暹罗国使臣哑雅沾暖舒攀哪叭腊车突等二人,于西华门外瞻觐。"

台吉。

勒乐桑扎布病笃,二等台吉勒乐桑扎布长子札尼西里及岁封袭,同治十三年理藩院依例奏请封袭,封四等台吉。

勒乐桑扎布病卒,光绪十八年二月其养长子,四等台吉札尼西里呈部请封,给二等台吉,敕书尚未付。札尼西里,今四等台吉。二等台吉勒乐桑扎布三子布颜巴达尔霍及岁封袭,光绪八年八月呈部请封,给台吉品级,敕书尚未付。

图 21

(1) duici jergi taiji bihe nasuncoktu i taiji obuha te sekiyen be baicaci, ini unggu mafa ūlemji dade, (2) hooŝot taiji bihe, abkai weheyehe i juwan uyuci aniya jun gar i baci, (3) enduringge ejen i gosin wen be baime dahame dosifi coohai kūwaran de faŝŝame yabuha turgunde jai jergi jingse (4) tujin funggala ŝangnaha hetebuhabi, amala ūlemji nimeme akū oho manggi, abkai wehiyehe i dehi emuci aniya (5) tulergi golo be dasara jurgan ci erei jergi sirabure jalin, (6) wesimbufi benjihe bithei dorgide, ūlemji de ŝangnafi hetebuha jai jergi jingse tojin funggala serengge, (7) ejen cohotoi kesi isibume ŝangnaha, untuhun jergi jingkini sindaha, jai jergi hafan de duibuleci ojorakū, ta (8) nimeme akū oho umai sirabuci acara jergi akū, ūlemji hooŝot i taiji i giranggi aika dorgi (9) tulergi jasak gūsai se de isinafi taiji jergi bahabuci acara kooli songkoi icihiyaci giyan i (10) duici jergi taiji sirabuci acambi, damu ūlemji onggolo cooha dain de faŝŝame yabuha bime, (11) ini ahūngga jui duntuk jacin jui kicik gemu coohai bade akū oho, harangga gūsai ambasai

图 22

(1) baci akdulafi benjihe ūlemji i akūngga omolo bardahū de eici duici jergi taiji sirabure, (2) aici jai jergi taiji sirabure babe (3) ejen jorime

tacibuha manggi, gingguleme dahame icihiyaki sembi, erei jalin gingguleme (4) wesimbuhe (5) hese be baimbi seme abkai wehiyehe i dehi emuci aniya nadan biyai ice juwe de serkin deri (6) wesimbuhede inu biyai ice ilan de (7) hese kesi isibume ūlemji i ah-ūngga omolo bardahū de an i jai jergi taiji sirabu sehebe gingguleme dahafi (8) jai jergi taiji sirabuha, bardahū nimeme akū oho manggi, saicungga fengšen i ilaci aniya de (9) tulergi golo be dasara jurgan ci bardahū de umai enen juse akū bime jergi sirara (10) niyalma jingkini juse omosi waka, jai jergi taiji be jergi eberembufi duici jergi taiji bahabuki seme (11) wesimbufi bardahū i jalahi jui damba de duici jergi taiji sirabuha, damba nimeme akū oho manggi, ini

图 23

(1) jui nasuncoktu be se de isinaha ofi, doro eldengge i uyuci aniya de tulergi golo be (2) dasara jurgan ci kooli songkoi (3) wesimbufi duici jergi taiji obuhabi, nasuncoktu nimeme akū oho manggi, ini jacin jui wangte be se de (4) isinaha ofi, taiji jergi bahabure be baime yooningga dasan i juwan juweci aniya de alibume (5) boolahabi, wangte nimeme akū oho.

四等台吉那孙朝克图源流册总译

四等台吉那孙朝克图,今查其源流:

其高祖乌勒木济,原和硕特台吉,乾隆十九年自准噶尔来,以乞沐圣主仁化、随军营效力赐二品顶戴花翎。

后乌勒木济病卒,乾隆四十一年理藩院奏请承袭一事,奏折云:"乌勒木济原赏戴二品顶戴花翎乃上格外加恩赏等语,属闲散,不可与正式二品官吏相比,卒后不应依原品承袭。乌勒木济和硕特台吉之后,依例查办清楚内外札萨克旗有及岁封袭台吉之事,袭四等台吉便可。只因乌勒木济先前在军中甚为奋勉,其长子敦图克、次子齐奇克均殒命军中,所属旗内大臣保奏乌勒木济长孙巴勒达霍,或袭四等台吉,或袭二等台吉,特此敬奏请旨以办。乾隆四十一年七月初二日报奏。"

是月初三日上谕:"加恩于乌勒木济长孙巴勒达霍,袭常二等台吉。"敬奉旨袭为二等台吉。

巴勒达霍病卒,嘉庆三年理藩院来奏:"巴勒达霍无子嗣袭爵,余者袭爵之人应由二等台吉降袭四等台吉。"巴勒达霍侄达姆巴袭四等台吉。

达姆巴病卒,其子那孙朝克图及岁封袭,道光九年理藩院依例上奏,封四等台吉。

那孙朝克图病卒,其次子旺特及岁封袭,同治十二年呈报请封台吉。旺特病卒。

图 24

(1) duici jergi taiji bihe rasidungrub i taiji obuha te sekiyen be baicaci dade ini mafa hooŝot (2) taiji bihe tanglujab, abkai wehiyehe i juwan uyuci aniya jun gar i baci ini mukūn gung balji, (3) jasak temeci sei sasa (4) enduringge ejen i gosin wen be baime dahame jihe sula taiji ofi amala ini jui damirinjab be se de (5) isinaha turgunde abkai wehiyehe i dehi jakūci aniya tulergi golo be dasara jurgan ci kooli songkoi (6) wesimbufi duici jergi taiji obuha, damirinjab nimeme akū ohobi, damirinjab i ahūngga jui jamiyancerin, (7) jacin jui gungcukcede se gemu se de isinaha ofi, saicungga fengšen i sucungga, uyuci (8) aniya de tulergi golo be dasara jurgan ci kooli songkoi (9) wesimbufi esebe duici jergi taiji obuha, jamiyancerin be weilei turgunde taiji jergi be efulefi falabuhabi, (10) gungcukceden nimeme akū ohobi, falabuha jamiyancerin i jui rasidungrub be se de isinaha ofi, (11) doro eldengge i uyuci aniya de tulergi golo be dasara jurgan ci kooli songkoi

图 25

(1) wesimbufi duici jergi taiji obuha, rasidungrub nimeme akū ohobi, (2) duici jergi taiji bihe rasidungrub i jacin jui gungcuk be se de isinaha ofi, taiji jergi (3) bahabure be baime yooningga dasan i juwan juweci aniya de alibume boolahabi, jurgan ci amasi (4) taiji jergi bahabure bithe afabure unde (5) taiji jergi bahabure unde gungcuk i ahūngga jui ūljeibayar be se de isinaha ofi, taiji jergi (6) bahabure be baime badarangga doro i orici aniya jakūn biyade alibume boolahabi, jurgan ci (7) amasi taiji jergi bahabure bithe afabure unde, (8) duici jergi taiji bihe gungcukceden i jacin jui bado se de isinaha ofi, doro eldengge i juwan (9) nadaci aniya tulergi golo be dasara jurgan ci kooli songkoi (10) wesimbufi duici jergi taiji obuha, bado ne nimeme akū oho. (11) duici jergi taiji bihe bado i ahūngga jui cerub be se de isinaha ofi, taiji jergi bahabure be

图 26

(1) baime badarangga doro i jakūci aniya jakūn biyade alabume boolahabi, jurgan ci amasi taiji jergi (2) bahabure bithe afabure unde (3) duici jergi taiji bihe gungcukceden i ilaci jui bumsiri se de isinaha ofi, doro eldengge i (4) orin sunjaci aniya tulergi golo be dasara jurgan ci kooli songkoi (5) wesimbufi duici jergi taiji obuha, bumsiri ne nimeme akū oho. (6) duici jergi taiji bihe bumsiri i jacin jui yangjab be se de isinaha ofi, taiji jergi bahabure be (7) baime badarangga doro i juwan nadaci aniya de alibume boolahabi, jurgan ci amasi taiji jergi (8) bahabure bithe afabure unde.

四等台吉拉西顿鲁布源流册总译

四等台吉拉西顿鲁布，今查其源流：

其祖父，和硕特台吉唐鲁扎布，乾隆十九年自准噶尔来，与其同族公巴勒济、扎萨克特默齐同年乞沐圣主仁化来归,封闲散台吉。

因其子达米林扎布及岁封袭,乾隆四十八年理藩院奏请依例封袭,封四等台吉。

达米林扎布病卒,其长子扎米颜车林、次子龚楚克车德均及岁封袭,嘉庆元年、九年理藩院均奏请依例封袭,均袭四等台吉。

扎米颜车林以罪革去台吉品级,坐流刑。

龚楚克车德病卒,坐流刑之扎米颜车林之子拉西顿鲁布及岁封袭,道光九年理藩院依例奏请,封四等台吉。

拉西顿鲁布病卒,其次子龚楚克及岁封袭,同治十二年呈部奏请封袭,给台吉品级,敕书尚未付。

未封袭台吉龚楚克长子乌勒哲伊巴雅尔及岁封袭,光绪二十年八月呈部请封,给台吉品级,敕书尚未付。

四等台吉龚楚克车德次子巴多及岁封袭,道光十七年理藩院依例奏请封袭,封四等台吉。

巴多今病卒,其长子车鲁布及岁封袭,光绪八年八月呈部请封,给台吉品级,敕书尚未付。

四等台吉龚楚克车顿三子布西里及岁封袭,道光二十五年理藩院依例奏请封袭,封四等台吉。布西里今病卒。

四等台吉布西里次子扬扎布及岁封袭,光绪十七年呈部请封,给台吉品级,敕书尚未付。

图 27

ere gung dade hooŝot taiji bihe, nagaca, dakba, balji, ūlemji, ahūn deo duinofi harangga jušen be gaifi jun gar i baci dahame jihe turgunde nagaca be gurun de aisilara gung fungnefi kesi isibume jalan halame lashalarakū sirabu sehe, jalan halame lashalarakū sirara gung

ere gung dade hooŝot taiji bihe, nagaca, dakba, balji, ūlemji, ahūn deo duinofi harangga jušen be gaifi, abkai wehiyehe i juwan uyuci aniya jun gar i baci, enduringge ejen i gosin wen be baime dahame

jihede nagaca be gurun de aisilara gung fungnefi, dakba, balji, ūlemji sede gemu jai jergi taiji šangnahabi, amala abkai wehiyehe i dehi jakūci aniya, coohai našhūn i baci ere gung be jalan halame lashalarakū sirabure de obuki seme wesimbuhede hesei kesi isibume jalan halame lashalarakū sirabu sehe, jalan halame lashalarakū sirara gung.
nagaca i deo ūlemji de šangnaha jai jergi taiji be oron tucike manggi, jurgan ci icihiyafi wesimbufi ūlemji i ahūngga jui nafangcultim de inu jai jergi taiji sirabuha, oron tucike manggi nafangcultim i banjiha jui masibatu de inu jai jergi taiji sirabuha, oron tocike manggi masibatu i jacin jui relsangjab de inu jai jergi taiji sirabuhabi

译文：

  此公爵，源自和硕特台吉。纳噶察、达克巴、巴勒济、乌勒木济兄弟四人携部众自准噶尔来，纳噶察以此封辅国公，上加恩世袭罔替。为世袭罔替公爵。

  此公爵，源自和硕特台吉。纳噶察、达克巴、巴勒济、乌勒木济兄弟四人于乾隆十九年自准噶尔慕圣主仁化来归。封辅国公。达克巴、巴勒济、乌勒木济均赏二等台吉衔。乾隆四十八年，军机处奏请世袭罔替，上谕加恩赐世袭罔替，为世袭罔替公爵。

  纳噶察之弟乌勒木济，赏二等台吉。后其爵有缺，理藩院奏请乌勒木济长子那方楚勒提姆袭此爵。二等台吉承袭有缺，那方楚勒提姆养子玛锡巴图于是袭二等台吉，其缺由玛锡巴图次子勒乐桑扎布袭二等台吉。

图 28 注释：ere gung sirara de booi durugan de niruha urse ci tulgiyen, encu dosimbuci acara niyalma be gidaha daldaha hacin akū, erebe jasak uju jergi taiji arabjai, gung gecukjamsu, ciwangrikjing se uhei akdulaha.

译文：

  此公袭爵谱系绘有众人，凡应列入人等无所隐瞒。札萨克一等台吉阿拉布斋、公爵格楚克札木苏、车旺哩克精共同保奏。

家谱图翻译如下（见下页）：

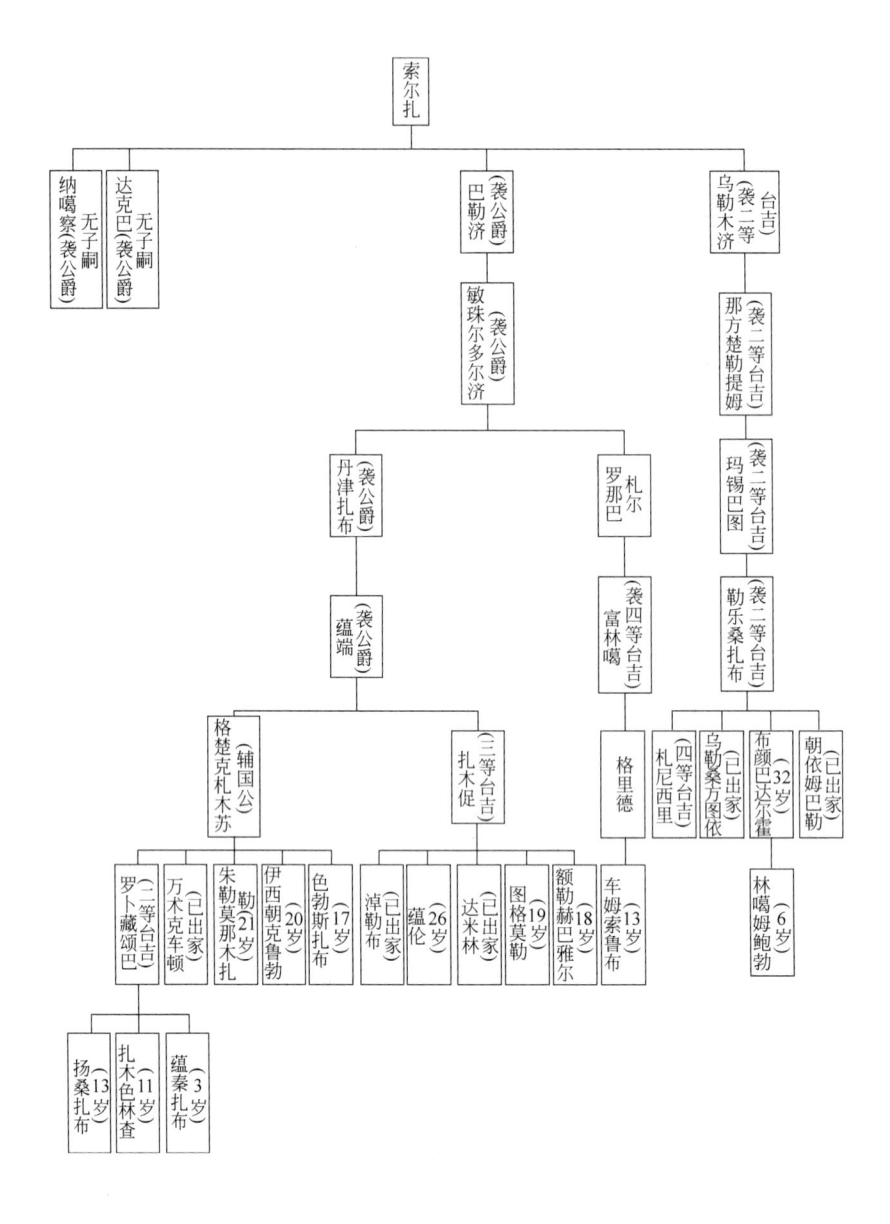

```
                                        索尔扎
         ┌──────────────┬──────────────┼──────────────┐
    纳噶察          达克巴         巴勒济          乌勒木济
   (袭公爵)        (袭公爵)       (袭公爵)        (袭二等
    无子嗣          无子嗣            │             台吉)
                                      │              │
                                敏珠尔多尔济      那方楚勒提姆
                                 (袭公爵)         (袭二等台吉)
                        ┌─────────┼─────────┐       │
                    丹津扎布    罗那巴    札尔      玛锡巴图
                    (袭公爵)              │       (袭二等台吉)
                        │                 │          │
                       蕴端           富林噶       勒乐桑扎布
                      (袭公爵)       (袭四等台吉)  (袭二等台吉)
              ┌─────────┴─────────┐     │    ┌──────┬──────┬──────┐
          格楚克札木苏         扎木促   格里德 札尼西里 布颜巴 朝依姆巴勒
           (辅国公)          (三等台吉)  │  (四等台吉) 达尔霍  (已出家)
                                        │  乌勒桑方图依      
                                        │   (已出家)  (32岁)
                                     车姆索鲁布              │
                                      (13岁)            林噶姆鲍勃
                                                          (6岁)
```

格楚克札木苏 子: 罗卜藏颂巴(二等台吉)、万术克车顿(已出家)、朱勒莫那木扎(21岁)、伊西朝克鲁勃(20岁)、色勒斯扎布(17岁)

扎木促 子: 淖勒布(已出家)、蕴伦(26岁)、达米林(已出家)、图格莫勒(19岁)、额勒赫巴雅尔(18岁)

罗卜藏颂巴 子: 扬桑扎布(13岁)、扎木色林查(11岁)、蕴秦扎布(3岁)

图 29

ere gung dade hooŝot taiji bihe sebten jun gar i baci dahame jihe turgunde gurun de aisilara gung fungnefi hese kesi isibume jalan halame lashalarakū sirabu sehe, jalan halame lashalarakū sirara gung

ere gung dade hooŝot taiji bihe sebten, abkai wehiyehe i juwan uyuci aniya jun gar i baci enduringge ejen i gosin wen be baime dahame jihe turgunde gurun de aisilara gung fungnehebi, amala abkai wehiyehe i dehi jakūci aniya coohai nashūn i baci ere gung be jalan halame lashalarakū sirabure de obuki seme wesimbuhede hesei kesi isibume jalan halame lashalarakū sirabu sehe, jalan halame lashalarakū sirabu gung.

译文：

此公爵，源自和硕特台吉。色布腾自准噶尔来，以此封辅国公，上谕加恩世袭罔替。为世袭罔替公爵。

此公爵，源自和硕特台吉。色布腾于乾隆十九年自准噶尔慕圣主仁化来归，封辅国公。乾隆四十八年军机处奏请世袭罔替，上谕加恩赐世袭罔替。

图 30：ere gung sirara de booi durugan de niruha urse ci tulgiyen, encu dosimbuci acara niyalma be gidaha daldaha hacin akū, erebe jasak uju jergi taiji arabjai, gung gecukjamsu, ciwangrikjing se uhei akdulaha.

译文：

　　此公袭爵谱系绘有众人，凡应列入人等无所隐瞒。札萨克一等台吉阿拉布斋、公爵格楚克札木苏、车旺哩克精共同保奏。

家谱图翻译如下：

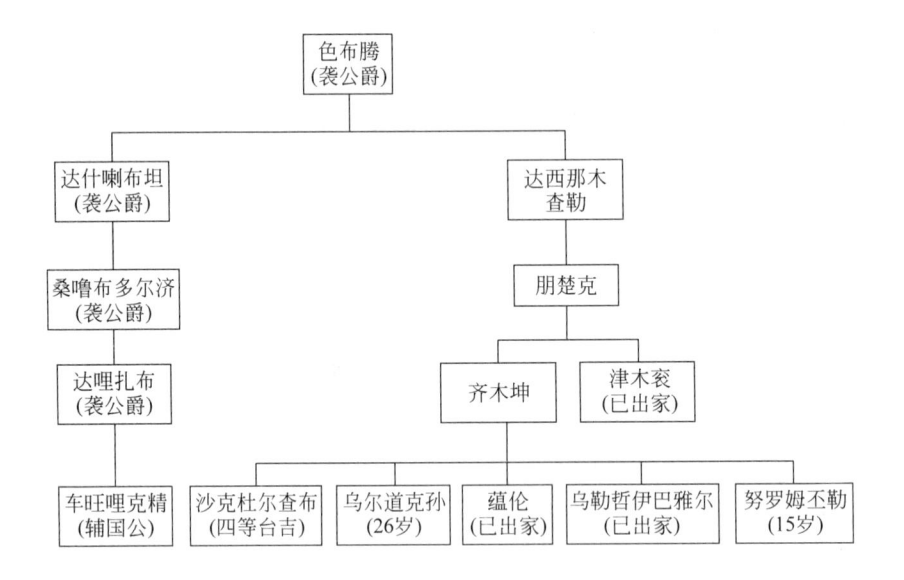

```
                    色布腾
                   (袭公爵)
          ┌───────────┴───────────┐
      达什喇布坦                  达西那木
      (袭公爵)                    查勒
          │                         │
      桑噜布多尔济                 朋楚克
      (袭公爵)                      │
          │              ┌─────────┴─────────┐
      达哩扎布         齐木坤              津木衮
      (袭公爵)                              (已出家)
          │       ┌────┬────┬────┬────┬────┐
      车旺哩克精  沙克杜尔查布 乌尔道克孙 蕴伦  乌勒哲伊巴雅尔 努罗姆丕勒
      (辅国公)    (四等台吉)  (26岁)  (已出家) (已出家)      (15岁)
```

图 31

ere jasak uju jergi taiji dade hooŝot taiji bihe temeci jun gar i baci dahame jihe turgunde jasak uju jergi taiji obufi amala kesi isibume temeci i jasak uju jergi taiji be jalan halame lashalarakū sirabu sehe jalan halame lashalarakū sirara taiji ere jasak uju jergi taiji dade hooŝot taiji bihe, temeci, abkai wehiyehe i juwan uyuci aniya jun gar i baci enduringge ejen i gosin wen be baime dahame jihe turgunde jasak uju jergi taiji obufi, kubuhe suwayan i cahar gūsade jasak obume kamcibuha amala abkai wehiyehe i dehi jakūci aniya coohai nashūn i baci ere jasak uju jergi taiji be jalan halame lashalarakū sirabure de obuki seme wesimbuhede hese kesi isibume jalan halame lashalarakū sirabu sehe, jalan halame lashalarakū sirabu taiji.

译文：

此札萨克一等台吉，源自和硕特台吉特默齐。特默齐自准噶尔来，以此封札萨克一等台吉，后加恩世袭罔替。为世袭罔替台吉。

此札萨克一等台吉，源自和硕特台吉。特默齐于乾隆十九年自准噶尔慕圣主仁化来归，封札萨克一等台吉，为札萨克，附入察哈尔镶黄旗。后乾隆四十八年军机处奏请世袭罔替，上谕加恩赐世袭罔替。为世袭罔替台吉。

图32：ere jasak uju jergi taiji sirara de booi durugan de niruha urse ci tulgiyen, encu dosimbuci acara niyalma be gidaha daldaha hacin akū, erebe jasak uju jergi taiji arabjai, gung gecukjamsu, ciwangrikjing se uhei akdulaha.

译文：

此札萨克头等台吉袭爵谱系绘有众人，凡应列入人等无所隐瞒。札萨克一等台吉阿拉布斋、公爵格楚克札木苏、车旺哩克精共同保奏。

家谱图翻译如下：

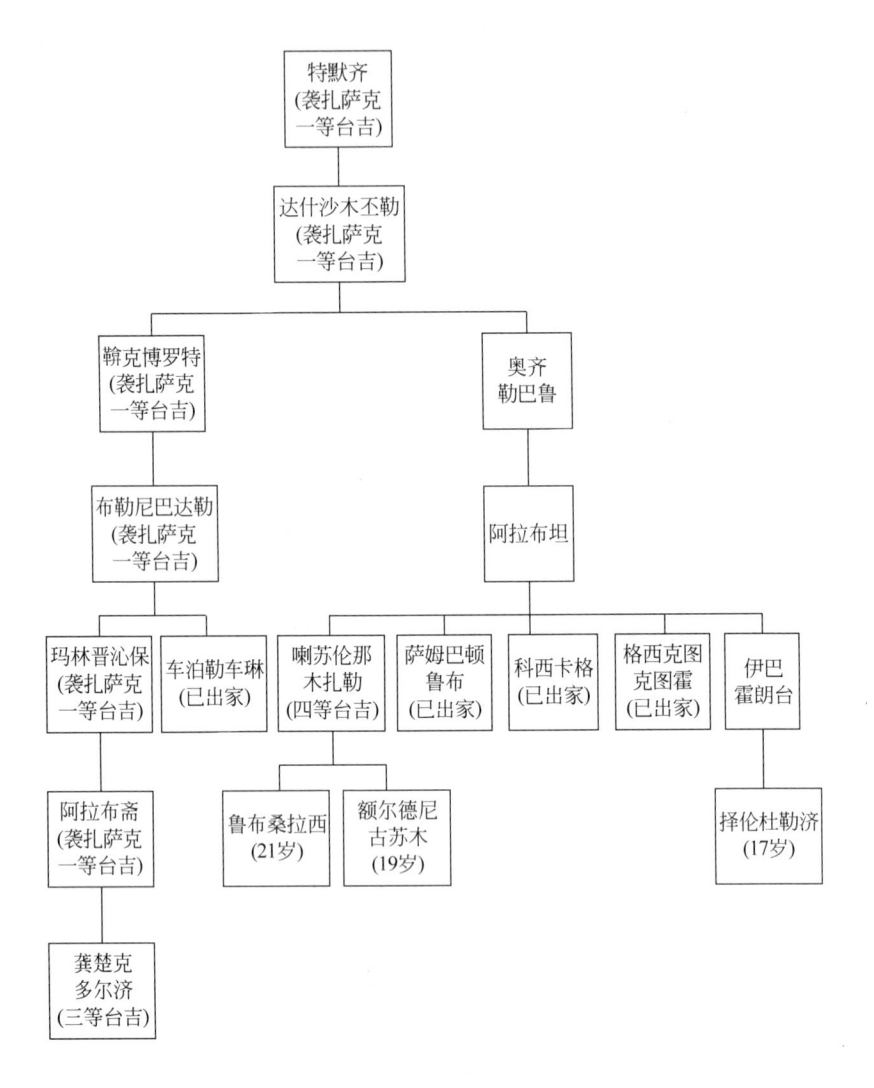

```
                    ┌─────────────┐
                    │   特默齐    │
                    │ (袭扎萨克   │
                    │  一等台吉)  │
                    └──────┬──────┘
                           │
                    ┌──────┴──────┐
                    │ 达什沙木丕勒│
                    │ (袭扎萨克   │
                    │  一等台吉)  │
                    └──────┬──────┘
                  ┌────────┴────────┐
          ┌───────┴──────┐    ┌─────┴─────┐
          │  翰克博罗特  │    │   奥齐    │
          │  (袭扎萨克   │    │  勒巴鲁   │
          │   一等台吉)  │    │           │
          └───────┬──────┘    └─────┬─────┘
                  │                 │
          ┌───────┴──────┐    ┌─────┴─────┐
          │ 布勒尼巴达勒 │    │  阿拉布坦 │
          │  (袭扎萨克   │    │           │
          │   一等台吉)  │    │           │
          └───────┬──────┘    └─────┬─────┘
```

图 33

ere taiji dade hooŠot taiji bihe ūlemji jun gar i baci dahame dosifi coohai kūwaran de faŠŠaha turgunde, jai jergi jingse tojin fungnala Šangnafi hadabuhabi, ūlemji nimeme akū oho manggi, hese kesi isibume ini omolo bardahū de jai jergi taiji sirabuhabi, bardahū nimeme akū oho manggi, ini jalahi jui damba de jergi eberembufi duici jergi taiji sirabuhabi, damba nimeme akū ohobi, erei jui nasuncoktu se de isinafi doro eldengge i uyuci aniya de jurgan ci kooli songkoi wesimbufi duici jergi taiji obuha.

ere taiji dade hooŝot taiji bihe, ūlemji abkai wehiyehe i juwan uyuci aniya jun gar i baci enduringga ejen i gosin wen be baime dahame dasifi, coohai kūwaran de faŝŝame yabuha turgunde jai jergi jingse tujin fungnala ŝangnafi hatubuhabi, amala ūlemji nimeme akū oho manggi, abkai wehiyehe i dehi emuci aniya tulergi golo be dasara jurgan ci ūlemji i ahūngga omolo bardahū de eici duici jergi taiji sirabure, eici jai jergi taiji sirabure babe baime wesimbuhede. hese kesi isibume bardahū de an i jai jergi taiji sirabu sehebe gingguleme dahafi jai jergi taiji sirabuha, bardahū nimeme akū oho, inde umai ene juse akū, ofi saicungga fengŝen i ilaci aniya jurgan ci icihiyafi wesimbufi bardahū i jalahi jui damba de jai jergi taiji be eberimbufi duici jergi taiji sirabuha, nimeme akū oho, erei jui nasuncoktu se de isinafi doro eldengge i uyuci aniya jurgan ci kooli songkoi wesimbufi duici jergi taiji obuha.

译文：

  此台吉源自和硕特台吉。乌勒木济自准噶尔来，入军台效力。以其奋勉赏戴二品花翎。乌勒木济病卒，上谕赐恩其孙巴勒达霍袭二等台吉。巴勒达霍病卒，其侄子达姆巴降袭为四等台吉。达姆巴病卒，其子那孙朝克图及岁承袭，道光九年依部议所奏依例封为四等台吉。

  此台吉源于和硕特台吉。乌勒木济于乾隆十九年自准噶尔求沐圣主仁化来归，以其在军中奋勉，赏戴二品花翎。乌勒木济病卒，乾隆四十一年理藩院来奏，请旨乌勒木济长孙巴勒达霍当袭四等台吉或二等台吉，上谕加恩于巴勒达霍，袭二等台吉。遵旨使巴勒达霍袭二等台吉。巴勒达霍病卒，以其无子嗣，嘉庆三年理藩院奏请以巴勒达霍之侄达姆巴降袭四等台吉。达姆巴病卒，其子那孙朝克图及岁封袭，道光九年理藩院依例奏请，封为四等台吉。

图 34：ere taiji sirara de booi durugan de niruha urse ci tulgiyen, encu dosimbuci acara niyalma be gidaha daldaha hacin akū, erebe jasak uju jergi taiji arabjai, gung gecukjamsu, ciwangrikjing se uhei akdulaha.

译文：

此台吉袭爵谱系绘有众人，凡应列入人等无所隐瞒。札萨克一等台吉阿拉布斋、公爵格楚克札木苏、车旺哩克精共同保奏。

家谱图翻译如下：

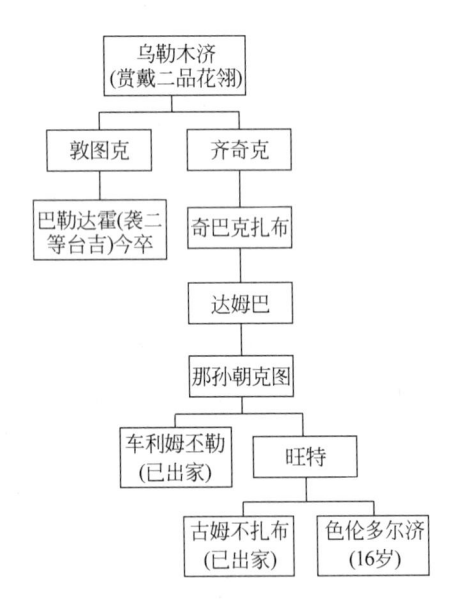

```
            乌勒木济
          (赏戴二品花翎)
           /        \
        敦图克      齐奇克
          |           |
    巴勒达霍         奇巴克扎布
    (袭二等台吉)        |
      今卒           达姆巴
                     |
                   那孙朝克图
                   /       \
            车利姆丕勒      旺特
            (已出家)        |
                    /        \
              古姆不扎布    色伦多尔济
              (已出家)      (16岁)
```

图 35

ere taiji dade hoošot sula taiji bihe, tanglujab jun gar i baci dahame jihe sula taiji ofi, erei jui damirinjab se de isinafi jurgan ci kooli songkoi wesimbufi duici jergi taiji obuha.

ere taiji dade hoošot sula taiji bihe, tanglujab jun gar i baci, enduringge ejen be baime jihe sula taiji ofi, erei jui damiringjab se de isinafi, abkai wehiyehe i dehi jakūci aniya de jurgan ci kooli songkoi wesimbufi duici jergi taiji obuha.

译文：

此台吉源自和硕特闲散台吉。唐鲁扎布自准噶尔来，做闲散台吉。其子达米林扎布及岁封袭，理藩院依例奏请，做四等台吉。

此台吉源自和硕特闲散台吉。唐鲁扎布自准噶尔来，请附圣主，为闲散台吉。其子达米林扎布及岁封袭，乾隆四十八年理藩院依例奏请，封四等台吉。

图 36：ere taiji sirara de booi durugan de niruha urse ci tulgiyen, encu dosimbuci acara niyalma be gidaha daldaha hacin akū, erebe jasak uju jergi taiji arabjai, gung gecukjamsu, ciwangrikjing se uhei akdulaha.

译文：

此台吉袭爵谱系绘有众人，凡应列入人等无所隐瞒。札萨克一等台吉阿拉布斋、公爵格楚克札木苏、车旺哩克精共同保奏。

家谱图翻译如下：

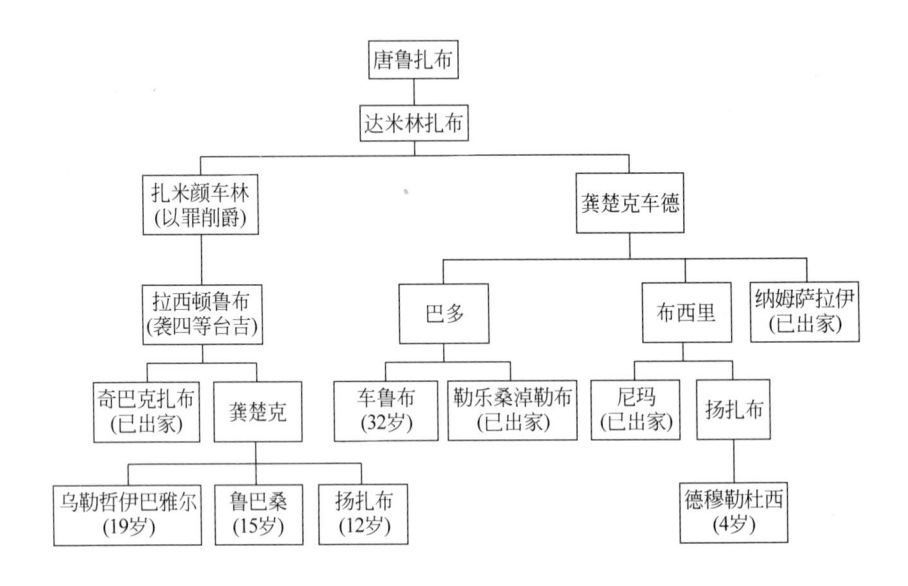

```
                    ┌─────────┐
                    │ 唐鲁扎布 │
                    └────┬────┘
                    ┌─────────┐
                    │ 达米林扎布│
                    └────┬────┘
         ┌───────────────┴───────────────┐
    ┌─────────┐                     ┌─────────┐
    │扎米颜车林│                     │龚楚克车德│
    │(以罪削爵)│                     └────┬────┘
    └────┬────┘                          │
         │                ┌──────┬───────┴──────┬──────────┐
    ┌─────────┐       ┌──────┐            ┌──────┐   ┌─────────┐
    │拉西顿鲁布│       │ 巴多 │            │布西里│   │纳姆萨拉伊│
    │(袭四等台吉)│     └──┬───┘            └──┬───┘   │(已出家) │
    └────┬────┘          │                   │       └─────────┘
   ┌─────┴─────┐    ┌────┴─────┐       ┌─────┴─────┐
┌──────┐ ┌──────┐ ┌──────┐┌────────┐ ┌──────┐ ┌──────┐
│奇巴克扎布││龚楚克││车鲁布││勒乐桑淖勒布││尼玛 ││扬扎布│
│(已出家)│ └──┬───┘│(32岁)││(已出家) ││(已出家)│└──┬───┘
└──────┘    │    └──────┘└────────┘ └──────┘   │
      ┌─────┼─────┐                         ┌─────────┐
  ┌────────┐┌────┐┌────┐                    │德穆勒杜西│
  │乌勒哲伊巴雅尔││鲁巴桑││扬扎布│                 │ (4岁)  │
  │  (19岁) ││(15岁)││(12岁)│                 └─────────┘
  └────────┘└────┘└────┘
```

图 37

badarangga doro i orin jakūci aniya

光绪二十八年

三、蒙文档册转写及译文

TH157-00359

[1]ailadqaqu anu

[2]+yuwan ulus-un taizu qaγan-u degüü qabutu qasar-ača arban doloγan üy-e ulamjilan boobai mirza-dur kürčü ireged sayi qaγan kemen ergübei. tegün-ü köbegün qani noyan qongγur jalγamjilaju.

[3]egün-ü dörbedüger köbegün töröbaiqu čolo küši qan kemüi. egün-ü köbegün dayan-i očir qan kemen ergümjilebei. egün-ü köbegün günčuγ-yi dalai qan kemen ergümjilebei. egün-ü aqamad

[4]köbegün lazang, qoyarduγar köbegün wangjal, lazang-i šasin-i tedgükü kičiyenggüi eyetei qana kemen

[5]jarliɣ-iyar ergümjilebei. egünče ɣurban köbegün töröbei. aqamad köbegün keldan danjung, qoyarduɣar köbegün surza, ɣurbaduɣar köbegün sebten. surza-ača dörben köbegün töröbei. aqamad köbegün naɣča.

[6] qoyarduɣar köbegün daɣba, ɣurbaduɣar köbegün balji, dörbedüger köbegün ülemji. wangjal-un köbegün gün erke, egün-ü köbegün temeči. edeger-ner-e

[7]tngri-yin tedgügsen-ü arban yisüduger on, jegün ɣar-un ɣajar-ača

[8]+boɣda ejen-u örüsiyel soyol-i erin daraju iregsen-dur naɣča, sebten-nar i čüm ulus-tur tusalaɣči güng ergümjilejü. temeči-i jasaɣ terigün jerge taiji, daɣba, balji, ülemji-nar-i

[9]ded jerge taiji ergümjileged, čüm-i čaqar qosiɣun-dur qabsurun saɣulɣaɣad

[10]+jarliɣ-iyar kesig kürtegejü üy-e ularin tasural ügei jalɣmjilaɣulbai. naɣča köbegün ügei degüü daɣba güng jalɣamjilabai. daɣba köbegün ügei degüü balji güng jalɣamjilabai. egün-ü aqamad

[11] köbegün minjurdorji güng jalɣamjilabai. egün-ü köbegün dangjinjab güng jalɣamjilabai. egün-ü köbegün yongdun güng jalɣamjilabai. egün-ü köbegün gečuɣjamču güng jalɣamjilabai. egün-ü köbegün

[12]lobsangsudba odo ulus-tur tusalaɣči güng. angqan ulus-tur tusalaɣči güng ergümjilegsen sebten. egün-ü köbegün dasirabtan güng jalɣamjilabai. egün-ü köbegün sangrubdorji güng jalɣamjilabai.

[13] egün-ü köbegün darijab güng jalɣamjilabai. egün-ü köbegün zawangriɣjing. odo ulus-tur tusalaɣči güng. angqan jasaɣ terigün jerge taiji ergümjilegsen temeči. egün-ü köbegün

[14]dašisampil jasaɣ jalɣamjilabai. egün-ü köbegün engkebolod jasaɣ

jalɣamjilabai. egün-ü köbegün burnibadari jasaɣ jalɣamjilabai. egün-ü köbegün marjinčimbu jasaɣ jalɣamjilabai. egün-ü köbegün

[15]arabji jasaɣ jalɣamjilabai. egün-ü köbegün ɣongčuɣdorji. odo nere temdeglegsen. ɣutaɣar jerge taiji. angqan dar jerge taiji ergümjilegsen ülemji. egün-u köbegün

[16]nawangčultim dur jerge taiji jalɣamjilabai. egün-ü köbegün masibatu ded jerge taiji jalɣamjilabai. egün-ü köbegün kalsangjab ded jerge taiji jalɣamjilabai. egün-ü köbegün janisiri odo

[17]ded jerge taiji. čaqar -dur saɣuɣsan qošod man-u degedü üy-e-yin ebüged-nar uɣ-taɣan baraɣun ɣajar-dur

[18]+boɣda dalai blam-a-yin abural-iyar šabi öglige-yin-ejen bolon-un situju baijuqui. jegün ɣar-un tsewangrabtan-yin samaɣun dain-dur uulɣalan buliyaɣtaju ireged qojim naɣača tegüner teigen

[19]sebten, temeči-nar

[20]+ boɣda ejen qaɣan-dur taɣar ireju kerkem jerge kürtegsen-eče qoisi üy-e ularin.

[21] +boɣda dalai blam-a, bančin boɣda-nar-un elči kambu inu man-u degedüs füngleü-ü degeji-eče jil büri-yin tabulang ergüjü.

[22]tümen amuɣulang-i ailadqaqulqui du

[23]+deger-e-eče süngdug jarliɣ burqan sitügen qairalaɣsan anu edügetel takiju baimui. ene anu sang-un dangse bičig-tür narin dotorqai baidaɣ baiɣ-a egün-i-ču toqočiqu yaqun.

[24]törö gereltü-yin üy-e-dü baraɣun tai quizi samɣuraɣsan-dur jam nebterekü ügei. amuɣulang ailadɣaqui-i tasuldaɣad nayan ɣarui on bolujuqui. ein kü

[25]učir-iyan ɣarɣan degedü üy-e-in ebüged-iyen medegülün

[26]ailadɣaju.

[27]+ boɣda dalai blam-a-yin gegegen-dür dakin jalɣan nigülesün

örüsiyengdeküi-i jalbarin
[28]ailadqabai nigülesün
[29]ailad
[30]ailad
[31]ailad

TH157-00359
上奏
　　自元太祖皇帝之弟哈布图哈撒儿传十七世，至博贝米尔咱，始称汗。其子哈尼诺颜洪果尔，其四子图鲁拜琥，号固始汗，其子达延，号鄂齐尔汗，其子衮楚克，号达赖汗，其长子拉藏，次子旺扎尔。奉旨封拉藏为翊法恭顺汗。生三子，长子噶尔丹丹衷，次子索尔扎，三子色布腾。索尔扎有四子，长子纳噶察，次子达克巴，三子巴勒济，四子乌勒木济。旺扎尔子贡额尔克，其子特默齐。彼等于乾隆十九年归附圣主仁化，自准噶尔地方来归。
　　纳噶察、色布腾等均封辅国公，特默齐封札萨克一等台吉，达克巴、巴勒济、乌勒木济等封二等台吉，均附在察哈尔旗地游牧，奉旨承恩世袭罔替。纳噶察无子，弟达克巴袭公爵，达克巴无子，弟巴勒济袭公爵。其长子敏朱尔多尔济袭公爵。其子丹津扎布袭公爵。其子蕴端袭公爵。其子格楚克札木苏袭公爵。其子罗卜藏苏德巴，今辅国公。
　　初封辅国公色布腾者，其子达什喇布坦，袭公爵。其子桑噜布多尔济袭公爵。其子达哩扎布袭公爵。其子扎旺哩克精，今辅国公。
　　初封札萨克一等台吉特默齐者，其子达什沙木丕勒，袭札萨克。其子辖克博罗特袭札萨克。其子布勒尼巴达勒袭札萨克。其子玛林晋沁保袭札萨克。其子阿拉布斋袭札萨克。其子龚楚克多尔济，今三等台吉。
　　初封二等台吉乌勒木济者，其子那方楚勒提姆，袭二等台吉。其子玛锡巴图袭二等台吉。其子格拉桑扎布袭二等台吉。其子札尼西里，今二等台吉。

臣等附入察哈尔游牧和硕特之先人,仰赖西天博克多达赖喇嘛护持,成为上师在徒弟施主。自准噶尔策妄阿喇布坦战乱中被劫掠而来后,纳噶察及其诸弟色布腾、特默齐等人归附圣主,获爵品级。此后我先人请圣达赖喇嘛班禅博克多之使者堪布等,每年从俸禄中敬献五两银子,以请万安。尊上(指达赖喇嘛、班禅喇嘛——译者注)亦赐给谕令、佛像等,至今仍在供奉。

道光间,西域回回作乱,道路不通,此故请安之事竟断绝八十余载。特此陈述缘故,并上报先祖家世特。

愿继续得到博克多达赖喇嘛慈爱,为此合掌祷告。

明鉴,明鉴,明鉴!

以上即为这两个档册的全部转写及译文。我们能看到,这两份档册极大丰富了附在察哈尔的和硕特蒙古王公家世源流的有关信息,给拉藏汗后人的相关研究提供了颇有价值的史料,也给我们呈现了察哈尔内部人员构成的多元性——不仅有原有的"察哈尔国"旧民,也有归附清朝徙牧于此的和硕特蒙古贵族。接下来笔者将进一步寻找相关材料,力图将拉藏汗谱系继续加以充实。

说明:

一、因本文所参考满文文档为照片图像,未另行编号,仅标注原档号,并以图1、2、3……排序。蒙文文档未分页。

二、满文均依照穆麟德(Möllendorff)方案进行转写。蒙文均依照鲍培(Poppe)方案转写。

三、凡满文人名在相关汉文档案中有对应汉译者,均已注明所用译名出处。

参考文献:

一、遗留性史料

《乾隆帝起居注》,影印中国第一历史档案馆藏本,广西师范大学出版社,2002年。

《嘉庆帝起居注》,影印中国第一历史档案馆藏本,广西师范大学出版社,2006年。

《清代起居注册·道光朝》,影印国立故宫博物院藏本,联经出版事业公司,

1987年。
《乾隆朝上谕档》,影印中国第一历史档案馆藏本,档案出版社,1991年。
《嘉庆道光两朝上谕档》,影印中国第一历史档案馆藏本,广西师范大学出版社,2002年。

二、记叙性史料

《清太宗实录》,《清实录》影印大小红绫本,中华书局,1985年。
《清世祖实录》,《清实录》影印小红绫本,中华书局,1985年。
《清圣祖实录》,《清实录》影印大小红绫本,中华书局,1985年。
《清世宗实录》,《清实录》影印大红绫本,中华书局,1985年。
《清高宗实录》,《清实录》影印大小红绫本,中华书局,1985—1986年。
《清仁宗实录》,《清实录》影印大红绫本,中华书局,1986年。
《清宣宗实录》,《清实录》影印大红绫本,中华书局,1986年。
赵尔巽等纂:《清史稿》,点校本,中华书局,1976年。
《八旗通志初集》,点校本,东北师范大学出版社,1985年。
《钦定八旗通志》,点校本,吉林文史出版社,2002年。
乾隆朝《钦定大清会典则例》,《景印文渊阁四库全书》本。
嘉庆朝《钦定大清会典事例》,《近代中国史料丛刊三编》影印嘉庆刻本,文海出版社,1992年。

三、学术著作

[日]森川哲雄:"围绕察哈尔布尔尼亲王叛乱",《东洋史研究》64:1—2,1983年。
周清澍主编:《内蒙古历史地理》,内蒙古大学出版社,1994年,第175—176页。
达力扎布:《明代漠南蒙古史研究》,内蒙古文化出版社,1997年。
达力扎布:"清初察哈尔设旗问题考略",《内蒙古大学学报》,1999年第1期。
达力扎布:"清初察哈尔设旗问题再考",《明清档案与蒙古史研究》(1),内蒙古人民出版社,2000年。
二木博史著,呼斯勒译:《蒙古的历史与文化——蒙古学论文集》,内蒙古人民出版社,2003年。
Borjigidai Oyunbilig, "On Territory 'Chakhar ulus' Ruled in the Early Qing Dynasty", in: *QUAESTIONES MONGOLORUM DISPUTATAE II*, Tokyo, July 2006, pp.57—74.
乌云毕力格、白拉都格其:《蒙古史纲要》,内蒙古人民出版社,2007年。
乌云毕力格:《内蒙古通史》(第四卷),人民出版社,2011年。

四、工具书

清圣祖玄烨敕撰:《御制清文鉴》,清康熙四十七年(1708年)武英殿刻本。
清高宗弘历敕撰:《御制增订清文鉴》,清乾隆三十六年(1771年)武英殿刻本。

安双成:《满汉大词典》,辽宁民族出版社,1993年。
〔日〕羽田亨:《满和词典》,京都:国书刊行会,1972年。

(原刊于 *QUAESTIONES MONGOLORUM DISPUTATAE* XI, Tokyo, July 2015, pp. 124—152.)

本 书 作 者
(以姓氏拼音为序)

柴冰:东北大学秦皇岛分校社会科学研究院讲师、博士

陈柱:中国人民大学国学院博士生

李嘉哲:中国人民大学国学院硕士生

马子木:中国人民大学国学院博士生

N.哈斯巴根:北京市社会科学院满学研究所副研究员、博士

石岩刚:陕西师范大学外国语学院讲师、博士

宋瞳:中国人民大学历史学院清史研究所讲师、博士

特尔巴衣尔:中国人民大学历史学院清史研究所博士生

乌兰巴根:中国社会科学院中国边疆研究所副研究员、博士

乌云毕力格:中国人民大学国学院教授、博士